2002年中国连锁经营年鉴

2002 China Chain Store Almanac

中国连锁经营协会　编

中国商业出版社

图书在版编目(CIP)数据

2002年中国连锁经营年鉴/中国连锁经营协会编.

北京:中国商业出版社,2002.11
ISBN 7-5044-4744-7

Ⅰ.2… Ⅱ.中… Ⅲ.连锁商店-商业经营-中国

-2002-年鉴 Ⅳ.F721.7-54

中国版本图书馆CIP数据核字(2002)第086823号

责任编辑:蓝垂华

中国商业出版社出版发行
(北京广安门内报国寺1号 100053)

北京新华印刷厂印刷
新华书店北京发行所经销

* * *

开本:787×1092毫米 1/16 33.25印张 540千字
2002年11月第1版 2002年11月第1次印刷
定价:180元

* * *

编 写 说 明

一、《2002年中国连锁经营年鉴》由中国连锁经营协会编撰。中国连锁经营协会是国家经贸委管理的全国性连锁经营行业组织。

二、《2002年中国连锁经营年鉴》在总结了以往连锁年鉴编撰经验的基础上,对2001年中国连锁经营发展情况进行了较为全面的回顾和分析,认真听取并采纳了读者和有关专家的意见,除保留连锁年鉴原有主体框架基本不变,以利保持连锁年鉴史料记载和数据延续对比外,突出了我国各地方重点城市连锁经营发展情况的客观描述及其行业龙头企业连锁经营实际状况的全面记录和总结,并对连锁经营行业的分析范围进行了适当调整。同时,针对中国加入WTO后,国内连锁相关政策法规的调整、完善,以及与国际通行一致的有关制度、规则的建立,特增加了政策法规篇,并在特许经营篇、调查篇对部分国家(地区)的特许经营立法概况、连锁(零售)业立法概况及市场状况进行了介绍,在附录二中增加了外商投资中国商业企业情况介绍及分析,在附录四中简介了部分国家(地区)的连锁(特许)组织机构和联系方式,以顺应我国连锁经营国际化发展的需要。《2002年中国连锁经营年鉴》较之以往年鉴缩短了长篇综述类内容,扩充了以连锁发展状况调查、案例、事件为基础的数据统计、图表分析、发展概述等中短篇体裁的内容,使之更贴近读者、企业、各类信息、咨询、科研机构,可读性更强,参阅、数据采集、实践指导的价值更大。

三、《2002年中国连锁经营年鉴》编委会在国家经贸委有关领导的关怀和指导下,特邀部分业内专家、学者和实践经验丰富的连锁企业行家参与本年鉴的编撰。编辑部工作人员通过各种渠道对有关资料、数据进行收集、整理、校核,力求使年鉴内容全面、详尽、准确。

四、《2002年中国连锁经营年鉴》的稿件、资料、数据都经有关单位审核,全国性的数据以国家统计局、各有关行业组织,以及调查咨询机构、国内外权威媒体正式公布的资料为依据,各部门的数据以其提供和公布的数据为准。

五、《2002年中国连锁经营年鉴》在编辑过程中得到了有关单位和人员，以及连锁年鉴读者的大力支持和帮助，谨在此表示谢意。

《中国连锁经营年鉴》编委会

2002年9月

编辑委员会名单

目　录

第一部分

发　展　篇

一、领导讲话和批示

（2001 年 5 月—2002 年 1 月）

李岚清副总理对连锁经营的批示

2001年5月22日，中共中央政治局常委、国务院副总理李岚清在国家经贸委张志刚副主任报送的《对美国沃尔玛公司的考察报告》上批示：

在社会主义市场经济体制改革过程中，流通体制改革是至关重要的领域，现代经济就需要现代的流通体制。半个多世纪以来，许多国家致力于发展集中配送和连锁经营的现代流通体制，不但方便了消费者，能买到价廉物美的商品，而且带动了规模生产和经济发展。现在有些连锁经营集团已经发展到空前规模，例如，美国的沃尔玛连锁集团已成世界500强的第二位*，这本身就证明这种流通经营方式的强大生命力。然而，我们不少地方领导并不认识到这一点，他们误认为搞市场经济就是办那种集市贸易式的各种各样"市场"，结果不少市场成了假冒伪劣商品的集散地，逃税漏税的"特区"，有的甚至成了藏污纳垢的庇护所，走了很长一段弯路。在整顿市场经济秩序中，在对这类市场进行整治的同时，必须转变观念，打破地区封锁和行业垄断，支持鼓励发展现代连锁商业，并作为一个治理整顿市场经济秩序的治本之策。

*编者注：美国《财富》杂志每年度评选的世界500强企业，沃尔玛（Wal－mart）排2000年度第二（年销售额1933亿美元），排2001年度第一（年销售额2198亿美元）。

李岚清副总理视察上海商业

2001 年 6 月 7 日，中共中央政治局常委、国务院副总理李岚清视察了上海联华超市浦东大卖场。他对冷冻食品、现制豆浆、果蔬、肉类品等与百姓生活密切相关的区域十分关注，详细询问了有关商品的供应情况，对上海市政府实施“菜篮子工程”、“家庭厨房工程”的具体做法，对生鲜、冷冻食品的琳琅满目、安全卫生、价廉物美表示满意。他希望联华超市有限公司在原有基础上，进一步加强采购环节的控制，完善商品质量体系，让老百姓购物更放心、满意、方便，生活质量进一步提高。

李岚清副总理还视察了上海好美家装潢建材超市，对全部商品实行买断自营，确保商品质量、控制商品价格的经营方式表示赞赏，对超市实行免费设计、提供导购、专职监理等全方位服务给予了高度评价。在详细询问了营业员的商品知识、工资收入、工作情况后，他赞扬了商业职工在工资收入不高的情况下，数年如一日，安心于平凡工作岗位的敬业精神。

在参观华联超市展厅时，李岚清副总理兴致勃勃地询问了“手掌机”的性能和用途，对其在质量管理中的作用给予了肯定。他希望华联超市再接再励，再创新高；多向沃尔玛等世界同行学习，迎接中国加入世贸组织的挑战。

在视察中，李岚清副总理在对上海市大力整顿和规范市场经济秩序，发展连锁经营和物流配送等工作给予高度评价的同时指出，上海的连锁企业以商品质量为基础和核心，制定出一整套严格的制度和企业标准，对商品采购、进仓储存、配送运输和门店销售的全过程实行有效控制，确保了商品质量，受到广大消费者的欢迎和信赖，取得了良好的经济效益和社会效益。希望企业不断总结经验，在规范的前提下加快发展速度，不仅要在国内取得领先优势，还要能迎接跨国公司的挑战。他特别强调，整顿和规范市场经济秩序工作，要进一步加大打击力度，特别要从三个方面的源头抓起，一是依法打击取缔假冒伪劣产品的窝点，把好企业准入关；二是要对印制假商标、标识、包装的印刷企业进行大力整顿，严格管理，使假冒伪劣产品难以乔装打扮混入市场；三是要大力发展现代商业业态，不断推进连锁经营、物流配送，采用先进的流通方式，规范市场经济秩序，从源头上杜绝假冒伪劣商品进入市场。上海的实践充分说明，在我国发展连锁经营、物流配送是完全正确必要的，它使广大消费者能买到价廉物美的商品，吃到放心肉、放心菜，效益是显著的。在这个问题上我们一定要转变思想观念，摒弃传统落后的流通方式。过去，一些地方大建集贸市场，认为这就是搞市场经济。实际上，集市贸易不是现代流通方式。尽管楼大了、高了，但还是一种小农经济。集贸市场如果不加以规范改革，严加管理，就会成为假冒伪劣商品的集散地、偷税漏税的“特区”、藏污纳垢的庇护所，成为破坏市场经济秩序的毒瘤。

李岚清副总理对发展现代流通问题的指示

2001年10月，中共中央政治局常委、国务院副总理李岚清在纪念邓小平同志“发展高科技，实现产业化”题词十周年暨国家高新技术产业开发区所在市市长座谈会上作了《发展高科技 实现产业化 把城市工作提高到新水平》的讲话，其中以“大力发展现代流通，促进产业结构调整和升级”为题，对发展现代流通问题作了重要指示：

城市是商流、物流、信息流、资金流和人流的中心，并以此影响和带动农村的发展。流通越发达，城市就越繁荣，就越具有竞争力、生命力和辐射力。

1. 流通是现代经济的火车头。计划经济是以生产决定消费的，消费受生产支配，往往容易形成卖方市场和短缺经济现象。而市场经济是以消费需求决定和带动生产的。如何满足即期的消费需求，开发潜在的消费需求，创造未来的消费需求，是市场经济能够不断发展的动力所在。所谓社会化大流通，就是围绕市场消费需求所进行的社会再生产的全过程。流通带动生产，小流通带动小生产，大流通带动大生产，现代流通带动现代生产。现代流通是社会再生产过程的血脉和神经，是各种生产要素集结、整合与聚变的载体，是决定经济运行速度、质量和效益的引导性力量。运用高新技术建立和发展现代化大流通体系，可以带动产业结构的调整，提高劳动生产率和经济运行的效率。

2. 要走出对现代流通认识的误区。有些同志一说发展市场经济就热衷于办那种农村集市贸易式的原始市场。于是许多城市办起了大大小小的集贸市场。由于交易方式落后加上疏于管理，不少市场成了假冒伪劣商品的集散地，逃税漏税的“特区”，有的甚至成了藏污纳垢的庇护所。这也是我国当前市场经济秩序比较混乱的一个乱源。这样讲并不是要取消所有的集市贸易，在某些地方、对某些商品，集市贸易还将发挥积极作用，但必须切实加强管理。市长们千万不要把这种小生产方式的集贸市场当作现代流通业态的主流，更不能当成搞活经济的政绩去办。不论房子盖得多豪华，本质上它还是落后的，必须认识到传统的集市贸易和现代大流通是完全不同的两回事。对流通问题一定要转变观念，走出一条崭新的道路。即使在那些经济文化相对落后的农村地区，也可以通过发展现代流通，去推动农业产业化，改变当地落后面貌。要大力发展连锁经营、物流配送、电子商务等现代流通方式，把社会再生产的全过程紧密连结起来，使生产企业和最终消费者信息畅通，实行全过程服务与监督，最大限度地提高经济运行效率。这是代表先进生产力的发展所要求的，也是适应中国加入世贸组织后参与国际竞争的迫切需要。

还要指出，随着科技革命的发展，商品更新换代越来越快。于是，旧商品需要有退出通道，激发人们对新商品的购买欲望，这就要发展旧货市场；对于某些价格昂贵、更新又快的商品，消费者往往不求所有，但求所用，这就要求发展租赁市场，用新的市场交易方式和技术手段发展起来的旧货市场和租赁市场也是现代流通的重要组织形式。这两种市场发展起来不仅可以拉动生产，而且可以满足不同层次的消费需求。另外，还要努力发展耐用消费品一条龙服务，以对耐用消费品的全过程配套服务来促进消费。

3. 把发展现代流通作为21世纪我国经济新的增长点。我国经济运行效益不高，投入产出不相对称，与流通落后有直接的关系。1999年我国国有独立核算工业企业流动资本周转速度仅为1.2次，国有商业也只有2.3次，而发达国家工业企业资本周转速度一般为6~8次，商业企业高达20多次。1999年我国国有工业企业流动资金占用达3万亿之多，不少企业还天天喊资金紧张，如果能提高流动资金周转速度，这3万多亿元可以相当于十几万亿元甚至几十万亿元使用。试想，只要这样，在不需要增加多少投资的情况下，我国经济的规模和效益就会增长多少倍啊！长期以来，我们只重视增加投资、建设项目、扩大规模，而现代流通这样一个重大的领域，却一直被人们忽视了。

大力发展现代流通，第一，要提高对现代流通的认识，统一思想，高度重视；第二，各级政府要抓紧制定发展现代流通的总体规划，整合存量资源，再造我国现代流通体系；第三，要做好各种基础性工作，例如，搞好物流过程中的标准化建设，培养急需的专业人才，特别要注意运用现代信息网络技术，尽快建立社会化的现代流通体系；第四，必须坚决打破行业垄断、部门分割和地区封锁。我国最大的优势就是可以建立健全全国统一的市场，这是建立现代流通的优越条件和基本前提；第五，要改革纳税方式，以利于统一大市场的形成和完善。

可以想一想，如果我们把亿万人民的分散需求，通过现代流通体系，汇集成为巨大的需求，就能带动大规模的现代化生产；又通过连锁配送等现代流通方式，把价廉物美的商品销售到消费者手中，这是一件多大的好事啊！发展这样的大流通，假冒伪劣和恶性竞争也就无处立足了。但是，当前客观上存在的行业垄断和地区封锁现象严重阻碍了现代流通体系的建设，也制约了行业和地区经济的发展，必须坚决予以破除。

吴仪国务委员视察上海商业

2001 年 11 月 9 日，中共中央政治局候补委员、国务委员吴仪视察了上海联华购物广场和好美家建材装潢超市，听取了上海市商委的工作汇报。吴仪国务委员指出：

一定要把推进商业现代化作为流通工作的中心任务。上海商业近十年的发展，在这方再取得了一定的经验，值得各地学习借鉴。

面对中国加入 WTO 的新形势，要充分利用全面放开的时间差，努力提高商业竞争力。要加快联合、并购、重组的步伐，做大做强商业企业。商业企业在强强联合时，一定要观念更新，千万不要有“宁作鸡头，不作凤尾”的思想，只要有利于企业的发展，就应该尝试，而不要计较局部利益的得失。今后政策应该向大集团聚焦，扶持其快速发展。

企业在发展时不能光讲速度，而忽视经济效益的提高。经济指标要客观分析，原来的基础是什么，现在又是什么水平，不能强求步步高。企业发展一定要规范，尤其是那些经营与人民群众生命安全密切相关商品的商业企业，必须规范进货渠道，加强质量管理，杜绝经营假冒伪劣商品。

像联华这样具有一定规模的上海商业企业，应该加快全国发展步伐，利用综合优势，取得规模经济效益。要瞄准世界级公司，敢于与他们竞争，并在竞争中取胜。商业领域还应该大胆引进、吸收外资，否则就会落后。我们要学其所长，为我所用，通过学习国外的先进经营机制、经营理念、经营方式，走自己的路，壮大自己的实力。上海商业应该有品牌意识，走工贸结合之路，树立上海品牌形象，并要在全国乃至世界范围内扩大影响。

商业在国民经济中的地位十分重要，由于各地的情况不同，不应强求行政管理体制的一致。但是，直辖市、大城市不撤销商委的做法看来是完全正确的，这有利于发挥商业作为国民经济驱动力的作用，有利于市场的繁荣、规范和稳定。

吴仪国务委员在全国推进流通现代化工作现场会上的讲话

（2002 年 1 月 21 日）

这次在上海召开全国推进流通现代化工作现场会，是经国务院批准的。昨天上午，荣融同志就如何推进流通现代化工作作了全面部署，他的讲稿内容我事先看过，我都同意。下午，全体代表对上海市发展现代流通的几个单位进行了参观，大家切身感受到了上海近几年是如何发展现代化流通的。今天上午，上海、北京、广东等省、市经贸委、商委以及部分企业又介绍了他们在发展流通现代化方面的一些做法和体会，我听了很受启发，也很受鼓舞。下面，我就推进流通现代化工作谈些看法和意见，供同志们参考。

一、近年来各地在推进流通现代化方面作出了积极探索，取得了很好的成绩

发展现代流通方式，在我国时间还不算长，也就是近几年的事。召开这次会议，就是要回顾一下这几年各地在这方面所作的探索和尝试，并从这些实践中理出一些有共性的东西，进一步提高认识，增强紧迫感，明确今后工作思路和目标。这两年，我分别到上海、北京等地做了些调查了解，今天上午又听了部分地区和企业的经验交流，我感到这几年各地在流通现代化建设方面确实下了不少功夫，进行了一些有益的探索，取得了不小的成绩。不论是从流通业的发展规模、发展速度和流通方式的创新，还是从流通对生产的促进作用和满足人民群众对生活多样化的需求等方面，都是不错的，应该给予充分肯定。概括各地的做法和经验，我以为有这么几个方面比较突出：

一是不少地方的党委和政府开始高度重视流通工作，并把流通产业作为一个重要产业来抓。这是一个很大的变化，也是一个非常可喜的变化。老实讲，长期以来我们对流通在经济工作中的重要性认识是不足的，对流通工作也研究得不深不透。这里有主观原因，也有客观原因。然而可喜的是，这种状况近几年已经开始改变，像上海、广东等地，都是党政一把手亲自关心这件事，这种关心不是只停留在口头上、认识上，而是采取重大措施。广东省去年在深圳召开了全省流通业改革与发展工作会议，李长春、卢瑞华同志亲自到会讲话。深圳市政府已经作出要把深圳建设成区域性现代物流中心城市的战略决策。不少省、市政府还明确把流通产业作为支柱产业来抓，这是很不简单的事情。

二是一些地区加大了对流通企业改革的力度，使企业作为发展流通现代化的主体，有了发展现代流通方式的动力和活力。从大家的发言中可以看出，发展流通现代化比较快的地区，都把流通企业的改革放到了重要位置。如果流通企业不建立现代企业制度，不按照市场经济规律打破地区和行业封锁，进行重组和改革，还是沿用原来的老观念，原来的那一套体制和机制，是不可能搞现代流通的。因此可以说，如果没有这几年流通企业改革的深化，就不可能在流通现代化建设方面取得今天的成绩。上海市把政府推动和市场化运作结合起来，按照不同业态和产业链来整合，推进兼并联合重组，把商业企业集团从 63 家减少到 40 家，单体规模扩大，实力明显增强，国有商业中小企业的改制面已达到 76%。北京也是这样。去年我专门考察了一下北京物美商城，看了他们在亚运村开的一个店，很红火，发展势头旺，上午他们也介绍了经验。他们就是用改革的办法，通过托管以及与传统的国有企业进行成建制合作，实现了连锁经营的迅速发展。就经营方式来说，超级市场和连锁经营等现代方式，20 世纪 90 年代才在我国出现，但短短几年得到了快速发展。目前，我国百万人口以上的大城市都有连锁商店，东部和中部大部分中等城市也有不少，广东、江苏、山东一些发达地区的乡镇甚至村庄，也开始出现连锁超市和便利店。连锁经营的超级市场、便利店、专卖店、仓储或综合商场、餐饮店，以及照相、洗染、修理、美容美发、旅游等服务业连锁店，以及金属、建材、机械零配件等国外有的连锁业态我们基本都有。这些现代的流通方式，已成为我国商品流通产业的重要组成部分。电子商务也开始起步。现代流通方式激活了流通企业的活力，流通企业的改革，发展了现代流通方式。这几年，我们的路子就是这么走过来的。

三是这几年商业领域利用外资的步伐在加快，已经成为一些地区带动流通现代化的重要方式。商业领域利用外资，一直在试点。刚开始时都有些担忧，包括我自己。现在社会上也有争论，担心外商进入流通领域，会带来外国商品大量进口，挤占我们的市场，冲垮国内流通企业。上海、深圳等地的试点实践雄辩地证明，像“沃尔玛”、“麦德龙”这样的大型商业集团引进来后，它们90%以上都卖的是我们的商品，而且把我们的不少商品纳入了他们全球销售网络，带动了我国产品出口。2001年“沃尔玛”就从国内采购了103亿美元的产品进入全球销售网络；前不久，我会见“家乐福”的总裁，他认为今年家乐福从中国采购商品可达35亿美元进入其全球销售网络。实践也证明，我们的企业不仅没有被冲垮，反而学到了先进的营销观念和经营管理技术，也学会了竞争，而且在竞争中不断发展壮大。联华、华联等一批企业的发展就是很好的实例。这几年凡是商业领域对外开放快的地区，流通现代化建设的步子也比较大。广东省的商业对外开放一直走在全国前列，到2000年商业领域累计利用外资已达25亿美元。一些国际知名商业跨国公司看好中国市场，已纷纷在上海、深圳等地建立国际采购中心。一些地方利用外资改造传统商业，效果也非常好。上海市冯国勤副市长曾对我说：“没有上海商业的对外开放，就没有上海商业现代化的今天。”我觉得这句话是很中肯的，而且也是符合实际的。

四是一些地区和企业注重提高流通产业信息化水平，抓住了流通现代化的关键。流通的现代化，关键要看流通产业的科技含量怎么样，科技含量中最重要的是现代信息技术。信息化是流通现代化的重要依托，也是流通现代化的重要标志。无论是发展连锁经营，还是发展物流配送、电子商务等现代流通方式，都离不开现代信息技术的运用。近年来，上海、广东等地以信息化带动传统商业的改造，推进现代商业的发展，大中型商场90%以上都建立了时点销售系统（POS），一大批连锁企业建立了管理信息系统（MIS）和电子订货系统（EOS），一些物流企业积极应用EDI、全球卫星定位系统等现代信息技术，推进物流配送中心的建设。过去我们的商业都是乡土气很浓的，经营管理方式非常传统，这几年通过抓信息化，管理水平提高了，流通费用也下来了，面貌焕然一新。

当然，在肯定这几年各地流通现代化

建设所取得的成绩的同时，也要看到当前我国流通现代化的总体水平还比较低，一些地区流通现代化应该说只是刚刚起步，不少地区仍存在转变观念、提高认识的问题。要适应市场经济发展的要求，真正实现传统商业向现代商业的转变，前面的路还很长，还需继续进行积极的探索。

二、提高对推进流通现代化必要性的认识

推进流通现代化，是党中央、国务院在去年中央经济工作会议上明确提出的一项任务。现阶段提出这一任务，我认为有着重大的现实意义。

（一）推进流通现代化是适应新的市场形势，促进经济良性循环，提高经济运行质量和效益的有效途径。计划经济年代，那时候发放票证，定量供应，市场根本不起作用，也就不需要什么流通现代化。80年代到90年代初，随着生产力的不断解放，卖方市场逐步向买方市场转变，流通的作用开始显现。到了90年代后期，完全形成买方市场的格局后，流通的地位开始发生根本性变化，流通现代化问题才越来越受到各方面的关注。从进入新世纪开始，我国进入了全面建设小康社会，加快推进社会主义现代化建设的新阶段。我们的供求关系，我们的市场都已经而且会继续发生更大的变化。根据国家经贸委最近对2002年上半年600种商品市场供求情况的分析，86%以上的商品品种都供过于求。这给我们流通工作提出了新的挑战。这个挑战就是如何通过连锁经营等现代化流通方式，提高流通效率，促进产业结构和产品结构的调整，提高经济运行质量和效益。国内外的实践都证明，现代化的大生产，需要现代化的大流通，只有现代化的大流通，才能带动现代化的大生产，现代化流通对市场经济的促进作用越来越大。上午上海市的同志也讲到，“上海要率先建立社会主义市场经济运行机制，必须以发达的现代化商业为依托。”没有流通的现代化，就没有真正意义上的社会主义市场经济，国民经济的整体素质和运行效率也就不可能得以提高。

（二）推进流通现代化是引导和促进消费，培育和保护内需的重要措施。近年来我国最终消费占GDP的比重一般都在60%以上，这些消费大多数都是通过流通业来实现的。因此，推进流通现代化是进一步引导和扩大消费，培育和保护内需的一项重要措施。特别是在城乡居民收入水平、消费水平不断提高，已形成多层次、多样化的消费需求的情况下，只有大力推进流通现代化，才能适应消费结构和消费层次的变化，向老百姓提供价廉物美的商品和一流的服务水平，引导和扩大消费。如果上海市这几年不搞现代化商业，没有现在已遍布上海城郊的联华超市、华联超市，以及家乐福、麦德龙等，还只是一些传统的商店，怎么可能有现在这样繁荣的市场呢？怎么有能力去开拓市场，满足老百姓不断变化和日益增长的需求呢？从农村市场看，前几年搞开拓农村市场试点，主要问题是农民手上缺少钱去买东西，怎么开拓？今天上午江苏苏果超市介绍的经验非常好。他们把大城市的超市通过连锁经营，“克隆”到县城或农村大的集镇，已搞了 450 家店，其中县乡两级的店有 295 家，这些店通过“定牌加工”、“公司+农产”以及利用连锁网络把产品带出去等多种方式，带动当地乡镇企业产品特别是农副产品的加工和销售，推动了农副产品产业化经营，既解决了农民“卖难”问题，又扩大了农民的消费需求，探索出一条通过发展现代流通方式，增加农民收入，开拓农村市场的新路子。这样的探索有新意，发展前景很广阔，对开拓农村市场很有作用。

（三）推进流通现代化是我国应对加入世贸组织的重要举措。从今年开始，我国既要享受世贸组织成员的权利，也必须履行世贸组织成员的义务。在加入世贸组织的谈判中，我们对服务贸易是非常重视的。服务贸易包括：电信、银行、保险、证券、音像、分销、交通等。大家更关心的分销，我们的承诺是加入后三年内取消对外资参与佣金代理及批发服务、零售服务的地域、股权、数量的限制，当然，批发服务中的盐及烟草除外，零售中的烟草除外，取消对外资参与特许经营的所有限制；加入后五年内取消对外资参与分销领域的所有限制，但在这里我们还加了一笔：销售多个供货商的不同种类和品牌产品的连锁店，如其分店数量超过 30 家，且同时销售粮食、棉花、植物油、食糖、书报杂志、药品、农药、农膜、成品油、化肥，则不允许外资控股。这就是说，我们还有一个过渡期，在这期间，外商投资流通领域仍然是有条件的开放。过渡期结束后，我们在流通领域中参与国际合作与竞争的激烈程度远远大于过去和现在。我们必须打一场时间差的仗，争取在五年内使我们商业流通有一个大的发展，提高竞争能力，特别要提高流通效率，提高企业效益。国家经贸委提供过一组数字：1999 年，我国国有独立核算工业企业流动资金周转速度平均仅为 1.2 次，国有商业企业平均只有 2.3 次，但国内一些连锁企业资金周转速度已达到20次以上。去年上半年，全国前20家连锁企业销售额比上年同期增长了48.8%，为同期社会消费品零售总额增长率的5倍。一些工商企业发展现代物流后，大幅度降低了成本。上海联华超市与大的供应商联网，相当于将自己的商品库存和配送交给供应商管理，部分商品实现了“零库存”。中国石油化工集团公司物资采购网上交易系统运行不到一年，累计成交30多亿元，节约采购资金1.87亿元。这些都说明，加入世贸组织后，更广泛地参与国际合作与竞争，流通现代化是非常重要的手段。

（四）推进流通现代化是整顿和规范市场经济秩序重要的治本之策。去年以来，整顿和规范市场经济秩序工作成效显著，深受人民群众欢迎。但是“野火烧不尽，春风吹又生”，一些深层次的问题并未从根本上解决。因此，关键是要在治本上狠下功夫。实践证明，大力推进流通现代化，推进连锁经营、物流配送等现代流通方式，有利于从根本上减少假冒伪劣商品进入市场，净化流通环境，还对强化国家税收征管，防止逃税漏税有好处。现在销售假冒伪劣商品的，大多是那些租摊位式的商场、集贸市场和一些“游击队”似的流动商贩。真正大的连锁店或超市是不屑于也不敢卖假货的，那样做是要砸掉自己的牌子的，风险很大。我听说有一些顾客到麦德龙在中国开的大卖场去买东西，买完后要麦德龙开发票，明明买的是家电，非要在发票上写成“办公用品”，他为的是回去好报销。但麦德龙表示他们在全球化经营中遵守的就是“诚信”二字，宁可顾客退货，也不会在发票上作假，再加上他们的发票都是电脑自动出的，不可能随意改。我看这就是发展现代商业的好处，不仅是诚信服务，不卖假货，对消费者有好处，而且还能规范和约束经营行为，抵制流通领域的不正之风。

三、五点要求

关于如何推进流通现代化工作，荣融同志已作了全面部署，我再强调几点。

第一，一定要从实际出发，积极稳妥地推进。

流通现代化本身就是适应市场经济发展需要而提出来的，有其自身发展的规律。各地绝不能一哄而起，更不能简单地认为推进流通现代化就是去盖新大楼、新商场。由于历史的原因，全国各地经济发展不平衡，流通产业发展的基础和现状差别也较大，因此在整体思路和具体做法上也应该有所不同。这次大家实地参观学习了上海市的经验，又在会上听了其他几个典型发言。这些基本思路和主要经验，都可以带回去学习和借鉴，但一定要从当地实际出发，绝不能照搬照抄。流通现代化的内涵很丰富，包括商业观念的现代化、流通管理的现代化、商业人才的现代化、流通基础设施的现代化等等，各地一定要结合本地实际，提出切实可行的目标，认真做好发展规划，扎扎实实抓好推进工作。一定要以企业为主体，按市场经济规律办事，政府不能越俎代庖，不能搞行政命令，更不能搞形象工程。现在一些地方出现“物流中心”热的苗头，都想把本地建成区域性、全国性甚至国际性的物流中心，实际上这是不可能的，反而有可能延误流通现代化的进程。各地要充分考虑现代化流通方式的强大辐射功能，避免因重复建设造成社会资源的浪费。财政困难的省、区、市不能搞攀比，一定要从自己的实际出发。

第二，努力培育有国际竞争力的大型流通集团。

江泽民总书记在去年中央经济工作会议上指出：“培育和发展一批拥有自主知识产权、核心能力强的大公司和企业集团，是应对加入世界贸易组织后国际竞争的重大举措，要抓紧推进。”我认为在流通行业，这个问题更为重要，也更为迫切。美国的沃尔玛连锁公司，1999 年、2000 年都排名世界 500 强第二位，2001 年据说有可能成为世界第一。世界 500 强中，流通企业数量不在少数。但在我们国家，全国 500 强中恐怕连一家内贸企业也没有。不仅内贸企业、其他行业进入 500 强的也没几家，这种状况应该改变。目前，进入世界 500 强的美国“沃尔玛”、法国“家乐福”、德国“麦德龙”等大型流通集团，都已经进入我国。如果我们不能尽快培育出一批有国际竞争力的大型流通集团，我们不要说走向世界，在家门口都无法适应竞争。

前不久，国务院办公厅转发了国家经贸委等八个部门关于发展具有国际竞争力的大型企业集团的指导意见，这些内容对流通企业同样适用。国家经贸委对如何培育流通领域的大公司、大集团，进行了专门研究，各地也要这样做。这次会议，我们专门邀请了一些大型流通企业参加，目的就是希望能够在这方面先走一步，走快一点。各地都要认真研究这个问题，加强对培育流通领域大公司、大集团工作的指导，特别是要完善这些企业的法人治理结构，率先建立现代企业制度，加快推进流通现代化，增强企业创新能力，切实突出经营主业，提高核心竞争力。除了抓紧抓好发展连锁经营，以及以资金为纽带，建立母子公司体制的大公司、大集团外，还要结合流通企业的特点，通过多个企业商品共同采购、配送，通过转让商号使用权、输出管理等多种方式，密切企业之间的联系，把企业的经营规模做大。

各地在培育大公司、大集团工作中，一定要打破地方保护，树立全国一盘棋的思想。从市场竞争的角度，如果各地区、各城市都培育自己本地的“龙头”企业，实际上这些企业的规模是不可能做大的，在全国范围内也是很难有竞争力的，更不要说世界范围的竞争。一定要破除“宁作鸡头、不作凤尾”的思想，作不了“龙头”就作“龙身”，哪怕“龙尾”也是“龙”的一部分，可以共享规模效益。请各地政府流通主管部门，务必注意这个问题。

各部门要支持流通现代化的推进工作。国家经贸委、体改办一直在同有关部门协商，研究如何从政策上、体制上为连锁经营的发展创造良好的外部环境，尽快培育出中国的“沃尔玛”。财政部、公安部、工商总局、税务总局、烟草局等部门，态度都是积极的。但也还有个别政策问题，部门之间还没有达成一致意见。希望有关部门继续进行协调，争取尽快解决这些问题。我认为，在研究这些问题的解决办法时，有两条原则是应该做到的：那就是凡是在加入世贸组织谈判中对外承诺的市场准入，应该首先在国内企业中实行，特别是应该优先在国内连锁企业中实行；再就是对本系统和社会上的企业应该一视同仁，实行“国民待遇”。

第三，抓紧培养熟悉现代流通的高素质人才队伍。

推进流通现代化，关键在于要抓紧培养和造就一支精通现代流通的高素质人才队伍。如果一时做不到“精通”，至少要熟悉现代流通。我在北京考察过物美连锁公司，公司董事长是中科院系统科学博士、美国斯坦福大学博士后，在发展连锁经营的思路、模式、措施方面，确实做到了同国际接轨。各地都要重视高素质人才的培养问题，这是我国流通现代化能否顺利推进的关键所在。

高素质的人才队伍，至少要具备以下条件：

一是要熟悉并逐步精通现代化流通规则。当前，首先要熟悉世贸组织的原则、规则和惯例，以及我国在《议定书》中的承诺。要熟悉国际经济特别是国际商务法律，这样才能适应我国加入世贸组织的新形势，才能有资格参与国际化竞争和挑战。原来学经济的，要加强外语；原来学习外语的，要补充经济知识；经济知识和外语都很好的，要学习法律知识。这样才能适应入世后的需要。

二是要熟悉并逐步精通现代流通方式。对连锁经营、物流配送、网上销售的基本原理、运行模式、发展规律等，都应该了如指掌，运用自如，并能够及时掌握全球新型流通方式的发展动向和趋势。

三是要熟悉并逐步精通现代流通管理。管理是企业永恒的主题。连锁经营、物流配送、网上销售等现代流通方式，同传统流通方式的管理，在理念上、目标上、手段上都有很大差别。只有依靠现代管理，才能维持现代流通的运行。

四是要熟悉并逐步精通现代流通技术。现代科技特别是现代信息技术，是流通现代化的灵魂和动力。像POS、MIS、EDI等系统，在强化管理、加快周转、降低费用、改善服务方面，起到了不可替代的重要作用。

第四，商业领域利用外资要注重提高质量和水平。

加入世界贸易组织后，我国商业领域的对外开放将不断扩大，要认真总结流通领域对外开放的经验教训，充分利用五年的过渡期完善管理法规，把扩大对外开放和推进我国流通现代化更加紧密地结合起来。利用外资一定要按国家的法规政策办，不能自行其是，违规操作。不仅要讲求数量，更要讲求质量和水平。现在引进的许多商业利用外资项目，小的不少，有的外国企业的名字从来都没听说过，在本国也不怎么样，这种合资合作有什么意义呢？国有商业的改组改造，虽然需要资金的支持，但我们引进外资更重要的是引进、学习国际上先进的流通理念、流通模式、流通业态、流通管理和流通技术。只有把国际上著名的跨国商业集团引进来，才能学到这些东西。不仅要引进、学习，而且要消化、吸收，要有创新，这样才能解决起点低的问题，才能实现跨越式发展，否则只能永远跟在别人后边，将永远处于落后状态，且这种差距会越来越大，难以赶上世界发展潮流。要注重利用外资加大对传统商业的改造力度，这样既盘活了传统商业，又能把现代商业发展起来，是一举多得的大好事。要加快利用外资发展现代物流，提高我国的现代物流技术，改善物流基础设施。要继续利用进入中国的这些跨国商业集团的国际营销网络，带动我国产品和设备的出口。

第五，加快建立商业信用体系，开展商业诚信服务。

衡量流通现代化一个重要的标志，就是企业要有很高的商业信用和职业道德。推进流通现代化需要建立商业信用，商业信用的提高也会促进流通的现代化。因此，要大力推行“黑名单”和“黄牌警告”制度，并将那些不讲商业信用的劣迹斑斑的企业公开曝光，使他们无处藏身。这次工商总局的领导也来参加现场会了，国家经贸委、工商总局要一起研究这个问题。我还要强调一点，就是在杜绝假货进入市场的同时，要下工夫改善服务态度，提高商业零售业的服务水平，经营的商品品种和价格要立足于满足大多数老百姓的消费需求，让老百姓在热情服务中买到价廉物美的商品。这些都是流通现代化的要求。

同志们，推进流通现代化是当前流通领域一项非常重要的工作。希望大家回去后要抓紧向党委、政府汇报，各地在落实中央经济工作会议精神，安排今年经济工作时，要把推进流通现代化作为一项重要工作，拓展视野，与时俱进，改革创新，争取用几年的时间，使我国流通现代化出现一个崭新的面貌，为促进国民经济发展做出新的贡献。新春佳节就要到了，希望大家认真安排好节日期间的商品供应，关心低收入和生活困难家庭的生活，特别是要加强商场等公众场所的安全防范，使全国人民过一个欢乐、祥和、丰盛、健康的节日。最后，我向出席这次会议的全体同志以及全国流通行业的全体人员，致以新春的问候，给大家拜个早年！

李荣融主任在全国推进流通现代化工作现场会上的讲话

全国推进流通现代化工作现场会，是进入新世纪后召开的一次关于流通工作的重要会议，这次会议的任务是：贯彻落实中央经济工作会议和全国经贸工作会议精神，总结上海市等典型单位发展现代流通方式的经验，研究部署在全国推进流通现代化的主要任务和工作重点。国务院领导同志对这次会议非常重视。吴仪国务委员专门听取了会议准备情况的汇报，对如何开好会议作了重要指示，并到北京、上海、浙江等地进行了多次调研。明天，吴仪国务委员将到会听取经验介绍，并作重要讲话。

下面，我代表国家经贸委党组，就推进流通现代化工作，讲几点意见。

一、加快推进流通现代化是关系现代化建设全局的重大问题

二十多年的改革开放和发展，使我国经济发生了重大变化，流通体制改革和流通产业发展也取得了显著成绩，主要表现在：一是商品流通规模不断扩大。2001年全社会消费品零售总额达到37595亿元，比2000年增长10.1%，是改革开放前1978年的24倍，剔除价格因素，年平均递增10%以上；去年1～11月社会生产资料销售总额为51758亿元，同比增长5.8%，扣除物价因素，实际增长9.8%。二是以新型流通方式为代表的商品流通体制改革进展很快，连锁经营、物流配送发展迅速，电子商务也稳步发展。同时，一些新技术、新设备开始应用和推广，如连锁超市中普遍应用的商品条形码、冷藏设备和时点销售系统（POS）、管理信息系统（MIS），物流配送企业的储运保管和分拣设备的自动化、机械化，汽车代理经营的“四位一体”设施等，这些技术和设施的应用，提高了流通企业的科技含量和现代化水平。三是形成了多种经济成分

分拣设备的自动化、机械化，汽车代理经营的“四位一体”设施等，这些技术和设施的应用，提高了流通企业的科技含量和现代化水平。三是形成了多种经济成分共同发展的格局。1999年国有及国有控股经济占全社会消费品零售总额的比重为18.2%，集体经济占15.6%，个体经济和私营经济占45.1%，外商投资及港澳台占1.6%。四是市场体系逐步健全，流通规模逐步扩大。2000年，商业网点增加到1000多万个，从业人员达到4686万人，流通就业贡献率在非农产业中居第二位；工业自主品牌销售网络体系开始形成，部分耐用消费品和信息产品直营店快速发展。五是流通基础设施建设加快，国家储备粮、储备棉、储备糖库和大型批发市场、物流配送中心等基础设施初具规模。

但从总体看，我国流通业仍是国民经济发展中比较薄弱的环节，与建立社会主义市场经济体制的要求还有较大差距。目前流通业（批发、零售和餐饮业）对国民经济的贡献率不足9%，而美国、日本、英国、法国等发达国家早在上个世纪90年代中期就已经达到15%以上。当前存在的问题主要表现在以下几个方面：一是商品流通的规范化、法制化程度比较低。地方保护主义以及条块分割、地区分割、城乡分割、内外贸分割、行业垄断等现象严重，流通立法滞后，公平竞争的市场环境尚未形成。二是商品市场体系缺乏规划和资金投入。一些地区的大型商业网点建设结构失衡、比例失调、功能雷同，造成社会资源的极大浪费。由于资金投入不足，现代批发交易中心、物流中心、配送中心和仓储建设等发展缓慢，制约着流通业的整体发展水平。三是流通企业规模偏小，组织化程度低，不能适应市场经济的要求。2000年全国273家主要大型零售商场商品零售额1072.8亿元，仅占全社会消费品零售总额的20%以上。四是流通企业管理手段、管理技术、管理水平落后。由于长期投入不足，目前流通产业的核心技术、物流和信息设备都远远落后于国际平均水平。这些问题已经严重地制约了我国流通业的进一步发展。

（一）推进流通现代化，是扩大内需、拉动国民经济持续快速健康发展的重要保证

立足国内需求是我国经济发展长期的基本战略方针。去年以来，世界经济增长呈现减慢趋势，我国主要贸易伙伴美国、日本、欧盟三大经济体经济增长同时陷入低谷，外贸出口的难度越来越大。面对严峻的世界经济形势，综合考虑经济社会发展的需要，中央确定今年我国国民经济增长的预期目标为7%左右。为了实现这一经济增长目标，必须重视培育、扩大和保护国内需求，必须加快推进流通现代化。实践证明，流通是决定经济运行速度、质量和效益的引导性力量。小流通带动小生产，大流通带动大生产。现代流通是社会再生产过程的血脉和神经，是各种生产要素集结、整合与聚变的载体，是连接生产与消费的纽带，可以带动产业结构的调整，提高劳动生产率和经济运行的效率。1999年我国国有独立核算工业企业流动资本周转速度仅为1.2次，国有商业也只有2.3次，而发达国家工业企业资本周转速度一般为6~8次，商业企业高达20多次。如果能够提高周转速度，在不需要增加多少投资的情况下，我国经济的规模和效益都会有较大增长。我们要通过推进流通现代化，建立高效率、高效益、高容量的流通体系，为第一、二产业提供正确的市场信息，引导并加速产业结构的调整和优化，促进国民经济持续快速健康发展。

（二）推进流通现代化，是应对经济全球化挑战的有效措施

近二十年来，在世界贸易组织建立和技术进步的推动下，经济全球化的进程逐渐加快，成为世界经济发展的主流。自去年12月11日起，我国已正式成为世贸组织的成员。加入世贸组织意味着国内市场的国际化，也意味着我国流通企业将在更大范围、更深层次上参与经济全球化的进程。根据现行承诺，批发服务、零售服务、佣金代理服务、特许经营和其他分销服务业将在我国加入世贸组织后二至五年内逐步放开。与跨国公司拥有的雄厚资本、丰富经营管理经验、先进管理信息系统和全球采购网络相比，我国的流通业由于在计划经济体制下长期处于产销分离、批零分离、内外贸分离的状态，存在着巨大的差距，突出表现为经营规模小，组织化程度低，经营业态和商品结构雷同，流通设施和技术手段落后等，使我们面临着严峻的挑战。例如，我国销售规模最大的零售企业，2001年销售额还不到美国沃尔玛公司的1%。这样大的差距，直接反映出国际竞争力不强。因此，面对我国入世带来的挑战，必须加快推进流通现代化，通过运用先进的流通技术设施、手段和现代流通方式、管理方法，使商流、物流、信息流建立在现代科学技术基础上，提高流通企业的规模化程度和规范化水平，降低流通成本，提高流通的科技含量，提高流通企业参与全球化竞争的能

亡、民族兴衰、现代化建设事业的成败，是我国整个“十五”期间一项十分重要的任务。去年以来整顿和规范市场经济秩序的实践证明，通过推进流通现代化，大力发展连锁经营、物流配送和代理制等先进的流通组织形式和经营方式，能够将分散的零售商和供货商组织起来，有利于提高流通企业的组织化和规模化，实现经营行为规范化、经营作业标准化，从源头上杜绝假冒伪劣商品进入流通领域，是整顿和规范市场经济秩序行之有效的重要治本之策。同时，通过培育一批技术先进、管理严格、行为规范、辐射力强的大型流通集团、流通企业，使之成为商品市场中的“主渠道”，在流通行业中起到示范带头作用，不仅有利于防止假冒伪劣商品进入市场，为更多的消费者提供信得过的商品和服务，也有利于从根本上规范市场经营秩序。

（四）推进流通现代化，是满足人民生活需要、提高人民生活水平的必然要求

不断提高城乡居民的物质和文化生活水平，是发展经济的出发点和归宿。不断满足即期的消费需求，开发潜在的消费需求，创造未来的消费需求，是市场经济持续发展的动力所在。随着我国经济的发展，人民生活水平不断提高，消费需求日益多元化、个性化，传统的流通方式已经远不能适应消费者新的需求。推进流通现代化，发展现代流通方式，有利于优化流通业态结构，及时提供质优价廉的商品和方便快捷的服务，满足城乡居民不断发展变化的消费需求。如我国连锁经营的发展，在始终坚持“为民、便民、利民”宗旨，努力办好连锁超市、便利店的同时，根据经济发展和人民生活的提高，开始发挥“繁荣（市场）、繁华（城，市）”的功能，开办连锁专业店、百货店，以及各种各样的服务连锁店等，深受人民群众的欢迎。

总之，加快推进我国流通现代化，符合发展先进生产力的要求，符合先进文化的要求，符合广大人民群众根本利益的要求，是贯彻江泽民同志“三个代表”重要思想的具体实践，也是应对经济全球化挑战，保证国民经济持续快速健康发展的必然要求。

二、以流通改革与创新为核心，加快推进流通现代化

流通现代化内涵广泛，既包括基础设施、技术装备、工艺及标准的现代化，也包括管理体制、经营方式、组织形式、管理观念和人员素质的现代化。江总书记和朱总理在中央经济工作会议上的讲话中，

施、技术装备、工艺及标准的现代化，也包括管理体制、经营方式、组织形式、管理观念和人员素质的现代化。江总书记和朱总理在中央经济工作会议上的讲话中，明确指出要大力发展连锁经营、物流配送等现代流通方式。当前和今后一段时期，要以流通方式和组织形式的改革与创新为切入点，推进流通现代化，重点推动连锁经营、物流配送和电子商务的发展。

（一）大力发展连锁经营

连锁经营是我国流通领域带有方向性的一项改革，自90年代初起步，经过十几年的发展，已成为零售业、餐饮业和服务业普遍应用的经营方式和组织形式，显示出强大的生命力和发展潜力。最近，我委会同国家统计局，对限额以上零售业、餐饮业连锁企业进行了一次普查。数据表明：1999年我国实行连锁经营的企业974家，门店14623个，销售额占当年全社会批发零售和餐饮业零售总额的4.5%。2000年实行连锁经营的企业增加到1092个，门店21388个，同比增加46.2%，销售额增长44.2%，占同期全社会批发零售贸易和餐饮业零售总额的5.8%。2001年上半年实行连锁经营的企业增加到1138家，门店达25119个，销售额接近于1999年全年的销售额。由于两大石油集团的加油站和一些生产企业自建的连锁销售网络没有统计在内，连锁店的实际销售额及比重还应该更高一些。连锁经营这种新型流通方式和组织形式，在扩大内需、拉动经济增长中发挥了重要作用。

连锁经营发展在取得成绩的同时，还存在一些突出的问题：一是企业规模小。我们统计的连锁企业中，店铺数量在10个以下的高达一半以上，按照国际惯例不能称其为标准的连锁企业。二是销售额比重低。2000年全部连锁企业销售额，不到全社会批发零售贸易和餐饮业零售总额的6%。而美国沃尔玛公司一家的销售额，就占全美国销售总额的7%。沃尔玛公司2000年销售额高达1932亿美元，相当于当年我国全社会批发零售贸易和餐饮业零售额的近60%。三是规范化水平低。不少企业的统一采购、统一配送比重不高，信息系统建设滞后，管理的科技含量较低，大多数连锁企业还没有形成一个完善的、规范化运作的经营管理体制。

为充分发挥连锁经营的优势，今后要大力推广连锁经营这种现代流通组织形式和经营方式，力争经过五年的努力，初步确定连锁经营在商业和服务业中的主体地位，使连锁经营销售额、连锁企业店铺数都要有较大幅度的增长。到“十五”末期，全国连锁企业店铺数发展到100000个，销售额7000亿元，年递增约35%，占社会批发零售贸易和餐饮业零售总额的比重达到20%左右。年销售额在50亿元以上的连锁企业达到20家，销售额在20～50亿元的连锁企业达到40家，培育5～10家拥有自主知识产权、主业突出、核心竞争力强、初步具有国际竞争力的大型连锁企业集团。为实现上述目标，今后我们的工作重点是：

1. 推动连锁经营向更大范围、更深层次发展和延伸。一是在地区上，鼓励有条件的连锁企业，通过兼并联合、资产重组、参股控股或通过输出商标、商号和经营管理技术发展特许经营等方式，把中西部地区的连锁企业纳入现有的连锁体系中，带动这些地区连锁经营的发展，逐步缩小地区间的差距。同时，通过合资、合作和联营等方式，积极鼓励有条件的企业实施“走出去”的发展战略，争取在利用两个市场和两种资源方面有所突破。二是在业态上，从超市、百货店向便利店、专业店、专卖店、大型综合超市、仓储式商店等多业态发展。三是在行业上，在零售和餐饮服务业取得成功经验的基础上，在邮政、电讯、石化、烟草、图书报刊、医药等实行集中管理和专营专卖制度的行业中，以及在家电、电脑、软件、家具、装饰装修材料、汽车销售及租赁、服装等行业和房地产中介、教育培训、汽车配件及维修、家庭服务、旅游等新兴服务业中，积极发展连锁经营。四是在形式上，在直营连锁不断完善和规范的同时，选择有自主知识产权、核心竞争力强、知名度高、管理基础好的企业，积极探索特许经营的发展模式。

2. 进一步促进业态结构的合理化和多样化。以中等收入的工薪阶层为目标顾客，以满足人民群众基本生活需求为经营宗旨，以大众化生活用品为主体商品，积极推进与人民生活密切相关的标准食品超市的发展，并逐步提高生鲜食品经营比重；在超级市场已经充分发展的地区，逐步发展具有综合化服务功能的便利店，积极探索便利店在不同地区的经营内容和发展模式；结合各地情况，积极推进符合中国国情的现代大型综合超市的发展；大力发展有特色的专业店和专卖店；推进传统百货店向现代大型综合超市、购物中心等业态转型和功能创新，并利用连锁经营进行改造；有计划地控制大卖场和仓储式商店的盲目发展。

3. 建立和培育一批示范企业。目前，我国已经出现门店超千家、销售额超百亿的上海联华超市有限公司，上海华联超市、上海农工商超市、山东三联集团、北京华联超市、华润超市等连锁公司，也一直保持良好的发展势头。我们拟从连锁企业中选择5~10家作为示范企业，鼓励其通过资本运营等多种方式，形成具有自主知识产权、主业突出、核心能力强、管理规范、可持续发展的大型连锁企业集团，应对我国加入WTO后零售业面临的严峻挑战。同时，我们将直接联系一批大型连锁经营企业，及时宣传和推广先进经验和技术，并将其经营业绩定期向社会公告，营造支持连锁经营发展的舆论氛围。

4. 加强理论研究和宣传。要结合整顿和规范市场经济秩序工作，利用各种新闻媒体，宣传连锁经营是从源头上杜绝假冒伪劣产品的治本之策，宣传连锁经营在开拓市场、扩大内需、拉动经济增长方面的重要作用。同时，要加强对现代流通理论、连锁经营新技术和发展趋势的研究，指导和推动连锁经营健康发展。

（二）积极推进物流配送发展

随着现代化大生产的发展和现代科技的应用，生产环节的成本大幅度降低，流通环节占总成本的比重越来越大。据美国学者调查分析，在整个生产过程中，用于加工制造的时间仅占5%，其余时间都用于储存、装卸、运输等环节，平均费用占到生产成本的40%以上。有人估计，我国在物流环节中造成的损失，每年高达2700亿美元左右。因此，国际上普遍把物流称为“降低成本的最后边界”，称为排在降低原材料消耗、提高劳动生产率之后的“第三利润源泉”。

自80年代中期开始，国务院领导同志指示在流通企业中进行物流配送的试点。随着国民经济的增长，我国的物流配送业近年来得到快速发展，呈现出以下几个特点：一是各级政府部门采取措施积极推动物流配送的发展，不少省市已经把发展现代物流列入了日程，如上海、天津、深圳都把物流作为支柱产业，还有许多省市开始制定物流规划。二是在生活资料领域和生产资料领域出现了各具特色的不同类型的现代物流企业，一些传统的流通企业，包括运输和仓储业通过改造变成物流企业；一些生产企业开始介入现代物流，如青岛海尔集团；一批专业化的物流企业得到较快发展，物流配送的社会化、专业化发展趋势日益明显，如广州宝供、深圳中海物流都是比较成功的第三方物流公司。这些企业根据各自特点，发挥特长和优势，积极开拓物流服务领域，形成了服务模式多样、多种经济成分并存的现代物流企业群体。三是随着连锁企业规模不断扩大，连锁企业内部的配送中心在硬件设施、管理水平、管理信息系统建设等方面，获得较大发展，有些已经达到比较先进的水平。如上海华联超市建立的配送中心，占地面积2.8万平方米，商品库存量60万箱，日均吞吐能力14万箱。配送中心全面采用了计算机管理，并应用先进的无线网技术，实现了无纸化收货验货、拣货理货和仓储保管盘点。四是现代物流技术的开发研究取得一定进展。一些物流配送企业在研究开发物流信息技术和物流配送管理技术上取得多项成果，对于推动我国现代物流发展发挥了积极作用。

尽管我国物流配送业近几年发展很快，但与发达国家相比，我们还处在起步阶段，困难和问题是多方面的：一是许多重要基础设施仍然处于垄断经营状态，不适应社会主义市场经济的要求；二是在规划、管理和实际运作方面，基本上是条块分割，自成体系，制约了物流配送的社会化；三是物流行业虽然整体上存量资产较大，但布局分散，企业规模小，技术力量薄弱，管理落后，资产利用率不高，运行方式陈旧。目前，发达国家的物流已经不再局限于企业内部的层面上，而形成了以供应链管理为核心的社会化的系统，成为相互联系、分工协作的整个社会再生产链条中的重要环节。为加快我国物流配送业的发展，今后要重点抓好以下工作：

1. 加强指导，进一步完善物流基础设施建设。2001年3月，国家经贸委会同铁道部、交通部、信息产业部、外经贸部和民航总局，联合印发了《关于加快我国现代物流发展的若干意见》，明确了我国物流发展的指导思想和总体目标，并提出了八条具体意见，希望各地、各有关部门结合各自实际情况认真贯彻执行。要积极培育物流市场，为建立社会化、专业化物流服务体系打好基础。要加强物流基础设施建设，特别是对中心城市、交通枢纽、物资集散地和口岸地区大型物流基础设施的建设，要兼顾近期运作和长远发展的需要，对现有资源进行有效整合和重新配置，防止出现各部门各自为政，物流设施功能单一，投资分散，重复建设。

2. 塑造多层次、多类型的物流配送格局。一是加强连锁企业内部物流配送中心的建设和管理。要根据企业的实际情况，考虑市场需要和生产流通的发展趋势，合理确定配送中心的建设规模和水平，加强对物流配送中心的管理，逐步实现仓库立体化、装卸搬运机械化、拆零商品配货电子化、物流功能条码化、配送过程无纸化，并建立自动补货系统，为连锁企业提供安全可靠、高效率的配送体系。二是整合物流资源，建设专业化、社会化的物流企业。通过资产联合重组和专业化改造，充分利用和整合现有物流资源，特别是与批发企业和储运企业改组、改造相结合，打破行业界限和地区封锁，有计划、有步骤地完善和发展社会化的物流企业，满足中小企业发展的需要，为他们提供高效快捷的配送服务，同时为电子商务发展提供支持。三是积极组织生产资料分销企业完善服务功能。要为生产企业提供原辅材料及零部件的配送业务，逐步建立钢材剪切加工、混凝土、玻璃加工、日用化工产品、食品等专业化加工配送中心，不断扩大配送品种范围，力争建成提供大规模、多品种、高效率服务的物流配送体系。

（三）稳妥进行电子商务试点

随着计算机与网络技术的普及与发展，我国的电子商务迅速崛起，众多的信息技术企业、风险投资公司、生产流通企业纷纷开展电子商务。从我委去年上半年对630多家企业的调查来看，目前企业在互联网应用和开展电子商务方面，东部地区的企业好于中部地区，中部好于西部，所在地在大城市的企业好于地处偏远的企业，新企业好于老企业。经济实力强、利润空间大的企业，信息化建设和电子商务开展得比较好。如联想集团目前已经完成了供应链各个环节的信息化，做好了开展电子商务的全部基础性工作。同时，大多数企业对信息化建设比较重视，普遍看好电子商务的未来，企业内部信息化建设取得了积极进展，正在由信息孤岛向信息集成跨越，建立在网络应用基础上的电子商务建设也取得了一定进展，一些企业已经通过网络开展采购和销售业务。

企业电子商务的开展，给企业带来了许多好处。一是提高了企业的经营管理水平，二是促进了企业经营管理观念和制度的变革，三是培养和锻炼了一大批人才，四是改善了企业形象，提高了企业的市场认知程度。互联网应用水平较高的企业，其市场开拓能力、成本控制能力、业务流程的重组及企业管理的观念与制度，均得到了不同程度的提高和优化。中石化集团通过网上采购，对采购全过程进行实时监控，使采购过程公开化、规范化，实现了“阳光作业”，在很大程度上杜绝了暗箱操作，大大降低了采购成本，在物资采购系统正式投入运行使用后的八个月中，上网供应商1700多家，网上累计成交金额34.8亿元，节约采购资金1.87亿元，节约5%。联想集团通过实施资源管理计划(ERP)，规范和优化了77个业务流程，加强了财务、销售、生产制造、采购等子系统之间的协同性。许多企业在实施信息化和电子商务建设中，企业领导的观念发生了很大变化，深化了企业内部管理制度的改革，也培养和锻炼了一大批既懂业务又懂信息技术的综合性人才。

但总体来说，我国企业互联网应用和电子商务发展的总体水平还比较低，目前尚处于信息发布与交流的初级阶段。企业互联网和电子商务发展存在着许多制约因素，在网络安全、网络基础设施建设、社会信用、法制环境、网络支付等方面还有很大差距，网络市场规模尚未形成，资金投入不足，综合性人才缺乏，大多数企业缺乏清晰的互联网应用和电子商务发展的战略规划。面对这种现状，今后推进我国电子商务发展的工作重点是：

1. 做好电子商务发展的基础性工作。要加快流通企业信息化建设，打好电子商务的应用基础。重点抓好重要标准规范的制定推广和数字流通基础设施这两项基础建设，建立以标准为前提、以数据为基础的社会化服务平台，为中小流通企业服务，创新电子商务的应用模式。进一步提高流通基础信息的规范化程度和集约化水平，增强流通企业对信息增值重要性的认识，通过商情、价格等大型数据库的建立和数据挖掘系统的建设，提高流通企业信息资源开发利用水平和效率。

2. 继续开展电子商务的试点工作。目前，我委已批准北新建材集团组建的“中国建材总网”进行试点，今后将继续开展电子商务应用的试点和示范工程。一是在钢材、电子、医药、建材等传统行业中，通过优化供应链管理，建立上下游客户的网上采购，探索传统产业与电子商务相结合的模式。二是在粮食、棉花、食糖、有色金属等大宗商品批发市场中建立专业网络系统，探索有形市场与电子商务相结合的模式。三是探索连锁企业发展电子商务的模式，利用连锁店铺的有形网络，通过开办网上商店，拓展经营品种与业务范围。同时，要开发新的服务项目与新的服务领域，使连锁经营向社区服务中心等多功能、综合服务的方向发展。四是探索物流企业与电子商务相结合的模式。通过这些示范工程，总结经验，探索电子商务不同的发展模式。

3. 研究制定电子商务发展的相关政策法规。一是制定流通产业电子商务发展规划，进一步明确发展的目标与政策措施，并根据需要，在一定时期内公布我国序，维护交易方的合法权益。三是协调有关部门，研究制定支持电子商务发展的相关政策，如网站的经营范围问题、税收问题等，进一步推动电子商务的发展。

推进流通现代化是一项复杂的社会系统工程，涉及到方方面面的工作，从上海等典型单位的经验看，在推进过程中要注意做好几个结合：

一是要与观念创新相结合。一个国家、一个民族的发展与繁荣，离不开创新与变革。一个行业、一个企业的持久发展和繁荣，也离不开创新与变革。随着现代信息技术的发展和经济全球化进程的加快，流通领域的创新与变革也呈现加快的趋势。推进流通现代化是对传统流通业的创新与发展，代表着先进生产力的发展方向和流通业的改革方向。因此，我们必须适应新形势的要求，改变传统的小商人意识，树立现代流通观念，及时跟踪当今世界流通领域的新潮流、新趋势，用新的观念、新的思路推进流通现代化的进程。

二是要与机制创新相结合。企业是实施流通现代化的主体，推进流通现代化，有赖于企业的实践。要以建立现代企业制度为目标，加快国有流通企业改革步伐，重点是规范股份制改革，完善公司法人治理结构。要贯彻落实国务院办公厅转发的《关于发展具有国际竞争力的大型企业集团的指导意见》，结合流通企业实际情况，努力培育一批具有国际竞争力的大型流通企业集团，使它们成为技术创新能力强、市场开拓能力强、经营能力强、规模经济效益好，具有持续赢利能力和抗风险能力的企业。对数量众多的中小企业，要通过实行股份合作制、股份制、兼并、重组、出售、拍卖等多种方式的改革，进一步放开搞活。

三是要与管理创新相结合。优化管理是推进流通现代化的基础。要继续推进人事、劳动、分配三项制度改革，促使企业尽快建立起管理人员竞聘上岗、能上能下，职工择优录用、能进能出，收入能增能减、有效激励这三个机制。要加强企业的建章建制，逐步建立一套完善的经营管理体系和作业标准，实现制度手册化、运作程序化、作业标准化，不断加强资金管理，采购管理，人力资源管理和服务管理，提高企业竞争力。要加快流通企业信息化建设，推动流通企业从早期的时点销售系统（POS）、管理信息系统（MIS）向以顾客分析为核心、以互联网技术为基础的供应链管理系统、财务管理系统、客户关系管理系统及商业智能、决策分析系统发展，鼓励有条件的企业组织实施

向以顾客分析为核心、以互联网技术为基础的供应链管理系统、财务管理系统、客户关系管理系统及商业智能、决策分析系统发展，鼓励有条件的企业组织实施ERP（企业资源计划）。通过信息化建设，促进企业组织框架的重组、业务流程的再造，提高核心竞争力。

四是要与技术创新相结合。流通技术是流通现代化的重要内容，流通领域应用的技术范围广泛，既包括信息技术、仓储运输技术、流通加工技术，还包括标准化、计量与质量管理技术等。要借鉴国外比较成熟的经验，加快先进适用技术在流通企业中的推广应用。在零售企业中要推广条码技术、品类管理、商场防损防盗技术及供应链管理、客户关系管理等系统；在物流企业中推广物流管理信息系统，提高物流企业内部管理的标准化、规范化水平，在此基础上构筑起现代物流信息平台，通过平台使物流企业与制造商、供应商、用户及相关单位联结起来，实现资源共享、信息共用，并对物流各环节进行实时跟踪、有效控制与全程管理。加快物流配送服务相应技术标准的研究和制定工作，广泛采用标准化、系列化、规范化的运输、冷藏链、包装、搬运、包装机具及条码技术，鼓励发展人工和机械分拣组配现代化仓库，提高物流管理的现代化水平和作业的机械化、自动化程度。同时，要加强与大专院校、科研机构和高新技术企业的合作，有条件的地区可以尝试创建流通科技园区，把商品流通产业的技术开发、技术创新与技术引进有机地结合起来，不断提高流通行业的技术创新能力。

推进流通现代化的工作内容很多，随着现代经济和科学技术的发展，新的流通理念、流通方式、流通业态、流通技术等，会层出不穷地涌现出来。我们要牢固树立与时俱进的精神，不断适应新的形势，研究新的情况，解决新的问题，把流通现代化的工作不断推向前进。

三、加强领导，统筹规划，扎实推进流通现代化

21世纪被称作知识经济时代，现代信息技术、现代经营观念和现代流通方式等，将在经济运行中发挥越来越大乃至决定性的作用。我们必须适应形势发展变化的要求，跟上科技进步和知识创新的步伐，扎实工作，加快推进流通现代化的步伐。

（一）统一思想，提高对流通现代化的认识

推进流通现代化，是我国流通业实现跨越式发展的重要保障。近年来，推进流通现代化的工作受到党中央、国务院领导同志的高度重视，多次作出重要指示。各地区、各部门必须统一思想，从实践“三个代表”的高度，深刻认识推进流通现代化对加快流通产业结构调整和技术升级，开拓市场，扩大内需，拉动国民经济增长的重要作用。要进一步解放思想，更新观念，加强对流通现代化的扶持引导，把推进流通现代化工作切实提上议事日程。

（二）做好规划，加强宏观指导

推进流通现代化，必须坚持以市场为导向、企业为主体，要结合当地的实际情况，在做好规划的基础上，稳步推进。特别是物流基地、物流配送中心和大型综合超市的建设，要坚持从实际出发，切忌刮风和盲目上马，避免重复建设，造成资源浪费。同时，各级主管部门要认真研究流通业发展中的新问题、新情况，努力做好商品市场体系、商品营销方式、商品流通组织形式、商品市场调控体系、流通法律体系、流通基础设施改造等方面的发展规划，把握好流通产业的改革和发展方向。目前上海市在商业网点的建设中引入了听证制度，值得各地学习和借鉴。

（三）加强培训，提高从业人员素质

推进流通现代化，要把培养人才和提高从业人员的整体素质作为战略性的任务来抓。各级主管部门要积极创造条件，动员各方面的力量开展培训，通过在校培养与在职培训相结合、基础培训与专业培训相结合、理论培训与实践相结合，全面提高流通从业人员素质。同时，建立健全流通行业的职业培训制度，创办培训基地，开展各种专业、各种层次的职业培训，宣传推广新知识、新技术、新理念，培养和选拔一批思想政治素质好、经营管理能力强、系统掌握现代管理知识、适应改革开放要求的现代流通人才。

（四）政策引导，创造良好的外部环境

为推进流通现代化创造良好的外部宏观环境，是政府部门的重要职责。首先，建立健全统一开放、公平竞争、规范有序的市场体系，是推进流通现代化的前提。各级主管部门要在前一阶段整顿和规范市场经济秩序取得初步成效的基础上，进一步打破行业垄断、部门分割和地区封锁，尽快建立和完善全国统一的大市场。其次，各地政府要根据实际，抓紧制定推进流通现代化的政策措施。国务院已经确定，今年要加大国债支持企业技术改造的力度，我们拟将物流配送中心建设、连锁企业信息化建设等，列入国债贴息项目给予重点支持。各级主管部门也要结合当地实际情况，对开展连锁经营、物流配送和电子商务的企业给予必要的扶持。如重点支持效益好的企业拓宽融资渠道，通过增资扩股、股票上市等途径募集社会资金，扩大经营规模；通过资产重组、划拨等多种方式，鼓励改造工业企业的闲置厂房、设备和批发、储运企业的仓储设施，发展商品配送中心等。最后，各级政府主管部门要积极帮助企业解决在经营中遇到的问题。在国务院领导同志的直接关怀下，各有关部门最近对连锁经营发展中遇到的困难进行了共同研究，一致表示要积极创造条件，为连锁经营发展创造良好的政策环境。公安部同意：公安交通管理部门对连锁企业已登记的送货车辆，尽可能提供市区通行、停靠的便利。文化部、新闻出版总署同意：简化有关手续，支持连锁企业经营书籍、报刊、音像制品。直营连锁企业各门店可由总部统一办理专营商品经营许可证。总部已取得经营许可的，其门店不需要再办理有关手续，持总部批准文件（或许可证）的复印件即可经营。国家工商总局同意：积极支持连锁企业简化登记注册手续。对连锁企业经营范围的核定，扩展为可按行业大类核定。直营连锁企业各门店，可由总部统一办理专营商品经营许可证。总部已取得经营许可的，其门店不需要再办理有关手续，持总部批准文件（或许可证），加盖总部印章的复印件，到工商行政管理机关办理登记注册。财政部、国家税务总局同意：对省、自治区、直辖市范围内跨区域的连锁经营企业，实行统一缴纳增值税、所得税，由省级财政部门及时制定妥善的财政利益转移办法。国家烟草专卖局同意：直营连锁企业可统一办理各门店的烟草许可证，由总部或配送中心从所在区域的市级烟草公司统一定货，连锁门店所在地的烟草公司负责送货。我们感谢各有关部门一如既往的支持，希望今后进一步加强沟通和合作，形成竞争力，共同推进我国流通现代化进程。

新的一年里，我国的流通工作面临着新的机遇和挑战。让我们进一步解放思想，坚定信心，用创造性的工作，扎扎实实地推进我国流通现代化，为开拓市场，扩大内需，实现我国国民经济持续快速健康发展和社会全面进步，做出更大贡献！

二、2001年中国连锁经营发展动态

2001 年中国连锁经营发展动态

郭戈平

一、连锁企业跑马圈地，大型综合超市开店紧锣密鼓

一年来，外资零售商虽然受到政府清理整顿非试点外商投资商业企业政策的限制，但很多外资企业并未放慢开发中国市场的步伐，拿到许可证的企业更是变本加厉。以稳健著称的沃尔玛经过几年的市场培育，触角开始从华南地区向西南、东北和华北同步展开；麦德龙也加快了沿长江沿线向内陆拓展的步伐，同时也在东南、东北和华东地区寻点布点；开店速度最快的家乐福虽然受到国家有关部门的通报，但并没有动摇其继续扩大中国零售市场份额的决心。较晚进入大中国场的法国零售商欧尚也不甘落后，很快将开出第五家店。其他国家和地区的零售企业如日本的伊藤洋华堂、佳世客，韩国的易买得，台湾的好又多、大润发、泰国的易初莲花等，一年多来都有新店开张。

2000—2001 年几家经营大型综合超市的外资企业申请获得的开店指标

企业名称	业态	开店数	总投资额（万美元）	营业总面积（平方米）
沃尔玛	大型综合超市	13	8 500	170 000
麦德龙	仓储式会员商店	12	18 000	96 000
欧　尚	大型综合超市	4	18 570	43 650
大润发	大型综合超市	3	3 000	40 000

国内的连锁企业大型综合超市的建设也丝毫没有懈怠，几家领头企业如联华、

华联、武商等把大型综合超市作为今年的开店重点，农工商、北京华联、万佳、物美这几家以经营大型综合超市为主的连锁企业也在加快提高自己的大店数目，武汉、深圳、大连、长沙等地则成为大型综合超市密集开店的地区。除了上述这些规模较大的零售商，很多地区性连锁企业也在当地开设了一批大型综合超市或仓储式商场。

由大型综合超市唱主角的圈地运动如火如荼地发展，有以下几个动因：

1. 近几年进入国内市场的外资零售企业，其主力业态几乎都是大型综合超市和仓储式商场，经过一段时期的基础体系的构建和本土化，大都由磨合期进入大规模扩张阶段。

2. 外资零售企业大型综合超市在国内市场的成功让越来越多的国内企业看到大型综合超市的发展前景，同时，通过学习借鉴国外企业经营管理大型综合超市的经验，国内企业在开设大型综合超市方面也具备了一定的条件和优势，一些较早涉足大型综合超市经营的内资企业已经获得了较大的成功，这也增强了其他内资零售企业发展大型综合超市的决心。

3. 传统食品超市作为国内连锁企业的主力业态，在与大型综合超市的竞争中暴露出业态上的不少缺陷，一些经营传统食品超市的连锁企业转而发展大型综合超市，尝试业态的多元化发展，而传统食品超市在跨区域扩张方面对物流、店铺控制和管理的依赖性明显高于大型综合超市，在连锁店的扩张速度方面受到掣肘。

4. 大型综合超市的网点资源相对有限，如北京、上海等地对大型综合超市的市场容量和网点布局都已做出限制和规划，促使内外资零售企业加快了大型综合超市网点的争夺。

中国加入世贸组织后，零售业的开放度将大大提高，已经进入的跨国连锁集团和大批准备进入的外资零售商跑马圈地的势头会更猛，而大型综合超市作为当今国际零售业的主力业态，也必将成为外资企业着力发展的业态，可以预见，大型综合超市的网点争夺在今后一段时期将会愈演愈烈。

二、传统超市稳中求变，便利店局部大发展

在传统副食店、杂货店基础上发展起来的传统食品超市依然是大多数连锁企业的经营主体，但在消费需求日趋细分化、大型综合超市和便利店加速发展的市场条件下，业态定位开始发生变化。主要表现为：

1. 对现有超市的商品结构进行调整，进一步强化超市满足消费者购买食品特别是生鲜食品的功能。例如，联华超市最早倡导的食品加强型超市，在大型综合超市以强势进入市场以及政府对传统蔬菜批发市场进行限制之后，由于突出生鲜食品的经营，较好地体现了超市满足消费者每日所需的业态功能，在与大型综合超市的竞争中保证了稳定的客流。目前，超市强化食品特别是生鲜食品经营的策略已经被很多超市所接受。

2. 新建超市面积普遍扩大。为了满足超市经营生鲜食品，增加商品品种，确立社区商业中心的需要，在新建小区、城乡结合部以及中小城市，零售商新开发的超市，经营面积普遍大于传统的食品超市。例如目前北京主要的超市公司新开店铺面积都在1000平方米以上，广东宏城、岛内价的新开超市面积都在1300平方米以上，其他很多地区大中城市的新建超市都有这种趋势。

3. 在传统食品超市发展较早、网点相对饱和的市场，经营传统食品超市的企业开始把发展重心转向大型综合超市或便利店的经营，有的则采取业态多元化策略，一方面改进目前的业态经营模式，同时兼顾大型综合超市或便利店的发展。

近一段时间，上海、北京、广东等地的便利店成为呈现出快速发展的趋势，其中以上海的发展最为引人注目。上海的便利店数量2000年比1999年增长了62%，达到1149个。截至2001年下半年，店铺数达到1670个。上海几家主要的零售商正在展开新一轮的便利店开店竞赛。

同时，外资便利店如香港牛奶公司的7－ELEVEN便利店、上海华联集团的罗森便利店，以及广东的AMPM便利店都在加快网点的开发，特别是7－ELEVEN获得在广东地区新开350家店铺的指标后，7－ELEVEN的几家区域加盟商都在积极争取中国北方地区的7－ELEVEN经营权，如果外资发展加盟连锁店的限制一经放开，外资便利店在近期将有更大的发展。

虽然在部分地区便利店的发展出现热潮，但在目前的市场条件下，不同地区、不同企业便利店的经营模式尚存在较大差异，特别是营业时间和服务内容方面，消费习惯和购买能力的制约还是明显存在的，这使得有些便利店和小型超市并没有本质上的区别，当小型超市面临超市和大型综合超市的竞争时，将会因目标消费和目标市场的雷同遭遇强有力的竞争。同时，由于便利店的拓展主要依靠特许加盟的方式，如果便利店的获利模式不清晰，将影响整个体系的稳定性。

三、专业店发展抢眼，新业态不断出现

专业店开始进入大发展的阶段，成为连锁经营新的增长点。目前，国内专业连锁店最受注目的来自家电、药店和家居建材三个行业。其中，家电专业店是专业店取得成功的突出代表。

1. 家电专业店在零售市场垄断水平最高。进入2001年，中国连锁业百强的家电专业店国美、三联、华联家电、江苏五星当年的销售额达到104亿元，家电专业连锁店的发展已经对其所进入地区的百货店构成巨大威胁。国美成为2001年增长速度最快的连锁企业，显示出家电连锁店极强的市场扩张能力。

目前，国内几家主要的家电专业店基本形成了全国性的连锁网络，如国美电器的连锁店已进入东北、华东、西南、华北、西北等国内几大区域；苏宁、国通的网点也已覆盖国内很多省市。家电的集中化生产和连锁店的专业化经营使家电专业店的跨区域扩张比其他业态更具优势。

2. 药店的连锁经营在2001年得到空前发展。目前国内连锁药店已超过200家，店铺数达到5100多个。药店连锁的几个特点应该引起我们的关注：(1) 目前的药店连锁企业大都属于地区性公司，具有较完善的经营模式和管理体系的企业相对较少，加之政策方面的限制，使药店连锁实现跨区域发展面临困难。(2) 业态改造不到位，连锁机制不健全。由于大部分药店连锁企业是在原来的地区性医药公司基础上通过改造旧有店铺形成的，与我国连锁经营起步时超市连锁所面临的情况非常相似，要克服“连而不锁”的弊端，必须打破老体制的束缚。同时，我国药店连锁店的经营模式尚处于摸索阶段，如何做好业态的定位，增强与外资药店的竞争力，也需要企业进行积极的探索。

3. 家居建材专业店发展迅速。消费者对居家装饰、装修的需求随着住宅建设高速发展，住房消费大幅度提高以及国家房改政策的驱动而成为一个巨大市场，东方家园、家世界、欧倍德、百安居、宜家等经营家居建材用品的专业店发展势头看好。与目前占市场主导地位的建材市场相比，家居建材专业店的信誉和规范经营以及一站式服务是它们与传统建材市场的优势，而连锁化经营将使家具建材专业店的价格优势日渐明显。

家居建材专业店在国内零售领域的发端，外资起到示范带动作用，最近，很多流行欧美的现代零售业态随着我国加入世贸被外资输入或被内资企业引进，除了各种类型的专业店如办公用品专业店、玩具专业店、服装服饰专业店之外，还包括折扣店等。

四、跨区域扩张求发展，联合、兼并扩规模

外资企业之间、内外资企业之间以及内资企业之间对市场争夺的激化，地区之间发展上的不平衡，在局部市场、个别业态出现的过度竞争等因素是导致目前跨区域扩张进一步加剧的主要原因。企业跨区域扩张中的主要特点表现为：

1. 跨区域发展中，发达地区的连锁企业居主导地位，但由于发达地区的市场基础较好，导致大多数企业跨区域发展主要集中在东部地区。上海企业由开始阶段的在周边扩张逐步延伸到山东、北京等北方地区和武汉、广州等南方地区；北京地区的企业也通过周边省市逐渐向北、南区域渗透。

大企业跨区域发展具有较成熟的战略规划和模式。一方面，它们积极与当地优势企业合资合作，如华联与北京西单、超市发的合资，联华与山东供销社的合作，物美与沧州好日子的策略联盟等。另一方面，企业跨区域发展策略更为大胆，稳步推进、步步为营的策略逐渐转向全国布点、以点带面的策略。

2. 外资和外地企业跨区域发展成为很多连锁企业联合、兼并的催化剂，如华润集团通过股权交易实现把万佳纳入华润零售板块，强化华润在零售业的影响力，民润与新七星跨所有制联姻形成区域规模优势，北京商委引导下国有连锁企业实现资产重组，上海优势企业不断兼并当地实力相对弱小的连锁企业，通过社会资源优化配置实现低成本扩张等。此外，由于零售业通过连锁经营使产业化水平提高，热心投资零售产业的资本有明显增加的趋势，其中包括私营资本以及电力、邮政、医药等行业的企业，日渐看好的零售市场对投资者的吸引力，为连锁店扩大规模提供了新的资金渠道。

3. 跨区域发展依然面临不少困难，外部环境方面主要体现为体制和政策障碍，内部主要集中为人才和资金的制约。

三、全国连锁经营“十五”发展规划

全国连锁经营"十五"发展规划

推进连锁经营是我国流通领域带有方向性的一项改革。自20世纪90年代以来，连锁经营在我国显示出强大的生命力和发展潜力。特别是"九五"期间，连锁经营在开拓市场、扩大销售、促进产销结合、规范流通秩序、满足消费需求、吸纳就业等方面，发挥了重要作用。"十五"时期是我国国民经济和社会发展的重要时期，加快推进连锁经营的发展，对于改善流通结构，进一步提高流通产业的组织化程度和现代化水平，适应我国加入世界贸易组织的新形势，促进国民经济健康发展，具有重要的作用和意义。

一、"九五"期间连锁经营发展的基本情况和主要贡献

"九五"期间，各地以"经营规模化、管理规范化"为重点，开展了卓有成效的工作，推动了连锁经营持续、健康、快速的发展。

（一）连锁企业成为拉动消费增长的重要力量

国家统计局对限额以上的连锁企业调查表明，"九五"末期，商品批发、零售、餐饮业连锁企业1092个，其中批发零售业870个，餐饮业222个；门店数21388个，其中直营店15021个，加盟店6367个；销售额1554.5亿元，比上年同期增长44.25%；零售额1276.4亿元，比上年同期增长47.59%，占同期全社会批发零售贸易和餐饮业零售总额（26794.9亿元）的4.76%，增幅是当年全社会消费品零售总额的四倍多。

（二）东部地区发展快于中西部

东部沿海地区的上海、北京等地，连锁发展速度、规模和水平要明显高于其他地区。北京市2000年商品批发、零售、餐饮业有连锁企业114个，门店1808个，零售额209亿元，占全市批发零售贸易和餐饮业零售总额的19%；上海市2000年连锁企业70个，门店4695个，零售额

365亿元，占全市批发零售贸易和餐饮业零售总额的24%，成为连锁经营发展最快的地区。虽然中西部地区和中小城镇连锁经营也有所发展，但与东部发达地区相距甚远。

（三）业态种类日益多元化

“九五”期间，超市是连锁经营的主力业态，专业店、专卖店、便利店也有了一定程度的发展。随着国外连锁企业的进入，大型综合超市、仓储式商店发展较快，其中大型综合超市在部分大城市的竞争日益激烈。

（四）特许经营开始发展

“九五”期间，随着直营店管理日益规范和成熟，特许经营开始发展。特许经营在零售业和餐饮业发展较快，并逐步向其他业种渗透。同时，特许经营的形式也日益多样化，从直接特许向合资特许、区域特许和复合特许发展。

（五）多种所有制连锁企业共同发展

“九五”期间，国有企业仍然是连锁经营的主体，集体、私营、股份制、外资等其他经济成分连锁企业所占比重呈现出逐年增长的趋势。国外零售集团进入国内的速度加快，美国、法国、德国、英国等国家的著名商业企业都已经采用连锁经营的方式在国内投资建店。

“九五”期间，连锁经营的发展在取得显著成绩的同时，还存在许多问题，突出表现在两个方面：一是企业经营规模小。到2000年底，全国连锁企业平均拥有店铺数量不足20个，连锁企业销售额占全社会批发零售贸易和餐饮业零售总额的比重不到5%，连锁企业的规模效益还未充分发挥。二是规范化水平低。统一采购、统一配送比重不高，大多数连锁企业还没有形成一个完善的、规范化运作的经营管理体制，信息系统建设滞后，管理的科技含量较低，这些都制约了连锁企业的发展。造成上述问题的原因，除了企业经营管理理念落后，缺乏规范化管理制度外，更主要的是现行行政管理体制制约了连锁经营跨地区和跨行业发展，影响了连锁经营规模的扩大。这些问题需要在发展过程中逐步加以解决。

二、指导思想和发展目标

（一）指导思想

“十五”时期，我国连锁经营的指导思想是：以邓小平理论和江泽民同志“三个代表”的重要思想为指导，建立畅通、高效的流通体系，以提高连锁经营质量和连锁企业竞争力为核心，着重提高连锁经营的规范化程度和规模化水平。加快连锁企业的结构调整，推动企业的联合、兼并、重组；加快连锁企业信息化建设；大力发展集中配送；打破部门、地区封锁，促进连锁经营企业跨地区发展；加强宏观引导和法律、标准建设；培育一批主业突出、核心竞争力强、跨地区发展、初步具有国际竞争力的大型连锁企业集团。

（二）发展目标

经过五年的努力，初步确定连锁经营在商业和服务业中的主体地位，连锁经营销售额、连锁企业数和店铺数都有较大幅度的增长。到“十五”末期，全国连锁企业店铺数达到 10 万个，销售额达到 7000 亿元，年递增约 35%，占全社会批发零售贸易和餐饮业零售总额的比重达到 20%左右。年销售额在 50 亿元以上的连锁企业达到 20 户，销售额在 20～50 亿元的连锁企业达到 40 户，培育 5～10 户主业突出、核心竞争力强、跨地区发展、初步具有国际竞争力的大型连锁企业集团。

三、主要任务

为实现“十五”期间的发展目标，要加强连锁经营的规划，进一步提高连锁经营行业范围，加快连锁企业改革，培育一批大型连锁企业，树立知名连锁品牌，提高利用外资水平。具体任务如下：

（一）重点推进中西部及其他欠发达地区连锁经营发展

鼓励有条件的连锁企业利用成熟的经营管理技术和市场拓展经验，积极向中西部及其他欠发达地区延伸，通过兼并、联合、重组、参股控股或通过输出商标、商号和经营管理技术等方式发展特许经营，整合社会商业和服务业资源，把中西部和其他欠发达地区的企业纳入现有的连锁企业体系中，减少过度竞争和资源浪费，带动这部分地区连锁经营的发展。

（二）继续扩大连锁经营的行业范围

要在总结经验的基础上，进一步拓展连锁经营的行业范围。一是在石化、烟草、图书报刊、医药、电信等行业中，推行商品或服务的连锁经营；二是在软件开发、汽车销售、商品租赁、房地产中介、教育培训、旅游等新兴服务业中发展连锁经营；三是鼓励工业生产企业利用、整合自己的销售渠道、经营网点或与流通企业联合，发展连锁经营；四是加快餐饮业特别是中式快餐连锁店的发展，提高传统产业的整体水平。

（三）加强规划，促进业态结构的合理化和多样化

要继续坚持以“为民、便民、利民”为指导思想，以中等收入的工薪阶层为目标顾客，以满足人民群众基本生活需求为经营宗旨，以大众化生活用品和“菜篮

子”食品为主体商品，积极推进与人民生活密切相关的食品超市的发展，努力提高生鲜食品经营比重；要努力发展具有综合化服务功能的便利店，积极探索便利店在我国不同地区的经营发展模式；在做好规划的基础上，合理发展符合中国国情的现代大型综合超市；大力发展有特色的专业店和专卖店；推进传统百货店利用连锁经营组织形式进行改造和功能创新；有计划地控制大卖场（Hypermarket）和仓储式商店（Warehouse）的盲目发展，城市商业规划中要对这些业态发展的地域、面积和数量做出明确规定。

（四）严格规范、积极稳妥地发展特许经营

在加强特许经营法规建设的基础上，逐步引导特许经营向更多的行业和领域发展，要以这些行业中有自主知识产权、核心竞争力强、知名度高、管理基础好的企业为依托，推动特许经营的发展，提高行业整体素质和服务水平；积极利用和开发民族品牌，形成规范化、可复制、易扩张、能够实施有效监管的特许经营体系；鼓励实力较强的企业通过区域特许等方式，引进国际著名特许品牌，学习借鉴其成功经验和模式，缩短与国际先进水平的差距。

（五）培育一批大型连锁企业

为应对我国加入WTO面临的国际化竞争，鼓励连锁企业充分发挥资本运营、资源配置、技术创新和市场开拓等方面的优势，以资产、品牌、经营技术等资源为纽带，通过股份制改造、兼并、联合、参股控股、重组等方式，培育5~10户主业突出、核心竞争力强、跨地区发展、初步具有国际竞争力的大型连锁企业集团，成为国内知名的连锁品牌。地方政府有关部门也要为大型连锁企业集团的发展清除体制障碍，提供政策支持。

（六）加快国有连锁企业的改革，培育和发展多元化投资主体

对国有独资的大型连锁企业实行规范的公司制改造，完善法人治理结构，建立现代企业制度，增强企业创新能力。对国有中小连锁企业，通过股份合作制、承包、租赁、出售等多种方式的改革，进一步“放开搞活”，并通过发展特许经营、自由连锁等方式，促进他们加盟大型连锁企业集团，提高它们在社区商业竞争中的能力。

（七）加强物流配送中心的建设和管理，逐步提高统一采购和统一配送的比例

大型连锁企业要重视配送中心建设，根据企业的经营状况合理确定配送中心规

模，提供安全可靠、高效率的配送体系。积极发展社会化的第三方物流配送中心，充分利用和整合现有物流资源，通过资产联合、重组和专业化改造等途径，打破行业界限和地区封锁，满足各类连锁企业需要，形成社会化的高效运转的配送网络。

（八）进一步提高连锁企业的经营管理水平

深入开展连锁经营管理理论和现代营销技术的研究，推广先进的经营理念、营销技术和管理方法；二是在完善企业时点销售系统（POS）、管理信息系统（MIS）的基础上，开发和应用客户关系管理、供应链管理、财务核算管理系统，加快连锁企业的信息化建设；三是按照连锁经营标准化、专业化的要求，逐步建立一套完善的经营管理体系和作业标准，加强对企业经济活动的计划与成本控制，加强对企业经济活动的计划与成本控制，不断提高管理水平和经济效益。

（九）进一步扩大对外开放，促进连锁企业在竞争中发展

内资连锁企业要积极引进和吸收国际先进的连锁经营技术和管理经验，通过各种形式的对外交流和合作，全面提高连锁企业的经营管理水平。

四、实施规划的主要政策措施

（一）建立健全法律法规

为适应我国加入世贸组织的需要，研究制定相关的法律法规，为国际连锁集团进入中国市场做好法律准备。组织制定连锁经营管理、技术和服务标准、规范。

（二）继续协调和落实促进连锁经营发展的有关政策

各地区有关部门要针对连锁经营发展中的新情况和新问题，制定推动连锁经营发展的新政策，特别是鼓励连锁企业做大做强和跨地区、跨行业发展的政策措施。各级政府应结合当地情况，在拓宽连锁企业融资渠道，打破地区、部门封锁和行业垄断等方面给予积极支持。

（三）加强人才培训，提高从业人员素质

各地流通主管部门和连锁企业要制定培训计划，采取多种形式和渠道，坚持理论教育与实践培训相结合，基础培训与专业培训相结合，上岗培训与轮岗培训相结合。加强对连锁经营理论研究，建立连锁教育培训基地。

（四）大力发展连锁经营中介组织

随着政府行政管理职能的转变，积极发挥行业中介组织在沟通、协调、服务、监督和行业自律等方面的作用。行业中介组织要广泛联系广大连锁企业，为提高连

组织要广泛联系广大连锁企业，为提高连锁企业的经营管理水平做出积极贡献。

“十五”期间，是我国流通领域逐步实现经营规模化、管理现代化的时期，连锁经营既有良好的发展条件，又面临着日趋激烈的竞争。各级政府有关部门和连锁企业一定要认清形势，增强紧迫感，充满信心，抓住连锁经营发展的历史机遇，推动连锁经营的发展更上一个台阶。

（国家经贸委）

四、“十五”流通业结构调整规划纲要

“十五”流通业结构调整规划纲要

“九五”期间，我国流通体制改革和流通业发展取得了显著成就，形成了多种经济成分共同发展的流通格局，连锁商业、特许经营、物流配送等现代经营方式创造的商业增加值比重大幅度提高，流通科技进步及信息技术应用不断得到发展。

“十五”是我国以结构调整为主线加快经济发展的重要时期，为适应我国消费结构变化，充分发挥流通对国民经济发展的“火车头”作用，并在我国加入世界贸易组织（WTO）后的过渡期内尽快形成现代流通体系，必须加大我国流通产业结构调整力度，大力发展现代流通组织形式和现代流通技术，提高我国流通企业的竞争力水平。现依据《中华人民共和国国民经济和社会发展第十个五年计划纲要》，制定本规划。

一、现状与形势

（一）流通产业现状

“九五”期间，我国流通业发展速度较快，全社会对流通功能的认识随市场配置资源基础作用的日益显现不断提高。2000年，全国社会消费品零售总额34152.6亿元，较“八五”末期增长53.6%，年均增长10.72%，考虑价格因素年均增长10.6%，其中餐饮业零售额3752.6亿元，年均增长达19%；商业网点建设继续加快，四个直辖市的城区人口人均商业营业面积已达到0.8平方米；全国流通业的就业贡献率仍保持在非农产业的第二位。

流通业产业结构不断优化，形成了多种经济成分共同发展的所有制格局，截至2000年底，国有经济和国有控股经济以外的其他所有制经济已占全社会消费品零售总额的80%以上，外资进入的步伐逐步加快，外商投资零售企业的销售总额已超过全社会消费品零售总额的2%；连锁经营、物流配送等现代流通方式发展迅速，2000年底连锁企业已达1092家，门店21388个，销售额1554.5亿元，同比增长44.2%，现代化的物流配送中心建设开始起步；东部地区流通企业通过采用先进适用的现代流通技术，强强联合，兼并重组，引进外资外智等途径，发展现代流通方式的步伐加速，中西部地区连锁经营的零售和餐饮企业增长较快，外资开始进入中西部流通领域；农产品和日用工业品流通渠道发展迅速，年交易额超4.5亿元的大型批发市场及产销区农产品中心批发市场已达590余家，流通基础设施建设成果显著，国家储备粮库、棉花库、糖库等基础设施规模增加较多；工业企业自主产品品牌销售网络体系开始形成，部分耐用消费品和信息产品直营店初具规模，网上销售进入实用阶段。

但从整体上看，目前我国流通业产业结构问题仍然比较突出，集中体现在组织化程度低，观念和技术老化的传统流通方式仍占相当高比重，流通效率不高，以及发展不平衡上。一是在企业结构上，大多数流通企业规模较小，结构趋同，重复分散，零售企业低水平竞争严重，第三方物流企业及批发业采购商、代理商力量弱小，集中度低。二是在业态结构上，传统百货商店在零售业中仍占较大比重，而方便人民群众日常生活的现代零售业态所占比重较小。三是在技术结构上，流通企业管理和技术水平远远落后于国际平均水平，关键核心流通技术、物流和信息主干设备较落后。四是在地区结构上，城市与农村市场、东部地区与中西部地区的流通水平差距进一步扩大。五是在人才结构上，因职业教育落后，从业基本规范尚未建立，整体上从业人员综合素质较低，精通流通业务、懂得现代管理的职业经理人员缺乏，流通理论研究和流通技术应用的专家队伍薄弱。

（二）面临的形势

“十五”期间国家将采取扩大内需、促进消费的经济政策，国内消费需求将随城乡居民收入的提高出现新的变化。同时工业、农业等生产行业面向消费结构变化所进行的调整，将在“十五”期间继续推进，商品结构逐步得以优化。预计，“十五”期间GDP年均增长7%左右，2005年人均GDP将达到9400元（按2000年价格计算），居民消费率提高到50%，恩格尔系数进一步下降。城镇居民的住房、医疗、保健、娱乐、旅游、轿车、信息化产品和服务需求将呈快速增长趋势，农村消费中商品化消费比重提高，耐用消费品消费将加速增长。我国加入世界贸易组织（WTO）后，进一步整顿和规范市场经济秩序及《反垄断法》等法规出台，彻底打破内外贸分割、部门垄断和地区封锁的局面，并且社会保障体系基本建立和企业分离办社会职能等举措实施，总体上有利于我国流通企业抓住市场机遇，迅速壮大实力，实现企业经营现代化。

同时也要看到，全球经济结构调整步伐不断加快，经济发达国家产业加速向技术密集和知识密集型方向发展，现代管理技术、物流技术、自动化技术、信息技术已广泛应用于跨国流通企业的经营管理和全球采购业务中，随着发达国家市场的饱和，流通产业进行扩张和转移的需求十分迫切。近些年来，国内大型零售企业在与外商投资商业企业的竞争过程中，虽在传统百货业态中保持了一定的优势，但论实力以及在其他新兴业态领域，国内流通企业仍有很大差距。此外，国内流通业的市场准入制度仍不健全，企业进入退出不规范，恶性竞争和变相垄断并存，全国性和区域性行业组织的代表性和服务协调作用远未达到相应水平等，这些都不利于国内流通业的健康发展。我国加入世界贸易组织后，服务贸易开放将更加全面和深入，佣金代理、批发服务两年内放开，零售服务、特许经营和其他分销服务三年内放开，国外投资可以自主进入我国分销领域，从而对国内流通业产生更直接的影响。

从面临的形势看，机遇和挑战并存。“十五”期间，只有加快我国流通业结构的战略性调整，努力提高流通产业的现代化水平和国际竞争水平，才能迅速改变我国流通的落后状况；才能适应国内消费需求结构的变化，降低流通成本，将我国居民增加的收入转为有效的内需；才能更好地发挥流通对生产的引导作用；才能使我国在经济全球化和信息化过程中占据有利竞争地位。

二、指导思想和主要目标

“十五”期间流通业产业结构调整的指导思想是：以邓小平理论和江泽民同志“三个代表”重要思想为指导，大力提高流通业对外开放水平，推动传统流通业向现代流通业转变，以市场为导向，以企业为主体，重点发展“两高一新”流通企业，即高组织化程度，高科技含量，采用新型营销方式的流通企业，以培育具有国际竞争力的流通企业集团，并促进中小流通企业健康发展为方向，充分发挥流通对社会生产的先导性作用，满足国民经济高效运转的需要。

结构调整必须处理好以下几个关系：

处理好市场配置资源的基础作用与政府宏观调控间关系。充分发挥市场在配置资源中的基础作用，使流通企业成为结构调整和市场竞争的主体。政府主要通过法律、经济等手段引导和推进结构调整，为企业创造公平的市场竞争环境，发挥规划和政策的配套功能，鼓励和扶持现代流通发展，限制重复建设，杜绝资源浪费。

处理好发展大企业与扶持中小企业间关系。鼓励通过兼并、联合等方式，推动企业跨部门、跨区域、跨所有制发展，扩大企业经营规模，提高企业市场竞争力。同时，要研究用法律手段防止垄断，支持中小企业采用新技术，开展同业合作和协作，寻求共同发展。

处理好流通基础设施与一般经营设施建设同步发展间关系。流通设施的建设一般应根据流通业务的需要由流通企业和投资人自主决策，考虑到为了提高全社会商品流通效率和安全，其中，对国家重要商品储备库、大型农副产品批发市场、商品信息网络等基础设施建设，以及物流配送中心、电子交易网络等新型流通方式所需设施及流通环节商品安全性检测装备投人，政府将给予必要扶持，并在政府管理公用事业收费和价格、土地使用和城市规划方面加强协调和支持。

处理好流通企业与生产企业间广泛合作关系。流通企业应通过采用现代流通方式和先进服务技术以充分发挥流通功能，开拓市场，扩大规模，加快周转，降低成本，服务于生产企业的规模生产。生产企业应通过加强自身或与流通企业合作的产品市场研究，大力调整产品结构，共同努力，通过提高物流设施和物流技术应用水平，降低物流成本，加快新产品投放市场的速度，以适应消费者对产品质优价廉、类多款新的需要。作为市场主体的企业要注意利用第三方物流、专业服务等社会资源，降低经营成本。

结构调整的主要目标：加快结构调整步伐，努力形成适合现代消费和生产水平的流通产业结构。（1）扩大流通总体规模。全社会商品零售总额实现年均增长9%（其中餐饮业年均增长15%以上，以2000年价格水平为基点)。(2）优化流通企业结构。培育、形成一批具有主业突出、国际竞争力强、可持续发展的流通企业集团。重点扶持2～3家销售额超百亿美元的大型现代流通企业。（3）提高流通企业规模效益。到2005年，全国最大100家零售企业的销售额占社会消费品零售总额的比重达10%，最大20家餐饮企业的营业额占同行业营业总额的5%以上。限额以上批发零售企业的销售额占同行业销售总额的60%以上。(4)努力扩大农村市场消费，开拓农村市场工作完成试点，全面铺开。(5)大中城市形成较合理的商业布局，地级以上城市制定城市商业规划。(6)进一步提高流通业开放水平，至2005年底，外商投资商业企业的销售额占全社会消费品零售总额的比重达5%。

三、结构调整的重点

(一)大力发展连锁经营，积极推进物流配送，用现代流通方式和服务技术改造传统流通业，提高整体组织化程度和现代流通所占比重。

大力发展连锁经营，在零售和餐饮企业继续发展直营连锁的同时，规范和发展加盟连锁、特许连锁，迅速地提高企业经营规模，扩大连锁经营企业市场占有率。采用连锁经营方式的流通企业要充分发挥规模化、规范化经营的优势，通过积极推进管理创新、技术创新和制度创新，加快技术升级，提高企业现代化水平和服务功能。鼓励连锁经营企业以优质高效服务，率先突破部门分割、地区分割、内外贸分割和行业垄断，成为统一商品市场体系的骨干力量。

增加连锁经营方式覆盖的企业范围，在汽车、商品房销售和租赁、配件提供与维修、设备工器具及用品租赁、旧货流通、旅游观光、住宿、洗染、美发美容、摄影扩印、家庭服务和物业管理等行业推广连锁经营，在便民店、专业店、社区服务中心连锁经营方面取得突破。

要积极推进物流配送技术应用，提高我国物流集约化程度和现代化水平。流通领域物流合理化的重心在提高流通效率、降低流通成本，要充分调动生产企业、流通企业、专业储运企业等各方积极性，加强物流整合力度，提升集散能力。鼓励专业化、社会化的第三方物流在调整的基础上发展，创造生产企业原辅材料及零部件配送、产成品配送，流通企业商品采购及配送可依托专业储运企业进行的必要条件。支持连锁企业在物流业务量增长的推动下，充分利用现有基础设施和存量资产，适时建设和改造功能完备的物流配送中心，为所属企业服务，并以实现社会配送为发展方向。

推动批发企业的商品购销业务、代理业务与配送业务紧密结合。支持传统批发企业实现经营转型，发展总部型批发企业，以有组织的定向定位服务，向中小零售商、政府、集团采购提供批量商品。

(二)扩大对外开放，在竞争中加快

建立现代企业制度，培育具有国际竞争力的流通企业集团，扶持中小流通企业发展。

顺应各地方扩大流通业开放的要求，在我国入世承诺基础上，主动加快对外开放步伐，引入国际竞争机制，促进流通企业加快经营结构优化和所有制结构调整。完善市场准入规则和交易规则，除极少数关系国计民生的重要商品和安全性突出商品的储备和流通，继续保持国有和国有控股经济的主导作用外，其他对国外流通业开放的领域，优先对国内所有经济成分企业开放。限制落后流通方式，均衡发展多种业态，为国内不同所有制流通企业间的竞争转变为全球范围内流通企业竞争做好准备。

1. 具备市场竞争力的未上市国有大型流通企业要抓紧实行规范的公司制改革，加快建立现代企业制度和信息披露制度，积极发展多元投资主体，在不损害出资人和债权人权益的前提下，实施多种形式股份制改造。引导国际先进的流通管理、流通技术与拥有良好市场基础和发展潜力的大型流通企业结合。鼓励和扶持以优势企业为核心，发展跨行业、跨地区、跨所有制，主业突出的大型流通企业集团。重点培养掌握自主知识产权、规模效益突出、管理规范的大型连锁企业集团。支持和鼓励国内流通企业以多种形式加强与工业、农业、科技、金融等产业的联合与协作，组建与多种产业相结合、融资功能强、面向国际市场的大型流通企业集团。为流通企业兼并、重组、上市、多渠道融资和境外投资发展创造良好条件，集中力量培育出具有国际竞争力的流通企业和企业集团。

2. 进一步放开搞活中小流通企业，鼓励非公有制经济以参股、控股、收购、租赁等形式参与国有、集体流通企业的改革、改组和改造，有序地组织中小流通企业中国有资产有偿转让、退出。重视在竞争中失去生存能力的国有流通企业退出市场工作，加强监管，督促解决退出企业的人员、债务问题。积极探索外商收购和兼并国内流通企业的操作规程和配套政策。

3. 建立大型流通企业与中小流通企业互相配合、有机联系、协调发展的市场运营机制。要兼顾大型企业在百货店、大型超市、购物中心建设之外的领域发展与中小企业的生存空间，加强对批发市场改造和集贸市场整顿，为中小企业发展现代流通打好基础。推进批发市场经营主体的规模经营，促其由零散式非标准交易为主向规范化、标准化交易转变，由国内交易为主向国内国际互动交易转变。积极推行竞价拍卖等交易方式，实现由传统交易方式向现代交易方式转变。全面倡导“错位经营”、“优势互补”，支持中小企业加强合作与协作，广泛采用加盟和特许经营，发展贴近和方便消费者的特色经营和服务。

（三）推动流通领域信息技术应用，缩短国内外流通企业技术差距。

积极推动信息技术在流通领域的应用，带动流通企业营销观念、组织形式、流通方式和手段的变革。在普遍应用企业管理信息系统和内部电子数据交换技术，票据自动处理技术基础上，推广以公共信息技术为基础的供应链管理系统、客户关系管理系统及商业智能、决策分析系统和先进物流信息管理系统。在大型流通企业中组织实施 ERP（企业资源计划），逐步实现网上采购和网上销售。加强物流技术标准、流通服务标准和电子商务基础标准制定及国际标准适用工作，广泛采用标准化、规范化的运输、冷藏链、包装、设备及条码技术。鼓励发展人工和机械分拣组配的现代化仓库，发展水陆、空陆、公铁集装箱联运。加强数字流通基础设施建设，支持大型流通企业建立和充实商情、价格等数据仓库和网上交易平台，在企业获得信息增值的同时对社会开放，为中小流通企业服务。

（四）调整地区结构，合理规划流通资源方位，建立现代流通体系。

鼓励大型连锁流通企业进入中西部城市、农村地区，学习和借鉴国际知名流通企业集团进人我国东部的市场战略，采购和销售并举，占领长远市场为主。创造条件为流通落后地区引入现代流通运行机制，发展它们迫切需要的流通服务竞争。

加快培育和建设与城市有机联系的农村市场体系，使农村流通业适应消费变化，以现代流通促进有机、绿色农产品的集约经营。加强农产品流通基础设施建设和管理，扶持流通企业和社会投资改善农产品的加工储藏运输环节。以农产品销售为龙头健全服务网络，发展各类协会、合作社等农民合作经济组织，培育农产品代理商、批发商等农业经纪人组织。

大中城市制定和实施流通发展规划及商业网点设置规划，建立规范的大型流通企业开设审查制度。对城市流通资源进行科学规划，大力发展生鲜食品超市、便利店、专业店、专卖店，适度发展仓储式商场、大中型综合超市、购物中心，严格控制大型百货商场的新建。实行城市商业中心、区域商业中心以及遍布居民社区的便民服务中心三级服务网络体系，完善商业街、步行街、旅游景区服务功能，协调好城市中心与城市外围商业布局。农村流通业的布局要与城镇化和乡镇经济的发展相适应，把农村商品市场的建设和发展纳入小城镇建设总体规划中，统筹安排，合理布局。

（五）进一步开展流通创新，加速培育流通人才。

鼓励和支持在公平竞争、诚实守信基础上进行的流通方式和流通组织形式创新，总结和推广与我国城镇化战略相适应的新型城镇流通发展模式。支持流通企业利用国内和国际资本市场直接融资发展，发展针对流通的保险制度，完善价格调节、风险基金和重要商品储备制度。有计划地推动商品期货、中远期合约交易，健全市场价格信息形成机制。积极探索棉花期货交易，有序开展新出台商品期货试点和适度发展工作。

支持流通理论创新，转变传统的、陈旧的经营理念和流通观念。普及流通基本知识教育，支持开展多种形式的职业教育与岗位培训，充实高等院校相关专业学科，提高全社会流通从业人员的学历层次和文化水平。建立健全流通执业资格评判和人才考评体系，扎实增强企业竞争力的基础。积极采取有效的激励机制，吸引高素质人才进入流通领域。

四、规划实施

我国正式加入世界贸易组织，流通业的结构调整将按照WTO规则和我国所作承诺进行。要通过加强流通法律法规体系的建设，改善宏观调控手段，建立符合我国国情，并与国际惯例接轨的宏观调控体系。

1. 进一步整顿市场秩序。打破部门、行业垄断和地区封锁、地方保护，清理并取消各地和各行业中阻碍商品流通的制度规定，制定全国统一的流通政策，加快建立企业信用体系，通过采用现代信息技术手段，加强对企业的监管，有重点、有步骤、分阶段地培育多元化的市场主体，培育各种市场组织，尽快建立和完善全国统一、公平、规范、有序的市场分销体系，坚决打击制造和销售假冒伪劣商品的行为。

2. 转变政府职能，运用法律手段管理市场。政府要从以行政方式为主转向以法律手段为主管理市场，建立与社会主义市场经济体制和世界贸易组织规则相适应的商品流通法律体系，有关法律、法规和规章的制定既要严格履行我国对外承诺，又要充分利用世贸组织规则保护和促进我国经济的发展，加强流通领域的标准化建设，加强执法力度，强化监督管理，维护市场流通秩序。

3. 指导各地政府制定流通产业发展规划。指导各地对大型商业设施进行统筹规划，建立大型商业设施的审议制度，严格控制大型商业设施的盲目发展，抓好方便居民和游客的便民服务设施的建设和发展。促进各地发展现代生产服务业和社区服务业，扩大租赁、拍卖、旧货交易、典当等服务业为居民和生产服务的范围和经营总量，利用会展、广告、经纪、咨询服务于生产企业的投资、采购和营销业务。

4. 扩大消费，积极发挥消费对流通的引导作用。制定和落实国家消费政策，加强配套价格、投资、税收、福利政策的联动，调整利益格局，鼓励合理消费。抓紧制定“菜篮子”商品的质量和卫生标准，健全检验检测规范和手段，保护消费者权益。加强对重要商品和市场的运行分析和监测工作，及时对其发展趋势做出客观预测，加强信息发布工作，提供可靠的商品价格、规格、供求信息，发挥对流通和生产的指导作用。

5. 制定企业结构调整政策，加强流通基础设施的建设。建立流通企业的市场准入规范和市场退出机制，开展流通服务企业质量管理水平认证和经营能力、安全保证及可持续发展评价；改善融资环境，建立流通企业的信贷融资和信用担保体系。加强流通基础设施、标准化体系和统计信息体系的建设，建立国债技改计划和政府导向性计划对大型流通基础项目的投入机制，鼓励企业制定与本规划相一致的发展战略。

6. 积极发挥中介组织的作用。加大力度培养和发展行业协会、商会等各种行业协会，充分发挥行业协会的服务、沟通、自律作用，依托各级商会和行业协会进行政府决策前的听证准备工作，吸纳其参加国家相关法律及政策的讨论与制定，参加双边及多边贸易谈判。支持行业协会研究分析国内外分销企业的经营行为，利用行业的协调力量和行规行约维护业内企业合法权益，防止低价竞销和价格垄断。

7. 大力推动西部大开发优惠政策在流通领域的落实。在我国加入 WTO 的过渡期内，优先放宽西部地区外商投资商业企业的市场准入条件，在当地政府做好统筹规划的基础上，下放外商投资商业零售企业的审批权限。鼓励外商及我国东部地区流通企业加强与中西部地区流通领域的合作。

8. 加强智力引进和培训工作。引进

国际管理人才，提高流通企业经营管理水平。加强流通理论研究和技术培训，充分依托流通科研、信息机构和中介组织专家库建立完善全国及各地方的商情咨询服务网络。

（国家经贸委）

第二部分

地　区　篇

北京市 2001 年连锁经营发展概述

2001 年是北京市“十五”计划的第一年。全市商业认真贯彻中央和市委、市政府扩大内需消费的方针，努力把握申奥成功和入世带来的新形势和新要求，加快商业经济的联合重组战略调整，大力推广现代流通方式，积极开拓城乡消费市场，使商业经济实现了“十五”计划的良好开局。连锁经营作为现代化的组织形式和经营方式，在 2001 年迅速发展，在全面加快首都商业的现代化建设中取得了显著成绩。

2001 年全北京市累计实现社会消费品零售额 1593.5 亿元，同比增长 10.4%，扣除价格因素，实际增长 11.7%。其中，连锁经营的 115 家企业实现商业零售额 207 亿元，同比增长 18.9%，高于全市商业平均增长幅度，占全市社会消费品零售额比重为 13%，比 2000 年提高 1 个百分点。

据不完全统计，北京连锁企业在上海、天津、南京、杭州等城市实现的销售额已近 100 亿元；在全国各地区及国外实现的销售额已超过 200 亿元。华联超市、华润超市、物美超市、京客隆商厦、国美电器、亚飞汽车以及全聚德烤鸭、东来顺涮肉等企业已成为北京连锁经营的代表企业，在北京、全国乃至世界都颇有名气。

一、联合重组求发展

在入世大潮的冲击下，在激烈的市场竞争中，北京市连锁企业认真分析形势，抓住难得的机遇，审时度势，采取不同形式积极进行联合重组，资源整合，以实现跨越性发展。在 2001 年，联合重组有三大特点。

一是超市连锁企业三大联合项目已有了良好开端，龙头企业开始显现。其一是京城两大连锁企业实现强强联合，超市发与天客隆签约，组建“超市发天客隆连锁股份有限公司”。其二，物美商业集团在与石景山、丰台区国有连锁企业实现联合的基础上，2001年先后与门头沟区副食蔬菜公司、崇文区副食蔬菜总公司、崇文区崇远投资经营公司3家企业签约，合作发展连锁商业，成为股份制企业与国有企业联合、共同发展的成功范例。其三，以新燕莎集团、二商集团、市供销社等多家企业联合投资的“首连集团”正在抓紧筹建。

二是优势企业上市，为实现跨区域联合重组奠定了基础。“北京华联”以其优良业绩和快速发展的优势，实现股票上市，为其跨区域快速发展，开拓新的市场，实施联合重组奠定了基础。

三是医药零售全行业进行资源整合，连锁发展步伐加快。根据国家有关政策，本市国有医药零售企业通过股份制改造，吸纳投资，实现企业的联合重组，金象复星、同仁堂、嘉事堂等连锁企业发展势头很猛。

在2001年，连锁经营还有一个鲜明的特点，股份制经济十分活跃，成为连锁商业发展新的增长点。在本市连锁商业中，处于行业领先地位的企业均为股份制企业，如：百货业的王府井百货集团、西单商场，超市业的物美商业集团、超市发。专业店的国美电器、大中电器、亚飞汽车、大明眼镜、雪亮眼镜、张一元茶店、金象复星大药房，餐饮业的全聚德等连锁企业。其原因是：一方面本市国有、集体商业企业产权制度改革步伐加快，有的连锁企业已经完成股份制改造，有的优势连锁企业正在改制当中；另一方面民间资本投资的股份制企业加速发展，两者形成合力，构成了连锁商业发展新的增长点。

二、向多业态延伸

近几年北京市商业发展突飞猛进，在流通规模、设施建设、网点数量、经营管理等方面取得了显著的进步和提高，成为首都经济中具有相当规模和水平的重要产业之一。而连锁经营的零售商业业态，从超市、百货店向大型综合超市、仓储商场、专业店、专卖店、便利店等多业态发展，在北京商业的发展进程中起到了举足轻重的作用，使北京的商业业态繁花似锦，一派风光。

传统百货店，特别是大型百货店目前在商业业态中仍然占据头把交椅，销售比重占到社会消费品零售额的一半，但其霸主地位已开始动摇，接连几年增幅不大，有的甚至出现负增长。针对这种情况，传统百货店已开始进行连锁经营的探索和尝试。一些大百货店已经悄然利用连锁经营的理念和技术对传统百货店业态进行改造。在海峡两岸已开有17家大型百货店的台资连锁企业太平洋百货2001年在北京开了第一家店，2002年还要开两家，在这方面取得了经验。一些很有名气的大百货店正考虑在北京开分店；在外地开有分店的，也在朝连锁经营发展。

大型综合超市（包括仓储商场）的数量2001年又有较大增长，在本市新开店铺中，超过5000平方米的有14家，其中1万平方米以上的有4家。今后一两年内，意欲进京的外资企业也大都把目光集中在大型综合超市上，美国沃尔玛计划开5家店，2002年底有1家开业；台湾B. C. L公司计划开6～8家。这些外资零售巨头实力雄厚，技术先进，经验丰富，具有一定优势。而北京一些企业不甘示弱，奋起竞争，也取得了不俗成绩。如物美集团就在本市和外地接连开了3个大卖场，其中位于北京北四环路内的惠新店就非常出色，受到中央有关领导和市领导的好评。据统计，截止到2001年底，本市超过5000平方米的大型综合超市达40余家，超过10000平方米的大卖场（包括仓储商场）达20余家。

专业店、专卖店作为两种商业业态，在北京市均早已存在，但其经营品种、店堂规模、管理水平等与百货店、综合超市相比，并无优势可言，经营业种也只有钟表、眼镜、家具、茶叶、玻璃等寥寥数种。近几年人们的消费水平提高，消费观念也有较大变化，由喜欢大而全转变为大而专、专而精。因此，汽车、黄金饰品、电脑、通讯等时尚用品的专业店、专卖店应运而生，如雨后春笋、蓬蓬勃勃，生机无限；家电、家居、家具等专业性较强的的品种纷纷从百货店中撤出，另立门户，分庭抗礼；钟表、眼镜、茶叶等老字号专业店、专卖店努力追赶时代潮流，用高科技改造老字号，焕发青春，争奇斗艳；全聚德、东来顺等餐饮店引进现代管理技术，研究制定先进的工艺流程和质量标准，提高了服务质量，为中国餐饮走向世界带了一个好头。专业店、专卖店的店铺增多，规模日趋宏大，使经营品类分专划细，经营品种大幅增加，专项商品向深度挖掘，同类商品向广度延伸，方便了民众消费，在更高的水平上满足了消费需要。近几年异军突起的国美电器，2001年底在全国开有78个店，其中北京8个，单店营业面积2500平方米以上，销售额达61.5亿元。亚飞汽车公司在全国开有417个店，其中北京13个，年销售超过180亿元。一批有实力、有影响的专业店、专卖店品牌已经初步形成，正在发展壮大。

相比而言，北京的便利店发展速度就比较缓慢，市场饱和度较低，发展空间较大，到2001年底，规范化程度较高的24小时便利店不过20家；比较像样的7－11便利店和与相近似的店铺，总量也不过300家。有鉴于此，不少连锁企业都开始向便利店业态进军。年初成立的上海西单华联超市计划在三年内使便利店数量在其北方的1000家店铺中达到一定比例。物美、超市发、天客隆等连锁企业都设立了便利店专业管理公司，大力发展便利店。近几年来持续发展壮大的通州糖业公司一直着力发展规模小、服务居民的便利店。2001年新开10家店铺，都是面积100～200平方米的便利店，颇有建树。华普超市适应形势的发展，2001年开设了11家网络商店，取得了经验。

三、行业拓宽网点增

随着科学技术的进步和商业的发展，连锁经营已从起初的零售业、餐饮业迅速向生活服务、娱乐休闲、高新科技等行业拓展。连锁经营的触角已经开始向邮政、电信、石化、烟草、图书报刊、医药、生产资料等实行集中管理和专营专卖的行业以及典当、租赁、软件开发、房地产中介、旅游等新兴行业延伸，有的已经取得了相当的成绩，有的已达成开发意向。如嘉事堂药业、金象大药房一诞生，就身手不凡。物美与石化签订合作开发便利店的意向书，中青旅连锁的成立开旅游业连锁的先河。

近年来由于社会经济生活步伐加快和人民生活品质的提高，消费方式越来越显现出多样化、差异化的特点，新的消费需求大量产生，因此，许多新兴业种应时而生。据统计，截止到2000年底，北京市连锁经营业种39种，其中商业24种，服务业10种，餐饮业5种。经过一年的发展，初步统计，2001年新增业种18种，其中商业6种，服务业9种，餐饮业3种。许多新行业、新业种都产生了科技先进、经营管理水平高、经营成果好的代表企业，如电脑专业店中的联想、恒生；电讯专业店中的迪信通、中复；婚庆专业公司中的紫房子；咖啡吧中的星巴克等等。展望未来，能够帮助人们从繁杂的家务中解脱出来，带来身心愉悦、生活便利的休闲娱乐、家政服务业种会日益为民众所需要，如保健器材、陪护养老、游艺娱乐、代缴费用等，典当业、旧货交易、租赁市场的建立和发展也势在必行。

在行业拓宽的同时，北京连锁经营在1999年和2000年店铺大幅度增加的基础上，2001年仍保持了持续增长的势头。

据北京市连锁经营协会对会员企业开店情况的不完全统计，全年21家企业新开店铺100家，营业面积22.56万平方米，其中本市86家，营业面积17.75万平方米；外埠14家，营业面积4.81万平方米。

据了解，这些新开店铺中绝大多数是由原单体经营的店铺改造更新而成的，约占三分之二强；少数店铺是新建新开的企业。与2000年的86家店、11万平方米相比，店铺数增加16.3%，营业面积增加105%，发展速度是比较快的。

新开的100家店中，综合超市、便利店占绝大多数，有84家占84%，专业店4家，占4%，餐饮店12家，占12%。从店铺规模及业态来看，地区性的中型综合超市新开36家，面积100平方米的便利店或者类似便利店的小店铺新开30家，分别占总数的36%和30%，而面积5000平方米以上的大卖场新开14家，占总数14%。这个发展趋势说明，连锁企业把经营重点放在社区服务和便利居民消费上，努力使消费者的购买更方便，提高人民生活品质。这与市政府发布的十五商业发展规划是吻合的。

据统计，截至2001年底，北京市连锁经营的店铺（服务业未统计在内）为3200个，其中加盟店不足15%。而2001年新开店铺中，加盟店的所占比例为35%。这说明两个问题，一是我们的经营者对特许加盟研究不深，重视不够，偏爱直营，忽视特许经营。二是这种现象已经逐渐有所改变，特许经营越来越引起经营者的重视，今后会有更多的企业采取这种快速扩张的形式。这是连锁经营发展到一定程度的必然趋势。

附一：2001年北京市社会消费品零售总额与连锁经营销售额统计表

年度	零售总额（亿元）	同比增长（%）	连锁销售额（亿元）	同比增长（%）	连锁占零售（%）
2000	1 443.3	11	174	32.8	12
2001	1 593.5	10.4	207	18.9	13

2001年实现社会消费品零售总额1593.5亿元，同比增长10.4%，扣除物价因素，实际增长11.7%；

2001年115家连锁经营企业销售总额207亿元，占零售总额的13%，比上年增长18.9%。

附二：2001 年北京市连锁经营典型企业销售情况统计表

企业名称	物美公司		京客隆		超市发		天客隆	
业　　态	大卖场超市便利店		大卖场超市		大卖场超市便利店		大卖场超市便利店	
经济指标	销售额（亿元）	同比增长（%）	销售额（亿元）	同比增长（%）	销售额（亿元）	同比增长（%）	销售额（亿元）	同比增长（%）
2000 年	12.78	34	14.13	12.5	13.57	5.42	8.67	63.0
2001 年	25.22	97	18.93	33.9	15.05	10.9	11.29	30.2

附三：2001 年北京市超市企业销售额排行榜（前 10 名）

序号	经营单位名称	销售总额（亿元）			店铺数量（个）			营业面积（平方米）			员工人数	
		销售总额	上年同期	同比增减	店铺数	上年同期	同比增减	营业面积	上年同期	同比增减	员工人数	上年同期
1	物美集团	25.22	12.78	97.34%	199	53	275%					
2	京客隆	18.93	14.14	33.88%	58	27	115%	10 622	72 423	47%	5 055	4 915
3	超市发	15.05	13.57	10.91%	67	59	14%	69 773	56 839	23%	4 869	3 724
4	天客隆	11.29	8.67	30.22%	36	30	20%	89 429	59 000	52%	2 472	2 122
5	华普超市	8.24	6.67	23.54%	11	11	0	32 814	22 733	44%	1 903	2 242
6	小白羊超市	8.15	4.12	97.82%	27	15	80%	68 750	42 000	64%	2 866	1 565
7	华堂商场	5.91	5.56	6.29%	2	1	100%	35 175	14 175	148%	1 038	898
8	燕莎望京	5.44	4.99	9.02%	6	5	20%	32 660	32 500	0.5%	952	950
9	亿客隆	5.41	5.62	-3.74%	12	9	33%	45 100	37 000	22%	1 362	1 450
10	华联超市	4.94	5.14	-3.89%	4	3	33%	18 847			634	634

附四：2001 年北京市餐饮企业销售额排行榜（前 3 名）

序号	经营单位名称	销售总额（亿元）			店铺数量（个）			营业面积（平方米）			员工人数	
		销售总额	上年同期	同比增减	店铺数	上年同期	同比增减	营业面积	上年同期	同比增减	员工人数	上年同期
1	全聚德	6.63	6.13	8.16%	46	45	2%	54 724	69 436	-21%	5 400	5 081
2	东安饮食	5.04	4.60	9.57%	90	88	18%	50 000	46 200	8%	4 500	4 500
3	华天饮食	1.71	1.60	6.87%	33	28		10 261	3 187	222%	1 624	797

附五：2001年北京市连锁大事记

1. 1月18日，新华驿站全国连锁系统全面启动

新华驿站是新华书店总店，诚成文化投资集团和信息产业部所属通广电子公司共同投资组成的新华音像租赁发行有限公司开办的。中央和北京市有关部门领导向首批10家新华驿站连锁店授牌，与此相配套的新华驿站网和新华音像网等4个新华图书音像网站同步开通。新华驿站主要经营图书、音像、电子出版物、报刊零售和租赁业务，兼营文化生活便利商品，并提供生活便利代办服务和网上购物代收、代送服务。驿站计划用三至五年时间在全国100个大中城市发展3000家连锁店。

2. 2月3日，两市三方组建北京西单华联超市有限公司

来自上海的华联超市股份有限公司与北京的西单商场股份有限公司和超市发连锁股份有限公司联手，共同投资组建北京西单华联超市有限责任公司。这是上海华联实施走出华东，向全国6大区域发展战略迈出的第一步，计划用五年时间完成在全国布点的目标。目前，西单华联超市已有10余家超市开业迎宾。

3. 7月下旬，国美电器增长速度名列全国第一

在国家经贸委排出的2001年上半年中国最大的20家零售企业中，国美电器以148%的增长速度名列全国第一。作为近几年迅速崛起的家电连锁巨头，国美以专业化连锁经营、规模采购、买断经营、低价销售、推出服务工程等为动力，实现了高速扩张。到2001年底，国美已在全国13个省市拥有78家门店，销售61.5亿元，名列2001年连锁企业20强第六名。

4. 11月，北京华联超市上市

北京华联综合超市有限公司成立于1997年11月，目前其网点遍布全国，门店数42家，2001年销售总额80亿元，位于2001年全国连锁企业20强的第三位。其中在北京有4家店铺，销售额近5亿元。华联上市融资后，将加快在全国的开店步伐，在五年内仅大型超市就要增加到200家，年销售额计划突破400亿元。

5. 11月7日，首都构建连锁商业航空母舰

在“2001年国际流通现代化—北京论坛”会上举行签约仪式。北京新燕莎集团、供销合作总社、二商集团、物美集团、宏润投资经营公司等企业将其连锁企业或部分店铺资源以实物资产折价入股，

市国有资产经营公司、西单友谊集团、富基旋风科技公司、中国商业服务网等企业以投资入股，共同组建首联商业集团有限公司。公司总资本近10亿元，拥有各类店铺500余个，预计年销售总额30亿元。计划五年内店铺发展到1500余个，年销售额突破200亿元。

6. 12月18日，超市发与天客隆两强联合

由国有独资改制而成的股份制企业超市发连锁股份有限公司与由7家股东组成的天客隆集团有限责任公司适应形势要求，经过20个月的商讨评估，以脚踏实地的务实精神为本，实现了实质性的重组合并。超市发天客隆总资产8亿元，拥有101家店铺，其中北京地区90家，外省市9家，国外2家，总营业面积17万平方米，预计年销售额26亿元。

7. 12月24日，北京崇文门菜市场与物美成建制合作

物美集团秉承“发展民族零售产业，提升大众生活品质”的理念，多种业态齐头并进，多种方式联合重组，连锁商业不断创新发展。到12月份，与崇文门菜市场成建制合作，在保持原企业各方面优势的基础上引进物美的经营管理模式，成立北京崇文门菜市场物美超市有限公司，共同发展连锁商业。截止到年底，物美的网点已遍布北京的海淀、石景山、丰台、崇文、门头沟等9个区县和河北、浙江、上海等省市，店铺总数199家，年销售额25.2亿元。

（北京市连锁经营协会）

上海市 2001 年连锁经营发展概述

2001 年，上海连锁商业继续快速发展，年内开设各类连锁经营网点 940 个，使上海连锁商业的网点达到 5400 个，全年实现销售额 520 亿元，同比增长 26.8%，占社会消费品零售总额的 28%，比上年提高 4.2 个百分点，连锁经营的行业范围由 45 个业态业种扩大到 50 个。

一、超市发展与整合并举

一年来，上海市内超市发展趋缓，市外发展加快，局部进一步整合，年内新开设超市 270 个，使上海超市达到 2020 个，年销售额 289 亿元，占连锁商业销售总额的 55.6%。一是超市公司进一步整合，华联超市公司发挥经营管理优势，向星地超市输出管理，承担商品配送服务，顶顶鲜超市大股东易主，由香港华懋公司控股。与此同时，联华、华联、农工商超市的经营规模进一步扩大，连锁门店分别达到 596 个、817 个和 165 个，继续保持本市超市的龙头地位，销售额占上海超市销售额的 90%，市场竞争的优势愈加显现。二是超市向市外拓展的步伐加快。年初，华联超市与北京西单商场股份公司、北京超市发连锁股份公司，合资组建西单上海华联超市（北京）有限公司，拉开了上海大型超市公司挺进全国大城市的序幕，当年在北京开出大小超市 12 个。农工商超市加快江苏、浙江、江西等地区拓展，在大丰、盐城、建湖、泰兴、海安、海宁、金华、湖州、临安、南昌纷纷开出大型超市，上海市外市场销售额已占公司销售总额的 16%。2001 年开设的近 120 个超市中有 90% 系华联超市开设的特许加盟店，华联超市市外特许加盟超市的销售额已占公司销售总额的 46%。

二、便利店呈快速发展态势

2001 年上海新组建的便利店公司有好德、21 世纪、喜士多公司，这些公司不仅风格特色各异，而且起点高，开店速度快。好德、21 世纪分别属于农工商、家得利超市的子公司，凭借母体公司的实力和影响，年内开设便利店分别达到150个和50个，使上海出现便利店发展的热潮。可的便利在加紧市区布点的同时，积极拓展市外市场，年内在杭州、无锡、苏州、昆山、张家港等新开设直营店40多个。联华杭州千家伴便利店也由特许加盟转为由联华便利合资控股。全年新开设便利店780个，销售额达到27.4亿元，同比增长60.9%，门店和销售额增幅高于其他业态。

三、大型超市成为投资发展的热点

2001年，华联吉买盛、欧尚、易初莲花、乐购、联华、农工商加快大型超市开设，形成外资与内资，专业公司与连锁经营公司多元业态共同发展，相互竞争的局面。7月，联华超市公司成立世纪联华有限公司，标志大型连锁经营公司探索多元业态发展将进入专业化运作和管理的新阶段。全年市内新开设大型超市12个，使上海市大型超市总量达到53个，年销售额116.7亿元，同比增长16.6%，占社会消费品零售总额的6.27%。同时大型超市在发展中逐渐呈现向主题型商场、社区购物中心转型的趋势。年内华联吉买盛常州店、联华济南市中店、江苏泰州店、安徽芜湖店先后开设，农工商超市在江苏、浙江地区大范围布点，使大型超市成为上海连锁商业拓展市外市场的主力业态。

四、连锁经营的行业范围进一步扩大

经过推进和发展，上海连锁经营已分布在新型业态、专业业种和服务业三个层面。一是以超市、大型综合超市、便利店为代表的新型业态有8个，具有业态特征明显，连锁经营运作规范，且大部分企业已经形成一定的经营规模，这是连锁商业的主体和样板，其销售额占上海连锁商业额的90%以上。二是以医药、药材、音像制品、电信、眼镜等为代表的专业业种有27个，这些专业连锁有的是由传统经营模式转变过来，如医药、药材、眼镜，全市已成立跨省市经营的药品零售连锁企业5家；有的是企业运作一开始就导入连锁经营方式，如音像制品、通讯器材，这是本市连锁商业的新成员。三是以中西式快餐、维修、旅馆、房屋中介等为代表的服务业有15个，这些服务贸易的连锁经营发展健康，代表了消费发展的新趋势。

五、加强政府监管力度，提高连锁企业素质

2001年结合整顿和规范市场经济秩序工作，针对上海连锁商业发展中出现的新情况、新问题，以加强规划、强化规范为重点，与市有关部门联手，先后制定了《关于加强超市食品卫生管理，规范生产经营的若干规定》、《关于在大型超市开设中引入听证制度的通知》以及《商业零售业态规范》等意见和标准，为规范连锁企业市场行为，促进连锁经营健康有序地发展，进行了积极有益的探索。

附表：2001 年上海市连锁商业发展一览表

业态分类	门店数（个）	销售额（亿元）	比上年增率（%）	占全市零售总额（%）
超市	2 020	289.0	35.0	15.5
便利店	1 980	27.4	60.9	1.5
大型超市	53	116.7	16.5	6.3
快餐店	415	16.7	4.4	0.9
其他类型	932	70.2	59.5	3.8
合计	5 400	520.0	26.8	28.0

上海连锁商业大事记

2 月 28 日　2001 年上海市商业工作会议召开，上海市政府周太彤副秘书长主持，徐匡迪市长和冯国勤副市长出席并讲话。

3 月 28 日　德国欧倍德（OBI）中国管理系统有限公司在上海市开设的首批装潢建材超市普陀店、金桥店同时开业。

4 月 15 日　由农工商超市公司投资的好德利便利公司第一家门店开业。

5 月 18 日　由家得利超市公司投资开设的“21 便利店”第一批 8 家门店同时开业。

5 月 23 日　上海市商业委员会召开“超市企业强化管理，规范市场行为座谈会”，贯彻国务院关于整顿和规范市场经济秩序的决定和上海市整顿和规范市场经济秩序工作会议精神。

6 月 4 日　上海市规范商业市场行为工作会议召开，冯国勤副市长出席并讲话。

6 月 7 日　中共中央政治局常委、国务院副总理李岚清视察联华超市浦东大卖场、好美家装潢建材公司浦东店、华联超市公司总部。

6 月　上海顶顶鲜超市公司由香港华懋集团和赛晓投资公司参股，由香港华懋集团接手经营管理。

6月27日~30日　“第二届上海国际连锁加盟创业展”在光大会展中心举行。

7月4日　联华超市生鲜加工中心全面进入试运行。

7月27日　上海市卫生局、市商业委员会联合发出《关于进一步加强超市食品卫生管理的通知》和《关于加强超市企业食品卫生管理、规范生产经营的若干规定》。

8月1日　上海市商业委员会和上海市质量技术监督局、卫生局联合召开“超市专题工作会议”，要求规范超市市场行为，加强食品卫生和商品质量管理。

8月5日　联华超市公司投资建立世纪联华超市发展公司，接手原联华超市公司浦东大卖场，开始正式运行。

8月13日　上海喜士多便利连锁公司成立后，首批2家门店试营业。

9月1日　上海地方标准《商业零售业态规范》、《商业分级设置规范》，由上海质量技术监督局正式发布，于9月1日起实施。

9月17日　上海市商业委员会召开“规范企业行为，发展连锁经营座谈会”，对超市与供应商关系问题提出了意见和要求。

11月7日~10日　第十届上海全国消费品交易会和第三届中国连锁业会议在上海光大会展中心举行。

11月7日　张广生会长会见台湾连锁暨加盟协会代表团。

11月7日　上海市商业委员会和上海市发展计划委员会联合发出《关于在大型超市开设中引入听证制度的通知》。

11月27日　上海商业“超市杯”理货员技能大赛决赛，联华二队等10个队分获二、三等和优胜奖。

12月11日　上海市工商局在华联超市股份公司召开超市、大卖场规范管理工作现场会。

12月20日　开设大型超市听证委员会成立。

12月30日　举行开设大型超市第一次听证会。

（上海市连锁商业协会）

天津市2001年连锁经营发展概述

一、发展概况

连锁经营作为现代新兴零售业态，近几年取得了快速发展。天津市连锁经营从1994年开始试点，当时，全市商业系统开展连锁经营的有百货大楼、狗不理包子公司、富利华大酒店等10余个规模较大的企业，140多个商店分别加盟连锁。到1998年的时候，全市连锁网点发展到1129个，涉及副食、食品、餐饮、百货、服装、五金、家电、服务等行业，全年实现零售额30亿元，占全市社会消费品零售额的5%，比上年增长一倍。1999年，各类超市、专卖店、专业店、便利店、购物中心销售规模达到50亿元，同比增长60%，占社会消费品零售额比重近7.8%，连锁门店达到1360个。2000年网点达到1500多个，销售额达70亿元，同比增长40%，占社会消费品零售额的9%。2001年连锁经营规模继续扩充，连锁经营行业范围扩大至药店、加油站、绿色蔬菜、租赁、首饰等行业，销售规模突破百亿，达到101.2亿元，同比增长44.6%，占全市社会消费品零售额的12%，与上年同期相比提高了3个百分点；连锁门店达到1700家，其中大型超市发展到24家，比上年同期增加13家。经过几年的发展，全市连锁经营已形成以劝业、时代、消费合作社、鸿起顺、家乐、家乐福、华润等为龙头的连锁企业网络。其中，劝业超市、家乐超市、时代超市、鸿起顺饭庄、市消费合作总社作为该市重点扶持发展的5家连锁企业不断调整企业内部结构，扩大经营规模。劝业场超市已发展到4家，全年实现销售额4.7亿元，同比增长33.4%；家乐超市新发展4家大型卖场，使直营连锁门店达19家，全年销售额达22.14亿元，同比增长56.14%；时代超市、河西鸿起顺饭庄进一步强化品牌意识，不断规范加盟店管理，做大做实品牌；市消费合作总社直营连锁店发展到60家，全年实现销售2.07亿元，同比增长21.76%。国有、外资、民营等多种经济成分纷纷投资连锁超市发展，使连锁超市规范化管理水平日益提高。同时，随着连锁商业经济的发展，专业店开始进入大发展阶段，成为连锁经营新的增长点。在此基础上，该市又新批准了兴跃果菜公司及协和医药公司实施连锁经营，使连锁经营成为该市现代商业发展的重要组织形式。

二、相关政策

（一）天津市《关于加强我市大中型商业设施项目审批管理的意见》（津政发［1999］13号）。

政策要点：

为了进一步加大对国内外商业招商引资的力度，保证本市大中型商业设施建设更加有序，布局更加合理，管理更加规范，根据国家有关部门的规定，对大中型商业设施的规划布局和加强项目审批管理提出以下意见：

1. 由市商委和市计委、市规划局尽快制定出全市商业设施发展规划。商业设施发展规划要服从本市城市总体规划，有利于促进商业的进一步繁荣和发展。具体遵循以下原则：一是商业设施的发展总量必须与经济发展水平和社会购买力水平相对应，要制定商业不同行业不同业态的商业设施千人拥有量指标，实施积极有效的调控，使商业设施建设保持适当的发展速度；二是要区别不同地区的功能和特点，根据不同规模商业业态的服务半径，合理确定商业布局；三是商业设施配置除具备购物功能外，还要具备娱乐、休闲、旅游、餐饮等多种功能，能够满足不同消费层次的需求。

本市各区、县要根据以上原则制定本地区商业设施发展规划。

2. 进一步加强对大中型商业设施建设项目的审批管理。今后无论何种经济成分和投资主体在本市新建、改建、扩建面积5000平方米以上的零售、餐饮、服务等大中型商业设施和2000平方米以上的超市、连锁店都必须报请预审。

3. 凡申建大中型商业设施项目，须经市商委预审同意后，再报市计委办理立项审批手续，其他部门不得随意审批。未经市商委预审同意的商业设施建设项目，计划部门不予办理立项手续，规划部门不予核发《建设工程许可证》，工商行政管理部门不予核发营业执照，其他部门也不得办理相关手续。

4. 报送预审的大中型商业设施建设项目，须提交以下材料：

(1) 申建单位的申请报告;

(2) 建设项目的选址及建设依据;

(3) 建设项目的规模和功能定位;

(4) 建设项目的投资预算及资金来源;

(5) 投资效益分析;

(6) 投资单位的基本情况。

(二) 天津市商业设施(超级市场)设置规定(1999年12月试行)。

政策要点:

根据津政发(1999)13号文件精神,为做好大中型超市建设项目的预审工作,特规定:

1. 管理范围

根据目前超市发展状况,主要是加强大中型超市的规划布局管理,包括:大型综合超市、超级市场、购物中心、仓场等,以及相同业态的连锁经营分店。大型超市在5000平方米以上,中型超市在2000平方米以上。

2. 设置指标

参考有关城市建设标准,结合本市实际情况及不同区域水平和人口分布等因素,本市不同地区超市营业面积指标目前定为:①中心市区(市内六区、新四区一部分,含:华苑、梅江、万松、铁东、西横堤等11个新建居民小区)千人超市拥有量40平方米;②中心市区外围八个组团杨柳青、大寺、双港、小淀、军粮城、咸水沽、双街、新立镇)千人超市拥有量40平方米;③滨海新区(塘沽区、汉沽区、大港区、东丽区一部分)千人超市拥有量60平方米;④重点建制镇(新四区一部分、县所在地)千人超市拥有量20平方米;⑤非城镇居住人口(主要是五县)千人超市拥有量40平方米,做为潜在购买力发展指标。

3. 设置要求

大型超市主要设在交通便利,人口集中,网点空缺的地区。要求有与营业面积1:1停车场,同业态超市服务半径在3公里以上,服务人口25万以上。宜建区域:中心市区红桥、河北、河东、河西区的网点空白区域,8个新建组团,新建居民小区及交通要道进市口,如外环线与洞庭路交口、卫国道与外环线交口、丁字沽三号路与外环线交口及北辰跨世纪商城、芥园西道环外中北镇区内。内环线以内原则上不再建设大型超市。

中型超市主要设在居民区。要求有相应的停车场,服务半径在1.5公里以上,服务人口10万以上。宜建区域:中心市区,8个新建组团,新建居民小区,重点建制县等。

超市的发展规模应因地制宜、合理配置。在发展大中型超市的同时，鼓励和引导在居民区发展方便群众生活的小型超市、连锁便利店、放心早点快餐店等。

以上设置规定，作为市商委对申报建设大中型超市项目预审时掌握。

三、相关数据

1. 2001 年天津市零售及连锁经营销售数据：

（1）2001 年天津市实现社会消费品零售总额 832.7 亿元，同比增长 13.04%，扣除物价因素，实际增长 14.6%；

（2）2001 年天津市连锁经营销售总额 101.2 亿元，占零售总额的 12%，比上年增长 46%。

表 1：2001 年天津市零售及连锁经营销售统计表

年度	零售总额（亿元）	零售销售年增率（%）	连锁销售额（亿元）	连锁销售年增率（%）	连锁占零售份额（%）
2000	736.63	12.10	70.0	40	9
2001	832.70	13.04	101.2	46	12

2. 2001 年天津市连锁经营企业数据：

2001 年各类连锁经营企业 60 个，店铺 1700 家，分别比上年增加 7%、6.25%。

2001 年连锁销售额超亿元的企业 15 个，超 10 亿元的企业 1 个。

表 2：2001 年天津市大型综合超市销售额排行榜（前 3 名）

排行	企业名称	2001 年销售额（亿元）	2000 年销售额（亿元）	2001 年比上年增率（%）
1	家乐超市	22.14	14.18	56.14
2	家乐福	6.59	6.40	2.97
3	劝业超市	4.73	3.55	33.24

表3：2001年天津市连锁企业销售额排行榜（前10名）

序号	企业名称	年销售额（亿元）	店铺数（个）
1	家乐超市	22.14	16
2	国美电器	7.68	7
3	家乐福	6.59	2
4	劝业超市	4.73	4
5	家居	4.44	3
6	大荣超市	3.33	15
7	狗不理	2.94	59
8	肯德基	2.98	33
9	中新药业集团	2.79	248
10	麦当劳	2.44	23

（天津市连锁商业协会）

黑龙江省 2001 年连锁经营发展概述

弹指一挥间，黑龙江省连锁商业发展迄今已走过八个年头。历经八年风雨，连锁商业在各级政府的直接领导下，从无到有，从小到大，其发展打破了传统的流通格局，带来了全省流通领域的一场深刻革命。走专业化、规模化和集约化的发展之路，使一大批肯于学习、勇于探索，有责任感和使命感的现代新型商业企业脱颖而出。其中，哈尔滨市中央红集团股份有限公司、哈尔滨哈客隆连锁超市公司已入围 2001 年中国连锁百强企业行列。以它们为龙头，正在牵动全省流通网络的重建和重组，打造着全省现代商业的新格局。

据不完全统计，至 2001 年底，全省拥有各类连锁店 1500 个，年销售额达 45 亿元，占社会消费品零售总额的 3.7%。

一、黑龙江省 2001 年连锁经营发展特点

（一）2001 年是全省连锁业更加成熟、理智发展的一年。其标志：一是企业改制加速。一些已变革经营方式发展连锁经营的企业开始注意到企业制度创新的意义，着手实施向现代企业制度迈进的股份制改造。

年初，作为全国连锁百强企业之一的中央红集团股份有限公司，按《公司法》要求，集团内 3000 多名员工和 10 名经营层以 100% 的持股比例，买断企业资产，国有股全部退出，实现了真正的民营。与此同时，实行了强化总部功能、以购销分离为主要特征的机构重组，大大激活了员工的经营积极性。

大庆昆仑购物中心、哈尔滨道里菜市场等企业也都实施了职工一次性出资入股，买断企业资产，置换干部员工身份，企业从国有领域彻底退出的股份制改造。为适应入世后的竞争和挑战作了组织机制上的准备。

二是实施超市“流程再造”。一些企业为尽快融入到 WTO 游戏规则中，摒弃传统思维方式，从管理模式的确立到实现模式的手段，从营销方式的应用到实现方式的技巧，从自有品牌的创新到实现品牌的销售，从商品组合的方案到实现组合的效果等，全方位审视自己，剖析不足，抛弃所有过时甚至有误的东西，创造全新的工作方法和作业流程，从而提高顾客对超市商品、服务、形象整体的认知和忠诚度，对变化的市场环境作出快速有效的应对。哈客隆、波斯特、乐买等超市公司都作了积极尝试。

三是追求标准化发展。一些大的连锁企业结合自身情况，将企业业务流程和岗位作业流程手册化，将可以转化为信息系统控制的标准内容计算机化，并通过不断的企业文化的灌输和训练加以强化。哈尔滨同泰医药连锁店通过了ISO9002质量体系认证，成为全国首批GSP认证合格单位。

（二）2001年是全省连锁业多元投资主体加快发展的一年。全省连锁经营的最初起步和前几年的发展主要以国有流通行业的企业为主体。近一两年来，一些房地产业、邮电业、农垦业，一些民营和股份制企业认准连锁经营的方向，短时间内迅速崛起，做起了比较有影响的大卖场，成为连锁商业中后起的一支重要力量，显示出较强的市场竞争力。连锁经营市场呈现出国有、民营、股份制三分天下的格局。有代表性的，如东兴、宇翔、庆客隆、万集源、绿色福、黑天鹅、广汇等大卖场和大专业店。而民营和股份制企业凭借着体制、机制和资金等优势，有做大做强成为市场主导的趋势。

（三）2001年是全省连锁业多业态发展的一年。现代商业业态刚起步时，多是以传统食品超市，不规范的便利店和专卖店为主发展，去年以来，除大型超市的发展外，专业店发展很快。医药专业连锁店以哈医药集团同泰医药连锁店、人民医药连锁店、黑龙江泰华医药连锁店、牡丹江灵泰医药连锁店为代表。目前，全省有医药连锁店约200个，年销售额3亿多元。同泰开出的大型药品超市以全新的购药环境、品种全、价格合理、服务周到得到消费者的信赖，品牌效应大增。在家电专业连锁发展中，昆仑家电已拥有总营业面积2.5万平方米的三家直营连锁店，业务范围辐射至哈尔滨、齐齐哈尔、大庆等黑龙江省中西部地区。牡丹江广汇集团采取连锁经营的方式，相继在牡丹江、佳木斯、鸡西以及俄罗斯的海参崴设立家电连锁专业店，市场份额不断扩大。传统食品超市在向标准型生鲜食品超市过渡过程中，又出现了药品超市、图书超市、音像超市、金融超市，超市业态不断在向多业种延伸。

二、连锁经营存在的主要问题

八年来，黑龙江省连锁业得到长足发展，但与入世后参与国际化竞争的要求，与连锁业发展较快地区相比还有很大距离。目前存在的突出问题，一是连锁企业规模小，资源过于分散，入世后，在新的市场竞争形势下企业缺乏竞争力。全省最大的连锁企业年销售额不到十亿元，多数企业只在几千万不足亿元之间徘徊。近一两年连锁企业的投资主体日益多元化发展，但由于条块分割，部门分立，资源无法发挥其规模效益，至今没有整合发展的迹象。当务之急是急需创造一个良好的客观环境，加强政府部门的中介推动作用，以加速企业资产整合做大。二是企业的整体经营管理水平有待提高。企业普遍受人才和资金等因素的制约，在采购配送、计算机信息管理、生鲜食品经营、营销策略和营销方式等方面还比较落后，“后台”的竞争力不强，影响着连锁经营的有效运作和快速发展。

三、趋势分析和对策

（一）分化重组，联合做大，拓展农村市场，成为企业扩张的重要途径。

1. 2002年开始，随着零售市场对外资的加大开放，跨国零售巨商陆续强势进入哈尔滨市场，沃尔玛进哈尔滨的第一家购物广场将于2002年6月底开业。家乐福、普尔斯马特、百安居、大润发以及国内的上海联华、北京华联等大企业纷纷进入。更加激烈的市场竞争态势必然牵动市场不断分化和重组。有一定优势和战略眼光的企业将接受“竞合观念”，意识到要想在竞争中分得一杯羹，必须要走归并整合，重组做大之路。

2. 与外资企业实力对比，不采取正面对抗的方式为上策，眼下外资主要目标是省会等大城市，有一定战略头脑的企业将由城市发展为主转向小城镇，边远区域发展，不断地拓展农村市场。

3. 按照经济学上的“输赢等量”规则，经营与外资商业不同品种商品的业态形式会得到发展。

（二）不断细化市场，找准企业的经营定位成为企业立于不败之地的主要做法。

1. 市场竞争的要义是争夺消费者的道理越来越被企业所认识，不同业态适应不同需求，预计现行的连锁业态将进一步细分，差异化经营，将成为企业的追求目标。

2. 连锁经营将很快向更多业种延伸。

（三）重视后台建设成为提高企业核心竞争力的主要手段。

四、黑龙江省连锁经营大事记

1. 2001 年 1 月 4 日，中央红集团自行开发的国家“九五”重点科技攻关项目《商业自动化技术集成及示范综合工程》中两个示范工程《零售百货单品进价一级核算管理机制的实现》、《便民连锁运作机制的实现》通过国家验收。

2. 2001 年 3 月，中国连锁经营协会发布 2000 年全国连锁百强企业名单，中央商城集团、哈客隆连锁超市公司、乐买连锁超市公司榜上有名。

3. 2001 年 4 月，黑龙江省连锁经营协会成功主办了“战略人力资源管理与业绩评价控制高级研讨会”。

4. 2001 年 5 月 26 日，同泰医药连锁店通过国家药品监督局首批 GSP 认证，成为哈尔滨市首家通过认证的医药商业企业。

5. 2001 年 6 月 3 日，中央红集团在黑龙江省暨哈尔滨市纪念“6・5”世界环境日纪念大会上被授予“全省首家绿色商店示范单位”。

6. 2001 年 7 月 24 日，所属道里区国有资产管理局 5. 8% 的股份由员工持股会全部买下，至此，国有资本全部从中央红集团撤出。

7. 2001 年 8 月 21 日，单品进价一级核算正式在中央商城启动。

8. 2001 年 8 月 2 日，波斯特网上超市正式开业。

9. 2001 年 9 月 20 日黑龙江省邮政实业有限公司更名为黑龙江省波斯特超市连锁有限责任公司。

10. 2001 年 10 月黑龙江省连锁经营协会成功举办了“首期大型综合超市店长培训班”。

11. 2001 年 10 月哈客隆连锁仓买有限公司被中宣部等单位授予“百城万店无假货示范单位”称号。

12. 2001 年 11 月黑龙江省连锁经营协会在《超市周刊》上推出“黑龙江连锁业与时俱进”地方专版。

13. 2001 年 11 月黑龙江省连锁经营协会向省经贸委上报了《关于全省连锁业发展现状与待思考问题的报告》，提出加强行业规划指导，出台相应政策措施，在入世前后短时间内做大做强连锁企业的建议和意见。

14. 2001 年 11 月 3 日，中央红集团挺进大卖场，6000 平方米的中央红超市开业。

15. 2001 年 12 月 1 日，大商集团大

庆新玛特购物广场开业，其中店内超市9000平方米。

16. 2002年1月8日，哈尔滨金马集团、道里菜市场与上海联华签约成立黑龙江省联华超市有限公司。

17. 2002年1月10日，大庆百货大楼在店内开出5000平方米的大型超市。

18. 2002年1月18日~19日，黑龙江省连锁协会成功主办了“现代商业物流配送与自动化管理高级研修班”。

19. 2002年3月，中国连锁经营协会发布2001年全国连锁百强企业名单，中央红集团、哈客隆连锁超市公司再次跻身百强之列。

（黑龙江省连锁经营协会）

福建省2001年连锁经营发展概述

一、发展现状

福建省2001年实现社会消费品零售总额1499.46亿元，同比增长9.2%，扣除物价因素，实际增长11.8%。

2001年连锁经营销售额预计达40亿元，占社会消费品零售总额的2.67%，比上年增加59.10%。年销售500万元以上的零售连锁企业52家，年销售200万元以上的餐饮连锁企业14家，共计66家。其地区分布是：厦门市29家、福州市12家、泉州市9家、漳州市7家、三明市5家、南平市2家、莆田市1家、龙岩市1家。福、厦、漳、泉四市共有连锁总店57家，占总店总数的86.4%。从登记注册类型看，有限责任公司连锁总店为27家，位居各类型之首；外商和港澳台投资连锁总店发展到13家，位居第二；私营连锁总店有10家，位居第三；国有连锁企业8家，位居第四；集体连锁总店4家，位居第五；股份合作、股份有限公司、联营和个体连锁总店各1家。66家总店所辖门点数667家，其中：福州市230个、厦门市291个、莆田市10个、三明市36个、泉州市28个、漳州市60个、南平市8个、龙岩市4个。吸收就业人员1.66万人，营业面积达29.66万平方米，平均配送比例为81.4%。在该省，邮政系统有连锁超市133家，2001年营业额7156万元；中石化集团有连锁加油站767个，中石油集团有连锁加油站322个，两家年销售额共计40亿元。

二、领导指示

1. 2001年1月4日，曹德淦副省长在省内贸流通工作会议上强调：要进一步优化商品流通产业经济结构，使业态结构由过去的百货店、专业店为主，转变为多种业态并存、新兴业态蓬勃发展的新局面；使超级市场、便利店、仓储式商场、专业店、专卖店、购物中心、无店铺销售等经营业态迅速发展；使连锁、物流配送、代理制、电子商务等现代流通组织形式和经营方式，以及拍卖业、旧货业、内贸企业自营进出口、引进外资改造商业等都有良好的开端。

2. 2001年1月4日，省经贸委钟安平副主任在省内贸流通工作会议上指出：调整商业行业结构，推进流通形式多样化，重点是发展产销一体化的流通组织、辐射面较宽的批发交易市场、便民利民超市、便利店、专业店、专卖店，以及大中城市在大型综合超市、仓储商场、购物中心、物流配送中心等新业态；内贸行业推进流通现代化的重要内容是大力推动营销改革和创新，2001年的工作重点是推动发展连锁经营、物流配送、电子商务三种新型组织形式和营销方式；连锁经营工作要以中心城市为核心，向周边地区辐射，形成销售网络；在业种业态上要以超市、便利店为重点，向专业店、专卖店、快餐店等扩展；在形式上要以直营连锁为支点，大力发展加盟连锁经营，加速网络扩张；在行业上要从商品零售为主向多种形式连锁服务业发展。连锁企业销售额占全省消费的零售额的比重今年争取达到8%左右。

3. 2001年5月9日，钟安平副主任在省商贸企业改革与发展座谈会上指出：零售企业要多开办一些连锁超市、便民店、专业店，把这些商店开到社区、开到百姓家门口，销售贴近百姓生活的日常用品；要调整业态结构，引进新的营销方式，比如连锁经营、电子商务、物流配送、无店铺销售、信用卡销售等；要加快发展物流配送，鼓励发展第三方物流，大中型商贸企业要在满足企业内部配送需要的同时，逐步发展向其他流通企业配送。

三、政策支持

1. 福建省国民经济和社会发展第十个五年计划纲要。

连锁经营政策要点：

运用现代营销方式和服务技术改造传统流通业、运输业和邮政服务业。培育和发展现代化大型商品市场，积极推进连锁经营、物流配送、电子商务、信用消费等现代营销方式，大力发展便民利民的社区超市、便利店、专业店和专卖店，适度发展仓储式商场、大中型综合超市、购物中心等新型业态，培育发展规范有序的租赁、拍卖与会展等新产业。

2. 福建省2001年国民经济和社会发展计划执行情况与2002年国民经济和社会发展计划（闽政［2001］57号，2001年3月25日）。

连锁经营政策要点：

运用现代经营方式发展商贸流通，推行连锁经营、物流配送、多式联运、网上销售等组织形式和服务方式，发展大型综合超市、便利店、专卖店、专业店、仓储商场、购物中心等新型业态。

3. 福建省应对加入世贸组织行动计划纲要（闽政［2001］175 号，2001 年 8 月 1 日）。

连锁经营政策要点：

大力推动传统商业向现代商业转型，培育和组建一批综合商社、流通企业集团和农工商一体化、产供销一条龙企业，发展大型连锁商业、仓储式超市、建设大中型批发市场、物流中心和配送中心。

四、2001 年福建省连锁大事记

1. 2001 年 1 月 4 日，省内贸流通工作会召开。

2. 2001 年 5 月 9 日，省商贸企业改革与发展座谈会召开。

3. 2001 年 6 月 15 日，曹德淦副省长在福州会见沃尔玛亚洲区总裁钟威一行。据悉，沃尔玛山姆会员店将在福州开业。

4. 2001 年 7 月 18 日，福建省“百城万店无假货”暨创建“放心店”活动在全省展开。

（福建省连锁经营协会）

河南省2001年连锁经营发展概述

一、领导导向

针对河南省相对滞后的连锁业发展，主管商业的贾连朝副省长在省连锁业示范单位座谈会上指出，河南省1亿人口，市场潜力很大。要加快发展河南经济，就一定要大力推进流通现代化进程。他强调：

1. 要充分发挥商业流通的物资供应作用，加强管理，作出贡献；要充分发挥流通连接生产和消费的纽带作用，使之联系千家万户；要采取便民、利民措施，给群众一个很好的购物环境，使群众安居乐业；一定要组织好人民群众需要的商品，特别要保证商品的质量和售后服务，这不仅关系到企业的信誉，而且是落实江泽民总书记“三个代表”的重要思想；要在经营管理上下功夫，零售业出租柜台的作法不成功，教训很多，有损企业形象。

2. 要大力推进连锁企业的发展，积极推进物流配送；要稳妥搞好电子商务试点。对此：

(1) 要认清形势。河南商业面临着难得的发展机遇和严峻的挑战。随着我国加入世贸组织，更大范围更深层次的开放，将给固有的商业理念、经营方式带来巨大的冲击。我们要抓紧把世界知名的连锁企业引入河南，如美国的沃尔玛、德国的麦德龙等。这样虽然会对我们形成冲击，但是我们可以借鉴他们的现代经营理念、经营方式，更快地发展河南经济。

(2) 要进一步转变观念，树立现代经营理念和经营方式。这方面商业行业协会做了很多的工作。连锁、配送和电子商务这三个，要重点发展连锁业，用这个带动其他两个方面的发展。国家“十五”规划要重点培育大型企业集团，我省也要加强研究：第一，政府要调查研究，了解商业企业经营环境方面到底存在什么问题。为了应对入世，应该重点扶持几个连锁企业，通过资产重组、兼并联合等方式，做大做强；第二，鼓励国有商业加快改制步伐，鼓励民营和股份制企业参与资产重组。要充分利用流通企业现有的闲置土地、仓储、运输等设施，建立社会化的物流配送中心。这一块潜力很大。同时要加强人员培训，提高人员素质。

二、政策支持

为加速郑州市商业流通体制改革，进一步扶持连锁商业的健康发展，市政府出台了扶持连锁商业发展的优惠政策：

1. 郑州市连锁经营发展规划由郑州市连锁经营办公室（简称市连锁办）制定。各种经济成分的连锁企业经市连锁办批准列入发展规划后，可享受以下优惠政策：

（1）新开连锁经营网点及配送中心，所需改造网点和购置设备的资金，在企业自筹30%的基础上，由市连锁办提出初审意见，对符合贷款条件的企业，由所在开户银行对其进行评估、论证、审核后，按每个便民连锁店30万元、连锁超市150万元、配送中心200万元的额度，给予贷款支持。

（2）连锁企业改造网点和购置设备贷款贴息，按照郑政文［1995］233号文件规定的贴息办法和范围，在原定贴息时间到期后再延续三年。贴息额由市财政按每年200万元安排，区、县（市）财政根据本地财力和实际情况比照执行。

（3）建立面向社会集批发、加工、包装、储运为一体的食品、蔬菜配送中心，银行可按基准利率优先安排500万元贷款用于配送中心建设。

（4）经营食品的连锁企业，由连锁企业总部统一到市卫生行政和卫生防疫部门办理食品卫生许可证、健康证，交纳卫生监测、检验费：卫生监测、检验费在两年内按70%收取。对连锁企业统一经营的食品，由市卫生防疫部门统一对连锁企业总部的配送中心进行采样检测，避免重复检查。

（5）市公安部门可为连锁企业配送中心的运输车辆办理禁行区域通行证，以满足企业配送货物的需要。

（6）连锁企业经营的商品由连锁企业总部统一接受市技术监督局的监督检查，在监督抽查过程中要坚持抽查不收费的原则。对总部统一经营的商品进行质量检查时，只在其中一个连锁门店进行，以避免重复检查。

（7）连锁企业经营烟草、药品、书籍、报刊、音像制品，代售邮票、信封、明信片，代办公用电话等项业务，要按照国家七部委联合下发的《关于连锁店经营专营商品有关问题的通知》精神办理。

2. 市连锁办要将列入市连锁经营发展规划的连锁企业名单及时登记造册，送市经贸委、财政局、国税局、工商局、规划局、公安局、卫生局、技术监督局、烟草专卖局和市工商银行、建设银行、农业银行等有关部门和单位；各有关部门和单位要依照名册落实对连锁企业的有关政策。

同时，郑州市商贸委还提出了《关于开展郑州市连锁商业规范达标活动的通知》的要求，抓好经营、管理和各项服务，以争取其在经营业务、商品质量、优质服务、环境卫生、内部管理等方面全面达标。

（河南省商业行业协会）

江苏省 2001 年连锁经营发展概述

一、概况

90 年代以来，作为一种新型的经营业态，江苏连锁经营从无到有，从小到大，目前已成为最具生命力的经营方式。到 2001 年末，全省贸易流通业共有连锁企业 183 家，拥有门店 3021 个。当年连锁经营销售额 304.65 亿元，比上年增长 33%；其中零售额 226.9 亿元，比上年增长 52.8%，是同期社会消费品零售总额增幅的 5 倍，占当年社会消费品零售总额的 7.9%，比上年提高 2.5 个百分点。

二、主要特点

（一）各种业态齐头并进。在全部连锁企业中，采用超市业态的占 66%，其他 34% 为百货、便利店和专业连锁等形式。超级市场品种多、价格低、选择自由，适应性较强。苏果、华诚以及上海华联、联华、农工商在我省开设的分店，都主要采取超市业态。综合超市和仓储式卖场规模大，综合性强，选择余地大，对消费者集中购买有较大的吸引力。专业店规格全，款式多，专业性强，发展前景较好。五星空调、苏宁电器已逐步形成专业特色。百信药房也开设了近百家连锁店，年销售额近亿元。便利店的营业时间长，接近居民，便利消费，但面积小，品种少，不具价格优势，经营状况不理想，有待进一步探索。

（二）多种所有制共同发展。在全部连锁企业中，有限公司企业占一半左右，私营企业和股份公司分别占 12% 和 10%，国有企业、外商及港台投资企业、集体企业、股份合作企业和联营企业所占比重分别在 3～6%。在全部销售额中，股份公司份额最大，占总销售额 40.8%，有限公司占 25.7%，国有企业占 18%，港台及外资企业占 10%，集体企业占 4.2%，股份合作企业、联营企业、私营企业和其他内资企业不超过 2%。

（三）发展连锁形式多样。有的对老

企业和旧网点进行改造，如无锡市天惠超市，通过改造原有的菜场网点发展连锁经营；南京好管家国粮连锁有限公司，是对过去的粮站进行改造形成连锁；百信药房是对早期的售药网点进行改造创新连锁。有的依托大型商业企业（集团）发展连锁经营，如无锡八佰伴依托无锡商业大厦，苏果超市依托江苏省果品日杂公司，江苏五星电器有限公司依托江苏省五交化总公司发展连锁。省外连锁企业，大都采取合作、租赁等形式在我省开办分店。有的采取中外合资合作形式拓展连锁，如麦德龙、家乐福、肯德基、麦当劳等都是采取与当地企业合资、合作等形式创办连锁店。

（四）市场竞争日趋激烈。随着国外商业资本和省外大型连锁企业的进入，连锁业的竞争日益激烈。南京的中央、长江、信联（新百）、千里浓、爱购等超市先后退出市场，部分国合连锁商业被外来的大型连锁公司并购，长江、好管家等市属连锁企业分别加盟上海联华超市公司和华联超市公司。2001 年末，全省 183 家连锁企业销售总额 304.6 亿元，其中省内企业占 79%，外省连锁企业占 21%。随着洋超市的加速进入，我省连锁企业将面临更加严峻的挑战。

（五）外部环境不宽松。对连锁经营的管理缺乏统一的法规，多头管理现象比较突出。鼓励连锁企业做大做强的政策导向不明。城市连锁商业网点缺乏规划，以价格战为特征的恶性竞争时有发生。连锁企业经营生鲜食品，不能享受税收优惠政策。对跨地区经营的连锁店，难以做到由总部统一纳税。在办理营业证照，以及申请文化用品、烟草、药品等经营许可方面，也存在一定困难。

三、省内龙头企业经营情况

（一）苏果超市股份有限公司

苏果超市股份有限公司成立于 1996 年，由江苏省供销合作社直属的省果品食杂总公司发起组建。五年来以其多样化的业态、齐全的品种、优质的服务，赢得了广大消费者的赞誉，保持了快速发展的势头，经营规模和经济效益连年翻番。1997 年销售额 4.5 亿元，2000 年升至 40.2 亿元。目前，网点总数达到 660 家，其中直营店 220 家，加盟店 440 家，2001 年实现销售额 52.82 亿元，名列全国连锁业百强第八位。

苏果超市的经营特点：一是将以人为本、便民利民的经营宗旨体现于经营管理过程。价格上让利于民，质量上承诺“苏果无假货，件件请放心”，网点大多设置在居民小区。二是标准超市、便利店、大卖场共同发展，形成大中小相辅相成的立体经营网络。三是突出“吃”的商品的经营特色，满足不同消费需求。在60家连锁店中增加生鲜加工、熟食面点、净菜配菜服务，把居民家庭的“厨房”搬进超市，现场加工人员阳光操作，消费者购买放心。四是以城市市场为中心，开拓农村市场，实现城乡市场互补。在苏中、苏北县及县以下经济相对发达的乡镇，以及安徽、河南、山东等省的农村乡镇发展加盟连锁，把名特优新工业品送到农村，满足农民的消费需求。同时把农副产品及其加工产品引进超市，解决农产品的卖难问题，引导加工企业和农民的生产，形成产销一体化。

（二）南通文峰大世界

南通文峰大世界是1996年由江苏文峰集团投资建立，1999年起发展连锁经营。几年来，文峰大世界以南通地区为阵地，以连锁经营为手段，以百货业态为主要形式，实现规模化扩张，创立自己的品牌，得到了较快的发展。至今已开办连锁门店12个，其中百货店8家，超市4家。1996年销售为3.1亿元，2000年达到21亿元，2001年完成销售额31亿元，列全国连锁业百强第14位。

其经营特点：一是以市场为导向发展连锁。以自身的企业文化和管理理念，向县级地区开辟第二战场，分别在海门、启东、如东、海安等地开办连锁分店。二是百货、超市两种业态齐头并进。根据消费市场的变化，适时提出“巩固提高百货业，大力发展超市”的经营战略，以大型超市为起点，开办麦克隆仓储式超市、文峰千惠吉星店。2001年投资建设上海浦东千家惠大卖场，提升企业影响力。三是以人为本，重视人才，建立一支高效的管理队伍，把文峰大世界的管理模式、企业文化和精神贯彻到各门店，员工积极向上，服务质量提高，打出文峰大世界的品牌。

（三）苏宁电器集团

苏宁电器集团10年前以销售空调起步，1995年开始发展专业连锁，现已成为集电器经营、房地产开发、实业制造、进出口贸易为一体的企业集团。2000年连锁销售额40亿元，在全国拥有直营连锁店70家，特许连锁店200家，跻身全国民营企业十强之列。2001年销售额达到48亿元，名列全国连锁业百强第12位。

其主要特点：一是以服务为本创立品牌。对供应商注入资金扶持生产，保证利润空间和旺季时的货源供应。遵循至真至诚的服务理念，在内部管理流程和监督体制上保证服务质量。2001年省工商局再次确认“苏宁”为江苏省著名商标。二是围城建店，巩固省内市场。在南京现已有6个店面，总面积达到30000平方米，在全省8个城市设立了直营分店，2001年1~10月份实现销售达24.3亿元。三是循序渐进地扩张连锁。以人力资源、资金实力和行业经验为基础，利用空调经营的优势，延伸家电经营。先后在北京、上海、广东、安徽、浙江、陕西、湖北等省市建立连锁分店。四是建立以连锁经营为基础的大营销模式。与国外知名厂商建立战略合作伙伴关系，以买断、定制、合资等形式实现厂商之间的合作。利用内部物流、服务和信息管理平台，实现采购、物流管理与供应商之间的信息网络对接，提高市场竞争力。

（江苏省经贸委贸易市场处）

广州市2001年连锁经营发展概述

一、发展概况

广州是全国商业发展连锁经营起步较早的城市之一，1994年2月国家经贸委、原国内贸易部在广州市联合召开了全国第一次连锁商业工作会议，1995年12月成立了广州连锁经营协会。之后广州市连锁经营迅速发展起来。连锁销售额占社会消费品零售额的比重，从1996年的5%，上升到2001年的10%，据不完全统计，2001年广州市连锁企业营业额超过120亿元，具一定规模的连锁企业98个（未含新兴的服装特许加盟连锁企业），门店超1900间。当中既有国有、集体，又有外资和私营企业：既有股份制企业，又有合资合作企业；既有市、区属企业，也有省和外地来穗办的连锁企业。行业遍及粮油制品、食品、副食、百货、文化用品、餐饮、凉茶、保健品、茶叶、服装、眼镜、石油、厨具、电器、电讯、书报、冲印、摄影、服务、洗衣、家具、汽车维修、医药、化妆品、建材、美容、理发等数十个自然行业，广州连锁业的发展宛如是在繁荣的广州经济的天空下耀眼的群星。

二、发展现状

目前，广州市连锁经营的发展可谓百花齐放，主要业态有：

便民连锁店。它介于超市与便利店之间，以经营群众日常生活需要的粮油、副食以及日用必需品为主，门店较小，营业时间较长，方便群众就近购买。以南粤连锁分公司、乐多多实业公司、“8”字店等为代表。

综合超市。是深得市民喜爱的一种经营业态，主要经营日用百货、冷冻包装食品和生鲜食品，以宏城、岛内价、百佳等为代表。

专业、专卖店。广州市的连锁专卖店是发展较快的业态之一，占已统计企业的45.16%，以宝生园蜂蜜、东方眼镜、新干线汽车配件、丰宁电器、东泽电器、苹果牌服装、堡狮龙服装、润迅通讯等为代表。此外，在专业连锁店中，值得一提的是医药连锁店，目前广州的医药店遍布大街小巷，其中大部分都是连锁经营的，既有早就实行连锁经营的“采芝林”、“健民”，又有近年涌现出来的“二天堂”、“本草”、“海王”、“济博”等一批新的医药连锁店，成了广州连锁经营一道亮丽的风景线，也极大地方便了市民的生活。

餐饮店。“吃在广州”早已有口皆碑，餐饮企业的连锁经营近年发展也很快，占了统计企业的22.66%，其中广州酒家、东海渔村、南岗渔村等中餐厅；大西豪、麦当劳、必胜客、肯德基等快餐店；绿茵阁、绿岛、绿蔷薇、蒙地卡罗等西餐厅都是广州市民非常熟悉的名字。

大型仓储式商场。大型货仓商场是较早在广州出现的新型零售业态，如正大万客隆、好又多、古之岛等。

百货店的连锁经营。广州市的百货零售企业，随着市场的变化，经营模式也在不断变化，都纷纷利用自己原商誉好、知名度高、管理上轨道等优势，实行低成本扩张，走连锁经营的路子，如：广州百货大厦先后在从化市、湛江市、广州市的海珠区开设了广州百货大厦分店。

三、特点

1. 连锁业专卖、专业店发展如火如荼

广州市各种各样的专卖店，以其贴近广州人生活习惯等的特点，发展很是红火。如：黄振龙凉茶店，每间门店虽然只有十多平方米，有的甚至不到十平方米，但由于它看准了广州人有爱喝凉茶的习惯，而现代生活节奏越来越快，在家慢慢煮凉茶的时间越来越少，是一个很大的商机，于是办起了凉茶专卖店，生意很好，如今已发展到了100多间门店，类似有一定规模的凉茶专卖店品牌在广州有4～5个。又如“健民”、“采芝林”、“二天堂”都是经营药品的专业店，商品配送率高，配送中心的作用得到充分发挥，连锁经营的效应也显示出来了，因而发展速度也较快，三家企业均有数十乃至上百个门店。广州的服装连锁经营也可以说是走在了全国的前列，单一个白马服装市场，里面就汇集了200多个服装品牌特许加盟的总部或地区加盟总部。

2. 机制灵活的连锁企业发展较快

因为连锁经营是一种新的经营模式，需要一种新的经营机制来支持其发展。反观广州连锁企业所走的路，也印证了这一点。经营机制灵活的企业，如民营、合资、外资或多元化的股份制企业，其发展要比传统老企业快。如岛内价货仓商场、广州日报连锁店公司等等，由于注意用现代企业制度来建设连锁企业，均使企业走上了快速、健康的发展轨道。

3. 规范的连锁企业发展后劲足

实践证明，真正领会连锁经营的精髓，并严格按此来规范企业行为的企业发展势头好、后劲足。如宏城超市，从创立之日起，就不断学习国内外连锁企业成功的经验，不断用连锁经营理论来规范企业的行为，并敢于、善于花大本钱作科技投入，为企业的发展打下了良好的基础，逐渐形成了企业经营特色，因而显示出了较强的发展后劲。

4. 拥有自有品牌的连锁企业深受市民青睐

在广州的连锁经营中，有部分企业是拥有自己的品牌商品的，如宝生园有限公司的“宝生园”蜂产品、“生茂泰”茶叶，黄振龙凉茶店的“黄振龙”斑痧凉茶，广州酒家的“利口福”系列速冻食品、“秋之风”腊味系列……这些企业在进行连锁经营时，较易被市民接受，形成了相对固定的消费群体，他们成了推动企业连锁经营快速发展的动力，其中“宝生园”连锁专卖店已达120间，由此可见，被市民接受是连锁企业健康快速发展的主要原因之一。

四、领导指示，政策支持

在2001年广州经济形势分析会上，广东省委副书记、广州市委书记黄华华指出：广州是历史悠久的传统商埠，是区域性流通中心，市场容量巨大，社会消费品零售总额在1999年就已突破1000亿元大关，但此后继续向上攀升势头不强，出现徘徊局面。打破这种局面，促使广州现代流通服务业取得突破，关键在于创新，包括制度创新、业态创新、管理创新。要充分利用中心城市的优势，在创新上下功夫，发展先进的流通方式，实现广州现代流通业的跳跃式发展，强化广州区域性流通中心的地位和作用。

要以建立统一的配送中心为重点，加快发展现代连锁经营。把一批分散经营同类商品的零售企业联系起来，把规模、实力弱的连锁企业联系起来，筹建大型连锁企业：变分散为统一配送，降低成本，扩大规模效益。要利用现有批发和零售业各自拥有的优势，通过资源重组和优势互补，把有条件的批发企业改组为物流配送中心，扩大向社会配送，推动物流配送社会化和连锁经营规模化的发展，增强广州商业的辐射力。

要扶强扶优，培养若干个大型商业集团。利用现有的商业资源，以商业上市公司和名牌企业为龙头，大力推进商业企业实施战略性重组，引导国有资本向优势企业集中，鼓励商业投资和经营主体多元化，组建跨地区、跨行业、跨所有制的商业企业集团，实观规模经营，壮大企业的实力，构筑我市商业航空母舰，使之尽快进入全国先进行列。

林树森市长在分析会上指出：加快商贸企业改制步伐，促进传统商业向现代商业转变。培育现代化的连锁运营业态和业种，改造传统的商品流通体系。建设和发展中、高级市场批发体系，建立价格形成机制，产生对国内外有影响的“广州价格”。

此外，林树森市长在广州市商贸流通工作会议上指出：加快发展现代商贸流通业，是保持广州经济快速增长的有效途径；加快发展现代商贸流通业，是广州建设现代化中心城市的重要任务；加快发展现代商贸流通业，是整顿和规范市场经济秩序的主要措施；创新流通体制，加快发展现代商贸流通业，培育一批规模大、经营规范、影响力强的现代流通企业，对于从源头上杜绝假冒伪劣商品进入流通领域，建立健康规范的市场经济秩序具有基础性、决定性的作用。

他还指出：大力发展连锁经营，推动我市零售经营方式和组织形式的创新。连锁经营方式引入我国后，在流通领域引发了一场革命，深刻影响着商贸流通业的走势和发展。从企业自身角度看，连锁商业把现代工业大生产的原理应用于流通领域，通过实现采购、配送、销售、经营决策等职能上的专业化，店名、店貌，商品、管理、服务的标准化，商流、物流、信息流的集中化，获得规模经济效益和降低经营成本。从消费者角度看，连锁商业就近设点，廉价销售，长时间营业，快速结算，方便消费。而且连锁经营统一进货、统一管理，是整顿和规范市场秩序，杜绝假冒伪劣商品的有效手段。把发展连锁经营作为发展现代商贸流通业的切入点，着重抓好三方面的工作：一是要加快培育大型龙头连锁企业。探索“市区联手、行业联合、优势互补”发展连锁经营的路子，以资产为纽带，运用兼并、联合、资产重组的形式，组建跨行业、跨区域、跨所有制连锁超市股份公司。二是要大力推广特许连锁经营。国际上通行的连锁形式有直营连锁、特许连锁和自由连锁三种形式。其中特许连锁是最为发达的连锁形式，通过特许加盟，可以使连锁企业的先进管理经验和管理体系得到快速扩张，缓解连锁经营发展资金不足的矛盾。三是要加快连锁网点向农村市场的拓展，广州农村商品经济发达，农民收入名列全国前茅，连锁超市在农村有着较大的发展空间。要利用供销社遍布农村的商业网点，加强与连锁企业的合作，实观快速低成本扩张，同时也使农村多种农副土特产品通过连锁的网络，提高品质和档次。

展望广州连锁业的发展，我们相信，在广州市委、市政府的正确领导下，在社会各界的支持下，在众连锁企业的共同努力下，明天一定会更好。

（广州市连锁经营协会）

武汉市2001年连锁经营发展概述

一、为连锁发展摇旗呐喊

武汉市连锁经营近年来取得了长足的发展，连锁经营已涉及超市、便利店、餐饮、医药、建材、洗染等33个业态和业种，截至2001年底，全市共有连锁商业企业36家（比上年增长65%），店铺393个，实现销售80亿元，比上年同期增长30%，占全市消费品零售总额的12%，成为近几年最具发展潜力的增长点。连锁超市业的发展尤其迅速，2001年全市连锁超市企业实现销售45亿元，同比增长50%，占全市社会消费品零售总额的7%。2001年也是外资连锁企业大举进入武汉市场的一年，其中新建大型超市4家（麦德龙2家、正大1家、好又多新增1家），外商投资武汉商业资本占其投资总额3.9亿美元的14%。同时，2001年超市、便民店有了长足发展并获得了一定经验，如中百超市便民店由49家发展到80家连锁店，计划2002年将规模扩大到150家直营店，50家加盟店，实现年销售5亿元；惠尔康扬子江牛奶便利店，2001年开店9家，2002年计划发展到50家，实现销售800万元；市医药公司所属的茗参连锁药店2001年新开42家店，由53家发展到93家。

连锁是世界商业发展的总体趋势，是由商业发展的规律决定的，推进连锁经营是我国流通领域带有方向性的一项改革，规律不可违。在武汉，判断一个商业零售业态优劣与否采用国际普遍公认的三个标准：

第一，竞争的优势性。竞争优势性是一种商业业态赖以存在的基础，而竞争的优势性来源于两个方面：一是相比其他业态具有较强实力；二是与其他业态之间具有互补关系，具有不可替代性。因此，仅有实力是远远不够的，具有128年历史的美国著名零售商沃德公司和具有108年历史的美国第二零售商业企业凯玛特公司，以及日本最大的连锁超市集团大荣集团的被市场无情地淘汰，最深刻的教训是业态缺乏创新，跟着别人的屁股后跑，欲凭自己的实力与别人拼体力、拼消耗，而不是细分市场，形成互补性优势。结果再强的体魄也会拖垮。相反，深圳的万佳超市在世界零售业巨人——沃尔玛的眼皮底下，采取错位经营策略，发挥其互补性优势，实现跨越式成长。

第二，连锁的适应性。现代零售业已经进入了规模竞争的时代，这种规模竞争的优势不是来自单体店铺，而是来自多店铺的连锁化发展。规模经济的本质是通过扩大生产规模而降低生产设施的平均成本和交易过程中的平均交易成本，提高产品的竞争力。根据商圈理论，一个店铺的交易量主要取决于一定地区内的居民数量、收入水平、购买欲望和消费嗜好。超过了一定区域，由于交通等成本费用和时间支付加大等因素的制约，其消费群体的辐射力是有限的。这就是说，单体的发展是有很强的规模限制的。那么怎样扩大规模，在当地消费群体中复制同样的零售店，也就是连锁经营，而连锁经营的发展作为一个整体是不受商圈限制的，是可以面向全国、面向全社会，甚至面向全世界的。这也就是世界零售巨商普遍采取连锁经营的重要原因之一。

第三，运营的“两便性”，也即便宜和便利。（现代顾客购物追求便宜和便利。二者皆备，店铺可以兴隆；二者具其一，店铺可以生存；二者皆不备，必死无疑。）实质上这个标准是连锁超市的最典型特点，连锁超市立足点就是平价、方便。

基于以上标准评判，连锁超市这种业态是最具有竞争力的。2001 年世界 500 强之首的沃尔玛，营业额 2100 多亿美元，赢利 350 多亿美元。

我国政府已把发展连锁经营作为推进商业现代化、应对外资商业挑战的重要措施。在中央高层的推动下，各级政府、企业和协会组织都在积极推动连锁经营的发展，我国连锁业已进入“战国诸侯纷争”时代。

武汉市政府已经明确提出要用 3 ~ 5 年时间，以连锁超市、便民店等业态取代“林家铺子”和“菜摊子”，净化市场环境，提升城市功能。目前，《关于支持连锁超市发展的若干意见》将要出台，它包括“税收、工商登记、交通收费、产权登记”等全方位给予连锁企业的政策优惠。“十五”期间武汉市连锁经营将向更大范围、更深层次发展和延伸：

一是在业态上，武汉市将鼓励企业以超市、便利店为重点，积极向超市连锁、专卖连锁、品牌连锁、特许加盟等多业态发展。

二是在业种上，我们将支持连锁经营向电脑、软件、汽车销售及租赁、房地产中介、教育培训、汽车配件及维修、家政服务、旅游等行业，以及邮政、电讯、石化、烟草、图书报刊、医药等实行集中管理和专营专卖制度行业拓展，扩大连锁经营渗透的范围，逐步与国际水平接轨。

三是在区域上，我们将鼓励企业突破地区、部门和所有制的限制，通过兼并联合、资产重组、参股控股等多种形式，全面发展连锁。

四是在规模上，重点支持规模较大、经营管理水平较高的优势企业“做大”，抓住中小企业改制机遇，通过重组、输出管理、发展特许经营等办法，把大量的个体私营商业企业和小网点纳入到管理网络中来。

二、连锁超市发展中，切忌只有激情缺乏理智

连锁企业本身规模小了肯定不行，但绝不是规模越大越好。不发展规模肯定不行，要发展规模对于有中国特色的社会主义体制来说，并不是难事。我们的政府有扶大的激情，企业有做大的豪情，新闻舆论有捧大的热情，三股情感合而为一，很容易使人忘乎所以，把泡沫一夜做大，其后果往往是昙花一现。因此，推动连锁经营一定要脚踏实地，规模背后一定要有成本的节约、管理的规范、信息技术的支持和人员素质的提高。做不到这一点，规模越大，风险越大，失败的可能性越大，对社会造成危害也越大。为此，在发展连锁热中还需要冷思考：

一是时刻关注经济环境的变化。超市作为连锁经营的一种业态不是一成不变的，如果是拘泥于既有的模式，刻舟求剑，跟着别人的屁股后面跑，再大的企业也会被市场淘汰掉。

二是重视人才培养。要有一整套人才培训体系，从总经理到部门经理，再到店铺经理，最终到店员。规模越大，人才资源越稀缺，人才的培养就越重要。

三是加快信息化的步伐。连锁的本质是以资金流、物流、信息流为载体的信息网络。信息流是基础，如果没有强大的信息流作支持，连锁经营就会成为连而不锁，一盘散沙。

四是永远牢记“顾客永远第一”，便民利民的宗旨。

三、行业协会作用不可替代

行业协会在产业结构调整中扮演着政府和企业不能替代的角色，是促进资源共享、技术升级，推动经济发展的动力。武汉商业总会连锁分会成立后，在组织相关交流活动、协调工商关系、为企业搞好服务等方面做了大量工作，发挥了积极的作用。其中，《武汉商业企业经营服务自律公约》已贯彻执行，《武汉商业总会连锁经营分会连锁超市行规公约》已在年度行检行评活动中发挥作用。在此基础上制定的《武汉商业企业服务自律公约》提出了坚持依法经商、以德治店、抵制假冒伪劣、合理定价、明码标价、不作虚假宣传、为民为利、加强工商合作、密切零售商与供应商双方关系、创造良好环境、接受社会监督等方面的要求。今后，协会还要多吸收经济学者、消费者、供货商为会员，加强对外联系，全方位传递信息，提供咨询，做连锁企业的好向导、好帮手。

展望2002年，武汉市连锁商业工作的重点在发展超市上，要发展20个综合超市，把沃尔玛、家乐福、正大超市、普尔斯玛特超市、百安居装饰超市、好又多、大润发、好美家等引入武汉，把中百、武商、中商继续做大；要加强调研，做好培训，组织好考察学习；要拓展信息，服务好社会；要引导行业，履行好行规公约。同时还要进一步解放思想、坚定信心、扎实工作、创新求变，使武汉连锁经营实现新的突破，为全市商业经济的发展做出更大的贡献。

附：《武汉商业企业经营服务自律公约》

一、坚持依法经商。严格遵守国家各项法律、法规，自觉维护市场经济秩序，按照国家制定的《消费者权益保护法》、《反不正当竞争法》、《价格法》及《武汉市禁止生产和销售假冒伪劣商品条例》等各项法律、法规的规定和要求，规范企业经营、服务自律行为。

二、坚持以德治店。遵守诚实守信的职业道德，讲求商业信用，不做虚假的广告宣传，不损害同行和他人的合法权益，发扬“人品与精品共存，赢心与赢利并重”的经营理念，为建立具有中国特色的社会主义法治和道德的市场经济作贡献。

三、坚决抵制假冒伪劣商品。建立严格的进货管理制度，净化进货渠道，严把商品“进货关、入库关、上柜关”，落实“本店无假货”的承诺，保证出售商品的质量让消费者放心。

四、坚持合理定价，明码标价，不搞虚假的价格宣传，不搞低于企业成本的价格倾销，出售商品做到货真价实，秤准量足。

五、坚持为人民服务的宗旨，“为民、便民、利民”的方向和主动、热情、体贴、周到的优质服务，狠抓特色经营，积极引导消费，认真做好商品退换和售后服务工作，满足不同层次消费者的需要。

六、加强工商合作，密切与供应商的关系，坚持重合同，守信誉，按时结算货款，做到平等协商，互惠互利，共同开拓市场。

七、创造良好的购物环境，营造商业文化氛围，保持商品的清洁卫生和店容店貌的整洁美观，为消费者提供轻松、愉快、舒适、安全的购物条件。

八、欢迎社会监督，虚心接受批评。对顾客和社会各界提出的意见，做到件件有答复，不断改进和提高经营服务水平。

（武汉市商业总会连锁分会）

青岛市 2001 年连锁经营发展概述

一、流通业竞争态势

青岛市流通行业多种所有制经济共同发展，市场化程度明显提高。一是流通企业所有制结构调整和劣势企业退出市场实现了较大突破。2001 年末，60% 的市属企业、70% 的区属和县域企业退出了国有资本，全市近百户劣势企业退出了市场。二是多种经济成分健康有序、共同发展。国有、国有控股、个私、外资和其他经济成分所占上年社会消费品零售额比重分别达到 8.5%、11.7%、49.8%、6% 和 24%。三是内外资商业资本汇聚扩张，区域性贸易中心地位初步显现。至 2001 年底，引进世界 500 强企业和著名跨国公司的数量累计已达到 10 户，外资零售企业销售额占全市社会消费品零售额的比重达到 6.6%，开放度继续在全国 15 个副省级城市中保持领先地位。内外商业资本立足青岛市场，不断对外扩张，在市郊县级市和省内其他城市发展万米以上大型商业网点达到 15 处。

二、连锁经营发展状况

至 2001 年末，青岛市共发展连锁经营企业 33 户，发展各类连锁店 1230 处，实现销售额 70.6 亿元，占全社会消费品零售总额的比重达到 20%。新型业态的快速发展完善了青岛市零售业业态结构。除大型购物中心外，零售业其他八种业态在该市均得到较好发展，业种已发展到 17 个，为现代流通业的发展开创了广阔空间。发展了大小各类物流、配送中心 30 多处，总面积近 4 万平方米，其中经营面积过万平方米的利群福兴祥物流配送中心一期工程已投入运营，并向第三方物流方向发展。计算机信息管理技术广泛推广，电子商务得到稳步开展。全市十大商场和大多数商业连锁企业实现了计算机现代化管理，企业与供应商之间的供应链管理进一步加强，电子商务已在部分企业稳步开展。其中，对客户关系、供应商实行了信息化管理的达到19户，开展了BTOB网上交易的10户，使企业的管理层次得到较大提升，促进了企业经济效益的提高。

存在问题：连锁经营形式单一，特许经营有待于进一步发展。青岛市2001年发展加盟店194处，仅占各类连锁店总数的15.8%，影响了连锁业的进一步发展。

三、连锁各主要业态发展情况

（一）坚持向多业态发展。百货店、超市、大型综合超市、便利店、专业店、专卖店、购物中心、仓储式商场八种业态在该市发展较好。百货业态中，创新型百货得到较好的发展，该市十大商场中的利群、百盛、崂百的创新型百货店创造了较好的市场空间。2001年新增超市65处，新增大型综合超市9处，新增专业店90处，新增专卖店260处。

存在问题：先进业态的连锁便利店发展不快。

（二）坚持向多行业拓展。充分发挥“老字号”、特色店、专业店和快餐店的优势，推动粮油、肉食、快餐、医药、家电、钟表眼镜、五金、洗染、图书、石油、中介服务等行业的连锁发展，使该市连锁业的业种达到17个，进一步方便群众生活。

存在问题：各业种连锁经营的规范化程度有待于进一步提高。

（三）加快物流配送发展。以软件开发带硬件建设，加大基础设施投入，积极应用计算机信息技术和现代化机械设备，机械化和自动化水平得到了提高。33户连锁经营企业，24户拥有物流配送中心，物流中心面积达到4万平方米，其中2001年新增15000平方米，配送比重平均达到40%。2001年建成的利群福兴祥物流配送中心，营业面积2万平方米，已发展为第三方物流，其占地200亩的二期工程建成后将辐射全省，届时将成为山东省最大的商业物流中心，使青岛的物流业发展进入一个新阶段。

存在问题：物流建设相对滞后，配送中心功能相对单一。

附：青岛市连锁龙头企业简介

1. 青岛利群集团股份有限公司

利群集团是青岛市商界老字号企业，1988年在青岛市首家实行股份制试点。近年来，公司大力发展“创新型百货连锁”，总经营面积已达到15万多平方米，拥有9座万米商厦，12个子、分公司，企业总资产达到5亿元，经营范围涉及商业零售、批发配送、餐饮、住宿、娱乐、旅游、租赁等，是一家跨地区、多业态的大型综合性现代化企业。

利群集团设立了物流中心、商品采购中心和资金结算中心等“三大中心”，构筑了现代化大商业的运作模式。2万余平方米的福兴祥物流配送中心于2001年11月投入使用，进一步提高了企业的业务预测和商品配送能力，为利群集团连锁网络的推进提供了有力支持。

在内部管理上，公司制定了严格的规章制度，明确各自职责范围，实行规范化管理，1999年，企业在全省商业企业中首家通过ISO9002国际质量认证。集团内部实现了计算机联网，对商品的进、销、调、存实施单品管理，提高了决策的快捷程度。同时，企业重视人才引进，几年来公司共引进本科以上学历大学生270余名，其中一部分已成为企业的中坚力量。

利群集团的经营业绩连续攀升，2001年度实现销售收入170914万元，同比增长62.48%，在全国商业集团企业中排名第19位。

2. 青岛第一百盛有限公司

青岛第一百盛有限公司是经国务院批准的大型中外合资零售企业，经营业态为大型综合超市和百货，现已成功开办百盛（南山）超市、百盛商业大厦、淄博爱客家万米超市、百盛即墨购物中心、百盛爱客家（沧口）超市、潍坊百盛购物中心6处大型商业网点。百盛（南山）超市是青岛第一家大型现代化综合超市，超市业态秉承“一次购足、超低售价、新鲜品质”经营特点，成为市民的“好邻居”，以百盛商业大厦为代表的百货业态注重品牌化、专业化、系列化经营，精品荟萃，环境幽雅，注重商业文化，创造顾客需求，引领时尚消费潮流。管理特色上为组织结构扁平化、人员本土化，实行进销分离、区域管理，并通过了ISO9000国际标准质量体系认证。2001年完成销售额8.75亿元，同比增长35.9%，并荣获2001年度国家六部委颁布的“百城万店无假货”示范单位，荣获“2001年青岛市商品流通十大突出贡献企业”、“2001年青岛市商品流通十大企业”。

3. 青岛崂山百货大楼（集团）股份有限公司

青岛崂山百货大楼（集团）股份有限公司是由国有企业改制发展而成的现代商业企业。在发展创新型百货的基础上，把大型综合超市作为企业的主攻业态，成立的维客超市有限公司现已开设大型综合超市3处，使集团企业营业面积达到7.5万平方米，2001年完成销售额6.04亿元，在全国连锁百强中位居第58位。在经营发展上，贯彻实施科技兴商战略，大力发展连锁经营，突出精美商品、精诚服务、精细管理特色，开创了维客品牌新领域。在管理上，突出创新管理和科学管理，顺利通过了ISO9001：2000国际质量体系认证，建立了具有中央决策智能化BERP系统及CIS企业形象识别系统，并荣获了山东省管理创新成果二等奖。2001年是企业跨地区发展的第一年，维客高密商厦的开业，使企业的经营发展已迈出青岛走向山东，步入了经营网络化、发展规模化、管理科技化的快速发展轨道。

表1：2001年青岛市零售、连锁销售与2000年比较表

年度	零售总额（亿元）	零售销售年增率（%）	连锁销售额（亿元）	连锁销售年增率（%）	连锁占零售份额（%）
2000	307.7	13.8	51.7	39.5	16.8
2001	352.9	14.7	70.6	36.5	20.0

注：2001年实现社会消费品零售总额352.9亿元，同比增14.7%，扣除物价因素，实际增15%。
2001年连锁经营销售总额70.6亿元，占零售总额的20%，比上年增36.5%。

表2：2001年青岛市连锁企业各业态发展状况统计表

年度及项目	2000年							2001年						
	企业数	店铺数	销售额	物流配送机构				企业数	店铺数	销售额	物流配送机构			
				机构数	面积（万㎡）	人员数	人均配售额				机构数	面积（万㎡）	人员数	人均配售额
超市	2	40	2.1					3	105	6.8	6	0.62		
大型综合超市	5	23	26.3					5	32	35.7	2	1.9		
便利店	10	219	4.3					6	198	2.7	9	0.4		
专业店	8	353	4.5					10	443	10.6	15	2.3		
专卖店	3	100	14.1					3	360	12.6	2	0.1		
中式快餐店	3	54	0.3					3	46	0.24	3	0.1		

年度及项目	2000年							2001年						
	企业数	店铺数	销售额	物流配送机构				企业数	店铺数	销售额	物流配送机构			
				机构数	面积（万㎡）	人员数	人均配售额				机构数	面积（万㎡）	人员数	人均配售额
中式正餐店	3	22	0.1											
西式快餐店								2	39	1.9	2	1.3		
其他连锁业态								1	7	0.3	1	0.1		

注：表中企业、店铺、机构数为“个”，销售额为“亿元”，人均配售额为“万元”，人员数为“千人”。

2001年青岛市连锁企业33个，店铺1230家，分别比上年增6%和54.5%。其中，较为典型的企业见表3。

表3：2001年青岛市典型连锁企业销售情况统计表

年度	青岛利群集团股份有限公司	大型综合超市、百货	青岛第一百盛有限公司	大型综合超市、百货	青岛崂百集团股份有限公司	大型综合超市、百货
	销售额（亿元）	比上年增率（%）	销售额（亿元）	比上年增率（%）	销售额（亿元）	比上年增率（%）
2000	10.50	60.3	6.45	3.6	5.88	27.20
2001	17.09	62.8	8.75	16.8	6.04	2.74

注：2001年青岛市连锁销售额超亿元的企业13个，超10亿元的企业2个。其中，连锁各重点行业业态销售额排列前3位的企业见表4。

表4：2001年青岛市连锁各重点行业业态销售排行（前3位）

名次	1		2		3	
项目	企业名称	销售额	企业名称	销售额	企业名称	销售额
超市	青岛海信实业股份有限公司	4.62	青岛海滨股份有限公司	1.92	青岛大成超市有限公司	0.3
大型综合超市	青岛利群集团股份有限公司	17.09	青岛第一百盛有限公司	8.75	青岛崂百集团股份有限公司	6.04
仓储式会员制商店	锦江麦德龙有限公司青岛商场	2.2				

名次	1		2		3	
便利店	青岛长青股份有限公司	1.59	青岛三聚成连锁有限公司	0.6	青岛人民路蔬菜连锁公司	0.2
专业店	青岛市新华书店	3.22	山东雅泰电器有限公司	2.8	青岛国风大药房连锁有限公司	2.28
专卖店	中石化山东青岛分公司	11.83	青岛肉联股份有限公司	0.38	青岛华孚石油有限公司	0.25
中式快餐店	青岛锅贴有限公司	0.11	青岛大色快餐有限公司	0.08	青岛小红楼餐饮中心	0.05
西式快餐店	青岛肯德基有限公司	1.39	青岛麦当劳有限公司	0.48		

注：表中销售额为“亿元”

表5：2001年青岛市连锁企业销售额排行榜（前10名）：

排序	企业名称	年销售额（万元）	店铺数（个）
1	青岛利群集团股份有限公司	170 914	11
2	中石化山东青岛分公司	118 321	304
3	青岛第一百盛有限公司	87 519	6
4	青岛崂百集团股份有限公司	60 374	9
5	青岛海信实业股份有限公司	46 163	50
6	青岛市新华书店	32 203	32
7	山东雅泰电器有限公司	27 992	3
8	青岛国风大药房连锁有限公司	22 822	188
9	青岛海滨股份有限公司	19 200	37
10	青岛长青股份有限公司	15 986	100

（青岛市政府财办）

第三部分

特许经营篇

一、2001年中国特许经营发展形势分析

2001 年中国特许经营发展形势分析

一、中国特许经营发展情况

1. 特许经营在多个行业快速发展

目前，全国特许经营体系超过 1000 家，比上年增长 40%，所涉及的行业超过 50 个，除传统的餐饮、零售、个人服务业特许经营体系快速发展外，新兴行业，如教育、商业服务、家庭服务、汽车服务等特许经营也在快速发展。

2. 特许经营成为连锁企业扩张的重要方式

在 2001 年中国连锁百强企业中，有特许经营企业 61 家，比上年增加 16 家，百强中加盟店的销售额 270 亿元，占百强总销售的 17%，店铺数 5400 家，占百强店铺总数的 40%，加盟店的销售额和店铺的发展速度都超过直营店的发展。

3. 中国成为全球最受关注和最具发展潜力的特许经营市场

从第四届中国特许加盟大会暨展览会上看，海外特许品牌超过 40%，比上年又有新的增加。10 个国家和地区的展团和企业参加了展会。

中国连锁经营协会还将在北京承办 2003 年的亚洲特许展和 2004 年的世界特许联合会年会。这些活动将进一步推动中国特许经营的发展，加快中国特许经营与国际惯例接轨的速度。

二、我国大力发展特许经营的现实意义

1. 有利于规范市场经济秩序，促进流通、服务业现代化

随着经济发展和产业进步，我国第三产业将进入一个大发展时期。第三产业，特别是零售、服务业的特点就是要求其与消费者的直接接触。然而，我国多数企业规模小、网点多、分布面广，加之管理主体责权尚有不清晰之处，由此带来市场管理的复杂和困难。

特许经营充分体现了第三产业的行业特点，创造了统一管理与分散经营的最佳

结合模式。另外，对品牌的维护是特许经营体系发展的内在要求，也是特许经营体系与个体经营方式的重要区别。因此要使第三产业的快速发展与市场的有序发展相结合，产业的发展与消费者利益的保护、人民生活质量的改善相结合，发展特许经营是一种有效方式。

2. 创造就业机会

产业的升级，乡镇城市化进程的加快，必将带来大量的下岗人员和农村富余劳动力进城，整个社会，特别是人口密度大、第三产业发展迅速的大型、特大型城市，将面临巨大的就业压力。而特许加盟店多为点多面广的中小经营店铺，其特点之一，就是能够扩大社会就业。而适合于搞特许经营的行业，如零售业、餐饮业、服务业等，大都属劳动密集型行业，吸纳的就业人数更为可观。特许经营还能使不具备专业技能的人员快速进入和熟悉一个新的行业，从而使社会的整体服务水平快速提高。

仅从连锁百强企业看，其加盟店店铺5384家，员工已达11万人，平均每个门店提供了20多个就业岗位。而连锁百强中平均每个特许企业有加盟员工2000余人，比上年增加了1倍。（另据美国特许经营协会提供的数字，美国特许经营网点数25万个，提供了900万个就业机会，成为吸纳就业的重要方式。）从我国特许经营的发展速度和前景看，其也将会成为我国解决就业问题的重要途径和方式。

3. 鼓励个人创业，拉动民间投资

大力发展第三产业，不可能完全通过政府和大机构投资来实现。据《2002中国统计摘要》数字，截至2001年底，城乡居民储蓄存款余额已达73762亿元，目前已超过8万亿元，因此，启动民间投资，释放民间资本巨大能量，特别是集合中小投资商的介入，是第三产业稳定发展的重要资金保证。特许经营方式为中小资本投入创造了广阔的投资渠道和较为安全的投资方式。仅百强企业的5300多家加盟店所带动的投资就达几十亿元。

4. 带动城市和社区服务功能的建设和完善

据统计，“九五”以来我国城镇基本建设、房地产开发、更新改造项目投资呈稳定增长之势；城市住房制度改革，农村乡镇的城市化改造步伐也在加快发展；全国居民，特别是城镇居民收入增长、消费水平、消费增速、城市人口增长均呈逐年递增的态势。这些均需第三产业，特别是零售业、服务业的快速发展予以配套，而特许经营方式特别能发挥其网点铺设迅速、服务特色鲜明、符合受众口味、丰富社区构架、品牌效益明显的优势，加快城市建设和社区服务的进程。

5. 促进生产企业分销体系的整合和网络建设

无论是汽车生产商、石油销售商(加油站)，还是移动通讯、服装生产等，都需要发挥总部的指导、监控能力；需要具备独立运转、多元配送、持续扩张的能力；需要先进的网络系统支持管理流程、合理的库存、高效低耗的运营和全面、及时、有效地数据采集及其分析，而这正是特许经营体系发展完善过程中所不断追求的。

6. 改造传统老字号企业，使之成为中华民族优秀文化的重要载体，促进民族文化的传播和发扬光大

企业的发展实际上是一种文化和理念的传播。在我国的传统企业中，蕴藏着优秀的民族文化。同仁堂的“同修仁德，济世养生”，全聚德的“全而无缺、聚而不散、仁德至上”等都包括着丰富的文化底蕴、民族风格和经营理念。我国传统企业的经营方式多是前店后厂、作坊式生产、世袭单传等传统发展方式，只有按照现代企业的经营方式和理念运作，才能发展壮大；走出国门，走向世界才能使民族文化和理念的传播、发扬光大成为可能，而特许经营为企业的发展提供了可供借鉴的模式。

三、发展特许经营的政策环境趋好

1. 连锁经营方式受到政府高度重视

在十五届六中全会、九届人大五次会议政府工作报告中，党中央、国务院领导同志都提出要大力发展连锁经营。

2. 政策出台奠定基础

年初在上海召开的推进流通现代化现场会也出台了新政策。如，在工商登记、纳税、专营商品等方面做出新的规定，为推动连锁经营发展，促进特许经营的规范化运作奠定了政策法规基础。。

3. 推进服务业发展、增加就业成为经济发展的重要任务

温家宝副总理在全国服务业工作电视电话会上指出：要贯彻落实中央关于加快发展服务业的重要决策，突出解决当前扩大内需、增加就业、改善人民生活的问题。凡鼓励和允许外资进入的领域，均鼓励和允许国内投资者以独资、合资、合作、联营、参股、特许经营等方式进入。

4. 特许经营立法工作已列入政府议事日程，相关工作正抓紧进行。

5. 关于商标使用的规定有新突破

国家工商总局针对被许可人使用服务

商标如何执行《商标法》在第四十条第二款提出意见：尽管服务所具有的无形特性，使得服务商标被许可使用人无法直接在其提供的服务上标明其名称及地址，但服务商标被许可使用人应当以其他适当方式让消费者了解其名称及地址，如在其服务提供场所的显著位置标明，或在其提供服务的工具上标明，在给消费者的商业文书上标明，以便履行此项义务。

6. 完善特许经营道德规范

在中国连锁经营协会特许委员会第二次全体会议上，委员们对特许经营道德规范进行了研讨，提出了修改和完善意见。

四、展览展示是推动特许经营发展的重要方式

特许经营在中国的发展虽然只有不到十年的时间，但却得到迅速推广。不仅培育出成功的本土特许体系，还引进了国外的优秀品牌，使特许经营的概念得到极大的推广。这一切都与特许经营的展览展示活动有很大关系。

从世界各国看，各国政府和特许协会都把展览展示活动作为推广特许经营的重要场所。全世界每年举办的特许展事活动有几十个。展览展示活动不仅是进行特许权利的交易场所，更是宣传、推广特许理念的重要方式。它是一个信息的平台、知识交流的平台、感情交流的平台。中国特许经营的推广也积极借鉴了国际通行的运作模式，从中国连锁经营协会已经举办的四届特许展看，每一届都使特许经营的发展上了一个新的台阶。特别是成功的特许经营体系的展示和介绍，对参会者如何去创造和发展一个特许体系、如何去选择一个体系、如何加快特许经营发展的环境建设，都会有极大的帮助和借鉴。这也是特许经营发展不同于一般展览展示活动的特殊之处。

特许经营是千百万人在一百多年的实践中总结出的成功的商业经营模式，它在世界各国的成功发展，证明了其基本原则的共性和普遍适用性。同时，每一个成功的特许经营体系又都是独具特色、充满个性与创造力的。

中国有着广阔的市场，蕴藏着无限的发展机会，相信通过不懈的努力，中国特许经营一定会迎来百花争艳、万紫千红的新局面。

（作者：郭戈平）

二、2001年特许经营法律案例分析

某洗衣企业特许经营合同仲裁案

一、案情介绍

2000 年 9 月 19 日，北京某洗衣服务有限公司（以下简称“北京公司”）与福州某洗涤有限公司（以下简称“福州公司”）签订了一份《特许经营合同》。合同约定：北京公司将自己拥有完整所有权的服务类某注册商标，许可福州公司用于福建省福州市湖东路 62 号和福新路 243 号营业场所的洗衣服务。福州公司作为加盟者加入北京公司特许经营的系统。福州公司必须遵守北京公司对加盟者的统一规范化管理要求，对经营场所进行统一装修设计、统一形象标识、统一服务标准、统一广告宣传及共同参与经北京公司安排的统一市场行动。北京公司有权指定福州公司店内所使用的机器设备和原辅料的供应商；有权要求福州公司维护商标形象及保持特许系统的一致性；有权委托代理人定期或不定期地拜访福州公司，以检查店铺和品牌形象是否达到标准。北京公司有义务为福州公司提供投资回收预算；免费提供店面设计及装修图纸；定期对福州公司的员工在设备、洗衣技术方面进行培训；免费对福州公司的人员进行开业培训和提供一星期的开业带店服务；向福州公司提供本系统的管理模式和洗衣技术等。福州公司于合同签订时向北京公司交付加盟费 3 万元；保证本合同签订后 30 日内使加盟店开业；实际经营后每家加盟店每年支付 15000 元作为特许权和商标权的许可使用费，使用费每季结算一次，于每季度开始 10 天内向北京公司交付 3750 元。福州公司的第一家特许经营店自 2000 年 10 月 1 日起支付许可使用费；第二家自 2001 年 1 月 1 日起支付。福州公司逾期支付上述费用须承担每日千分之五的违约金，逾期付款持续三个月以上，北京公司有权单方解除本合同并可追索上述款项和违约金。福州公司不得以任何名义、形式将合同的权益转让他人或委托他人代其发行合同义务。合同有效期为三年，自2000年10月1日至2003年9月30日止。福州公司在签约之日起30日内使特许经营店开业并保证在2002年3月底之前使第三家加盟店在福州市区内开业，在此条件下，北京公司自本合同签订之日起给予福州公司在福州市内的区域专营权。此外，对于福州公司需要在特许经营场所保守北京公司的商业机密、合同履行发生争议提交本会仲裁、以及合同终止后福州公司应当履行的义务等内容也在合同中作了约定。

合同签订的同时，双方还签有补充协议。为清理经营环境，北京公司在补充协议中承诺：自合同签订之日起一个月内向福州市工商局投诉福州市鼓楼区东街55号和福州市51路两家假冒北京公司注册商标的干洗店，要求侵权人立即停止侵权行为，摘掉假冒店的注册商标标识。

为履行补充协议中的义务，北京公司于2001年2月19日，在福州市鼓楼区法院对上述两家洗衣店提起民事诉讼。同年7月2日和7月11日上述两案在福州市鼓楼区法院调解结案。两案被告均同意在调解书生效之日起停止使用北京公司注册商标文字和图形的标识。福州公司向北京公司支付加盟费和部分品牌使用费后，自2001年起始终未支付品牌使用费。北京公司在2001年9月、10月曾数次去函催款未果，北京公司认为福州公司违反合同约定，拒绝支付品牌使用费持续达一年之久，侵犯了北京公司的权利，而且福州公司擅自增设专营店给北京公司造成巨大损失，经过多次协商未果，因此北京公司向北京仲裁委员会提出仲裁申请，其请求内容如下：

1. 解除双方的《特许经营合同》，责令福州公司停止使用北京公司的商标及其经营标识，在合同授予权范围内停止使用北京公司品牌进行营业，停止合同授权范围外的一切侵权行为，并向北京公司交还相关技术和管理资料；

2. 福州公司支付北京公司品牌使用费若干元，延期付款违约金若干元，赔偿北京公司经济损失若干元；

3. 福州公司承担本案的仲裁费。

福州公司辩称：北京公司没有全面适当履行合同及补充协议，虽然北京公司曾起诉了两家假冒的洗衣店，但假冒商标的违法经营行为并没有得到制止。现在北京公司的注册商标标识在福州市泛滥成灾，北京公司的注册商标已经失去其应有的价值，致使福州公司依据合同应当享有的区域专营权不能实现。在北京公司未能有效保护福州公司权利的情况下，福州公司只得暂停使用费的交付。北京公司违约在先，没有全面适当履行合同，导致福州公司受到很大的经济损失，北京公司要求赔偿没有依据。北京公司请求的违约金计算比率不符合现行的法律规定。仲裁庭应当驳回北京公司的仲裁请求。

二、仲裁庭意见

（一）关于合同的效力及合同是否应当解除

仲裁庭认为，双方于2000年9月19日所签订的《特许经营合同》，是经双方互相了解协商后签订的，合同不违背现行法律法规和双方的真实意思表示，应当确认合法有效。合同双方均应当严格依约履行义务。依照双方合同第二十一条的约定，福州公司逾期付款持续三个月以上，北京公司即有权单方解除合同。仲裁庭注意到，北京公司提出福州公司自2001年起就未按照合同约定支付品牌使用费，福州公司对北京公司的上述提法没有异议，故对于福州公司没有按照合同约定支付品牌使用费的事实应予确认。现福州公司以福州市内北京公司注册商标标识泛滥，北京公司打击不力，没有全面适当履行合同义务导致影响福州公司的正常经营为由拒绝支付使用费，仲裁庭认为福州公司的上述抗辩理由，其一没有双方合同相关条款约定为依据；其二无相关法律作为根据；并且，福州公司未向仲裁庭提交充分的相关证据，证明福州市内北京公司注册商标标识泛滥即属于北京公司的责任。因此福州公司上述抗辩理由不能成立。对于北京公司提出的解除合同、福州公司停止使用北京公司的商标及其他经营标识的仲裁请求，仲裁庭予以支持。并且，福州公司应当按照合同中关于合同解除情形发生的约定履行自己曾经承诺的义务。

（二）关于品牌使用费、违约金和经济损失的确认

福州公司依据合同获得北京公司注册商标的使用权，应当按合同约定支付使用费。现福州公司没有按照合同约定支付使用费，已经构成违约。福州公司不仅应付清尚欠的使用费，还应支付违约金。

因此，福州公司应当向北京公司支付湖东路店2001年度及2002年第一季度的品牌使用费若干元，福新路店2001年度及2002年第一季度的品牌使用费若干元，以及上述两店逾期支付品牌使用费的违约金若干元。

（三）关于本案的仲裁费

仲裁庭认为，本案的仲裁费，应由北京公司承担20%，福州公司承担80%。

三、裁决结果

基于上述案情与意见，依据《中华人民共和国合同法》第四十四条、第九十三条、第一百一十四条的规定，仲裁庭于2002年3月25日作出如下裁决：

1. 解除北京公司与福州公司签订的《特许经营合同》，福州公司停止使用北京公司的商标及其他经营标识；

2. 福州公司向北京公司支付品牌使用费若干元（人民币，下同）、违约金若干元；

3. 驳回北京公司的其他仲裁请求；

4. 本案仲裁费若干元，由北京公司承担若干元，由福州公司承担若干元。由于北京公司已向本仲裁庭垫付全部仲裁费用，故福州公司应向北京公司直接支付代其垫付的仲裁费若干元。

以上福州公司支付的款项共计若干元，福州公司应自本裁决书送达之日起十五日内向北京公司支付完毕。

本裁决为终局裁决，自作出之日起生效。

四、律师简评

特许合同一经签订，即具有法律约束力，双方当事人应该依约履行自己的义务。在本案中，加盟者因为没有履行支付特许权使用费的义务导致特许合同被解除，实在是因小失大，得不偿失。

（作者：王贵斌）

中途解约，加盟金是否退还纠纷案

随着特许经营在国内的迅速发展，特许经营各方已经越来越重视经营中存在的一些法律问题，尤其是在签订特许经营合同时，对于双方比较敏感的各种费用的交纳数额等情况，一般都非常仔细，会作比较详细的约定。但是，对于合同提前解除，如何处理善后事宜，双方却较少注意，由此引起的各类纠纷，应引起业内人士的关注。下面一则案例即与此有关。

1998 年甲公司与乙公司签订了一份有效期六年的《特许经营合同》（下称合同），合同约定，甲公司在签约后，一次性向乙公司交纳特许加盟金 20 万元；乙公司将其技术和商标使用权有偿许可甲公司使用；甲公司交纳加盟金后，乙公司将全套技术资料及商标注册证复印件交甲公司签收；合同同时注明有关资料作为该合同的附件。合同签订后，双方进入了筹备阶段，甲公司开始招兵买马，进行开业前的准备工作，乙公司则派出技术及设计人员前往甲公司，协助甲公司进行加盟店的选址和装修设计工作。以后，由于甲公司主观原因以及当地客观环境的影响，甲公司的加盟店历时两年始终没有开办起来。其间，甲公司曾向乙公司提出解除合同的要求，但双方未就解约问题达成协议。甲公司于是在 2000 年底将乙公司诉至法院，要求解除与乙公司的合同，退还 20 万元加盟金，并支付违约金 10 万元。

从案件本身来讲，如果只是判断哪一方违约，本案并不复杂，但是由于涉及到特许经营的行业特点，对于加盟金的退与否，则不能完全按照一般经济纠纷的处理原则来对待。本案争议的焦点，一是在于谁是违约方；二是合同提前解除，加盟金是否要退还。针对上述焦点，双方当事人均出示了相应的证据进行佐证。甲公司认为，乙公司未将有关技术资料交甲公司签收，也未向甲公司提供现场技术指导和技术培训，违反了合同约定，因此，乙公司应承担相应的违约责任。对于加盟金的性质，甲公司坚持应作为预付款或者定金看待，合同提前解除，乙公司又违约的情况下，乙公司应退还加盟金。乙公司则认为，有关技术资料已经作为合同附件交付甲公司，而甲公司却未按约定提供可供培训的人员，以及可提供技术指导的物业场所，且由于加盟店迟迟不能开业，影响了乙公司在当地与其他客户的合作，对乙公司的商誉造成不良影响，甲公司应承担相应违约责任。甲公司交付的加盟金是其加盟乙公司的入门费，乙公司只要履行了加盟金承载的相应义务，加盟金就不存在返还的问题。

法庭经过审理后认为，双方所签合同符合特许经营的法律特征，合法有效。甲公司在交付了加盟金和保证金后，没有按照约定提供物业条件和人员供乙公司培训，且就提前解除合同未与乙公司达成协议的情况下，仍未履行义务，违反了合同约定。另，甲公司在履行了支付费用的义务后，再未履行其他义务，致使合同无法履行下去，引起纠纷的发生是甲公司违约所致，甲公司依法应承担违约的民事责任。乙公司许可甲公司使用的品牌和经营模式是一种特殊商品，在乙公司履行了合同约定的交付相关技术资料及商标注册证复印件等义务后，加盟金的价值已经实现，如果甲公司按照法律及合同约定正常经营，即可获得预期的效益，因此，对甲公司要求退还加盟金的要求不予支持。

加盟金的收取，目前的依据主要是原国内贸易部发布的《商业特许经营管理办法（试行)》，以及特许经营各方在合同中的约定。但是《办法》只规定了收取加盟金的原则，对于收取的数额以及可能出现的特殊情况，比如本案中涉及的合同提前解除，加盟金应否退还的问题，则需要当事双方在合同中约定清楚，约定不明，就有可能出现纠纷。

在实际操作中，有相当一部分人，还不是太清楚加盟金的性质，就像本案当事人甲公司一样，把加盟金看作一般经济合同中的预付款，因此也就有了提前解约时要求退还加盟金的想法。实际上，在一般情况下，特许经营双方一经签订特许经营合同，加盟者就要立即交纳加盟金，只有交纳了加盟金，特许者才可能把特许经营权授予加盟者，加盟者也才有可能开展以后的特许经营业务。加盟金可以说是加盟者获取特许经营资格的对价，有了这种特许经营资格，加盟者才有了借船出海、快速完成资本积累过程的可能。但是，取得了特许经营资格并不与经营成功就想当然地划等号，也即是说，加盟金是加盟者获取特许经营资格的对价而非获取预期利益的对价。在市场经济环境下，无论采取何种方式的经营运作，其经营中的商业风险，都是随时可能发生的，加盟者不能期望在取得特许经营资格后，自然就能消除创业及经营中的商业风险。同样，要求特许者在收取加盟金及有关费用后，就一定承担保证加盟者顺利经营、获得加盟者预期利益的责任，也是不合理又不现实的。对于经营者而言，在获取利益的同时承担相应的风险，既是市场经济的基本规则也是法律的一般原则。美国有关商业立法中规定加盟金是加盟者必须交纳的风险金，其原因就在于加盟者交纳该费用后即可直接享受他人成功的经营模式，大大降低创业风险。所以，加盟金在实际履行开始后，如果双方在合同中没有约定中途解约时的处理原则，而特许者又切实履行了加盟金承载的相应义务，那么，即使中途解约，加盟金也不存在退还问题。

鉴于目前的法律状况，作为专业法律机构，虽然我们可以在纠纷出现后，给被代理方提供及时的法律支持，但我们仍然希望业内人士，在从事特许经营业务前做好各种防范工作，包括对特许经营合同的认真审核，以免出现不必要的纷争。

（作者：吴敬清）

某西式快餐公司特许经营合同仲裁案

一、案情介绍

申请人（加盟者 W 女士）与被申请人（某西式快餐特许经营公司）于 2000 年 6 月签署了为期 12 年的《特许经营加盟合同》。依照该合同，被申请人授予申请人为某某品牌加盟商，经营地点在北京市宣武区，名称为某某加盟店。合同同时约定：申请人须支付特许经营管理费，每月按 500 元定额计算，按季度交付。该合同还对经营场所、设备及半成品的供货方式、商品与服务管理、后续管理与支持、甲乙双方的权利义务、商业秘密和知识产权保护等内容做了较详细的约定。在合同甲方（指被申请人）的义务中规定了授予乙方（指申请人）使用被申请人的商标、商号、标识、管理模式及商业秘密；向乙方提供某某品牌体系的营业象征及营运手册；在合同乙方的义务中规定了乙方应按本合同规定按时支付各种费用与款项。

上述合同签订后，申请人支付了 8000 元人民币加盟费、技术培训费，并向被申请人订购了价值若干元的设备及物品。并在随后分两次订购了价值若干元的半成品及消耗品。申请人的加盟店经营 8 个月后关闭。

申请人向仲裁庭提出：被申请人不具备从事特许经营的条件，被申请人在签合同的过程中虚构和隐瞒了许多重大情况，被申请人没有能力进行有效的指导，也没有成熟的经营诀窍可以传授给申请人，致使申请人的快餐店经营情况很差，以致被迫关张。申请人因此承受了很大的损失，故此提请仲裁。

申请人的仲裁请求为：1. 撤销双方签订的《特许经营加盟合同》；2. 裁决被申请人退还申请人加盟费、设备款及货款合计若干元；3. 本案仲裁费用由被申请人承担。

被申请人的主要观点为：1. 被申请

人具备从事特许经营的条件和能力；2. 申请人不接受被申请人在业务经营及其他方面的指导；3. 申请人不履行自己的义务；4. 被申请人有权终止特许经营加盟合同，申请人的加盟资格已被取消；5. 申请人的经营状况差是由申请人自身的原因造成的，被申请人不退还任何费用；6. 被申请人保留提出反请求的权利。

二、仲裁庭意见

（一）关于《特许经营加盟合同》的效力问题

仲裁庭认为，特许经营是一种商业运作模式，其核心是特许者将自己拥有的商标专用权、商号使用权、经营诀窍等依法享有的独占权利许可给加盟者使用，并提供统一的必要指导、支持和后续服务保障，同时收取加盟费和管理费。

原国内贸易部制定的《商业特许经营管理办法（试行）》是目前国内特许经营领域惟一专门的规范文件。该办法第六条规定："特许者必须具备下列条件：（一）具有独立法人资格；（二）具有注册商标、商号、产品、专利和独特的、可传授的经营管理技术或诀窍，并有一年以上良好的经营业绩；（三）具有一定的经营资源；（四）具备向被特许者提供长期经营指导和服务的能力。"

本案中，被申请人作为《特许经营加盟合同》的甲方即特许者应同时具备以上四个条件，才能够从事特许加盟经营活动，以上四个条件缺少任何一个均应视为不具有特许者的资格。在本案审理过程中，被申请人一直未能向仲裁庭提交"某某"商标在国内外注册的有效证据，以及能够在中国许可使用该商标的证明。且"北京某某快餐管理有限公司"（被申请人原名称）成立于1999年11月23日，2000年7月18日更名为"北京某某快餐管理有限公司"，2000年6月8日被申请人签订《特许经营加盟合同》时，其经营期限尚不足一年。

综上所述，仲裁庭认为，本案被申请人不具备以特许加盟合同中的特许者身份与申请人签约的资格，仲裁庭认为本案申请人与被申请人于2000年6月8日所签的《特许经营加盟合同》应予撤销。

（二）关于双方当事人互相返还财产的问题

依据《中华人民共和国合同法》第五十八条之规定，合同被撤销后因该合同取得的财产应当予以返还，不能返还或者没有必要返还的应当折价补偿。有过错的一方应当赔偿对方因此所受到的损失，双方都有过错的，应当各自承担相应的责任。本案中，申请人向被申请人支付了加盟费和培训费 8000 元，向被申请人订购了价值若干元的设备及物品返还给被申请人，考虑到设备及物品的折旧，仲裁庭认为被申请人应向申请人返还设备及物品款的 60%，计若干元。申请人分两次向被申请人订购的价值若干元的半成品及消耗品由于申请人已将其全部用于经营活动无法返还，故双方对此不予返还。

（三）关于申请人仲裁请求的其他部分

申请人虽以加盟店名义开始经营，但绝大多数时间实际是自行独立经营，对申请人要求被申请人偿付其在经营活动中发生的其他相关费用的请求，仲裁庭不予支持。

（四）关于本案仲裁费用承担问题

本案仲裁费用 9548 元，仲裁庭认为由申请人承担 3183 元，由被申请人承担 6365 元是适当的。

三、裁决

基于上述案情与理由，仲裁庭裁决如下：

撤销申请人与被申请人于 2000 年 6 月 8 日签订的《经营加盟合同》；

被申请人返还申请人加盟费、培训费共计 8000 元；

被申请人退还申请人向被申请人订购的设备及物品款的 60%，计若干元；

本案仲裁费用 9548 元（已由申请人预交），由申请人承担 3183 元，被申请人承担 6365 元。被申请人应当给付申请人垫付的仲裁费用 6365 元。

上述应由被申请人向申请人支付的款项共计若干元，被申请人应自本裁决送达之日起 15 日内向申请人付清，逾期按中国人民银行有关逾期付款的规定处理。

四、律师简评

从事特许经营活动是需要具备一定条件的，对此有关管理部门做了明确的规定。从事特许经营的企业应该具备法律法规规定的基本条件，否则，特许经营合同是无效或可撤销的，特许经营合同关系得不到法律的认可和保护。

（作者：王贵斌）

宣传失实的特许经营合同是否有效纠纷案

一、案情介绍

申请人王女士于1999年8月获悉被申请人某快餐特许经营公司发布的广告。经过电话联系、咨询，被申请人遂邮寄给申请人《特许加盟程序》、《申请书》及宣传画册等资料。在宣传资料上，被申请人宣称，某某快餐品牌是来自大洋彼岸、在北美本土具有几十年经营经验的著名国际品牌，同时自称通过三年多的市场调研及策划，已制订出一套适合国情的快餐连锁经营模式，并具备对加盟者进行管理培训、服务支持的优势，可降低风险，并保证经营者获得成功等等。申请人遂于1999年9月8日与被申请人签订了《特许加盟合同》。

经过一段时间的筹备，申请人快餐店很快开业了，但申请人发现该快餐品牌不是什么国际知名品牌，也没有得到被申请人许诺的服务。于是在2000年6月，申请人向北京仲裁委员会提出仲裁申请。

依法确认双方签订的《特许加盟合同》无效；

由被申请人承担合同无效的法律后果，即返还加盟费5万元及支付约定违约金5000元，且承担仲裁费用。

二、庭审情况

2000年7月17日，仲裁庭开庭审理此案，在仲裁庭主持下，双方当事人本着互谅互让、协商解决的精神，达成如下调解协议：

双方同意终止《特许加盟合同》；

被申请人同意立即付给申请人25000元人民币；

被申请人于2001年7月17日支付申请人10000元；

本案仲裁费4125元由申请人负担2000元，被申请人负担2125元；

双方就其他事宜无争议。

三、律师简评

特许企业在招募加盟的宣传中进行必

要的包装和修饰是可以理解的，但宣传内容不能有虚假成分，否则加盟者可以以受欺诈为由主张合同无效或申请法院或仲裁机构撤销合同。在本案中，被申请人也正是迫于这样的压力才同意以上调解内容的。

（作者：王贵斌）

三、2001年中国特许经营备案企业名录

2001 年中国特许经营备案企业名录

序号	企业名称	销售额（万元）	店铺数（个）	直营店（个）	加盟店（个）	业态类型	开展特许时间
1	北京元洲装饰有限责任公司		7	4	3	建筑装饰	2001 年 12 月 23 日
2	元祖企业管理咨询（上海）有限公司		197	内地：143 港澳台：26	内地：28	食品专业店	2001 年 8 月 16 日
3	北京半亩园快餐食品有限公司		24	内地：8 港澳台：6 国外：10	无	中式快餐	2000 年
4	北京阿博泰克北大青鸟信息技术有限公司		72	1	71	IT 职业教育	2001 年 4 月 1 日
5	北京东安饮食公司东来顺连锁总部	53 000	100	4	96	清真中式正餐	1996 年
6	北京金三元新世纪投资有限公司	24 600	48	3	45	特色中式餐饮	1998 年
7	马兰拉面快餐连锁有限责任公司	42 986	403	82	321	中式餐饮	1998 年
8	马来西亚玛利朗国际快餐公司					西餐	1996 年
9	中国北京全聚德集团有限责任公司					中式正餐	1985 年
10	天津德克士师食品开发有限公司	60 000	220	30	190	西式快餐	1999 年
11	沈阳碰碰凉冷饮食品有限公司		674	29	645	休闲食品	1995 年
12	沈阳小背篓餐饮娱乐有限公司		11			中式特色餐饮	

序号	企业名称	销售额（万元）	店铺数（个）	直营店（个）	加盟店（个）	业态类型	开展特许时间
13	沈阳市小土豆餐饮有限公司	76 361	139	36	103	中式正餐	1997 年
14	济南六乃喜快餐连锁有限责任公司	3 000	21	5	16	餐饮	1998 年
15	百胜（中国）投资有限公司						
16	上海仙踪林餐饮有限公司	19 454. 5	89	5	84	休闲饮品	1999 年
17	广东省烧鹅仔集团有限责任公司	84 680	60	11	49	中式正餐	1997 年
18	重庆市德庄饮食文化有限公司	21 683	82	7	75	中式正餐	2000 年
19	重庆小天鹅饮食文化（集团）有限公司	49 260	119	39	80	中式正餐	1999 年
20	昆明大滇园美食有限公司	20 900	99	3	96	中式特色餐饮	1998 年
21	成都谭鱼头投资股份有限公司	44 213	81	26	55	中式特色餐饮	1998 年
22	波哥心（兰州）食品有限公司	2 760	9	6	3	西式快餐	1999 年
23	河北沧州好日子超市股份有限公司	36 650	36	22	14	超市 便利店	2000 年
24	华联超市股份有限公司	850 400	894	203	691	超市	1995 年
25	上海可的便利店有限公司					便利店	1999 年
26	联华超市股份有限公司	1406 341	1 286	1 067	219	超市 便利店	1996 年
27	南京华诚超市有限公司	65 076	109	64	45	超市	1998 年
28	苏果超市股份有限公司	528 200	743	231	512	超市 便利店	1998 年
29	上海杉杉服装有限公司		2 500		2 500	服装专业店	1998 年

序号	企业名称	销售额（万元）	店铺数（个）	直营店（个）	加盟店（个）	业态类型	开展特许时间
30	福建七匹狼集团公司					服装专业店	1996 年
31	大连美罗药房有限公司						
32	三联商社	702 600	188	10	178	家电专业店	1997 年
33	苏宁家电集团公司		260	60	200	专业家电	1995 年
34	江苏五星电器有限公司	254 600	66	8	58	专业家电	1999 年
35	新华音像租赁发行有限公司	1 050	54	14	40	图书音像	2000 年
36	百援汽车连锁服务有限公司	3 300	887	3	884	汽车养护	1998 年
37	北京今日新概念投资管理有限公司					汽车租赁	1997 年
38	北京亚飞汽车连锁总店有限责任公司	1 981 784	457	17	440	汽车销售	1997 年
39	威力狮汽车快速服务连锁有限公司	2 300	7	2	5	汽车养护	1999 年
40	浙江新中义商贸股份有限公司	95 000	51	6	45	摩托车专业店	2000 年
41	大连联惠实业有限公司	1 604	20	5	15	建材家装	1999 年
42	温州澳珀家具有限公司		33	1	32	家具专业店	1996 年
43	东莞富运家俬有限公司					家具专业店	
44	东莞美时家具有限公司					家具专业店	
45	北京埃菲特国际特许经营咨询服务有限公司	80	42	5	37	房屋中介	2000 年
46	北京我爱我家房屋租赁置换有限公司	1 889	153	143	10	房屋中介	2001 年

序号	企业名称	销售额（万元）	店铺数（个）	直营店（个）	加盟店（个）	业态类型	开展特许时间
47	北京福奈特洗衣服务有限公司	7 350	136	8	128	洗衣店	1998 年
48	上海象王洗衣有限公司	2 440	67	2	65	洗染店	1999 年
49	北京东方朗洁保洁技术有限公司	357	157	3	154	商业清洗	2000 年
51	联想（北京）有限公司					家用电脑专卖店	
52	清华同方股份有限公司					家用电脑专卖店	1998 年
53	北京特丽洁清洗技术有限公司	1 200	1 052	2	1 050	洗染店	2000 年
54	山东金色童年有限责任公司	2 500	126	6	120	儿童摄影	1998 年
55	北京阶梯信息工程有限公司	2 123	94	内地：2 港澳台：5	内地：19 港澳台：68	英语培训	2002 年
56	山西省太原唐久超市有限公司	15 000	55	41	14	便利店	1998 年
57	青岛全统旅游育乐有限公司	1 800	20	6	内地 13 台湾 1	旅游/餐饮	2001 年

（中国连锁经营协会）

四、2001 ~ 2002 年度中国优秀特许品牌

2001～2002 年度中国优秀特许品牌

中国连锁经营协会特许委员会 2002 年年会于 2002 年 6 月 12 日在北京凯迪克酒店举行。会上，根据中国连锁经营协会组织的“特许体系 2000～2002 年度发展状况调查和征集企业名录”活动统计结果，经与会专家、企业代表投票推选，评出 2001～2002 年度 11 个中国优秀特许品牌（排名不分先后）：

餐饮业（6 个）

肯德基——中国百胜餐饮集团

全聚德——中国北京全聚德集团有限责任公司

东来顺——北京东安饮食公司东来顺连锁总部

马兰拉面——马兰拉面快餐连锁有限责任公司

谭鱼头——成都谭鱼头投资有限公司

仙踪林——上海仙踪林餐饮有限公司

洗衣业（1 个）

福奈特——北京福奈特洗衣服务有限公司

连锁超市业（2 个）

联华超市——联华超市股份有限公司

华联超市——华联超市股份有限公司

服装业（1 个）

杉杉——上海杉杉服装有限公司

专业店（1 个）

新华驿站——新华音像租赁发行有限公司

（中国连锁经营协会）

第四部分

行　业　篇

百货店分析

2001年世界经济增长速度趋缓，对百货店业态影响较大，国内也有多种因素积极地或消极地影响了百货店的发展。对此，就我国2001年大型百货店的状况和发展可概括为3个特点、8个方面的改革创新。其中，我国百货店业态在调整中创新发展具有较大的发展空间，在2002年将呈现9个方面的趋势。

一、2001年百货业回顾

（一）百货业面临的形势及其影响

1. 世界经济速度减缓及“9·11”事件增加了不确定因素。2001年世界经济形势减缓，特别是“9·11”事件增加了不确定性，2000年全球贸易额的增长高达13%，2001年则下降到1%，预计2002年仍将下降，将出现连续两年下降的局面。这对2001年乃至2002年中国百货业有较大的影响。

表1：世界经济增长率表

1996年	1997年	1998年	1999年	2000年	2001年	2002年	2003年
4.3%	4.2%	2.5%	3.1%	3.8%	1.2%	1.3%	3.6%

2. 国内买方市场进一步深化。自从1996年我国进入买方市场态势以来，买方市场已成为一种常态，许多产品供过于求，甚至一些长期短缺的商品也出现供过于求的状况，粮食等农产品过剩或积压较为严重，近几年来，我国居民最终消费率一直徘徊在60%左右。

3. 外商进入中国零售业加剧了竞争。1992年我国放开商业零售的对外开放，全球著名零售500强有1/3进入中国，如沃尔玛、家乐福、百盛、伊滕洋华堂、麦德龙、欧尚、佳世客、易初莲花、特斯科、迪亚，以及台湾、香港的好又多、大润发、乐购、惠康、太平洋等356家进入中国大陆商业零售领域，引进外资约20亿美元，年营业额占我国社会消费品零售总额的5%左右。2001年9月，我国第一家合资批发企业——日本丸红株式会社与上海一百集团合资的上海百红商贸有限公司成立。在对我国零售业带来冲击的同时，也促进了我国零售业的发展，同时也对我国经济具有某种拉动力，如2001年跨国零售集团从中国采购出口近300亿美元，占我国商品出口总额2661亿美元的12%，其中美国沃尔玛公司从中国采购出口达100亿美元，占我国出口总额的4%。

4. 各类批发市场、集贸市场的分流。至2000年底，我国有各类批发市场和集贸市场88811家，消费品成交额24279.6亿元，特别是营业额超过1亿元的批发市场有3087家，营业额达到16358.89亿元。

5. 有店铺业态和无店铺业态等多种业态的分流。20世纪90年代末以来，我国各类有店铺业态得到了迅速发展，如百货店、超级市场、大型超级市场、便利店、专业店、专卖店、购物中心、仓储商店、家居中心等得到了迅速发展，无店铺业态也得到了迅速发展，如电视购物、电话购物、网上购物、目录商店、自动售货、邮购、直销等多种业态也得到了迅速发展。各业态的连锁经营也得到迅速发展，到2000年底，我国已有各类连锁企业2100家，各类连锁店32000多个，销售额达2300亿元人民币，预计占全国零售总额的比例达6%以上，其中近80%是连锁超市业态创造的。

6. 百货业行业内部的激烈竞争。前几年百货店盲目建设、趋同投资、“千店一面”现象十分严重。

7. 百货店本身经营管理滞后。体制约束：百货店管理和经营体制还没有真正转到市场经济体制的正常轨道；管理滞后：管理还基本上是传统的经验性管理，其科技含量较低。

（二）2001年百货业在困难中迎接挑战

2001年我国经济出现一些较好的迹象：我国GDP增长7.3%，经济规模突破9万亿元，已排到第6位，社会商品零售总额增长10.1%，城乡农民收入有所增长，城镇居民收入增长8.5%，农民收入增长达到4.2%，首次出现增幅回升的势头。百货业在改革和调整中发展，大型百货商场已经基本上摆脱了1998年“倒闭年”造成的阴影。呈现三个方面的特点：

1. 商品销售增长速度加快。国内重点大型百货商场经历了1997年、1998年低于社会消费品零售总额的增长速度，1999年、2000年与社会消费品零售总额基本持平，发展到2001年已高出社会商品零售总额增长速度近4个百分点的可喜成绩。据统计，全国231家重点大型百货商场实现商品销售总额1682.59亿元，同比增长14.15%。

2. 企业规模扩大速度加快。从经营规模上看，国内重点大型百货商场1998年商品零售额超过10亿元的仅9家，发展到2001年已经达到45家，最大的零售额超过50亿元，其增长速度为49.82%，商品销售总额在10亿元以上的企业有53家，比上年增加20家，销售总额合计为1210.21亿元，增长17.04%，占231家企业商品销售总额的71.93%。继大连商场集团组建以后，北京王府井东安集团、天津劝业华联集团等均实现了强强联合，北京燕莎和北京饮食集团联合组建北京新燕莎控股集团，北京西单、超市发与上海联华超市联手组建了北京西单华联超市公司，2001年10月北京西单商场与上海华联超市联手——西单上海华联（北京）有限公司，11月北京西单、物美、小白羊、燕莎望京、京客隆中国华润公司等13家企业共同发起组建首连商业集团，商业企业规模迅速扩大。

3. 规模竞争的优势突出。据对全国197家重点大型百货商场的统计，2001年利润总额为19.25亿元，同比增长6.23%，其中有74家企业利润总额同比下降，有62家企业亏损，亏损面为31.47%，其中47家亏损企业销售总额在2亿元以下，只有一家亏损企业销售额在10亿元以上，说明规模竞争优势明显。成立于1985年的福州国有华联商厦，2001年亏损900万元，2002年4月正式关门停业。

（三）2001年百货业的8个方面的改革和调整

1. 各级政府加强了百货商店的宏观调控

北京、上海、天津等一些大城市制订了5年甚至10年商业发展规划和布局。如上海制定“标准尺”，对不同商业街区制定不同的“限制令”。如大型综合超市、仓储商店、批发交易市场、集贸市场等，要想进南京东路、淮海路、四川路、徐家汇等繁华闹市区，将会受到限制，如要开设高品位的百货店、特色百货店则会得到大力鼓励。今后上海的零售商业服务业网点的布局，将严格按照市级商业中心、区域商业中心、社区（居住区）商业、郊区商业的不同要求进行不同的业态限制。如在一般的居民区，开办菜市场、物资回收点将会受到欢迎；美容美发店、快餐店不能太多，要讲究适度；而要在那里开家大型百货店，不但得不到欢迎，而且还将受到限制。对四大商业区在政府政策的指导下进行如下调整：①南京东路步行街；②南京西路建设现代化国际商务区；③淮海路建设中心商业区；④徐家汇形成商业中心、商务中心、公共活动中心。

2. 适应市场，调整商品结构，错位经营

传统百货商店定位雷同，主要表现为经营商品和经营方式的雷同，如经营的商品主要是服装、针织品、鞋帽、化妆品、家电、文体用品等，2001 年大多数百货店都开展了错位经营。

(1) 既经营百货店的主流产品，又开设连锁超市兼营生活必需品，还将餐饮、娱乐引进店内。一些大商场将一层楼或者地下一层改造成为食品超市，混合业态比单纯的百货店业态或单纯的超市业态要有生命力。目前有不少百货店设立“店中店”——超市，如蓝岛大厦中的蓝岛超市，新世界商城中的新世界超市、王府井大厦中的食品超市，还有许多城市的百货店几乎是百货店和超市的混合物。许多百货店将中外名快餐引进百货店。

(2) 大力发展商业品牌。商业名牌是指产品或服务质量居国内领先水平，知名度居行业前列，顾客满意度高，经济效益显著，并依照《中国商业名牌认定和管理办法》认定的中国商业名牌企业、中国名牌商品、中国商业服务名牌和全国商业服务明星。2001 年 12 月合肥 13 家商场联合发出“自律宣言”——严禁制售和使用代币券。自有品牌成为商业品牌的核心内容，它是国外一些著名百货商店通常采用的一种品牌创新方式。

(3) 扬长避短调整经营品种，突出特色经营——主题百货店。如上海第一百货股份有限公司，调整商品结构，把缺乏竞争力的家电类商品请出商场，转向主题经营和品牌经营，专门开设了运动城、电脑城等特色区域，还尝试把汽车直销、房产销售、旅游超市等引入百货业，取得了较大的效益。上海徐家汇的几家大商场错位经营：上海太平洋百货，以青少年为主要目标顾客群，上海六百则主要面向普通的工薪阶层，上海汇金注重文化气息的白领消费，从而避免了同类商品的竞争，三家商场经营品种在15万种以上，80%以上的商品品种不重复；较有影响的百货店是北京贵友商厦的调整：北京贵友商厦是一家以经营中高档优质品牌商品的百货店，1999年，砍掉家电经营，2000年9月，又退出了共18大类数万种商品的百货经营，退出了传统百货业，成为京城第一家侧重经营女性商品的主题百货店。由全面经营向重点经营的百货店还有：北京莱市口百货商场，以经营黄金首饰为特色；燕莎、赛特以极品消费闻名遐迩；天津滨江服饰商厦从困境中走出，专营服饰之后，步入良性发展的轨道；上海正进行着一场“从传统百货向现代百货，从综合百货向主题百货”进军的变革。北京开业5年经营1万平方米的西单赛物商场2002年3月转变为一家专门经营中年人时尚服装服饰的商场，引起较好的社会反响。

3. 采用先进经营方式，调整经营结构

（1）购销分离，专柜管理。购销分离是国际上通用的一种先进的经营管理体制，是百货企业提高市场占有率的主要途径。它是在计算机管理基础上的现代百货业管理模式，它把购销这两个百货企业最基本的工作职能分开，实行两条线垂直管理，所有的经营结构、组织结构均围绕这个中心设置，按职能分类运行，与购销合一，按商品分类设置运行根本不同。购销分离其实是一种集权式管理，管理层可以严格控制购销的全过程，控制到商品单品，使各种促销费用都由最高管理层控制，并实实在在地体现在商品的进价上。它不光使企业管理人员得到精简，还使各门类的工种更加专一，更加专业，更有效率。它可以更有效地防止经营漏洞，降低经营风险，更重要的是可以使企业降低成本，包括费用、采购成本，这可以使企业赢得价格和销售优势。在连锁经营后，购销分离的优越性，人员成本、物流成本、采购成本的下降会更加明显。湖南友谊阿波罗有限公司2001年推行“经营管理一体化”商业管理模式，以进销分离、规范制度为前提，将有关商品引进、开发、配送交由采购部门（经营公司）统一管理；将有关销售管理、商品管理、人员管理、现场管理交由门店统一管理；而对经营管理全过程由计算机系统管理，企业规模盈利大大增强，毛利润率由2000年的14.95%上升至20.48%，利税1.44亿元，分别在全国200多家重点大型商场排名第4、第5位。“友阿”公司的“经营管理一体化”改革在全国引起了强烈反响，山东、内蒙古、河北、江西、新疆、辽宁、上海等全国30多个省、市都是先后派出代表团（组）到公司学习取经。

（2）以核心业务为主的多元经营。武汉汉商集团在强化主业的同时，以全新的理念进军21世纪的朝阳产业——会展业。他们投入巨资，成为武汉国际会展中心的最大的股东，并在新武汉展览馆建起了一座现代化的综合性购物商场；武汉中商投资4亿元，建设总面积达17.7万平方米的湖北省大型购物中心，在徐东平价广场对面，将以大型百货为主导，突出休闲娱乐和观光功能，内建若干个专卖店，里面吃喝玩乐等消费一应俱全，预计2003年投入使用。2002年还将在荆州、荆门等城市开办连锁百货店。

4. 适应形势变化，调整业态结构

（1）超市进入百货店。一些大商场将一层楼或者地下一层改造成为食品超市效果较好，混合业态比单纯的百货店业态或单纯的超市业态要有生命力。目前有不少百货店设立店中店——超市，如蓝岛大厦中的蓝岛超市，新世界商城中的新世界超市、王府井大厦中的食品超市，还有许多城市的百货店几乎是百货店和超市的混合物。

（2）1+n业态创新。改变单一的百货店形式，可以实行“业态嫁接”的方式，如“一店两态”经营，有的百货店把店办成“仓储商场+专柜”；有人提出百货店的发展趋势之一是实行“三位一体”的混合业态：百货店、超市、网上商店。Shopping Mall将是一个新亮点。2001年武汉武商集团探索武商摩尔商城，即由武汉商场、武汉广场、世贸广场连体而成的购物中心，经营面积20万平方米。通过提升摩尔商城的综合功能，面向多消费层次，使之成为华中地区最具“扎堆”效应、最能吸引人气和物流的商业群；北京计划在“十五”期间建设4个“Shopping Mall”，上海将建5个“Shopping Mall”：①建筑面积为7万平方米的文丰广场；②2万平方米的八万人体育场购物中心；③24万平方米的正大广场；④港汇广场；⑤南方商城。前三个已经即将建成，后两个即将建设，这意味着上海的商业格局将面临进一步调整。

5. 采用连锁经营形式

（1）百货店连锁

百货店连锁，是在百货店基础上的连锁经营，是近几年来的一个探索，它是利用百货店的品牌效应进行管理模式的输出。至今有北京王府井百货股份有限公司、上海华联股份有限公司、安徽的商之都、武汉中商集团、大连商场集团、北京华联股份有限公司、马来西亚的百盛等，采取了百货连锁经营形式，其主要形式是直营连锁，今后可能会发展自由连锁、特许连锁。武汉中百的百货连锁发展到湖北省的沙市、黄冈、荆门、黄石等地，安徽商之都被认为是中国零售业百货店连锁的亮点。

商之都1995年12月28日开业，一年后取得了较大的成功，于是有28家商业企业来寻求连锁。1997年第一家连锁百货店开业，经过5年发展，商之都拥有5家连锁百货店（六安、滁州、亳州等），营业面积达22万平方米，其连锁经营形式是介乎直营与加盟连锁之间的一种形式。又叫“直营+特许”的形式，即派出管理人员，确保商品与资金安全，实行商品统一配送、统一管理、统一结算，其他如广告宣传、形象设计由连锁自主决定，连锁店上交加盟费1. 5%，供货价格是在进价基础上加2%，低于其他连锁公司收取的费用。

（2）百货商场内部或下属的其他业态连锁

武汉中百调整发展战略，确定“抢占金边银角”和“抢占社区”的经营思路，近两年来，中百将仓储超市开到了武汉三镇的许多人口稠密区，并在社区发展了近80家便民超市，在今后3~5年中，中百仓储超市总数将达到15家，便民店将达到300家。

6. 加快企业兼并重组的改革

（1）建立大型的商贸企业集团。2001年零售百强实现商品销售额2342. 36亿元，增长32. 5%，实现零售总额1903. 38亿元，增长28. 9%。与2000年零售百强相比，增幅分别增加了9. 7和3. 4个百分点，其中百货店所占比例较大。继大连商场集团组建后，北京王府井东安集团、天津劝业集团华联集团等均实现了强强联合，企业规模迅速扩大。上海企业集团从63家减少到40家。

（2）企业改组改制改革步伐加快。西单商场入驻前门大街，前门大街最具实力的企业——亿隆实业股份有限公司所属的亿隆大厦经过全面改造，成为西单商场前门店并隆重开张；上海华联、北京西单、北京超市发三强携手，共同组建“北京西单华联超市”；华润获准出资4. 57亿元收购深圳万佳百货；随着广州友谊商店股份有限公司与上海友谊股份有限公司签署“联姻”，成立广州友谊好美家装潢建材有限公司的同时，也宣告广州友谊向零售多业态的发展。广州友谊率先走出了第一步——向多业态组合发展；经过多次反复，PT郑百文终于被三联集团并购——买壳上市。

7. 假日经济促进了百货商场的销售增长

前几年百货商场销售额是负增长，2000年以来，一些百货商场抓住假日经济的商机开展各种形式的文化主题营销活动，使销售活动得到了迅速增长。

8. 加快现代百货业步伐。广东、上海等地以信息化带动传统商业的改造，推动了现代流通的发展，大中型商场90%以上都建立了销售时点系统（POS）。许多百货店都在探索流程再造的探索，并有一些完成了ISO9000、ISO14000的标准化建设。全国有20多家百货商店建立了网上商店（如下表），做到了网上交易与网下商品实现相结合的电子商务探索。

经过20世纪90年代末以来的调整，全国百货业已不再是传统意义上的国有百货批发和国有零售商店的一统天下，而各种所有制、多种经济成份、多元化、跨地区、跨行业的大百货格局已经形成。

表2：部分百货店建立的网上商店

序号	零售企业名称	网　址
1	北京西单商场	http://www.xdsc.com.cn
2	北京翠微集团	http://www.cwjt.com/
3	北京城乡华懋商厦	http://www.bchm.com/
4	燕莎友谊商城	http://www.idealhome.org.cn/yansha.htm
5	北京双安商场	http://www.sh-an.com.cn/
6	北京赛特购物中心	http://www.scitechgroup.com/ie4/chinese/shop/shop.html
7	北京当代商城	http://www.modern-plaza.com.cn/
8	北京蓝岛大厦	http://www.ldds.com.cn/ldds/homepage.html
9	南京第一百货公司	http://www.no-1.com.cn/
10	上海华联商厦	http:/www.8466.com.cn
11	上海新世界商城	http://www.newworld-china.com/default.asp
12	上海豫园旅游商城	http://203.207.143.1/qycp/q0032100.htm
13	武汉武商集团股份有限公司	http://www.wushanggroup.com.cn/

序号	零售企业名称	网 址
14	天津劝业场	http：//www. tjqy. com. cn/
15	南京市新街口百货商场	http：//www. njxb. com/
16	哈尔滨秋林股份有限公司	http：/www. chrin. com. cn/
17	重庆百货大楼	http：/www. cqbhdl. com/
18	无锡市商业大厦	http：/www. cmgc. com. cn
19	广州百货大厦	http：/www. lyrefun. com/gzbh/
20	长春欧亚集团	http：/www. cn－eurasiagroup. com/oyjt. htm
21	海南第一百货商场	http：/www. hainan100. com. cn/
22	南京中央商场	http：/www. laomo. net
23	湖南友谊阿波罗股份公司	http：//www. 9448. com. cn

二、2002年百货业展望

2002年世界经济形势将会出现复苏的迹象，预计经济增长比2001年增长0.1个百分点，国内买方市场进一步深化，据国家经贸委对2002年上半年600种商品市场供求情况的分析预测，供大于求的商品达86.3%，比1998年增长53个百分点，虽然我国经济面临着很大的压力，但通过采取积极的财政政策和稳健的货币政策，年初采取自1996年以来的第8次降息政策，预计国民经济仍将保持较高的增长速度，GDP增长7.2%，社会商品零售总额预计增长9.3%。2002年百货业发展将以结构调整为重心呈现以下9个方面的趋势：

（一）国内外百货业虽然不景气，但百货店业态仍有较大的生存发展空间

从全球来看，西方百货店1852年产生于法国巴黎，至今有150多年的历史，从业态生命周期来看百货店进入“衰退期”，但仍在全球零售业中占有很重要的位置。在世界零售500强中，虽然大型连锁超市与折扣店的销售额仍占到500强销售总额的40%，但百货店的销售额仍占到500强销售总额的14%。从这个数据来看，百货店在未来的零售业中仍然扮演重要角色。从我国情况来看，百货店大约有100多年历史，百货店业态大约有近80年历史，我国经济发展比西方落后50年左右时间，百货店业态在经历革新、成长阶段后，正进入成熟期，目前仍具有较大的发展空间，在2001年度中国零售业

百强中，前10名的有两家百货店，前20名的有9家店，前50名的有27家店，后50名中有40家店。

（二）百货业将在环境变化中求发展

1. 加强商业网点特别是大商场的宏观调控。科学地规划百货店网点，百货店数量规模与经济发展水平相适应。一些大中城市都在研究商业网点5年甚至10年的发展规划、布局。

2. 适应市场，调整商品结构，错位经营。这是2002年的百货店商品结构调整的主题，百货店已经走了以价格竞争为主要手段的低水平竞争阶段，进入以特有商品和服务参与市场竞争，不同形式的主题错位竞争成为一个重要的竞争策略。

3. 采用先进经营方式，调整经营结构。改变传统的百货店经营方式，“购销分离，专柜管理”、连锁经营、电子商务、现代物流配送将成为百货店主要经营方式。

4. 适应形势变化，调整业态结构。百货在竞争中调整业态结构模式：“1 + n”业态创新；“三合一”的混合业态——百货店、超市、网上商店；Shopping Mall将是一个新亮点。

5. 采用连锁经营形式。百货商店将改变传统的单店管理，走向百货店连锁以及百货店内部业态或所属业态的混合连锁。

6. 加快企业兼并重组的改革。通过百货店企业改革促进企业管理，形成较大规模的大型企业集团，完善现代企业制度建设。

7. 在实现假日经济向休闲经济过渡中发挥更大作用。2002年“五一”、“十一”、“元旦”和“春节”假日将由7天延长至9天，这为百货商场销售创造了条件，这将促进百货店调整商品和服务结构，提供购物、娱乐、休闲、餐饮、旅游、文化消费于一体的商品和服务。

8. 加快现代百货业步伐。用信息化带动传统百货店的现代化改造，如POS系统、MIS系统、EOS系统、VAN系统、条形码技术、客房关系管理（CRM）、供应链管理（SCM）、需求链管理（DCM）、商业智能（BI）、企业流程再造（BPR）等许多现代化技术和理念，提高百货业的技术含量。

9. 百货商店将在商业信誉方面做出表率，百城万店无假货将在市场经济秩序整顿中产生窗口示范效应。

（作者：洪　涛）

发展 转型 提升
联华超市迎接入世挑战

大型综合超市和仓储式会员店分析

近几年来，中国的超级市场发展主要集中在大型超市方面，尤其是欧美的大型超市已经在大型超市的发展上占了主导地位。我们已经十分清晰地看到大型超市将占领中国未来零售业的制高点，成为零售业的第一主力。目前，国内超市业界要能从大型超市的业态特征和目标顾客定位的分析上明确我们发展大型超市的方向。

超级市场从传统食品超市起步，直至发展到大型超市，才真正成为一次性购足的商店，正是由于大型超市在满足消费者一次性购足上的经营策略和经营模式的差异，从而形成了大型超市的各种业态模式。当今在中国的零售业中正爆发着发展大型超市的巨浪，分析一下大型超市的各种模式和发展特点是非常必要的。

目前在中国大陆市场上大型超市主要有四种代表形式：（1）日本式，以北京的华糖洋华堂和广州的吉之岛为代表，是生鲜超市和百货公司的结合，主体是百货公司。采取自我服务和自选商品部相结合的销售方式；（2）美国式，以深圳沃尔玛购物广场和上海易初莲花购物中心为代表，是生鲜超市和综合化百货商店的结合，采取自我服务销售方式；（3）欧洲式，以法国的家乐福为代表，是生鲜超市和折扣百货店（非食品的廉价商店）的结合。（4）中国式以万佳为代表，是生鲜食品超市与传统百货商店的结合，与日本式的不同是，万佳的模式采取了对百货经营部分彻底的超市化改革。在目前的中国，四种模式各有千秋，各有长处和弱点，它们之间展开的大型超市的模式之争，将会对中国的零售业产生重要的影响。

一、风头正劲的大卖场（Hypermarket）

大卖场这种大型超市模式是目前在中国发展速度最快，规模最大的。它的典型代表是法国的家乐福，沃尔玛自深圳洪湖店后也基本上采取了大卖场的模式，泰资的易初莲花、台资的大润发、好又多、乐购，包括国内的大部分大型超市如上海联华超市投资的“世纪联华”，北京物美投资的“物美大卖场”也采取的是这种模式。

（一）大卖场的特征

1. 营业面积在7000~12000平方米，能较完整地涵盖标准食品超市和百货商店的经营内容。7000平方米左右的营业面积是大卖场的下限，太小就无法综合化经营。12000平方米是大卖场的上限，超过这个上限顾客会感到太累。大卖场对超过10000平方米的大店一般会采取两个楼面方法分设，使消费者不至于太累并在心理上产生逛了两个商店的乐趣。

2. 选址的要求很高，在中国要更接近中心城区和大型居住区。

3. 商品定位特性，大卖场的商品组合采取将销售额向少数品种高度集中的方法，以达到大量销售（量贩）的目标。这一商品组合方法在总体上能够满足消费者一次性购足的要求，但在商品线的宽度和深度上受到少数品种量贩的制约，一定程度上影响了消费者的选择度。

4. 价格定位，大卖场采取了严格按商品的品种区别定价的方法。

（1）10%的商品高毛利销售，这些商品一般是自己加工、自有品牌或消费者对其价格不敏感的商品。

（2）20%的商品薄利多销，这些商品一般是与消费者日常生活密切相关的民生品，消费者对其价格特别敏感。

（3）对一些供应商品牌的商品占到了70%市场份额的商品，则按无毛利销售。

（4）大卖场一般的价格政策和价格形象是，最优的品质最优的价格，天天平价。

（5）以自己加工的商品（面包、熟食、配菜等）为第二利润源。

（6）合理组织供应商的商品配送以获取第三利润源。

（7）出租场地给商品品项相关联和互补的供应商，以降低经营成本，化解由于选址的中心城区化所带来的经营压力。

（二）大卖场在中国发展势头猛的原因

1. 由于它的综合化经营和在民生品上的价格优势既打压了传统的百货商店（如家用电器产品销售上的品牌集中性甚至单一性所获得低价优势）又挤压了中国刚刚发展起来的综合度较差的中小型超市。

2. 销售方式和经营方式的革命性；自助式的销售方式和连锁的经营方式。

3. 大卖场对消费需求的切入点是，消费者一般的生活食品和用品，以低廉的价格使消费者得到切实的利益。

可以说大卖场在中国的市场发展潜力极大，从国际商业的发展实际来看，消费者在一般生活消费品享受上的低价化并趋向于平均化，在流通上是得益于大卖场等超级市场的发展。对中国这样一个发展中国家来说，以天天平价为特征的大卖场必然是大行其道的。另外一个重要原因，大卖场进入了中国，中国的超市还刚刚处于传统食品超市阶段，中国的零售业主力还处于转型阶段，因此大卖场是一把双刃剑，既以鲜明的价格形象从百货店里拉走了顾客，又以规模和综合性经营打压了传统的食品小超市。

零售业的业态不可能是常青树，大卖场也不可能永远风光，以低价为特征的大卖场是有阶段的市场适应性的。分析一下大卖场的弱点和将遇到的竞争是十分有益的，这有助于我们在高速的发展中保持清醒的头脑。

（三）大卖场的主要弱点

1. 由于实行高度的销售额向少数品种集中，大卖场的综合性在商品线的宽度和深度上都受到了一定的限制。

天天平价的大卖场在它的发祥地是以中低收入者为目标顾客的，但在中国满足低收入消费者的商业是批发市场和农贸市场和街头摊档，大卖场的目标顾客应以中等偏高的收入者为目标顾客，在商品的选项上要能满足这些消费者的需要。但天天平价的价格使得大卖场在商品选项上的低档化，特别是日用品和百货类商品的低档化，它无法满足消费者进一步提高了的消费需求，这种状况已经在深圳等地发生了。

2. 大卖场实行的商品政策是最低价格和最优品质，但这往往是一个两难的选择，在必须从这两者选其一时，大卖场一般会选择最低价格以维护其天天平价的价格形象，这样商品的质量、品位和档次就会受到一定的影响。如此，大卖场很难满足不断提高了的消费需求，尽管这一天在中国还不会马上到来，但大卖场给它的竞争对手留下了可以攻击的弱点。

3. 大卖场经营的商品结构以食品为主，除自己加工的生鲜食品外，其他的食品供应商一般是品牌性的垄断供应商，对这些供应商所供应的品牌商品留给大卖场能够操作的价格空间和市场营销空间就十分有限了。

我们说大卖场今天已经遇到了竞争，不是空穴来风。

（四）大卖场所遇到的其他业态发展的竞争

1. 专业性大卖场（Mart）的竞争

目前国内发展起来的专业性大卖场主要集中在家用电器、建材装潢材料、家具家居等。专业性的大卖场的经营政策和价格政策与大卖场很相似，当它的经营内容与大卖场的某一类别商品一致时，大卖场往往处于竞争的下风。一个简单的道理是，专业性的大卖场是以整个商场来卖某一类商品，且品牌齐全、品种规格花色齐全，价格优势明显。而大卖场是以某一个商场区域来销售某类商品，因此就某个品类的销售规模就比不上专业性的大卖场，又由于大卖场采取销售的品牌和品种的集中，与专业性的大卖场相比商品的选择性要低的多。最后，专业性的大卖场采取定牌生产、定型号规格商品独家销售等方法，确定了它对大卖场的价格优势和品种齐全的胜出优势。

2. 连锁型生鲜食品超市的竞争

生鲜食品超市虽属中型超市，在商品的综合性、价格的竞争上要逊于大卖场，但生鲜食品是超市中最具有个性化和特色化的商品，也是最能吸引顾客和集聚顾客的商品，只要生鲜食品做得好也是能与大卖场或其他的大型超市竞争的，因为当生鲜食品超市以连锁店的方式发展时，生鲜食品的加工和配送中心也一定要发展起来，那时连锁性的生鲜食品超市就会在鲜度、品种和价格上产生对大卖场的优势。现在我们已经在深圳看到生鲜食品超市与大卖场隔墙共生，或隔街对门竞争的状况。

3. 连锁药店的竞争

由于医疗体制的改革和药品价格的控制等原因，近年来连锁药店的发展将很快，从趋势上看药店将大规模地经营一些占大卖场销售份额较大的品类商品，如洗浴用品、保健食品、卫生用品和纸制品，这些商品的很大一部分份额将转移到连锁药店中去销售，因为，消费者需要药剂师提供使用这些商品的建议，以保证正确使用这些商品来达到保证自身安全的目的。

4. 专业连锁店的竞争

目前专业性的连锁店刚刚开始起步性的发展，但在有些方面来看速度已相当的快，如音像制品专业连锁店，在国家关于大力推进音像制品的专业连锁店（保护知识产权）发展的政策下，会在一个较短的时间内遍布城市的大街小巷。由于这种连锁店更贴近消费者，并采取更加便利的服务手段，它会对大卖场的音像制品部形成竞争。另外，服装专业连锁店、化妆品专业连锁店等的发展，都会在个性化和特色化方面对大卖场形成竞争。

5. 购物中心（ShoppingMall）的竞争

现代的购物中心不仅仅是零售业全部的综合，而是整个城市服务功能的综合，当然是以商业为中心。购物中心对消费者一次性购齐的满足要远胜于大卖场。从近期来看购物中心不会对大卖场形成竞争，因为它的发展需要三个条件：一是轿车进入中国人家庭的速度和规模，二是消费者的消费习惯向休闲娱乐性购物发展，三是国家制定了合理的商业布局计划。很难预料的是，汽车以什么样的速度进入家庭？房地产商的开发能力？但购物中心在业态的功能上会对大卖场形成竞争。

面对未来可能来自于购物中心的竞争，大卖场要进行业态的创新，即向主体性购物中心（ShoppingCenter）发展，用招商的方法引进专业专卖店，引进快餐店等，以弥补自己在品类品种上的缺陷，达到更大的综合化经营。几乎所有的大卖场公司都在实行向主体性购物中心这一新的业态模式的转形，而国内许多超市业者还在盲目地抄袭原有的家乐福模式，根本没有意识到这一点。针对大卖场的竞争也同样会对其他类型模式的大型超市形成竞争。

（五）充分认识发展大卖场所具备的条件

发展大卖场这一大型超市模式是要具备一定条件的，主要有：

1. 资金实力雄厚，有规模化的发展店数

由于大卖场是量贩的廉价店，因此它必须有相当大的规模店数才能保证一定规模销售量，才能达到靠规模销售量以薄利累积起来的目标利润，而这又需要有一定资金实力保证，对这一点如没有充分的认识，认为可依靠低成本投入和扩张来发展大卖场是十分幼稚的。因为我们已经能预见到大卖场的恶性竞争就要到来，而竞争的焦点就是价格，当一家公司的店数和销售量达不到规模量时，它就失去了竞争能力，高于竞争者价格就失去了消费者，平于或低于竞争者价格就无法消化成本，结局就会很惨。进一步深入地研究大卖场的经营手法，我们还发现激烈的价格竞争使得大卖场产生的销售毛利仅够分摊门店和总部的成本，利润的主要来源产生于集中采购的通道利润，到那时，店铺数和销售数规模的大小就成为十分关键的竞争取胜的因素了。

2. 跨区域的发展，技术含量高的管理能力

由于受大卖场低价量贩必须是店铺数多销售量大的发展规律支配，大卖场一定要实现跨区域的发展战略。因为大卖场店铺规模大，在一地的店铺数会受到制约，只有跨区域发展才能达到目标规模数。连锁店一旦跨区域开店，管理能力的高低就十分关键。大卖场的管理实际上是技术含量很高的管理，比如，区域管理组织机构的设置、地区采购的控制、总部之外地区的供应商网络的组建，配送的延伸支持、信息网络的建设、信息传递的方式等。这些管理已经包含了供应链整合技术、组织管理技术、信息网络技术等技术，对这些技术运用的衔接、协调和整合就形成了很强的管理能力。

3. 高效、规范、可控的信息能力

目前，传统的零售业仍然具有勃勃生机，这是因为它与信息技术的紧密结合。同样，大卖场的发展一点也离不开信息技术的核心支持。信息技术使大卖场的管理在两个主要方面发生了不同于传统商业的变化。第一，在商品经营数据的传递和分析上的速度大大加快，有力地支持了企业的经营决策；第二，将整个企业的业务流程全部用计算机来管理，杜绝了手工管理和传统管理的弊病，达到了高效、科学和规范化。信息的能力不仅仅是简单地建立一套信息系统，更关键地是这样四个环节：一是能对信息系统的开发提出业务流程和管理控制的需求；二是建立以信息系统为核心的管理系统；三是不断地提高运用信息系统的能力，特别是将数据分析和挖掘的能力提升为对顾客的需求管理和企业的管理控制的能力；四是不断地提升信息系统的功能并将其运用于企业外部的供应链的整合之中。

要开大卖场，一定要考虑这些条件，确认是否已作了充分的思想准备、资金准备和技术准备。

（六）对大卖场发展的政策态度

目前的事实是，其一，外资企业在大卖场的发展中占了主导地位。其二，大卖场在有些地方的发展已经失去了控制。从政策层面必须考虑到中国目前零售业的两大主力，百货商店和连锁中小型超市都是大卖场的打压对象，在同一个商圈内都处在弱势。所以在政策上要布局好大卖场能够开设的商圈位置，否则会对一些商业业态造成无畏的杀伤。这一政策应该尽快出台。经济的发展必须有序有度，同样商业业态的发展也必须考虑到先进的业态发展后，对传统业态的转型和弱小业态保护的

影响。有观点认为，大卖场不能进入城市的中心商业区和城区的商业中心。

（七）大卖场在世界上的一些发展情况

最后再来分析一下大卖场在世界各国发展的情况。家乐福式的大卖场，在英国和美国都没有成功，什么原因呢？第一，英美两国都是发达国家，对大卖场进行供货的主要食品供应商都是大的品牌垄断性供应商，由于品牌性的供应商对消费者的直接影响和控制，留给大卖场的价格毛利空间较小，尤其是占大销售比率的食品；第二，大卖场由于卖场太大，消费者感到在卖场中没有能停下来休息的地方；第三，英美两国的零售商没有向供应商收取通道费用的规则。如此，大卖场靠通道费用赢利的模式就无法建立起来。

家乐福在中国香港的店铺最终也关闭了，其中的原因主要有三：一是，香港的店铺租金很高，而且是一年一签，使大卖场的经营成本提高；二是，香港的居民一般住房条件没有英美发达国家好，不可能进行大额单价的购买；三是，香港消费者在购物上追求便利性，使得远离中心城区的大卖场缺乏一定量的客流量支撑。

如果说大卖场在英美等发达国家和香港等发达地区的失利是由于这种业态与当地的经营环境不适应，那么，大卖场在日本的境遇就十分耐人寻味了。一个有趣的现象是家乐福在世界各地屡试不爽的本土化开店方法在日本不灵。日本人认为，在家乐福应能买到欧洲的、特别是法国的商品，家乐福的本土化使日本人很失望。日本人还认为，家乐福的本土化商品无法与日本的商店相比，是不地道的。至于低价格对日本人没有吸引力，因为当缺乏对商品的认同感时低价格的影响已失去了作用。这就是成熟的日本消费者！有许多人认为，以家乐福为代表的大卖场是不适合在发达国家开设的。其实，在发展中国家尤其在中国，其生命周期也不会很长。因为这种业态在中国盲目疯狂发展，已经进入恶性竞争，有被提前做烂的趋势。世界头号零售商沃尔玛也曾经开设过大卖场，但最终在大卖场的基础上发展起了购物广场，购物广场要比大卖场营业面积小，低毛利食品经营的比率也要小。在美国的购物广场的大型超市模式比大卖场的模式成功，应认为是美国人在大卖场基础上进行业态创新的成功。

二、等待时机的仓储式会员制商店(Warehouse)

"仓储式"商店在中国是非常流行的，但对"仓储式"的理解却是相距甚远。我们把仓储式商店理解为卖场和仓库合一，商店60%以上的空间用于批发性质的商品储存。目前，国内有德国的麦德龙、荷兰的万客隆和美国的普尔斯玛特以及沃尔玛的山姆俱乐部等都采取了这种模式。这种模式在与大卖场的竞争中没有占上风，中国的一些企业在模仿了这一模式后，也没有获得成功。其在中国遇到多种因素制约。

（一）仓储式商店的特征

仓储式商店的基本特征是节约成本，这种节约是为顾客创造利润之源。

1. 仓储合一，节约了土建的投资。所谓仓储式商店就是打开仓库做卖场，这就等于节约了一个商场的投资建设费用。

2. 仓储式商店一般选址在城市远郊，土地的租金一般都比较便宜，这就大大节约了土地成本的投入。

3. 实行现购自运（Cash and Carry）的销售方式，实行用零售的方式从事现代的批发业务—配销，这样既没有批发企业要承担的运输费用，也没有被下游企业或最终客户占用的商品资金，还可获得负流动资金。

4. 仓储式商店的配销模式规范了目标顾客的采购行为，降低了采购成本。因为它把商品的采购分成定货和取货两个过程，不向任何买主提供商品回扣，大大节约了国内企事业单位团购的成本，也规范了他们的采购行为。

5. 仓储式商店用全部卖场的商品对客户进行现场配销，它比批发企业更具品种齐全优势和综合价格低廉优势。

6. 仓储式商店使用高仓货架，对下面的商场区域可实行迅速的立体式补货，这是一种最快捷的补货方式。

7. 仓储式商店实行有限的专业顾客会员制度，这种制度可针对专业顾客的需求提供针对性强的服务。

8. 仓储式商店用控制毛利率的方法控制价格，以保持自己配销企业的价格形象。一般会员制商店把他们的毛利率控制在6%－7%，比一般的大型超市的毛利率低了许多，这就留给顾客比较大的加价和利润空间。

（二）仓储式商店的弱点

1. 中国的批发市场和农贸市场是绝大部分农产品和一部分日用品进行交易的市场，这其中存在着许多不规范的市场行为，如假货、无税票等，这会从市场秩序方面对仓储式商店造成负面影响。一些批发市场向顾客提供账期和送货上门，直接冲击了仓储式商店的现购自运制度。这一问题是由于没有考虑到国内市场大部分顾客没有汽车、许多供应商提供给客户付款账期等特点造成的。

2. 仓储式商店的专业顾客会员制度不十分符合中国的国情，限制了顾客的宽度和顾客数。虽然这种状况已有所改变，但这种顾客制度本身是没有考虑到中国消费者对商店较小的忠诚度和较高的游离度。中国消费者的忠诚度是需要商家长期培养的。

3. 在与大卖场等大型超市的激烈竞争中，仓储式商店的价格优势并没有体现出“批发”的特点，这是因为它的发展速度没有大卖场快，规模采购优势还没有体现出来。另外，大的品牌商不愿意在价格上随意的受到支配，仓储式商店的价格调配空间受到了限制。另外中国市场的流通中间环节被大大地压缩了，一般食品和日用品都流行末端通路的销售，单纯的批发很难生存，批发是存在的，但盛行着各种流通组织择机发挥批发的机能。

4. 仓储式商店的客户开发采取的是服务上门的方式，但顾客需求的实现——配销业务的实现采取的是来店的形式，这种分离的形式使批发的优良传统没有得到继承性的发扬。因为，有一定数量的、包括没有交通工具来店大量购买商品的顾客希望送货上门。

5. 仓储式商店的高仓货架，使得商场的销售气氛难以进行装饰性的布局和陈列，与其他大型超市相比仓储式商店缺乏活性化的销售气氛。

（三）仓储式商店在中国成功的条件

从中国的实际来看，存在着大量的团体购买、小型商店及服务业，仓储式商店未来的市场发展空间是巨大的，但它的成功还取决于两个条件：第一，中国市场秩序和法律秩序的完善；第二，汽车大规模地进入家庭。但还应该看到仓储式商店的这种配销模式还会受到中国式配销方式的挑战，也会受到未来网上购物的挑战。值得一提的是，一些仓储式商店的失利，是因为缺乏对专业顾客服务的经验和品类管理的经验。

三、前景广阔的大型综合超市 (General Merchandise Store)

对中国的商业企业来说，更适合开设的是大型综合超市（GMS），而不是大卖场（Hypermarket）。大型综合超市是未来中国零售业的主力化业态。因为在资金实力、管理能力（尤其是品类集中度的管理能力）、跨区域经营能力等方面国内企业与国际性的连锁公司有着较大的差距。而开设大型综合超市既能在超市中经营百货店的内容，也能将百货店改成大型综合超市，这非常适应中国零售业目前的改革现状和现有条件。中国零售业的主力化模式将会在大卖场和大型综合超市之间展开模式之争。大卖场是进不了农村市场的，而大型综合超市则可以进入农村市场，在中国它的市场空间要比大卖场大，这从各种业态布局上十分清楚。

连锁店各业态在中国市场布局中的取向：

业态 地域	传统食品超市	标准食品超市	便利店	大型综合超市（GMS）	大卖场	仓储式商店	专业、专卖连锁店
大城市、经济中心城市	√	√	√	√	√	√	√
中型城市	√	√	√	√	√	√	
小型城市	√	√	√	√			
农村村镇	√	√					

（一）大型综合超市的特点

1. 大型综合超市的基本特点是，能够包含整个零售业的内容，并且能够根据营业面积的大小和目标顾客的需要作适宜的调整。大型综合超市经营的主体内容是百货。大型综合超市的营业面积的伸缩性大，从4000平米到上万平米不等，这意味着开店的选址条件较宽。

2. 大型综合超市的商品线宽度和深度要大于大卖场和仓储式商店，使得顾客的商品选择性增强。

3. 大型综合超市的价格带宽，价格线深，能够满足多种消费层次的顾客需求。

4. 吸收了传统百货店经营的合理内核（如供应商促销人员的统一管理、使用，百货类商品尤其是服装的补货和品种的调配可利用供应商的系统来进行等）使经营成本大大降低。

5. 大型综合超市是大型超市中商品品种最齐全，最具发展配销业务的条件。因为商品的综合度更高，配销的市场覆盖面更大。

（二）大型综合超市的弱点

与其他超市业态一样，大型综合超市也有其弱点，主要表现在：

1. 由于大型综合超市更像是食品超市和百货店的混合体，因此在超市方面价格形象不突出，在百货方面品牌形象也不突出，这为经营带来了一定的难度。

2. 商品线的宽度和深度的“度数”较难控制，这需要品类管理的介入。

3. 营业面积的跨度太大，使商品的组合变得困难，也使得统一采购商品的资源共享性下降。

4. 商品组合线的宽和深，使得商品的周转速度下降。

5. 产品的标准化程度低（因为个性化的商品多，如生鲜食品、杂品和百货商品等），对连锁店的规模化发展产生制约的影响。

但大型综合超市的弱点并不是不能克服的，中国的许多连锁企业在发展大型综合超市方面已经积累了丰富的经验。大型超市的价格形象要突出，综合化经营结构中的专业商品部门要具有个性和特色，要不断地强化食品部分的生鲜比重和单店的区域性个性，要对传统的百货部分进行不断的超市化改革。中国的消费者的消费心理会在价格和便利性及综合性选择方面，更倾向于便利性和综合性。虽然中国的消费者要达到象日本消费者那样充分的个性化还有时日，但中国的大型综合超市的前景还是很好的，因为它已经社区化，并在地县级的农村市场成了购物中心。另外，在中国连锁化的专业专卖店还没有大面积发展起来，直接以价格和个性化的特色与大型综合超市竞争。目前，中国的消费主流仍以50年代和60年出生的人为主，尤其在食品和基本生活用品方面。最后，大型综合超市的发展还能把专业专卖店综合进去，实现大型综合超市的业态规模优化，向主体性的购物中心发展。

（三）大型综合超市前景广阔——万佳模式的推广

深圳万佳百货股份有限公司是一家以大型综合超市业态为发展模式的连锁公司，现有店数9家，营业额位居广东省第一，中国连锁企业排名第10位。从1996年起，万佳与世界零售业第一的沃尔玛在深圳同城竞争五年，取得了骄人业绩。万佳在发展大型综合超市方面的成功经验是，既要充分发挥大型综合超市的优点，最大限度地克服其弱点，更要坚持与外资超市竞争的本土化对策，这主要体现在：

1. 超扁平化的组织结构。公司总部派员直接管理门店，使得门店的管理简单化、单纯化和标准化，便于企业在发展初期能够控制住门店，从而实行店铺的迅速发展。同时，这种超扁平化的组织结构，为信息系统的发展创造了组织空间。

2. 商品有选择性放大的宽度和深度优于外资大超市。多品种、高品质，适应了消费方式向一次性购齐与追求品质发展，也与外资企业实行了差异化经营。

3. 商品的价格带相对宽，价格线相对深。目标顾客面广，与一般大超市的低价定位实行了错位经营，与外资企业低价的形象区别的是清洁明亮的购物环境，较高的商品品质、齐全性的品种，这是一张竞争的王牌，也是万佳企业的形象。

4. 中央采购制度下的厂商联销制，实行了低成本运作，高毛利回报。

5. 在服务方面万佳对超市的完全自助式销售方式进行变革，增加人情化的服务等。如万佳在新店开幕之前会开放新店举行消费者参观日，让消费者认识万佳，对万佳评头评足，使万佳融入到消费者的生活之中。

6. 对以前的传统百货店的改造和发展提供了可能和很大的市场空间，能做到对传统商业资源的合理利用，大型综合超市能像百货公司那样多楼面开设。在中国这样一个地少人多的国家，商业区和住宅区往往是合在一起的，百货商店进不了住宅区，而大型综合超市既能进入住宅区又能进入商业中心区。

7. 大型综合超市是大型超市中商品品种最齐全的，最具发展配销业务的有利条件。万佳正在建设大型配送中心，意欲将万佳的采购体系与其结合形成辐射力强，市场覆盖面大的配销体系，达成非店铺化的销售规模目标。而这一配销体系将形成超市管理的输出技术、传统批发的推销技术与现代的商品配送技术相结合的新型的中国式超市化的配销体系。

万佳模式的推广意义在于，发展大型超市必须与本土化的战略和策略相结合，大型综合超市这一业态本身的特点非常适合中国的企业作本土化超市发展的嫁接与改造。就万佳模式本身的发展而言，也还需要不断地持续性地优化。

要特别指出的是，中国的百货业应该将条件成熟的百货店超市化，使之发展成大型综合超市。从某种意义上说，百货店最具发展大型综合超市的条件，而从另一意义上说，这是其惟一或千载难逢的机遇了。

四、不合时宜的日本式大型综合超市(Big Store)

目前，日本独有的大型综合超市的发展高潮已跌入谷底。在20世纪80年代日本的一些商业集团如大荣、伊藤洋华堂、佳世客等都迅速地运用大型综合超市

（食品超市加传统百货）这种业态向城市的郊区发展，伴随着日本经济的高速增长和城市人口大量地向郊区转移，大型综合超市获得了巨大的成功，以上这些公司也迅速地将传统的百货公司甩在了后面，成为日本零售业新的巨头。然而时过境迁，随着日本经济连续十年的衰退，日本大型综合超市的发展高潮已经过去，并可以说又跌入了谷底。分析其衰退的原因可从以下几个方面说明：

1. 发展规模失控。大型综合超市虽然在一定时间阶段上适应了日本经济和消费者的需要，但高速的增长往往使许多企业不冷静起来而实行盲目的规模扩张，一旦经济衰退消费者消费倾向改变，商品的周转、业态的转形和资金链就会发生问题，企业就要吞下盲目扩张的苦果。最为典型的就是曾创造过日本流通神话的大荣公司，不得不申请破产保护。

2. 业态定位模糊。日本的大型综合超市是日本独有的一种商业形态，是食品超市和传统百货店的综合体，它前期成功的实质是食品超市的便利化和传统百货店的郊区化的结合。但这种业态的致命弱点是业态定位的模糊，既不像超市也不像百货店，也就是说，日本大型综合超市的百货的超市化的改革是不彻底的。首先，百货作为大型综合超市的主体部分是非超市化的，没有在收银线后面把食品超市和百货店的经营内容整体地综合在一起。其次，其百货的超市化不彻底是指传统百货的经营内容和方式没有得到彻底的改变，没有按超市的商品和价格形象予以定位，从而模糊了消费者对它的业态定位的认识。

3. 竞争和消费者的改变。日本大型综合超市前期的成功是顺应了日本经济高涨时期城市人口郊区化转移的潮流，当时的商业形态还没有出现能与大型综合超市进行细分化的竞争格局，消费者对其一次性购足的功能还是十分的认同。但随着日本经济的衰退，日本国民消费的节俭，商业的竞争格局发生了变化。各种具有个性化、特色化和廉价化的专业商店如雨后春笋般地涌现，从而形成了对大型综合超市的正面冲击。日本基本上是单一民族居多，以中产阶级为消费主体的国家，消费非常理性，追求个性化和特色化是主流，在经济低迷时期又具有追求廉价化的特征。显然，日本的大型综合超市没有能适应这一变化了的经济和消费潮流。目前日本大型综合超市的现状是，在食品上输给了食品超市，在价格上输给了百元均一店，在服装上输给了 UNIQLO（日本的一家服装专卖店)。

如今，日本式的大型综合超市又开到了中国，但大型综合超市的日本模式在中国不很合时宜。第一，上海的佳世客已关门歇业；第二，伊藤洋华堂在中国的开店速度迟迟快不起来。还有这样几个原因：

1. 日本式的大型综合超市的主体经营是传统百货，可以把日本式的大型综合超市理解为在传统百货商店里开了食品超市，但它还是百货店，而中国目前零售业的主力还是传统百货店，所以日本式的大型综合超市从正面与中国的传统百货店发生冲突，由于太小，在价格和品牌上都不具有替代和打压中国传统百货店的实力。

2. 就整个中国来说，消费者的购物方式正处在大的变革之中，而变革的潮流是向着自助式的销售方式和大众商品的实惠价格发展，显然在这两个方面日本式的大型综合超市都不具备。

3. 由于亚洲金融风暴和日本经济的持续低迷，日本的大型综合超市在本土受到了重创，他们缺乏实力在中国大陆迅速发展日本式的大型综合超市。

五、已经变革了的购物广场（Super Center)

美国沃尔玛在家乐福大卖场模式的基础上创新了大型超市的另一种模式——购物广场。购物广场的食品结构内容受到了限制，营业面积也受到了限制。真正美国意义上的沃尔玛购物广场在中国只开了一家，沃尔玛购物广场后来在中国开的店铺实际上都按照家乐福的大卖场模式在经营，这是什么原因呢？

1. 沃尔玛购物广场在美国可以压缩低毛利食品的经营比重，但在中国绝大多数消费者的支出主要指向了食品，在一个刚刚解决了温饱的国家，最受欢迎的商业业态肯定是以低廉的价格将食品做成大众化的标准食品，以此来整体提高大众的生活水平。所以缩小和压缩食品比重，中国人是不能接受的。因为中国人不单食品消费支出大，而且中国食品与美国比较在数量、品种、差异性和特色、鲜度和消费习惯等方面都要大大超过美国。压缩了食品比重就很难适应中国人的消费需求。而且要压缩食品比重，将主要压缩生鲜食品的比重，而这不是沃尔玛经营的强项，又不适合中国人在食品方面的消费习惯。

2. 从竞争角度来看，压缩了食品比重，将在与家乐福的竞争中处于弱势。因为家乐福在中国的火爆是以生鲜食品见长的。

3. 在美国的沃尔玛购物广场，百货类是高毛利商品。这些商品之所以有较高的毛利，是因为这些商品大多数来自中国大陆，廉价的进口商品使之获得了高毛利。沃尔玛购物广场进入中国大陆，主要是因为中国是百货类商品的生产大国和出口大国，存在一个价格的低地。相比在美国的情况来说，在中国的沃尔玛购物广场所销售的百货类商品的毛利率不可能很高。因为，几乎所有在中国大陆发展大型超市的外国公司基本上都以中国本地的产品采购为主，使此类商品的毛利率对大家基本上是均衡的。如此，沃尔玛在中国开店不得不开类似家乐福一样的大卖场。

4. 一旦沃尔玛要开大卖场，在商品经营结构、营业面积、经营方式和赢利模式上就必须向家乐福看齐了。一个明显的例证是，沃尔玛购物广场里生鲜食品的比重大大增加，尽管经营生鲜食品是沃尔玛的弱项。

5. 沃尔玛在美国放弃了大卖场，而在中国又重开了大卖场，这不得不说是沃尔玛的一种适者生存的战略。

（作者：顾国建）

超级市场发展分析

一、超级市场现状及特征

超级市场作为销售生鲜商品、食品和向顾客提供日常生活必需品为主要目的的零售业态，2001 年的发展呈现出以下特征：

（一）大城市呈快速发展

我国目前拥有超级市场连锁店铺较多、发展较规范的企业，基本集中在大城市，这是因为大城市的经济发展水平和收入水平等远高于中小城市，北京、上海、广东等大城市比其他城市的超级市场发展快，这与自身相对发达的经济基础有紧密的关系，尽管我们目前没有对以食品为主的超级市场进行统计，但是，从大城市国内生产总值的增长分析，不难看出食品超市发展的现状及其特征。首先经济增长为大城市以食品为主的超级市场提供了发展的前提条件，以北京、上海、广州三市 GDP 增长水平分析：

北京市 2001 年全年实现国内生产总值 2817.6 亿元，比上年增长 11%。人均 GDP 达到 25300 元人民币，按现行汇率折算，达到 3060 美元，比上年增长 10.2%。

上海市 2001 年全年实现国内生产总值 4950.84 亿元，按可比价格计算，比上年增长 10.2%，增长幅度连续第 10 年保持两位数水平。上海市人均 GDP 达到 37305 元人民币，比 2000 年增加 2745 元人民币，按现行汇率计算，已达到 4510 美元。

广州市 2001 年全年实现国内生产总值 2684.83 亿元，增长 12.7%。人均 GDP 达到 38210 元人民币，按当前汇率折算，达到 4620 美元。

从三市人均 GDP 的增长情况分析，上海、广州两市人均已超过 4000 美元，北京超过 3000 美元，前两个城市的 GDP 水平已达到世界中等发达国家的水平，是我国继香港、澳门后进入 4000 美元的城市。而从我国制定的小康水平标准来看，三市都已进入小康水平，为超级市场销售鲜活商品、食品等提供了发展的前提条件。

（二）大城市发展和人口结构奠定了超级市场发展的基础

随着大城市自身规模的扩大和向国际化水平的发展，大城市居民生活水平不断提高，市民逐渐习惯在超级市场购买生鲜商品、食品及食品以外的其他商品，促使超级市场消费呈增长趋势，其中有三个主要因素：一是城市向外延扩展，城市化规模扩大，城市商务中心的崛起等，使大城市逐渐向现代化国际大都市迈进，这些城市功能的开发和完善，有利地带动了以食品为主的超市发展。二是大城市人口结构优势也为超市奠定了发展的基础。以北京、上海和广州为例，根据第五次全国人口普查：北京市总人口已达到1381.9万人，人口变动有以下几个特征：（1）外来人口大幅增加。随着改革开放的深入和市场经济的发展，北京市人口加快了从封闭型向开放型的转变，吸引了大量的外来人口，并且规模日益扩大，全市外来人口共增加211.1万人，占全市增加人口总数的70.4%，在全国各省市中，增长速度位居第二位；（2）人口文化素质高。北京市每10万人中，受过大学教育的有16843人，在全国居第一位：接受大专以上教育的人口有232.8万人，占17.5%，接受高中教育的人口有319.9万人，占24.1%；（3）人口老龄化。北京市65岁以上老年人口达到115.5万人，占全市人口比重的8.4%；（4）全市共有家庭户417.6万户，家庭户人口为1214.5万人，占总人口的87.9%，平均每个家庭户的人口为2.9人。

广州全市市区人口为852.58万人，其人口结构有以下特征：（1）本市户籍人口702.66万人，外来人口14992万人，与10年前相比，增加了112.27万人，平均每年增加10.87万人，年平均增长率为1.70%；（2）人口密度高，广州市区的人口密度为2293人/平方公里；（3）家庭户人口多于北京和上海，全市共有家庭户237.36万户，家庭户人口为762.23万人，占总人口的76.66%，平均每个家庭户的人口为3.21人；（4）人口老龄化，在年龄构成中，65岁以上人口为59.83万人，占总人口的6.02%。；（5）人口文化素质较高，在城市总人口中，接受大专以上教育的有92.56万人，接受高中（含中专）教育的有203.27万，在每10万人口中拥有大学文化程度的为9309人。

上海市有人口1673.77万人，是全国人口最多的城市，与10年前相比，增加了339.58万人，增长25.5%。其人口构成有以下特点：（1）家庭户规模减少。全市共有家庭户529.91万户，家庭户人口为1478.72万人，平均每个家庭的人口为2.8人，家庭户规模比10年前减少了0.3人；（2）外来流动人口较集中，上海市外来流动人口来自全国各省市，为387.11万人，其中，来自华东地区的占77.1%；（3）文化素质提高较快，接受大专以上文化教育的人口有179.5万人，占11.4%，接受高中教育的有337.67万人，占23.8%，每10万人中拥有大专以上文化程度的人由10年前的6534人上升为10940人，十年间增长67.4%。其中，大学以上文化程度的人由10年前的3250人上升为5247人，增长61.4%；（4）人口老龄化趋势明显，65岁以上的人口占11.5%，比10年前上升2.1个百分点，其中，80岁以上高龄老人占老年人口的15.9%，比10年前上升了2.2个百分点。（5）人口分布密度高，上海人口分布密度高于北京、广州二市，每平方公里20000人以上的行政区就有6个，最高的是黄浦区有57.45万人，每平方公里有46296人，这为降低成本、集中建店提供了基础条件。

另外，三市0～14岁的儿童共有555.5万人，占三市总人口的14.2%；三市有65岁以上人口367.81万人，占三市总人口的9.41%；相当于三市总人口1/4的这两部分人群将是以鲜活商品为主的超级市场固定的消费者。因为他们从周一到周五几乎都是在家就餐，又都是家庭的重点保护对象，所以这部分人的消费需求相对稳定，加上节日长休，假日双休，人们在家消费的时间相对增多等这些城市发展的现代化需要和城市人口结构的变化特征等，都奠定了超级市场发展的基础条件。

（三）居民可支配收入增加创造了超级市场业态的消费需求

近几年以食品为主的超级市场的发展实践证明，消费收入较高地区，其超级市场业态也相应得到发展。仍然以三大城市为例：

北京市居民收入水平增长较快，到2001年居民人均可支配收入11578元人民币，比上年增长11.9%，扣除价格因素，实际增长8.5%。

上海城市居民收入稳定增长。据抽样调查，2001年城市居民家庭人均年可支配收入12883元人民币，比上年增长9.9%。

广州市居民收入继续增长，城镇居民年人均可支配收入14694元人民币，比上年增长5.2%。

从以上三大城市收入水平比较来看，广州最高，上海其次，北京最低；但收入增长速度排序则为上海、北京、广州。从收入增长速度可以分析出，上海、北京居民收入增长快的原因与近年两市高收入群体的构成有直接关系：一是在新经济行业从业人员不断增多，这些人多为专业技术人员，占高收入群体的25.2%，这一高收入群体中比例最高的是30~40岁的人，占高收入群体的37%。这是因为该年龄段的人大多受过良好的教育，是伴随市场经济的发展和完善而成长起来的；二是两市企事业单位负责人在高收入群体中的比例最大，约占31%，这些人多是40~50岁年龄段的人，经验丰富，经济基础好，事业有成，收入较高且稳定。尽管企事业单位负责人在总人口中占有较小比重，但却在城镇高收入中的比重最大；三是北京、上海高学历人群大多从事高等教育、科研、股份制企业负责人、三资企业中高级管理人员、IT行业从业人员、个体经营者、艺人以及国有企业负责人等，这些人多数也是两市高收入者。总之，上海、北京人均收入和可支配收入正在与广州缩小差距。而以上高收入群体在三大城市的比重都较全国其他城市大，这些人已成为超市的主力消费者，而全国大城市有很多类似的潜在的主力消费群体。

（四）从2001年大城市居民消费支出可看出在超市消费的倾向随着经济快速发展和居民收入较大幅度的提高，三市居民家庭消费水平稳步提高，一度偏冷的消费需求逐步升温，同时三大城市启动消费的政策作用也进一步显现。

据北京市城市社会经济调查队城市住户调查，2000年北京居民家庭人均消费性支出为8493.49元，增长13.3%。扣除物价上涨因素，人均实际增长9.4%，增幅比上年上升2.5个百分点。近两年北京居民消费领域拓宽，消费档次不断提高，文化教育支出首次突破1000元，恩格尔系数继续下降，为36.3%，比上一年下降3.2个百分点。2001年北京市城镇居民人均消费性支出为8923元，比上年增长5.1%，扣除价格因素，实际增长1.9%。消费倾向比重为77.1%，城镇居民恩格尔系数为36.2%，比上年降低0.1个百分点。

上海城镇居民2001年人均消费性支出为9336.1元，消费倾向比重为72.5%。居民用于食品支出占消费性支出的比重（恩格尔系数）逐年下降，已降至40%以下。

广州市2001年人均消费支出为11137元，消费结构日趋改善，居民用于食品支出占消费性支出的比重（恩格尔系数）由上年的44.0%下降为42.6%，消费倾向比重为77.3%，居民在购房、购车、旅游、教育、娱乐、通讯等方面的消费明显增加。

随着城市居民生活水平的提高，尤其是社保、医保、住房积金等政策的落实，缓解了城市居民的后顾之忧。人们的消费观念也随之发生了转变，更加注重吃的质量、吃的价值、生存的舒适等，这些新生价值观念随着经济收入的不断提高，已开始注重在超级市场的消费支出。

（五）市场整顿促进了超级市场业态发展

2001年超级市场鲜活商品和食品销售机会增加。超级市场作为以销售鲜活商品、食品为主的零售业态，伴随批发市场、农贸市场的清理整顿，大城市和中心城市的超级市场业态都不同程度地发生了变化，超级市场鲜活商品、农副产品销售增加的主要因素：一是许多马路市场、露天市场及经营极不规范的农产品批发市场和农贸市场被强行拆除，使部分鲜活商品、农副产品被迫转移到超级市场销售；二是部分住宅区的农贸市场或小摊商，受社区向规范化、功能化发展的要求，多数被迫转停，有部分转到场内或超级市场销售；三是随着消费者家务劳动向商品化、社会化和商品便捷化的需求发展，给以鲜活商品、食品为主的超级市场提供了发展的市场需求条件；四是大城市郊区生态农业的发展和绿色蔬菜基地的建设，都瞄准了市中心社区超级市场，为超级市场吸引顾客提供了战略商品；五是大中食品行业不断提高商品的标准化、规格化及努力开发生产系列商品等，为超级市场增加顾客、扩大商圈起到了一定的作用；六是随着城市化的发展，占我国人口总数36%的城市人口的增加，为2001年超级市场的发展提供了需求的基础；七是食品加工企业自建小型专业超级市场，并以连锁经营的方式快速增加店铺数量，继河南双汇小型食品专业连锁超市的快速发展，以食品企业为主体的食品专业超市，如草原兴发绿食店等，其发展在当地都受到消费者的欢迎。八是缺少现代零售业态的中小城市，以食品为主的中小型超级市场呈现发展的趋势，如内蒙古的赤峰、河北的沧州等。

（六）消费主体变化，促进了超市业

态的发展

消费主体和社会环境的变化，主要体现以下几方面：一是家境殷实、收入较丰、经济自主、注重生存价值的独生子女或年青人增多，淡薄价格、即需即买、充分享受人生，成为这部分人的消费时尚；二是社区老龄者的增加，以经营食品为主的超级市场将逐渐成为这些消费者的"食堂或厨房"；三是社会"忙人"增多，家务劳动商品化、社会化，以货币买时间的人群增加；四是社区服务功能的完善需要超市连锁店提供便利购物与之配套；这些变化在2001年都不同程度地出现，并推动着以食品为主的超级市场的快速发展。

（七）相关零售业态的竞争发展，带动了超级市场的发展

采取连锁经营体制的以食品为主的超市企业，为了实现经营资源的共享，降低经营成本，以有限的资源获取较大的收益，往往采取以大带小（以百货店带超市或以大型综合超市带生鲜超市）、大小互补、区域占领的扩张策略。如北京物美推出了复合业态战略，以大卖场形成低价冲击力，以标准或加强型超市形成生鲜特色，以高密度区域集中建店的网络优势，实现各业种业态绩效互补，共同为扩张战略服务。这种竞争策略可以在采购、物流和信息上更好地发挥规模经营的优势，产生互补经营、降本增效的作用，这种无形资产和复合式的管理经验都将对超市连锁店的经营起到促进和带动作用。

总之，以食品为主的超级市场的发展与社会经济环境、消费需求变化、市场环境、企业经营能力、商品环境、区域差异性、连锁经营核心技术的运用等，都有着直接的关系，而超级市场业态将伴随我国流通竞争向专业化发展，企业在竞争发展中也将逐渐理解到决定企业创造产出利润的商业手段，已不单纯局限于规模，而是专业化加服务。因此，超级市场业态发展战略将在继承以往满足人民群众基本生活需求的基础上，重点发展深入社区、新区、院校等地的中型超市，以贴近居民、贴近生活，不断向消费者提供附加价值高的新商品，以及优良的商品结构、创新的动态式的经营管理和良好的购物环境，使超市企业真正成为消费者欢迎的购物去处。

二、超级市场发展的热点及核心问题

（一）培育鲜活商品经营管理的专业人才

众所周知，以鲜活商品、食品为主的超级市场，是众多零售业态中较难经营管

理的业态，其鲜活商品的高附加价值与高风险是共存的，企业若想获取高附加价值，回避风险，首先应培育懂经营管理的专业技术人员。

（二）经营规模小成本高

目前许多超级市场企业经营的鲜活商品，多为出租场地、出租柜台或引摊商进店，而商店自营的比例不大。因此，有很多方面不能体现连锁经营的统一性，更达不到规模化经营，并使经营者经营成本难以降低。

（三）相关市场有待进一步清理整顿

有些城市中经营不规范的农贸市场、小摊商等已不适应城市化的发展，不仅有碍城市功能的正常发挥，有些商品也严重地影响了消费者的健康，所以相关市场有待于进一步清理整顿。

（四）转变消费价值观念，提高安全食品消费意识

现阶段影响我国超级市场发展的不仅局限于收入水平，转变消费价值观念，提高安全食品消费意识是很关键的问题，这需要各方面的宣传和培育。

（五）发展社区食品折扣超市

发展城市社区以加工食品为主的折扣超市（300～500平方米、少品种、大量化、低价格、快周转、低毛利、见效快，以实现多店铺经营的效果），与已有的综合超市形成竞争性经营。

（六）发展社区型以鲜活商品、食品为主的现代超级市场

大城市新建的居民区、收入高且购买力强的社区以及原有能提供鲜活商品和加工食品等的批发市场、农贸市场及小摊商被取消的街区，将是这种超市的好选址，这一业态只要经营的商品结构适合所在区域消费者的需求，将有发展前景。

（七）工商、商农、批零联手创新

工商联手、商农联手、批零联手，共同开发新品或创造新型营销方式的趋势，超市连锁经营方式将更加“受宠”。

（八）随着我国加入WTO和流通产业结构的调整，直营或自由连锁经营方式受到势单力薄的单体中、小超市、批发商的青睐，进而带动社会化共同物流配送的发展。

2002年超级市场业态将在各种零售业态竞争发展中，以快速增长、变化的需求为契机加速发展。以经营鲜活商品、食品等为主的中型超级市场业态，将伴随消费主体的需求改变，成为提高消费者生活质量的购物好去处，并进一步与大型综合超市和部分餐饮业形成竞争态势。另外，各种商品的大型专业超市业态将呈现更大

的发展，并与百货店业态形成既竞争又介入的关系。连锁超市企业间管理人才的竞争，将成为中外连锁超市企业间市场竞争的核心。

以上这些主客观因素都为超级市场扩大销售和连锁店经营提供了发展的条件。今后几年，我国超级市场业态在中小城市将呈蓬勃发展的势头。

（作者：于淑华）

便利店分析

一、发展状况

中国便利店是在超市的专业化经营水平还很低的背景下发展起来的。在它发展初期，超市与便利店除营业面积与经营品种有大小与多少之分外，两者没有显著差异。在某些城市或企业，开办便利店甚至被当作分流与安置闲杂人员，推销粮油产品，方便居民日常生活的一种途径和方式。所以，它从一开始就误入歧途，走了一条弯路。罗森与 7 - ELEVEN 的进入，以及 2001 年以来新的竞争者的加入，给中国的便利店的国际化发展打开了一个窗口，并树立了模仿的样板。于是，中国便利店的经营水平有了新的发展。但是，中国便利店的发展仍然没有进入国际化竞争阶段。中国便利店还没有开始真正的竞争。

1. 政府扶持，起步艰难。中国便利店起步于 20 世纪 90 年代初，后来在政府的大力推动下，各种形态的传统小店纷纷改名为便民店、方便店、便利店，却不具有现代便利店的基本功能。实际上，靠政府和领导们的长官意志推动发展起来的便利店几乎没有一家是成功的，其他业态也基本如此。即便现在成功，将来也一定要失败；即便真的成功，成本和代价也一定很高。这正如顾国建教授所说，1995 年政府部门在很短的时间里在全国的粮食系统掀起了一场将粮店改造成便民店的高潮，到 1997 年年底为止，粮食系统大约改造了 2 万多家，投入的资金约 20 亿元。然而，这场便民店连锁经营的发展最终是失败了。当然，这样大规模的运动式的改造也为后来发展现代意义的便利店奠定了一个基础，这正如目前国内便利店的提速发展可能为便利店国际品牌进入中国以后经营规模迅速扩张提供市场与人才基础那样。然而，20 亿能开多少便利店？可以开 10000 家非常亮丽的现代便利店！这就是以运动的方式、领导的长官意志与政府推动的方式发展企业的结果：巨大的浪费！

2. 发展提速，网点剧增。现存的便利店大都是1995年以后发展起来的。早在1993年3月，上海就出现了一家“百式”便利店，这可以说是我国大陆最早的、较具现代特征的便利店。后来又出现了“百家”等十余家便利店“先驱”。但这些“先驱”早在1998年前后就已成了“先烈”。从1995年到2001年前，上海先后出现了“可的”、“罗森”、“联华”、“良友”、“85818”等便利公司，并成为五大主导品牌。曾有媒体预言：在相当长的一段时间内，上海便利店市场将由这五家分占。但到了2001年，由于“好德”、“喜士多”、“21”三个新品牌的诞生，打破了媒体预言，上海便利店市场出现了新的竞争格局。由上海农工商超市有限公司与上海好德企业发展有限公司投资创办的好德便利，在开张前曾请顾国建教授参加了一次研讨会，顾教授说：好德的加入将会使上海的便利店更精彩！事实也基本如此。好德对业内的影响可以概括为以下十点：（1）好德启用了与超市母公司完全不同的名称与代表色，好德、alldays、宝蓝、细红条构成了的亮丽的门头，以及整洁的店内环境，旨在创立全新的业态形象与品牌形象；（2）集中主要区域以三天两家的门店开发速度在八个月内开出了150家便利店，超常规的发展与亮丽的形象相结合，使好德在短期内对便利店市场产生了巨大的影响；（3）展店首选街角铺面，并坚持“只要位子好，宁可贵一点”的展店原则；（4）从一开始就强调总部的专业化管理，如推行以信息系统为基础的商品台账图以后，新开门店的商品出样速度提高到了每店三小时，并为新品引进、旧品淘汰、日常管理、订货、盘点等商品管理工作奠定了数量化管理的基础；（5）设置宽大的服务台与自助服务区（DIY），以增强便利店的服务功能；（6）在农工商大卖场周边开设好德便利，实现两种业态的相互补充，已取得了良好的效果；（7）在发展初期不急于发展加盟店，而坚持直营连锁，计划在总部的管理技术比较成熟并能够确保门店盈利的情况下再发展特许经营；（8）建立与超市相互独立而又可以做到部分资源共享的信息系统、配送系统与培训系统，并鼓励经营者持股，从而具备了企业发展的良好机制；（9）以好德酒楼为基地自行研制与开发即食品，如豆浆、早点、便当、熟食等，创立了即食品的经营特色；（10）超市与便利店的展店人员相互提供店铺信息，大大促进了店铺开发的速度。上述这些方面，不仅对上海便利店的发展具有重要的借鉴意义，对全国便利店的发展也具有一定的指导价值。实际上，好德便利正在创导便利店发展的一种全新模式，这种模式的基本特征是实现了规模、质量与效益三者之间的平衡。

3. 发展便利，首选沪粤。在中国大陆，现代意义的便利店首先是从上海与广东两地发展起来的，而且也是目前发展得最好的城市。沪粤不应该是指一个城市或一个省，而应该是一个区域的概念，分别是指长江三角洲与长江流域，以及珠江三角洲与珠江流域，也就是华南、华东与华中。东北、西北、西南，在当前发展便利店并不是十分适合，除非能开发出一种适合当地情况的新的模式。根据中国连锁经营协会的统计，全国百强连锁企业到2001年底共有便利店3342个，主要集中在上海。到2001年底，上海便利店的门店总数已达1980个，实现销售额27.4亿元，分别比2000年上升了72%和61%，便利店占全市零售总额的比重也从1%上升到了1.5%。而且，92%的便利店集中在联华、可的、良友、好德、罗森这五家便利公司，已经基本形成了规模化经营的格局。2002年，好德、可的、联华、良友四家便利公司的开店计划已达1100家，预计到2002年底，上海的便利店总数将达到3000家。

在华南地区，由香港牛奶公司开办的7－ELEVEN于1992年首先进入深圳，1996年进入广州，目前在两地的分店已达80余家，拥有7－ELEVEN在中国华南地区（包括香港特区）、新加坡经营权的香港牛奶公司年前宣布：广东赛壹便利店有限公司获得了国家关部门的批准。据悉，这是目前国内第一个得到中央政府部门正式批准的外资连锁便利店合作项目。赛壹便利店有限公司计划在未来四年内投资2000万美元扩张7－ELEVEN在华南地区的经营规模。届时华南地区的7－ELEVEN便利店将猛增至350家。2002年3月18日，7－ELEVEN还不动声色地收购了5家am/pm便利店，至此，1998年进入广州的am/pm便利店将退出广州市场。7－ELEVEN虽然是华南地区便利店的“元老”，但近年来也在受到新竞争者的挑战，随着台湾的727、华联、OK店以及联华纷纷抢攻广州，原来的市场格局正在发生变化，新的竞争态势正在形成。

4. 密集开店，贴身竞争。在南京，苏果便利已经遍地开花，有的便利店甚至与苏果标准超市相隔不过数百米。有记者说，随便站在哪儿，随便往东南西北走，不出5分钟就一定有一家苏果便利。这种情况在上海也十分普遍，某些路段已形成了“便利店一条街”，广东路、乳山路、襄阳路等路段，各种便利店是“三步一岗，五步一哨”，在浦东有一条街，在短短的400米路段上，先后开了9家便利店，平均40余米开一家店。如今，有不少“两街四角地”已开出了2~3家便利店，“四角四店”相对的情况随时都有可能出现。有时同一个房东把相邻的两个铺面出租给两家便利公司，特别是在新的居住区，由于铺面空间较多，几家便利店同开在相邻处的情况也比较普遍。

5. 模式创新，前景不明。各地都在寻找便利店发展的新模式。在北京，物美把便利店开进了北大和地铁。已经过5年发展的上海联华便利，2002年也进入了北京，并首先考虑以16小时的便利店作为试点。这主要是考虑到北京的四季温差较大，平均温度较低，户外活动较少，销售额将会受到影响。在上海，仅几平方米的弄堂便利店——延续发展了上百年的传统烟杂店，挂上了“易购”招牌，变成了“超便利”，成为新上海的一道风景线。根据有关部门统计，这样的“烟杂店”在上海有3万家，年销售额达100亿元。

二、发展总结

回顾我国便利店的发展过程以及最近两年来的发展状况，可以作以下九点总结：

1. 中国便利店的竞争还没有真正开始。提供便利和即时服务是便利店的业态功能。这是靠品牌、技术、资金和规模取胜的行业。之所以说便利店的竞争还没有真正开始，主要是因为我国目前便利店的竞争还不是国际化的，一旦我国零售市场全面开放，目前国内的便利店将受到极大的冲击。店铺多可能只是一种暂时的优势，但如果现有的店铺缺乏竞争力，与新的竞争者存在较大差距的话，那么，店铺多就成了一种负担，为改造不良店铺将付出沉重的代价，并不利于营造良好的服务形象。这对于既缺乏雄厚的资本实力，又缺乏便利店经营技术的国内连锁公司来说是必然会面临的一个现实问题。因此，摆在国内便利店连锁公司面前的是一个两难的问题：不提速怕失去市场；提速发展又存在技术滞后的问题。大多数公司选择了前者，同时也在加快技术和管理体系的建设，准备去迎接新的竞争者。结果如何，难以预料！但有一点是可以肯定的，那就是：大多数公司存活的可能性极小。

2. 在大多数地区，便利店与超市只有面积大小、品种多少上的区别，并没有明显的功能差异。这与消费者的生活水平与认知程度不高、便利店的目标顾客不充足、缺乏便利店经营技术和经营定位不明确有密切的关系。有些地方把不到10平方米、连一台冷柜都没有的小店改造一下也挂上了“便利店”的招牌，以为只要能提供某些方面便利的商店就可以称为便利店。有些公司开设便利店没有明确的战略目标，只是盲目地攀比门店数量，以为经营规模是关键，经营质量可以逐步提高。国外便利店发展的历程告诉我们：便利店需要比超市更精细的服务与管理，如果服务缺乏人性化，管理无法做到精细化，那么，规模越大就越有可能倒闭。有些公司拚命扩张规模的目的主要是想把网络出售给人家，做一把“做公司，卖公司”的生意。其实，没有质量的网络不仅没有企业价值，而且是一种负债与负担，所以，也就卖不出什么好价钱。还有一些公司是把开便利店作为安置人员的一条途径或销售自己产品的一个窗口，结果证明也是失败的。

3. 便利店发展较好的地区，如上海和广州，都有境外著名的便利公司进入，大家基本上是参照7－ELEVEN或罗森的式样发展起来的。所以，上海的业内人士坦承：没有罗森的进入，上海的便利店不可能有今天的发展水平。在上海，业内人士都承认：华联罗森的经营管理水平是最高的，门店的经营业绩也是最好的。所以，开始时大家都会向罗森学习。其后，新的竞争者不断加入这个行业，新的面目也不断出现，就开始进入了相互学习的阶段。例如，出自于“喜士多”的自动门与门铃，出自于“好德”的亮丽的色彩、门头与门面、宽敞多功能的服务台以及自助区，出自于“屈臣氏”的落地展示架等，都是相互学习的亮点。上海连锁经营协会还设立了便利店委员会，每个月学习交流一次，沟通氛围远比连锁超市的同行们热烈与坦诚。也许是因为上海的便利店系统还很年轻，没有发展到足以使经营者有傲气与霸气的程度。我衷心地希望便利店的老总们在公司真的做大做强以后仍然能保持谦逊的精神、平易近人的作风和热情沟通的习惯。

4. 在上海，便利店没有垄断，常常在一个路口就有好德、可的、罗森等数家便利店在贴身竞争。针对这种情况，上海连锁商业协会下属的便利店委员会正在策划建立一个业内展店规则，要求各便利公司承诺：在100米内不再重复开店。征求意见的结果是：前几年开办的公司比较积极，愿意承诺，但去年开办的公司则不愿意作这样的承诺。不愿意作承诺的公司认为：这种约定对新公司不公平，也不利于竞争。但原有的便利公司则认为：他们在开发便利店的初期经历了很长一段时间的摸索，投入了大量的财力，承受了巨大的亏损，如今总算快要熬出头了，却面临了恶性的无序竞争，市场对他们来说也是不公平的。最终结果如何，恐怕一时难有定论。我以为，除非硬性规定，否则很难协调通过这样的约定。实际上没有人愿意恶性竞争，也并不是见铺就开，而是发现了更优的铺面或人流特别集中，一个店铺尚不能完全满足需求时，才会决定开面对面或店连店的铺面。这样开店的结果有三种：一是销售额下降，如果是加盟店，有可能导致加盟合约的终止；二是迫使其中某一家效益差的门店关门歇业；三是共同提高，共生发展。中国的便利店还很不成熟，更需要的不是保护而是竞争，只有通过竞争，才能强身壮体，才有可能树立2~3个民族品牌，否则的话，很有可能是大家都完蛋。面对面的竞争可能会浪费一些资源，但竞争所带来的社会效应远远大于竞争可能会造成的浪费。

5. 便利店的发展区域在不同国家有很大的差异，如美国在加油站设有便利店，而在日本则是集中在商业区。我国的便利店是在市中心首先发展起来的，而且是集中在几个人口密集、客流量较大的中心区。学校、医院、商务区、公交站点、商业街成为首选的展店位置。这些区位的铺面有限，租金也比较高。后来，展店渐渐地向外围发展，甚至包括郊区，购物不便的居民小区成了发展便利店的重要区位。实践表明：开在居民小区的便利店的投入产出比并不比市中心区域差，而且营业也比较稳定。但开在居民小区的便利店很容易受到超市的打击，其未来的发展前景很难预料。但有一点可以肯定：居民小区有潜在需求，但如果开得太大，成本太高，又没有比超市更便利、更多样的服务的话，一旦超市进小区，便利店就难以维持下去。

6. 便利店的发展模式也是可以创新的。像易购超便利这样的小店，它虽然不是现代意义上的便利店，但是，它是上海的一种文化象征，也是上海商业中最具人性化、邻里化与服务特色的商店。对这类商店进行整合与改良，有可能形成一个新的产业以及新的便利店模式。上海的超市与大卖场并没有打跨“烟杂店”，我相信：上海的便利店也不可能在短时期内挤跨“烟杂店”，相反，它有可能成为便利店行列中新的一族。当上海的便利店边地开花时，我们应该学习国际上的现代便利店经营模式与经营经验，但完全可以独创一种或几种新的模式，因为，中国的文化太悠远，中国的幅员太辽阔，中国的人口太庞大，中国的经济太复杂，中国是一个充满了神奇色彩的国家，我们创造自己的模式，用自己的品牌为国人服务，是完全有市场的。这也算是一种错位竞争。当然，我们如果自己经营得不好，就没有必要死守所谓的“民族品牌”，如果能挂上国际品牌按国际规则来经营，也是一条有效的发展之路，这正如台湾的统一集团发展 7－ELEVEN 那样。

7. 某些大型便利公司已进入了跨地区发展时期，但市外的发展业绩从总体上来说并不理想。实际上，便利店的发展不仅取决于 GDP、生活水平与生活方式，还与气候条件紧密相关，纬度越高、气候条件越恶劣，就越难普遍发展便利店。中国大陆的便利店首先在上海、广东两地发展是与上述三个方面的客观条件相关的。

8. 我国便利店的毛利率一般在 20% 左右，由于便利店竞争的加剧以及开在居民小区的便利店数量的增加，便利店的毛利率甚至呈现出下降的趋势，由此反映我国便利店存在很多不良情况。这说明便利店的竞争还缺乏手段，我国的便利店还不十分成熟，甚至有点类似于小超市，自己的业态特征不显著。把价格降下来买出去，不是便利店的能力。日本的 7－ELEVEN 中食品的平均毛利率达 47%，台湾的 7－ELEVEN 的平均毛利率达 30%。真正做强做大以后的便利店，毛利率应该上升，至少可以达到 25% 以上。

9. 我国的便利店在很长一段时间内都会具有双重属性，即满足居民每日必需商品与满足即时需求相结合。所以，便利店可能会在较长一段时间内作为超市的一种补充业态而存在。但是，当大型的连锁超市公司把便利店看作一种全新的业态来发展时，就需要把便利店与超市有一个明确的分割，过多地移用超市的经验来发展便利店，是不可取的，甚至会把便利店引入歧途。如果便利店能与电子商务相结合，并配合强大而便捷的配送服务，电话订货、网上订货、指定地点、顾客到店自行取货的购物方式可能会有良好的发展前景。此外，在恶性竞争还没有结束，在经营管理技术还不成熟之前，过早地引入特许经营，对加盟者来说是不公平的，他们很容易受到致命的打击，从而终止特许经营关系，给本来就不是十分成熟的特许经营蒙上阴影。

三、发展思考

从总体上来说，我国目前的便利店与发达国家相比，在营运质量上并没有任何优势，这就是我国便利公司的危机所在。以开设一家便利店 20 万元计算，如果分 5 年折旧，20% 的毛利率，日销售额 5000 元，才能勉强保本。实际上，我国大陆大部分连锁公司的单店日平均销售额都在 5000 元以下。所以，在快速发展的同时必须重视营运质量的提升，包括服务质量与内部营运。

1. 以一种开放的心态去发展。要借鉴国际上成功的经验，尽可能少走弯路。就我国现存的便利公司而言，经过 2~3 年，最终退出市场的将会是缺乏强有力资本实力、管理体系和物流配送支撑的中小型公司，这些公司应该以一种开放的心态，联大靠大，政府也应该积极推进大型连锁便利公司的发展。经营便利店，300 家是基本经营规模，有日本专家预测：200 家店铺以上在中国才会有竞争力。目前，大家都认为：便利店是一个新的经济增长点，几乎所有的超市公司都在开或准备开便利店。这种情况与 20 世纪 70 年代末的日本十分相似。1978 年 11 月，由于 7-ELEVEN 的店铺达到了 500 家，便利店显示了极大的成长性，结果，几乎所有的大超市都加入了便利店领域。经过了两年时间的两位数增长后，到了 80 年代，便利店的竞争加剧，便利店开始拉开了差距，并导致了业界内部的重新组合与倒闭，最终出现了大户独占的市场格局。实际上，便利店既是一种高科技的产业，也是一种高投入的产业，发展不好的话不仅不会有产出，而且会影响到主业的发展。

2. 正确对待速度与质量的关系。质量比速度更重要。市场永远存在着发展的机会，便利店的发展如果不注意内在质量，速度越快，浪费越大。随着新竞争者的不断加入，便利店市场的竞争越来越激烈。在这种情况下，无论是新企业还是老企业都把开店速度作为经营发展一个重要目标。快速开店可能会导致一系列管理问题，甚至影响到公司的生存与发展。因为便利店的最终出路是要推行特许加盟，而其条件是：只有能确保门店盈利的公司才有资格有效地发展特许加盟。如果管理跟不上，经营规模反而会成为经营发展的障碍。台湾的 7-ELEVEN 在 1980 年创办时，已有多家便利公司存在，有的公司的门店数已达几百家，但随着 7-ELEVEN 的稳健发展，这些公司的下属门店逐渐成了 7-ELEVEN 的加盟店。这是一个值得经营者深思的问题，也是一个高难度的问题，只有具备战略头脑和战略组织实施能力的经营者才能更有效地处理好速度与质量的关系。

3. 要有重点地提高便利店的营运质量。上海目前的便利店与国际著名的便利店系统相比有很大的差距，主要表现为四个方面：一是信息系统，如订货、订单处理、商品配送、销售信息记录、货架管理、数据分析等。信息技术是便利店最重要的技术手段，便利店的经营管理水平的提高在很大程度上取决于信息技术的应用水平，这是一项持续的工作。但值得注意的是：（1）便利店信息系统的发展在国外经历了一个渐进的过程，不可能一步到位，更不能急于求成。以 7 - ELEVEN 为例，便利店的信息系统已经发展了五代，即将进入第六代：70 年代后半期设置门店订货终端，即 EOS，这是第一代系统，其重点是门店业务的效率化。80 年代前半期，引入 POS 和连接总部、门店、供应商的综合网络，这是第二代系统，重点是通过网络化实现信息的共享。80 年代中叶引入图表信息分析系统，并可查询商品库存，这是第三代信息系统。90 年代前半期，引进了 GOT，这是一种图示化的订货系统，同时，总部也更新了信息分析系统，并开始使用 ISDN 通讯方式。这是第四代信息系统。第三与第四代的基本特征是单品管理的深化。90 年代后半期，门店、订货及信息分析系统等进一步更新，并且开始应用了卫星及多媒体技术，从而实现了便利店单品管理的进一步进化。（2）信息技术的完善是以便利店经营理念、管理思路、管理方式和业务流程为前提的，没有好的理念、思路、方式与流程，就不可能会有好的信息技术。由于时代的发展，技术的演进速度在加快，并且有国外成熟的经验可以借鉴，因此，我们在开发便利店信息系统过程中，可以跳开某些阶段，但一定要与自身的经营业务相适宜。（3）经营分析与经营发展同样重要。便利店是一种“开关店”，经营不良又挽救无望的店铺就要坚决地关，达不到规定要求的店坚决不开，这样才无后顾之忧。二是物流系统，便利店的商品经营能力关键取决于物流系统和营销策划，其中温控商品的配送与管理又是关键中的重点，这也是经营能力的核心标志。便利店的物流系统应该分常温、低温、鲜食、出版品四个分系统。三是培训系统，这是提高便利店营运质量的一项先导工作和持久性工作，培训与人事补充跟不上会严重影响便利店的发展速度和营运质量。健全的培训系统是以营运标准为基础的，如果营运标准不健全，培训的效果就很难快速提高。有效的培训应该由教育与训练组成，并由专业的培训师来设计与执教。这些培训师既具有经营顾问的专业技能，又具有心理医生的专业技能。我们有没有这样的培训师？四是督导系统，督导既监督营运标准实施的过程，也指导和培训门店人员有效执行营运标准的过程，缺乏强有力督导队伍的便利店系统将不可能有高质量的营运。上述四个方面的有效性将取决于营运标准的完善程度，而一切的一切都取决于专业人才。所以，要寻找培养未来人才的有效途径。引进人才虽然是捷径，但不可能解决普遍性、长远性的问题。从企业内部的实际中造就人才才是长远的人才战略。一个比较可行的办法是有计划地在门市中培养和造就在将来可以担任总部营运及管理重任的人才。

四、发展模式

便利店的概念正在被大家所接受，但到底什么是便利店？我们应该发展什么样的便利店？怎样发展便利店？便利店的发展趋势如何？便利店的核心技术有哪些？如何逐步培育自己的核心技术？对这些问题，还缺乏一个比较清晰的认识。即使是业内人士，在市场竞争的压力下，大家都把主要精力集中在经营规模的超速发展上，虽然在观念上十分重视经营质量与管理技术，但实际上，由于存在专业人才和战略思路方面的缺陷，经营质量和后续支持方面的问题客观上是滞后的。如果这种状况不加以改善，会严重影响我国便利店的持续发展能力。

便利店最早起源于美国，是在20世纪40年代末期作为超市的补充形式而诞生的。美国曾有一便利商店提出："Get what you forget"的口号，提醒顾客在便利店可买到在超市忘了买的东西。在全球，经营便利店最成功的是"7－ELEVEN"系统，其前身是1927年创立于美国得克萨斯州达拉斯的南方公司（The Southland Corporation），主要经营业务是零售水果、牛奶、鸡蛋。到了1946年，推出了提供便利性服务的"创举"，将营业时间延长为早上7点到晚上11点，"7－ELEVEN"的名字由此诞生。关于"7－ELEVEN"这一名称，日本人有不同的理解，他们认为"7－ELEVEN"并不全指营业时间从早上7点到晚上11点，而是指便利店主要提供人们在早上7点到晚上11点所需的便利性商品与服务。1973年，日本伊藤洋华堂公司与南方公司签订地区性特许加盟协议，日本第一家7－Eleven 店开业。1999 年 4 月 28 日，美国南方公司正式改为 7 - ELEVEN INC.，目前已遍及全球 20 余个国家，店铺数超过 2 万家。其中，约 65% 的店铺在亚洲。

可见，“7 - ELEVEN”大规模扩张不是在美国本土，而是在人口密集、经济发达的东亚地区，尤其是日本、中国台湾、泰国、中国香港、菲律宾、韩国等国家或地区。虽然，人口密度和人均 GDP 这两项指标与便利店的发展具有很强的相关性，但是，消费习惯与气候条件等也是影响便利店发展的重要因素。一般来说，纬度越高、气候条件越恶劣，就越难普遍发展便利店。便利店的发展还与特殊的社会背景相关，如在日本，1972 年《大店法》生效，限制开大型店铺，于是，纷纷转向开便利店。特别是在 1978 年 11 月，由于 7 - ELEVEN 的店铺达到了 500 家，便利店显示了极大的成长性，结果，几乎所有的大超市都加入了便利店领域。经过了两年时间的两位数增长后，到了 80 年代，市场竞争加剧，便利店开始拉开了差距，并导致了业界内部的重新组合与倒闭，最终出现了大户独占的市场格局。在日本现有 4 万多家便利店，虽然目前仍然有 70 多个便利店系统，但主要的是四家，而且众多的小系统也正在走向整合。

早在我国近代，就存在着两种便利店：一种叫“仕多店”，其名称来自英语“Store”，是一种“洋便利”；另一种叫“烟杂店”，是一种“土便利”，商业街、弄堂口，凡是有人的地方大都会有这种“土便利”。我国现代便利店早在超市大规模发展之前就已经出现了，最早是设在上海的“百式便利”，时间是在 1993 年 3 月。我国在超市的专业化经营水平还很低的背景下就开始发展便利店了。在它发展初期，超市与便利店除营业面积与经营品种有大小与多少之分外，两者没有显著差异。罗森与 7 - ELEVEN 的进入，以及 2001 年以来新的竞争者的加入，给中国的便利店的国际化发展打开了一个窗口，并树立了模仿的样板。于是，中国便利店的经营水平有了新的发展。同时也出现了一些新的形式，如易购超便利、便利进地铁、北方的 16 小时便利店以及以满足居民日常生活为目标的便利型小超市等。

出现上述情况是很自然的，因为中国幅员辽阔，经济发展水平差异很大，消费需求也千差万别，在一种业态的发展初期甚至在规模化发展阶段都不可能是一种模式。但在多种发展模式中必然会存在一种或几种主导的、最具发展潜力的模式。所以，对公司的决策者来说，发展模式与利润模式的选择以及阶段性的推进就成了经营的关键问题。

1. 以小见大。由100平方米左右的路边小店组成的便利店系统有可能成为零售业的第一业态。日本有专家曾判断和预测：便利店的基本规模是300家，在中国估计为200家。具体的门店数只是一个相对数，是相对于消费需求、竞争情况、管理水平而言的。但是，便利店的基本规模肯定比超市、大卖场、专业店、百货店要大。另一方面，它在发达国家已经不是作为超市的一种补充业态，而是现代社会消费大众密切相关的一种主导业态。便利店的营业额甚至会超过超市，成为零售业的第一业态。

2. 大小结合。以大集团为发展背景与以小商户为经营实体相结合是发展便利店的基本模式。国际著名的便利店系统，无论是加盟主还是地区的主导加盟者，几乎都是以大集团为背景的。日本的伊藤洋华堂公司发展7－ELEVEN，大荣发展LAWSON，西武发展Family Mart，台湾的统一企业发展统一商号下的7－ELEVEN。在上海，光明乳业发展可的便利、正广和发展85818、烟草集团发展捷强便利、粮食局发展良友便利、联华超市发展联华便利、农工商超市发展好德便利、有房地产背景的家德利超市发展21便利。这基本上是按公司成立的先后来排列的。但是，光靠大集团的支持还是不够的，店铺多而且小，只有总部的一个积极性，不仅投资庞大，管理难度也很大，经营会缺乏活力。便利店的发展是大公司的统一运作与小商户的经营资源和经营活力相结合，这就是连锁经营与特许加盟相结合，大小结合才是便利店的基本组织模式。

3. 大小结合要把握有利时机。特许加盟是一把“双刃剑”，在经营体系还不成熟，没有独特的、有价值的、可传授的经营理念、利润模式和经营技术的情况下大规模发展特许经营，不仅对加盟者来说是不公平的，而且这把“双刃剑”很容易反过来杀死自己。国外特许经营在立法上几乎都以控制与规范加盟主的行为为主导，其原因就在于加盟主往往会因为利益的驱动而损害加盟者的利益。加盟主是一个提供服务的机构，利益的源泉在于服务，不能提供优良服务的系统自然就没有资格发展特许加盟。同时，连自己都不清楚能否盈利的系统，不能在正常的市场条件下保证加盟者盈利的系统，也是没有资格发展加盟店的。希望通过特许经营让加盟者分担自己创业风险的战略是很难获得市场支持的，其发展也就必然缺乏良好的基础。

4. 服务是便利店的利润之源。从表面上看，便利店是一种零售业态，售卖的主要是商品。但实际上，便利店销售的是一种服务，是提供便利的服务和提供信息的服务。随着消费水平的提高，对时间价值的重视，消费者对服务的需求也会越来越强烈，同时便利店经营规模的扩大也为提供多种服务项目提供了有利条件，服务项目便会从收费、洗印等代理服务发展到提供信息、趣味、时尚、金融、广告等增值服务，于是，服务的附加价值也就能显著提高，便利店的利润模式便会在服务模式的发展过程中产生根本性的变化，便利服务与增值服务是未来便利店的利润之源。但在我国便利店发展初期，在某些城市或企业，开办便利店甚至被当作分流与安置闲杂人员，推销自产产品，方便居民日常生活的一种途径和方式。所以，它从一开始就误入歧途，走了一条弯路。

5. 质量比速度更重要。急于求成是中国人的基本经营心态，超速发展则是中国连锁企业发展的一条基本经验。快速扩大经营规模对中国的连锁企业来说主要有五个作用：一是成为行业中的主导企业，能受到更多的关注和支持；二是实现经营者的自我价值，创造和延续经营者征服市场、战无不胜的经营神话；三是用规模来吸引和征服更多的供应商，并从中获得更大的附加利益；四是抵御其他竞争者，更有利于未来的发展；五是抢占稀缺的店铺资源，增大企业价值。但并不能因为有这些理由就可以无视经营质量。经营质量不好的公司，规模越大就越危险。所以，质量比速度更重要。如果说占有有利位置就可以抗御竞争的话，国际便利店系统好像已经没有多大的发展空间了，而事实上，便利店是一种以国际著名品牌为主导的行业，如果整体的营运质量不提高的话，不管你现在拥有多少优质的铺面，照样会被人家打败。展店当然很重要，问题是发展快了，展店也往往很粗糙，加上事后管理不精细，店铺的营运质量就难以提高，结果是："征服者"有可能被新的征服者变成"被征服者"。这就是"螳螂捕蝉，黄雀在后"的道理。台湾 7 - ELEVEN 店铺开发初期速度较慢，以后逐步提速。第一个 100 家用了六年时间，第二个 100 家用了两年时间，从 200 家到 1000 家用了七年时间，平均每年开 100 家。从 1000 家到 2000 家仅用了不到四年时间，平均每年开 250 家。从 2000 家到 2500 家仅用了一年半的时间。而且单店销售额随店铺规模的扩大而上升，但在提速开店期间，单店销售额却有小幅回落，出现了速度与质量之间的矛盾。虽然时代不同了，情况有差异，但基本的原理还是一样的：欲速则不达。台湾的 7－ELEVEN 在 1980 年创办时，已有多家便利公司存在，有的公司的门店数已达几百家，但随着 7－ELEVEN 的稳健发展，这些公司的下属门店逐渐成了 7－ELEVEN 的加盟店。这是一个值得经营者深思的问题，也是一个高难度的问题，只有具备战略头脑和战略组织实施能力的经营者才能更有效地处理好速度与质量的关系。

6. 培育经营技术要循序渐进。便利店的经营质量除品牌、展店等先天条件外，主要取决于商品系统、信息系统与门市服务。而决定这些方面的经营技术又是多方面的，包括：店铺评估、商品配置与空间定位、商品更新与退调、物流配送、信息采集与挖掘、分层培训、沟通与督导、单据处理与财务核算、商品盘点、营销活动策划等。目前，在培育经营技术方面，国内企业也存在“急于求成”的问题。配送中心似乎是造得越大越有气派就越好，受到某些领导的肯定就能得到政府的支持，而实际上并没有达到预期的效率。信息系统的开发也基本如此，似乎是越先进就越好，想一步到位，想少走弯路。其出发点是好的，但结果往往不好。因为信息系统是对成熟的业务体系与业务流程的固化，体系不顺、流程不畅、观念不变、方式不改，最好的系统也没有用武之地。便利店信息系统的发展在国外经历了一个渐进的过程，不可能一步到位，更不能急于求成，想通过购买一套软件来解决发展初期及持续发展时期的管理问题的想法是不现实的。以日本 7－ELEVEN 为例，便利店的信息系统已经发展了五代。70 年代后半期设置门店订货终端，即 EOS，这是第一代系统，其重点是门店业务的效率化。80 年代前半期，引入 POS 和连接总部、门店、供应商的综合网络，这是第二代系统，重点是通过网络化实现信息的共享。80 年代中叶引入图表信息分析系统，并可查询商品库存，这是第三代信息系统。90 年代前半期，引进了 GOT，这是一种图示化的订货系统，同时，总部也更新了信息分析系统，并开始使用 ISDN 通讯方式，这是第四代信息系统。第三代与第四代的基本特征是单品管理的深化。90 年代后半期，门店、订货及信息分析系统等进一步更新，并且开始应用了卫星及多媒体技术，从而实现了便利店单品管理的进一步进化。

7. 信息系统是高速度、高质量发展

便利店的首要条件。7－ELEVEN 导入信息技术与门店开发速度之间具很强的关联性。1989 年 8 月首先导入 EOS 电子订货系统，门店数从原先的年增 100 家提速到年增 200 多家。1995 年 11 月开始导入 POS 系统，其后在不到四年的时间内门店数增加了 1000 家。1997 年 1 月导入 GOT 新订货系统，进一步简化了门店的订货工作，并提高了订货的准确性。1996 年，7－ELEVEN 在 POS 系统上的初期投资就达 12 亿元，这时的门店数为 1300 家，其门店系统一般都是有两台 POS 和一个小后台及其他辅助设备组成。7－ELEVEN 设有地区办公室（GDD）和区顾问。GDD 协助门店账务处理及提供各项务咨询服务。区顾问承担门店辅导的工作，他们必须随时将总部的信息带到各门店，而各门店的问题也需要通过区顾问传达给总部。为了强化区顾问的工作，提高后勤支援的效率，2000 年 4 月统一超商投入 6000 万元资金全面导入了流动办公室（Mobill Office），其主要功能包括日报与情报分析两大部分，凡门店业务日报、门市订销货情报、销售趋势分析，甚至气象报告，所有主管都能及时掌握，立即作出适宜的沟通和运用，实现了资料收集与信息传输的及时化、简单化。有关门店软硬件系统的维护工作，都由专业公司通过建立独立的“一对多”的 Call Center（呼叫中心）来承担。呼叫中心大致可以分为接单、服务与后勤三个部门，面向门店的服务部门按一定的地理范围设立地区服务分中心，在台湾为 7－ELEVEN 服务的分中心有 14 个，每个分中心的服务半径约为 70 公里。接单部门设有两条 800 免费电话，分别用于保修呼叫与修后信息反馈。报修后把有关信息输入电脑，然后由派单人员负责派工，这是一个十分重要的岗位。所有的设备及备品都有编码，从投入使用到维修、更换、报废及发生故障的情况都有记录与定期统计，以便用于分析和制订相应的措施。软件系统部分有一个 Help desk（帮助台）来提供服务，可以进行远程的指导与维护。专业公司还定期对各门店进行检查，以达到主动维护的目的。各项维护活动在响应时间上都有严格的规定，进店时间、离店时间、完成时间都通过刷卡来记录，如果同一中心响应时间有四次超过约定时间就要启用罚则。专业的维护公司还设有备品的供应、交换、修理以及设备组装等后勤部门。关于呼叫中心发展方向目前尚待探讨的一个问题是：能否将电脑系统与其他设备设施与服务项目也纳入进去，客观上有需要，但实际运行仍有一定难度。

8. 物流配送的专业化。便利店经营商品的一个重要特点是温度控制，所以，便利店的经营商品需要按商品属性和经营特点分由多个配送中心来完成，同一类商品配送也往往会根据门店数及区域划分为多个配送中心。如台湾的 7 - ELEVEN，其物流配送共分为常温、出版品、低温、鲜食等四大系统，依商品的种类、特性来做各温层的配送作业，以确保商品的新鲜度和时效性。

文化出版品包括书籍、杂志、CD、卡带、电脑软件、GAME 等商品，由 2 个配送中心（MDC）负责配送，商品数为 763 项，约占 23% 的品项数。其配送方式是：由出版商将商品送到配送中心，配拣后再送到门店。

鲜食包括饭团、三明治、午餐便当、凉面、关东煮等商品，18°C 全程保鲜，由各个配送中心（DC）负责配送，商品数为 74 项，占 2.2% 的商品项数，其配送方式是：由门店通过 EOS 订购所需的 18°C 商品（10 时），通过统一超商增值网路处理中心传输门店订货信息，鲜食工厂根据门店订单制作新鲜食品（10：30 ~ 24：00），低温物流车将理货完成鲜食从鲜食工厂直接配送至门店（24：00 ~ 12：00），门店人员通过 ST（验收机）验收所订购的 18°C 鲜食商品。

低温商品包括冰品、乳品、冷冻食品等商品，-20°C ~ 4°C 全程温控，有四个物流中心（CDC）负责配送，商品数为 283 项，占 8.5% 的项数。其配送方式是：门店订货，经由总部增值网路处理中心，物流中心收取订货资料，供应商接获订单后依订单出货，物流中心经验货拣货作业后送达门店。

常温商品包括一般食品、饮品、美容保健品等，有统一企业与统一超商控股的捷门行销股份有限公司下属的 9 个物流中心（包括副仓、分仓）负责配送，总面积 34780 平方米，平均每家店铺的配送面积为 12 平方米（另外，在金门与澎湖还设有两个分仓）。最大的面积为 7660 平方米，最小的面积为 2125 平方米。配送中心的大小与多少，主要是根据门店的数量与密集程度来设计的。如果一个配送中心所负责的门店数过多，不仅一次性投入较大，而且，日后的营运成本也比较高，营运管理的难度也会提高。所以，便利店的配送系统一般都是由多个配送中心组成的。但信息系统是统一的，每个配送中心设定一个配送半径和配送的门店数，门店只要订货，系统就能够自动把定单转发到指定的配送中心。常温商品的商品数2202项，占66%的品项数，但其中配送金额还不到总销售额的45%。

其配送方式是：10：00门店订货，11：00接收订单，12：30~21：00第一段拣货，21：00~05：00第一段配送（夜间），21：00~05：00第二段拣货，07：00~15：00第二段配送（日间）。

上述物流配送方式实施后，缺货率从1980年的2%下降到了现在的0.2%，每天到车数也从1983年的52辆降到现在的7~8辆。常温配送中心的周转率是每月4.2次，损耗率是百万分之68（68ppm）。准时率为90%（以30分钟误差为标准）。常温配送中心有1000种商品为整箱区，采用高层货架，电脑辅助拣货系统（CAPS，Computer Aided Picking System），并有作业流程改进方案进行效率分析及人力配置，即pip（Process Improvement Program）。1200种拆零商品采用两条流水线操作，一条为助动式拣货流水线，分上下两层，下层为人力助动的拣货流水线，上层为机动的包装物运送与打包流水线。另一条为机动的流水线，用于按门店分别处理已拣好装箱的商品。

9. 把价格降下来卖出去，不是便利店的能力。我国便利店的毛利率一般在20%左右，由于便利店竞争的加剧以及开在居民小区的便利店数量的增加，便利店的毛利率甚至呈现出下降的趋势，由此反映我国便利店存在很多不良情况。这说明便利店的竞争还缺乏手段，我国的便利店还不十分成熟，甚至有点类似于小超市，自己的业态特征不显著。日本的7-ELEVEN中食品的平均毛利率达47%，台湾的7-ELEVEN的平均毛利率达30%。真正做强做大以后的便利店，毛利率应该上升，至少可以达到25%以上。

但由于我国的便利店在很长一段时间内都会具有双重属性，即满足居民每日必需商品与满足即时需求相结合。所以，便利店可能会在较长一段时间内作为超市的一种补充业态而存在，价格也就有可能成为便利店营销的一种手段。然而当大型的连锁超市公司把便利店看作一种全新的业态来发展时，就需要把便利店与超市有一个明确的分割，过多地移用超市的经验来发展便利店，是不可取的，甚至会把便利店引入歧途。如果便利店能与电子商务相结合，并配合强大而便捷的配送服务，电话订货、网上订货、指定地点、顾客到店自行取货的购物方式可能会有良好的发展前景。

10. 以一种开放的心态去发展。从总

体上来说，我国目前的便利店与发达国家相比，在营运质量上并没有任何优势，这就是我国便利公司的危机所在。以开设一家便利店20万元计算，如果分五年折旧，20%的毛利率，日销售额5000元，也不一定能够保本。实际上，我国大陆大部分连锁便利店的单店日平均销售额都在5000元以下。所以，在快速发展的同时必须重视营运质量的提升，包括服务质量与内部营运。经过二至三年，最终退出市场的将会是缺乏强有力资本实力、管理体系和物流配送支撑的中小型公司，这些公司应该以一种开放的心态，联大靠大，政府也应该积极推进大型连锁便利公司的发展。目前，大家都认为：便利店是一个新的经济增长点，几乎所有的超市公司都在开或准备开便利店。

实际上，便利店既是一种高科技的产业，也是一种高投入的产业，发展不好的话不仅不会有产出，而且会影响到主业的发展。便利店并不好玩！

（作者：周 勇）

家用电器店分析

一、2001年家电零售业的发展环境

（一）产业链上游家电制造商所呈现出的发展态势

1. 品牌淘汰速度加快

截至2000年底，中国的家电品牌只有20多个，而在1995年，国内的家电品牌则多达200多个，这说明五年间，中国家电的品牌数量锐减了90%。Brand-Sources公布的一份名为《品牌淘汰——中国家电市场竞争报告预测》认为，到2005年，中国家电只有2到3家综合品牌在开放的中国市场上与GE、松下、索尼、飞利浦等世界级家电品牌竞争。现有众多的小家电品牌中一部分将整合进入“2—3家”族群，一部分将被并入“外资”家电巨人品牌之中，这将是中国家电五年内的发展图景。有关资料显示，五十年前，美国的家电市场跟中国十分相像，也是品牌林立，大战频频。经过几十年的充分竞争之后，美国的家电品牌只剩下GE、惠而浦、美泰克等几家。而近二十年的中国家电发展的历程证明，竞争在快速淘汰弱势品牌。市场变化的晴雨表显示，从单一产品的横向并购开始，大家电品牌已开始从“工厂时代”进入品牌化的“公司时代”。目前，海尔、春兰、康佳、TCL、海信等几家销售收入过100亿元的主流家电企业的产品线非常丰富，非常接近。今后几年，中国家电的竞争已经不是单一产品、单一厂家之间的竞争，而是大集团之间不同品牌产品之间的竞争了。

2. 家电产业的三大产业生态圈已初步形成

它们分别是胶东半岛、泛长江三角洲与广东珠江三角洲。胶东半岛圈内主要是海信、海尔、澳柯玛北方三大家电巨头；泛长江三角洲圈内主要有飞利浦、春兰、熊猫、小天鹅、西门子、荣事达、三菱、惠而浦等十几家著名企业；康佳、TCL、

科龙、容声、美的、格兰仕等国内南派巨头则位于广东珠江三角洲圈内。有数据显示，三大家电生态圈的销售额已经占到中国整个家电产业的80%以上，产业积聚效应已充分显现，其中，胶东半岛生态圈的销售额已基本接近80亿美元，长江三角洲与珠江三角洲的销售额都已超过120亿美元。

家电产业生态圈是随着家电品牌的急剧减少而出现的。计划经济时代的家电企业有其所属省级区域内与相关的上游企业基本上是配套完备的。而家电品牌竞争的结果使90%以上的内陆品牌倒闭或被沿海家电品牌兼并，强势品牌在沿海集中并快速发展，加上外资家电企业进入中国市场选择的落脚点基本上集中在东部，因而家电业的上游散件企业在全国范围内进行了一次大的迁移，并基本上搬到了品牌家电企业的身旁，使采购成本、运输成本大大降低。以品牌家电企业为中心的家电生态圈已经形成良好的生态梯级层次；家电散件制造商、品牌家电商、家电流通渠道商，以及像会展业等其他行业服务体系以最短的距离组成了完整的产业链条。物流、人流、资金流、信息流在生态圈内形成了最经济的互动，生态圈为圈内家电企业提供了前所未有的市场竞争力。

3. 过度市场竞争导致家电业全行业亏损恶果的出现

目前，家电品牌已经较五年前减少了90%，但依然存在产品同质化严重的问题。数据表明，消费者最关心的因素依次是质量、价格、服务、功能。排除质量因素，价格仍然是消费者最关心的指标，所以价格战仍然是当前扩大市场占有率的有效手段，但不计成本的价格战导致中国家电行业面临全线亏损的尴尬局面。2000年科龙神话不再继续，2001年康佳中期亏损，长虹也同样面临亏损的问题，有限的企业竞争资源不断被侵蚀，并直接导致下游的家电分销商、零售商进入微利时代。

同时，美欧日经济的相继衰退使全球家电产品需求总量增长停滞，供求规律决定了2001年全球家电市场价格水平与利润水平处于低处，使得中国迅猛增长的家电产品规模增大了产能过剩的风险。

4. 跨国公司卷土重来

经过前几年的沉寂之后，大型跨国公司不但重新大举进军中国市场，而且在不断中国化、本土化的过程中分享着中国家电的比较优势。伴随着WTO的到来，外资找到了一个最佳的进入时机。大型跨国公司大量采购中国家电产品，带动中国产品进入其国际经销网络的同时，也引发了国内家电流通领域竞争的激化。如 GE、西门子、惠而浦、LG 等公司进一步加大了在华的投资力度，并在高端市场攻城掠地，取得了很好的效果。

（二）渠道变革使国内家电零售业进入战国时代

在目前家电供销渠道多变的时代，中国家电流通领域的力量已经越变越复杂了。制造商渠道、本土品牌连锁巨头、跨国连锁巨头、包括大的百货店、家电城以及小家电经销商组成的散户群体都聚集在同一市场进行着各自优势的角力。此消彼长与此长彼消的渠道拉锯战给中国的家电渠道格局带来新的变化。

1. 本土连锁巨头进入快速发展时期

国内的家电连锁零售商的发展分为三个阶段。找自己的地方开自己的店、找别人的地方开自己的店、别人的地方别人的店找自己来开。国内家电连锁零售商出现的时间比较短，他们的发展过程基本上是利用自己规模化采购的方式进行新的商业布局的过程。

第一阶段是连锁零售商必须的，它是利用规模采购的价格优势在三流商业地段自己做旺自己的店，创建最初的品牌与最基本的店面数量；第二阶段是利用第一阶段的积累，将别人的店作为自己的店来经营，开始挪进商业旺区，挤占老百货店的利益。同时，开店的速度加快，规模优势明显体现；第三阶段实际是加盟连锁的阶段，规模采购的价格优势明显拉开，小散户开始利用连锁零售商的采购平台，主动将自己加挂其中，这一阶段是连锁渠道发展最快的时期，规模优势充分体现。目前国美、三联、苏宁基本处在前两个阶段，特殊一点的是只有国美在前两个阶段中同时展开。

2. 家电连锁巨头企盼进入资本市场来改变竞争格局

国内家电连锁零售业正处在一个短暂的黄金时期，流通业外资还未大规模进入，家电制造商正从自办渠道悄然退出，数量众多的小家电经销商等待规模的整合，所以，在短短的几年内先做出连锁规模，将很大程度地决定未来的发展走向。但是，家电制造利润的降低也影响到了流通领域，靠单纯的商业利润积累来完成规模扩张已经很难，因此，上市融资成为一个明智的选择。目前，国美正筹措在香港上市；三联已借郑州百文之壳上市，谋求在资本市场有所作为；苏宁也有着同样的计划，只是其地面扩张将延缓这一过程。在未来不长的时间内，如果有一家家电连锁企业上市，并获得充足的资本支持的话，中国家电流通领域的格局将会大为改观，因为获得充足资本支持的连锁零售商可以快速扩充自己的门店数量，而门店数量是生产制造商最钟情的资源。

3. 联合起来对抗还是被收编，散户寻找最后的稻草

连锁巨头在全国的扩张不同程度地受到区域散户的抵制，而最主要的抵制手段是模仿连锁零售商的集中采购方式，联合区域内的散户进行规模化采购。散户抱团后的价格在连锁零售企业的发展初期还是比较有竞争力的，也会对他们的发展造成一定的影响。但是，在连锁巨头的门店与采购数量快速上升的时候，这种模仿将逐渐丧失竞争力，因为区域散户再联合，也难以形成规模竞争力，况且这种抱团存在不少操作技术上的难度，抱团散户最终的归宿或是被连锁零售商收编或是主动加盟其中，但是他们不可避免地延长了渠道优化的进程。

4. 制造商渠道队伍结构趋于解体

很多家电生产企业一直在渲染自己的渠道资源优势。其实，国内的家电生产企业现在已经很少有自己的渠道了，因为他们没有门店资源，他们的渠道只是狭义上的对渠道综合管理的地方队伍组成的庞大组织。如果说自有品牌专卖店还可以算做制造品牌的渠道的话，这种渠道也基本消失。因为，随着品牌同质化趋势的加重，没有绝对品牌优势的生产制造商不足以支持单一品牌专卖店的生存，因此，没有终端资源制造品牌，而在渠道资源上只剩下管理终端的庞大队伍，并且，他们将随着连锁零售商的壮大而逐渐分流，那种认为家电企业会把自己的渠道变成第三方渠道的想法不太切合实际，因为家电生产制造企业没有自己的门店资源。

5. 跨国流通巨头是强力竞争对手

在国内市场迅速扩张门店的，除了本土连锁零售商之外，更有跨国力量的突飞猛进。像家乐福、麦德龙等跨国零售巨头，一方面在扩充连锁店面，一方面迅速介入家电零售，在成熟的管理模式和雄厚资金的支持下，竞争力的提高只是时间问题。这种近身的侧翼力量将给未来的中国家电连锁零售商带来极大的压力。另一种倾向更令业内人士担心，即并购中国的家电连锁企业作为自己介入家电流通领域的捷径，所以，现在快速发展的中国连锁渠道到底未来姓谁还难以确定。有关信息显示，很多外资企业已经热切关注中国的家电连锁企业了，动手时刻可能只是在我们作大之后。

二、2001 年家电连锁经营热点分析

2001 年的家电市场培育出多系列的热点，涌现出一批影响全局的事件。扩张的冷热酸甜，商业资本抬头，寻求上市之路，是价格竞争还是服务竞争还是综合实力与胆识竞争，联合还是重组，供应链协同竞争体系出现，电子商务与现代物流，人才与管理升级等等，都标志着现代商业竞争的特征——连锁为王的战国时代。

（一）扩张依然是连锁经营发展主题

上游制造商渠道纷纷解体，外资尚没有大举进入中国市场，中小散户又急于寻找新的出路，市场发展为连锁扩张提供了黄金时段，具有扩张实力的连锁巨头纷纷进行圈地扩店，壮大网络，把家电业的整个流通命脉操控在手。苏宁宣布要在未来三年斥资 4.2 亿建设 1500 家分店，形成年营业额 150 亿元到 200 亿元的巨型销售系统，最终获取中国家电销售市场 5% ~ 7% 的份额；国美规划到 2003 年在全国建店 200 家，覆盖所有直辖市和省会级城市；三联一方面宣布要在山东开店 80 余家，另一方面通过入主郑百文拟夺取中原地区最大家电分销渠道。

在扩张的道路上苏宁、国美、三联走的是三个不同的道路。虽然苏宁在全国的连锁店已有 300 多家，但距离 1500 家的目标还有较长的路要走；国美近来北上、南下、西进，在沈阳、青岛、济南、郑州、成都、西安、武汉等城市开店 70 余家；相比苏宁的巨型航母、国美的声势浩大，三联的扩张则在不显山不露水地悄然进行，2001 年底连锁店已达 200 家。

不管是苏宁的战略扩张从以南京为中心转变为以省会或中心城市为轴心全面开展的格局，还是国美攻略重点城市后以规模拓展，或是三联实施的区域战略，三大家电连锁巨头必将掀起一轮新的扩张风暴。

（二）包销、定制、买断等营销模式成为新的获利手段

由于零售巨头们控制了庞大的市场终端，对厂商实行“先付款后提货”、“买断式经销”、“区域代理制”、“定制包销”等形式，获得了一定的市场定价权，因此价格战的主体由厂商逐渐转移到零售巨头。

例如，三联家电 3 亿元定制空调；国美电器与小鸭电器公司签定的一笔亿元大订单：订购 5 款 B2C 洗衣机；苏宁与荣事达签定的 2 亿元家电订单。从 2000 年 8 月，国美定制第一批长虹彩电起，定制、包销、订单等已成为家电行业比较时髦的词汇，厂家、商家、消费者都从新的

营销模式中获得了各自的利益。

现在家电产品同质化严重，顾客不仅需要购买质量好、价格优的产品，对产品的个性化也提出了更高的要求。在这种情况下，急需突破传统家电产品大规模生产的模式，推出满足个性化需求的产品。业内专家指出，这一合作模式的意义不仅在于可以让消费者买到合适的产品，更在于为一直处于供过于求困境的家电业指出了一条生路：以大型家电连锁商业作为桥梁，实现家电制造业从大规模生产向大批量定制的转变，来同时满足个性化、低成本并最终实现零库存。

（三）商家订制——实现生产、流通企业零库存

在日益个性化的21世纪，订单化生产是世界潮流。面对订单生产的小批量和成本较高之间的矛盾，济南市的家电电子商务联盟提出了“商家订制”的供应链模式。家电零售业利用贴近消费者的天然优势，通过建立规模庞大的顾客数据库，来掌握消费趋势和发展潮流。这样，一方面为消费者提供了更具个性化的服务，另一方面为家电生产制造商提供了详尽的顾客需求信息。家电经销商可以在订货时替厂家“设计订制”，然后由生产商研发供货，这样便为生产厂家省去因千差万别的小批量订单所带来的高昂费用支出。

商家定制与传统代销制最显著的区别在于，商家以承担风险的方式获得生产企业更大的让利，具体表现为商家让厂家按自己的要求定制产品，再包销出去，实质是商家想利用自己销售终端的优势，获得更大的发言权。

联想、TCL、海尔等家电生产企业与三联等家电连锁零售企业已经在这方面进行有益的尝试，并取得较好的效果。其中，海尔至少有7款空调是由三联家电特别订制而生产的，这7款空调只在三联家电体系销售，使商家享受了批量订制的优惠价格，也使厂家得到了有效的订单。

随着电子商务与现代物流业的快速发展，家电连锁零售企业与物流配送公司合作形成的电子商务联盟模式已应运而生。目前，海尔物流中心就与相应的家电电子商务联盟实现了对接合作，使家电连锁零售企业实现了“零库存”。

（四）ERP：满足需求还是提升水平

沃尔玛有一句名言“赢利来自于技术支持系统”。沃尔玛自己的卫星信息系统就可与美国国防部媲美。我们不能把家电连锁经营只看作劳动密集型行业，而应认作是资金、技术密集型产业。

2001年4月，三联家电成功上线

ERP信息管理系统，ERP项目的实施使三联家电成为国内第一家全面引入ERP管理的商业连锁企业。

通过ERP系统，三联家电实现了商品进销存数据的共享，总部与连锁店各方面信息的互通，对连锁体系商品的配送和调剂，有效提高了资源利用率和资金使用率，为连锁店“零库存”运作提供了技术保证。

据悉，国美ERP系统上线已在运作中。而苏宁已经运行了自己的ERP系统。

ERP管理信息系统构筑了包括供应商、商家、连锁店、用户在内的新型价值链，提高了整个价值链系统业务的运行效率，建立了快速的市场反应体系，虽一个集计划、采购、库存、销售及财务管理为一体的系统，改变了以往各模块相对独立的现状，具有集成性、可塑性、开放性。

ERP系统既是一个综合的企业资源计划系统，更是一种管理思想的聚合。在信息技术迅速发展，应用日益广泛的时期，借助信息技术提升综合管理水平是家电连锁企业面临的新趋势、新课题，也是近来家电连锁企业管理研究探讨的热点话题。

（五）电子商务与现代物流——家电电子商务联盟

2001年底，科技部就区域电子商务与现代物流示范工程课题向全国公开招标，三联集团代表济南市参加“家电业电子商务与现代物流应用示范工程”863攻关项目首批中标。该项目通过现代电子商务与物流技术应用引发企业经营管理模式的变革，以信息化带动工业化，形成具有明显地方特色及应用价值的电子商务与现代物流系统，支撑地方支柱产业，推动地方特色经济的发展。该项目目标是以三联集团为龙头，以相关上下游企业为依托，充分发挥山东省在家电生产、销售和信息化建设等方面的综合优势，在完善三联家电电子商务与物流系统的基础上，以市场为导向，利益为纽带，推行会员制、代理制，实行技术创新，并有机集成国内外供应链管理系统、客户关系管理系统、现代物流管理系统等电子商务和现代物流的优秀科技成果，全面整合家电业上下游资源，通过流通企业带动上下游产业，推动流通业现代化进程，形成以流通企业为核心的家电生产、流通、消费的新型家电供应链体系，建立集信息流、资金流、物流于一体的新型家电电子商务联盟。

通过电子商务与现代物流项目的实施，可实现家电企业群体组织的集约化经营。示范工程的实施也将使采购成本降低

1%，销售费用降低50%，物流总成本限于14%左右。

实施家电业流通领域信息化工程，有助于现代家电流通体系的建立，从而规范市场、扩大流通规模、降低流通成本、增加政府税收。同时，信息技术的应用对商流、资金流、物流、信息流的优化、流通对生产的导向作用，将对我国产业结构的调整及优化、对家电产业实现从大规模生产到大规模定制的现代生产方式的转变具有明显的推动作用。家电流通领域的信息化建设不仅可以减少重复建设和盲目投资，还可降低流通成本，提高资金使用效率，增强家电连锁企业的核心竞争力，为消费者提供更优质的服务，为社会做出更大的贡献。

三、典型企业介绍——三联家电公司的信息化建设

三联家电公司是三联集团的骨干企业，自1985年成立以来一直推行以服务为主导的管理模式。90年代初，公司在“连锁经营、规模发展”的经营战略指导下，大力推进连锁经营发展，目前，三联家电在山东省及周边地区已拥有130多家家电连锁店，220余家物流分销商，在山东省家电市场占有30%以上的份额，在济南市家电市场占有70%的份额，形成覆盖山东全省及周边地区的家电销售、服务和维修网络。2001年，三联家电销售收入超过70亿元，位列全国连锁百强企业第五，家电专业店第一，年销售额增长率连续四年保持在20%以上。2000年12月获得ISO/FDIS9001：2000国际质量体系认证证书。

业内人士说，国美、苏宁和三联的区别在于：国美家电销售技巧最高，苏宁以批发为专长，而三联最能接受新事物——从上市到电子商务。

（一）ERP管理系统的开发与应用

2001年4月，ERP信息管理系统在三联家电成功上线。ERP项目的实施使三联家电成为国内第一家全面引入ERP管理的家电连锁企业，实现了商品进销存数据的共享，使总部与连锁店（中心店）可以及时相互了解商品的进、销、存、价格等方面信息，及时实现对连锁体系商品的配送和调剂，为连锁店“零库存”运作提供了技术保证。ERP运用在物流管理方面，从商品入库，下达采购定单，直至商品按销售定单出库，都有一整套建立在信息化管理基础上的科学预测的管理方法。如商品采购定单在下达前，如果物流中心存在积压或残次品，超过公司规定的要求，会被列为异常采购，单独进行处理，保管人员在未接到采购定单之前，是不可以做收货的。在异常情况解除后，相关人员可同步接到物流入库信息。正常商品入库，ERP 系统可运用库龄的概念适时对存货质量进行监控，如果商品在库 10 天、15 天、17 天……未实现销售，会被列为异常库存，信息会同时传至销售、采购部门，相关部门会据此进行经营或品种调整。通过 ERP 系统的运用，商品存货天数由上线前的 30 天降为 12 天，有效地提高了资金使用效率。

根据需要，三联家电还开发了集车辆调度系统、商品收发货和盘点系统于一体的物流管理信息系统。该系统全面运用了目前国内最先进的物流信息技术、INTERNET 技术、实现批次管理的条码技术、掌上无线扫描盘点机等，理货员手持无线盘点机在仓库即可实现即时、快速的计算机盘点、验收和发货，摆脱了大量复杂的手工账，既提高了管理效率，又降低了差错率。而车辆调度人员以时间订单管理为中心的物流管理平台，通过车辆跟踪服务模块、物流资源交易服务模块和客户关系管理模块可以整合相关货物资源，合理进行车辆调度，导入以客户为中心的服务理念和运作的方式，规范业务过程，即时了解中间货物运输的情况和出库的情况，提供给客户相关配送信息。同时，高级定价已着手进行，分销资源即将发挥作用，ERP 系统以其越来越强大的综合优势功能推动着三联家电更快地发展。

（二）BtoB 电子商务系统

三联家电最新开发的 BtoB 电子商务平台，主要用于特许店与总部信息的连接，以实现总部与整个连锁店体系、供应商之间的信息资源可适时共享。通过数据的集中管理和同步汇总，使得与销售相关的各类信息更准确、更及时，既提高了销售渠道上的信息传递效率，又提高了下游连锁店信息系统应用水平，达到促进销售，提高对家电销售渠道的管理能力，并最终降低整个销售渠道成本的目的。

有了对系统的管理，连锁店在任何时间、任何地点都可以快速获取三联家电的商品信息、库存情况、内部新闻、最新销售政策、价格、订单执行状态以及其他重要的销售信息和资源。三联总部可以拥有最快的市场响应，同时可以分析和利用市场的准确信息。同时，系统帮助企业实现了销售业务规范化、条理化、高效化管理，并利用互联网实现自己对销售业务和销售渠道低成本、易操作、即时化的销售管理解决方案。

（三）B2C 系统的运用

利用国内第一条商用信息高速公路——百灵网为平台，三联家电引入业内最先进的电子商务技术，将网络信息技术与传统的连锁经营相结合，建立了三联家电网上商城——SHOP365 这一新的经营模式。SHOP365 网络店既有别于传统的家电商场，又不是一个网站的门面店，而是传统商业业态与电子商务 B－C 模式网站的结合产物，即“网络店 = 商店 + 电子商务 B－C”销售方式。2001 年，三联家电网上商城实现销售收入 5000 余万元，同比增长 70%。目前，SHOP365 网络店在济南市已经扩展到 80 家，配送区域已覆盖全国 30 多个省市。

综观三联家电公司取得的骄人业绩，根本原因在于其管理模式的不断革新和信息系统高度化发展的同时推进。利用这些先进的管理模式和信息系统，特别是在国家大力推进流通现代化发展的利好形式下，三联家电信息化管理运营的深度和广度将会更进一步。

（作者：崔葆瑾　张欣）

服装服饰业连锁经营分析

一、服装服饰业市场发育情况及消费需求变化

总体来说，21 世纪我国服装市场将有两大消费主流群体：一是“2001—20”，即 2001 年 20 岁的消费群体，他们是换代消费的代表性群体；二是“2001—40”，即 2001 年 40 岁的消费群体，他们是当代消费的代表性群体。这两个服装消费群体在价值取向、生活观念、消费习惯、消费方式等方面存在着明显差异。20 岁的消费主流群体是在市场经济条件下成长起来的，他们中的的高收入阶层对社会消费趋势有着导向作用，对换代消费主流群体有着示范作用；40 岁的消费主流群体是计划经济向市场经济转型时期成长起来的，这一群体中的高收入阶层是新世纪中国消费革命的先行者，对高档商品的消费欲望强烈，他们不仅引领着服装消费潮流，而且是最活跃的消费群体。

业界普遍认为，把握了这两个消费代表性群体，就把握了我国服装市场的趋势。

具体来说，2001 年服装服饰行业市场发育情况呈现如下态势：

（一）特许经营蓬勃发展

随着人们日常购物的消费习惯从单一的依赖大商场向专业店、品牌专卖店转移，消费者购买品牌服装的习惯也正在逐步改变。服装专卖店的销售日渐趋旺，服装服饰专卖店（厅）的特许加盟经营形式逐渐成为商家情有独钟的经营模式。特许经营模式可以帮助企业对各种资源进行有效整合，大大拓展了品牌的资源拥有量、提高了品牌的经营拓展能力。不仅一些新创品牌直接采用特许经营的模式，即使一些已经具有非常高的品牌效应的大牌企业，也开始了企业特许经营模式的改革。可以说，服装服饰行业特许经营在 2001 年得到了长足的发展。

（二）品牌意识显著增强

消费品各业的竞争早已进入品牌竞争时代，服装业作为一个时尚产业，在品牌竞争方面比其他许多行业更显突出。随着品牌差异化程度的加强、品牌消费群的进一步明确，品牌服装对广大消费者的流行趋势导向作用大大提高，不仅在大中城市如此，这一趋势也已蔓延到小城市，甚至大城市周边的农村。品牌服装的市场占有率日益扩大，销售量增幅较大。

品牌服装成为企业和商家的目标及利益来源，也成为各级消费者的价值体现和梦想。

（三）产品追求高附加值

品牌发展的灵魂在于不断创新，创新才能带来新的需求。一方面，服装企业重视技术创新，不仅注重面料、工艺的不断提升，而且积极探索把生物技术、基因工程等高新技术融入产品之中，从而提高产品附加值；另一方面，服装企业通过品牌设计、广告宣传、店堂装潢、服务模式构建等综合性的现代化品牌经营方式，给消费者以全新的消费感受和心理冲击，从而实现高附加值的追求。

（四）销售价格持续走低

产品追求高附加值和销售价格持续走低成为服装市场上一对突出的矛盾。长久以来，服装换季、淡季打折成为商场销售的主要促销手段，消费者逐渐养成了顽固的打折消费心理。除部分世界顶级名牌固守“不谈价”销售方式之外，国内无论大小企业绝大部分品牌屈服于销售，服装销售策略均无法跳出打折套路，甚至一些品牌服装刚换季上市就开始打折销售。加之，服装品牌档次差别大，而消费者对服装质量却又一时难以辨别，致使一些高品质的品牌服装在价格上也受到较大的误解和冲击。

（五）广告宣传缺乏创新

我国的服装业广告处在一个缺乏智慧的平庸境地。谁都知道，企业若要在竞争激烈、品牌林立的服装市场中长远生存并发展，就必须在广告中旗帜鲜明地突出自身品牌及产品的优势与独到之处。然而服装广告确又有它的难处：要透过一个广告，使得产品被赋予鲜活的生命与亲切的联想，既要追求其直接的视觉效果，更要表现服装的消费群定位、品牌文化、风格特点等等。背负的东西太多，使服装广告总也跳不出“代言人（模特）+服装+宣传语”的俗套从而陷入不敢有创意和不想有创意的尴尬境地。

（六）服装市场走势各异

1. 西服。传统西装中一些品牌特色鲜明、用料考究、设备先进、版型美观、做工精良的产品雄踞市场，既包括已有十多年品牌历史的“大牌”企业，也包括近几年异军突起的市场新军。总体来说，传统西装稳中有降。而与此同时，凸现时尚、张扬个性、表现高品位的休闲西装为越来越多的消费者接受。

2. 女装。女装是一个国家的服饰艺术和服装水平的重要标志，以变化无穷、流行快速著称。我国女装多年来取得了一定的发展，然而，与国际水平相比，中国女装从品牌塑造、设计理念、造型、款式创新、工艺手段、面辅料、附件等还有相当大的差距。尤其是中国入世之后，服装领域中女装首当其冲受到挑战。

3. 职业装。近年来，不少政府部门、事业单位、企业在大力推广组织形象的过程中，将职业装作为其基本的“形象组件“之一，因此职业装需求在持续攀升。因为职业装有随时间不断更新的特性，因此这一服装门类也被日益看好。

4. 中老年服装。目前，我国城乡 45 岁以上的中老年人已逾 3 亿，中国已进入老龄化社会，中老年服装市场潜力巨大，正越来越受到重视。由于二十多年改革开放过程中服饰观念的提升和改变，中老年服装也在向高品质、品牌化方向发展。

5. 内衣。生活方式的改善，使越来越多的人把服饰消费眼光纷纷投向内衣。从全国范围看，每人拥有 5 件以上内衣的基本卫生需求还远远未能实现，因而内衣市场有着非常广阔的前景。在舒适保健、整形美化要求普遍提高的情况下，品质低劣甚至于对人体不利的内衣，将被市场淘汰。高质量内衣的需求日益提高。

6. 童装。消费观念和设计观念发生重大调整。以往童装以“实用简约、美观大方”审美观念为指导，强调童装作为对儿童生存、保护和发展（含教育）以及美化社会功能的基础上，更注重的强调环保功能，加强对儿童的人性关怀，并从小培养儿童的环保意识。

7. 运动装。运动装是男女老少必备的服装样式，全民健身运动、鼓励健康生活趋势的促进下，运动装日益受到全社会的喜爱。2001 年，运动装在着重舒适和运动机能体现的情况下，出现了向休闲服靠拢的倾向，“运动休闲”演变为一种新的服饰类别，得到一些目光敏锐的商家的青睐。

二、服装连锁企业经营发展状况

（一）服装连锁经营由来已久

中国传统服装业以专业店方式进行商业销售或者服务提供的方式由来已久，出现了许多广为人知的店铺商号，有些店铺商号迄今仍在流传和延续。

我国改革开放以后服装服饰连锁专卖形式，可用“海外兵团率先登陆，本土部分紧随其后”来描述。

改革开放使得中国这一让国外企业垂涎已久的10亿人的大市场敞开大门，一大批国外企业纷纷登陆，服装服饰企业首当其冲。1984年，北京开出了中国第一家现代意义上的服装专卖店——皮尔卡丹特许专卖店。同年，“东方鳄鱼”专卖店在上海鸣鞭开市。1993年前后一年多时间内，仅上海就有30多个国际品牌的50多家专卖店陆续开业。国外品牌正式大规模登陆中国市场，也为中国服装带来了新的销售模式。一时间，国内品牌专卖店销售模式迅速兴起。

（二）服装企业连锁经营迅速发展

1993年，杉杉集团第一家专卖店在宁波开业，随之，鄂尔多斯、雅戈尔、三枪、开开、恒源祥、海螺等一大批国内著名企业以专卖店形式进行销售并通过连锁网络形式宣传品牌，拓展市场。

20世纪90年代以来中国服装产业升级，结构调整带来的市场效果日益明显，整个服装市场正处于平稳增长、秉承活跃的上升时期，主要体现在三个方面：第一，以中低档需求为主转向中档需求为主，中高档需求增长迅速；第二，以少数品牌竞争为主转向多品牌竞争格局，中高档品牌增长迅速；第三，以百货业为主转向多种业态竞争发展，销售渠道增长迅速。

现在，专卖店连锁经营已成为服装企业品牌经营的重要手段。

（三）特许经营异军突起

以现代化、规范化、组织化为特征的连锁经营形式虽然进入我国时间不长，但发展速度很快。国内服装企业开始发展连锁经营主要是以直营连锁为主，国内较早采取连锁经营方式的著名服装品牌杉杉、雅戈尔等均是以直营连锁的形式迅速在全国铺开网点并形成较大的发展规模，为服装品牌的推广及企业的发展壮大起到重要作用。但随着时间的推移，直营连锁存在的一些痼疾也逐渐显露出来，如投资大、库存多、经营积极性弱、费用惊人、甚至存在贪污腐化现象等等。尤其是随着服装产业社会化的迅速发展，服装企业产业结构不断进行调整，价值链分拆，一个企业从产品开发、生产到销售全过程经营的方式已不能充分发挥企业的相对优势，服装企业特许经营模式在中国悄然诞生。

20世纪90年代末期国内服装企业采用特许经营方式主要以时尚品牌为主，许多新创品牌在开出几家自营专卖店，总结出自己的经营模式之后，大多以特许经营方式来开拓自己的领域，一些品牌定位准确，产品品质优良，企业文化内涵丰富，服务到位的企业迅速打开市场，取得了极佳的发展效果。

在国内以西服为标志的大型服装企业中，杉杉集团的特许经营实践引起国内服装界的广泛关注，产生了深远的影响。

三、国内典型\龙头企业情况

服装服饰行业跨度差异很大，不同类别产品之间无论是设计、采购、生产、销售以及公司运作管理上都有较大的区别和不同，现仅以"服装之王"——西服企业为主来说明典型龙头企业情况。

（一）2001年全国男装主要品牌销售及市场占有情况

品牌名称	销售量			销售额		
	数量（百套/件）	所占份额（%）	位次	金额（万元）	所占份额（%）	位次
全部品牌	91 339.2	100.00		773 860.4	100.0	
雅戈尔	9 222.4	10.10	1	77 508.9	10.02	1
杉杉	6 240.0	6.83	2	53 069.1	6.86	2
罗蒙	3 419.2	3.74	3	35 616.8	4.60	3
胜龙	2 733.6	2.99	4	12 127.8	1.57	4
报喜鸟	2 323.2	2.54	5	35 532.1	4.59	5
金万利	1 938.4	2.12	6	14 610.3	1.89	6
雄	1 683.2	1.84	7	3 003.2	0.39	7
威人	1 249.6	1.37	8	8 614.1	1.11	8
昂斯	1 236.8	1.35	9	6 633.2	0.86	9
金利来	1 174.4	1.29	10	14 080.4	1.82	10
鳄鱼	1 165.6	1.28	11	8 704.7	1.12	11
恺王	1 136.8	1.24	12	4 824.9	0.62	12
神鹰	1 104.0	1.21	13	11 097.6	1.43	13
培罗蒙	964.0	1.06	14	9 474.4	1.22	14
皮尔卡丹	926.4	1.01	15	15 781.8	2.04	15

数据来源：中国行业企业信息发布中心

（二）典型龙头企业简述

1. 雅戈尔

迄今为止，雅戈尔已有 20 年的发展历史，正是这 20 年，雅戈尔由一个行将倒闭的小厂成长为蜚声海内外的著名服装企业。雅戈尔大致经历了四个发展阶段。第一阶段，80 年代初，依靠横向联营起步，借助大企业的一些经营思路和管理方法，使企业得到迅速发展。第二阶段，80 年代末，引进外资、技术、管理，使经营层的观念获得新的突破。第三阶段，90 年代初，成功进行了股份制改造，使企业实现了从量变到质变的飞跃，并真正走向市场。第四阶段，90 年代后期，雅戈尔股票成功上市，把雅戈尔推向一个与国际接轨的新阶段。

从整体经营状况看雅戈尔，主要有以下特征：（1）与服装行业的其他公司相比，雅戈尔在直营营销网络上具有明显的优势。目前主导产品的 28% 是通过自营专卖店实现的，使该公司不仅能获得生产环节的利润，也能享受销售环节的收益，增强了主管业务的获利能力。（2）强化管理、集约经营，提高资产的使用效率。通过市场营销系统提供的信息，实现以销定产，借助全国分销配送系统合理调配产品，优化资源配置。（3）抓住机遇，积极开拓国际市场。随着中国加入 WTO，为了改变外销比重相对较小的现状，雅戈尔在确保国内市场优势的同时，加大了拓展国际市场的力度。（4）对外投资效益良好。目前雅戈尔对外投资主要集中于交通基础设施和金融证券行业，从行业现状看，基础设施项目风险相对较低，回报稳定，金融证券行业受经济形势影响较大，但预期收益较高，降低了公司的整体风险，为公司的利润增长做出了一定的贡献。

2. 杉杉集团

杉杉集团从 1989 年起步，以十年的飞速发展，成长为中国服装业的龙头企业之一。1999 年底杉杉集团启动特许经营改革，2001 成功完成转换，成为国内大型服装企业中率先进行特许经营的第一家企业。到目前为止，杉杉集团已拥有 70 多家主加盟公司，辐射全国的 2018 个专卖店（厅），构成中国服装企业最大的特许经营网络。目前，杉杉集团总资产已达 26 亿元，列入国务院确定的全国 520 家重点建设企业排行榜。

杉杉集团特许经营的特色在于：（1）科学的双赢机制。在特许经营模式中，杉杉和受许加盟者形成紧密的战略合作伙伴关系，这是一种对双方均有极大诱惑和利益的“双赢”模式。基本内容是，由卓越的品牌、高品质的产品、良好的市场基础、丰厚的利润空间、高度的财政支持等核心内容构建的“成功平台”。(2) 科学的管理系统构架. 事业的推动和拓展，既需要有高瞻远瞩的企业战略家指明方向，同时也需要有一个富有经验、团结有力、分工协调、相互促动的战斗团队来具体操作变革中的每一个细节。杉杉集团特别将特许经营的运作机能从服装公司中剥离出来，组建了特许经营总部，骨干班子中有六年以上全国特许经营经历、在国外经过特许经营专门培训的领军人物，有多年从事服装企业管理的具有丰富经验的职业经理，有多年从事大型企业企划活动的专业人士。杉杉集团特许经营总部根据特许经营的业务，科学合理地设置了分工明确、职责清晰、相互补益、有机整合的一体化结构。特许总部的日常业务职能由五个部门分担：拓展授权部、营运督导部、业务培训部、信息中心、品牌保护办公室。(3) 科学规范的运作。杉杉集团科学规范的运作是由管理契约化、操作标准化、信息平台化、培训体系化构成的。(4) 倡导“提升性”企业文化。“提升性”企业文化，就是杉杉集团在大力拓展加盟事业的过程中，通过提升加盟商观念、提升加盟团队素质、提升加盟组织效能、提升加盟服务水平，对加盟公司进行文化连接的重要理念。

杉杉集团以中国驰名商标“杉杉”为依托，不断提升产品的品质品位，优化服务体制，通过与日本、意大利、法国、美国等国际一流公司的合作，实施国际化多品牌战略，积极拓宽产品线。目前，集团服装板块拥有杉杉、法涵诗（男、女装）、梵尚、麦斯奇来、意丹奴，小杉哥等不同风格的品牌系列。

1999年年初，杉杉集团总部迁至上海浦东，经过两年的转型调整，形成了作为投资运作主体的集团化管理模式，依托上海人才、信息、市场等功能优势，形成了以服装为主业，以高新技术，资本运作为两翼的三大板块。作为新世纪的发展战略，进一步加快与国际接轨的步伐，积极参与国际竞争，力争到2010年进入中国企业50强，进而跻身世界著名企业的行列。

3. 罗蒙集团

罗蒙集团始建于1984年，是以生产销售罗蒙系列服饰的现代化大型股份制产业集团。罗蒙西装是包容型的，是“在西方工艺基础上做出了东方文化味儿”。罗蒙得以成功的经验，罗蒙人自己总结出六个字：在传统上创新。具体说来，一是承袭传统。罗蒙创业初始，就吸纳了一大批红帮传人加盟，承精神、保神韵、光绝技；二是吸收先进技术和管理。罗蒙与意大利著名设计师挂钩，成立男装设计工作室，并与国家服装设计中心和服装质量监督中心等权威机构联姻，委托国际著名的管理顾问公司进行发展战略策划，使罗蒙很快实现国际接轨；三是营销手段。他们构筑了专卖店、店中店、代理商三位一体的市场营销体系，投入5000万元实施“三个一百”工程，即新增100个专卖店、100个专卖厅、100个代理商。创新使罗蒙一枝独秀，他们推出的无粘衬西服技术抛弃了化学合成的粘合衬，在制作上吸收红帮传统工艺精华，并借助现代技术和电脑设备精工细作，实现了西服制衣史上的一场绿色革命，不仅在国内受到广泛欢迎，而且打开了通向欧盟市场的大门。

四、服装行业发展热点及核心问题

（一）中国服装服饰业存在的问题

1. 由于缺乏有效的调查和研究，缺乏有效的引导，社会服装生产规模的扩大带有一定的盲目性和短视性。

2. 行业内部发展不平衡，大中小企业发展不均衡，盲目跟风的现象还广泛存在。服装企业的主体——中小企业的优势还远没有发挥出来。

3. 重视硬件，轻视软件。

（二）入世对国内纺织品服装流通产生的影响

1. 对服装服饰企业的影响

中国加入WTO以后，我国政府承诺外商可以在国内流通产自国外的产品，可以拥有或管理流通网络、批发渠道和包储。外商可以在我国直接从事外贸进出口业务，还可以在我国国内经营批发零售网络，这将使国内纺织生产企业进一步纳入国际市场“加工地”的境地。一方面有利于扩大纺织品服装出口，另一方面由于我国纺织服装市场网络在原国有一、二、三级市场批发网络基本解体后，新的市场体系正在缓慢形成过程之中，尤其在国内市场领域中，尚未形成超大型和有实力的采购批发企业，这一空白很有可能会迅速被外国流通企业占领，我国纺织行业分散加工型特征将会更加明显。加工型企业与市场营销网络的连接具有不稳定性，并且随着成本的比较优势转移，一旦外商企业或跨国公司的采购转向别的国家或地区，国内生产企业就会大量关闭。另外，市场营销网络完全被外国公司掌握，从利益分配上国内生产企业也处于不利地位。

2. 对服装服饰流通中介的影响

目前，国内的流通中介组织发育还不成熟，服务的水平还不高，在国内市场通过展销会、博览会、大型定货会等形式销售产品的比重还不高。而在美国、香港等国家和地区的纺织服装企业，全年的定单主要来自于国际性、全国性、区域性的展销会，国内企业的销售则主要依靠企业的自身销售渠道。入世后，流通中介组织会有较大的发展。目前国内企业参加国外的展销会还有一定的限制，主要表现在组团单位具有垄断性，对国外的展览信息了解不多。入世后，这方面的限制将逐步取消，为更多企业跨出国门，走向国际市场提供了条件。

3. 对国内大型批发市场的影响

入世不会对集中交易市场产生大的冲击，外国批发机构进入中国市场将会增加，但他们一般经营的是中高档产品及国外产品，他们的进入对低档产品、大路货产品影响不大。中国交易市场的经营者都是在市场经济大潮中成长起来的，机制较为灵活，加之经营的费用较低，具有一定的竞争优势。目前已经出现了外国企业利用现有交易市场进入中国国内市场的情况。但是，随着电子商务的迅速发展以及新的营销形式的发展，现有市场不加以改造则有可能被淘汰出局。

（三）服装服饰行业特许经营中存在的问题

近两年来，特许经营在各行业中得到长足发展，服装服饰行业中小型企业，尤其是新创企业从一开始就尝试以特许经营的方式进行经营活动，有些企业取得了极大的成功，也有一部分企业在运作中遇到了一些问题，主要表现在以下几个方面：

1. 机制不健康

特许经营模式是典型的双赢机制，盟主在通过特许经营网络树立品牌形象、销售品牌产品的同时，必须要让加盟商赢得利润和赢得尊重，真正建立起“品牌命运共同体”的健康机制。否则，如果只考虑收取加盟金，只考虑如何把自己的库存转化成加盟商的库存，这样的特许经营将难以长远发展。

2. 管理不科学

许多中小型采用特许经营模式的企业组织机构上没有明确的职能划分，“眉毛胡子一把抓”，致使特许经营模式必须的管理、服务工作不能到位。

3. 运作不规范

特许经营是规范化经营，要有严格的

契约管理，同时还要有标准化的操作流程、完善的信息平台、完整的培训体系支撑，而很多企业在实际操作中往往不能按规范、标准严格执行。

（作者：金伟　张亚辉）

连锁书店分析

我国图书业的连锁经营起步于20世纪90年代初期，随着政府的倡导和推动，特别是连锁企业经营业绩的榜样作用，自90年代初期，图书业连锁经营在全国各地全面铺开，并逐步纳入科学管理，规范经营的轨道。

目前，我国图书业连锁经营遵循的原则：一是坚持将社会效益放在首位，努力实现社会效益与经济效益的统一，加大图书市场的覆盖率，提高行业服务的读者满意率和供应满足率；二是依靠国有主渠道，面向全社会，立足大市场，搞活大流通，打破贸易壁垒，规划布局科学，形成统一开放，竞争有序的图书市场；三是不断探求并遵循市场经济规律、文化发展规律和意识形态演变规律，严格按连锁经营的内在要求，把握行业特点和规范化、标准化的发展方向；四是从实际出发，积极稳定，循序渐进，力戒形式主义，一哄而上；五是典型引导，重点突破，政府推动，市场整合。在这一原则下，2001年我国图书业连锁经营呈现出模式多样、相互渗透、初具规模、快速发展之态势。

一、图书业连锁经营主要业态模式

（一）建工模式

建筑工业专业连锁书店始创于1995年，是新闻出版署批准的首家专业图书发行连锁书店。到目前已在全国建立了40余个连锁代理站，600余个连锁店，2000年实现销售额2.1亿元（其中，教材约2000万元）。其经营模式主要特色是，在保留原有图书销售渠道的前提下，以特许经营方式创建新的连锁店，形成由总部、代理站、连锁店和连锁点构成的连锁销售网络。其中，代理站设在省会城市，由总部按标准指标严格考核，实行规范统一的销售服务管理，并按“七统一”商业原则约束各连锁店。

目前，建工书店网业已开通，各种B to B、B to C的网上连锁业务行将开展。

由于服务到位，快捷方便，读者满意率保持在九成以上。

（二）深圳模式

深圳市是开展图书业连锁经营较早的地区。早在1995年，市新华书店就以所属专业店、专业公司、行政区划店等网点为基础，以深圳书城为样板，按照国际通行的连锁经营规范，对人力资源、商流、物流、资金流、信息流进行有效整合，对利益分配制度进行科学、大胆地调整，对考核评估体系实行软、硬指标兼顾，稳妥推行，注重实效的机制，实现了店面形象、经营管理、行政管理、采购进货、仓储配货、信息管理、财务管理、加盟管理“八统一”下的超市化统一卖场营销格局，满足了读者“一站式”购物需求。这种在原有体制框架下发展起来的连锁经营模式，不仅较为稳妥地解决了不同体制下权利人的相互关系，减少了推行连锁经营的阻力，而且通过卖场专业和特色分明的分区陈列、销售，科学而人性化的销售服务考核指标体系，较好地提高了卖场人气和资源利用率，激发了员工打造企业品牌的积极性。同时，超市化的统一卖场，以经营规模大，图书品种多，辐射范围广，环境优雅，管理高效等特点，能比其他业态更易形成品牌优势，从而获得读者的认同，聚集起基础广泛的忠实消费者群。同样，这一模式也更易于得到现代信息技术的支持，获得比其他业态更快捷的市场信息，形成低成本的信息优势。以样板店深圳书城为例，2000年实现销售额22.07亿元，年人均创益69万元，与传统经营模式下的年人均创利额4万元相比，实现了质的飞跃。同时，深圳市图书业连锁经营也实现了经营规模、管理水平、经济效益和整体实力的跳跃式发展。

（三）上海模式

2001年，上海市以上海发行集团为主体的连锁体系，在继续拓展书业连锁网点，实现跨地区经营的同时，又实施了全方位出击连锁经营的战略，不仅成立了东方音像连锁有限公司，开设了61家连锁书店，而且以上海书城为核心，将淮海路、南京东路等原设书店纳入其连锁网络，形成了经营主体多元化的连锁书店网络群，构成了市政府鼓励的包括专业连锁店、图书连锁超市、商厦图书销售连锁网点、音像制品连锁网络、上海书城连锁网络、加盟连锁店、文教用品销售连锁等多形态、多层次、全方位发展连锁经营的特色。

在经营管理上，以上海书城科学、规范的管理体系为样板，将其“管理软件”、“管理模式”作为宝贵资源推广至整个网络。

同时，图书业物流配送体系的建设发展也是其十分重视的。目前已建起拥有8个大型库房，年运量6万吨、70万公里的配送中心，为“配送主导型”的连锁经营发展提供了良好的基础。

（四）四川模式

四川省图书业连锁经营是以1998年省新华书店集团有限公司建立的西南书城为管理机构，以成都购书中心为品牌样板店，输出其经营理念、管理模式、操作规程，对不同连锁书店实行分类管理的。

“四川模式”连锁书店类型及发展情况表

类型	连锁形式	合作管理方式	比较优势	店铺数(家)
A	直营	直接进驻百货店;以营业扣点支付场租。	人气旺盛,带动销售。受百货店自身因素干扰。	39
B	加盟(紧密)	加盟方自有经营场地,特许方提供营业执照,并作为唯一供货商;双方按比例结算。	有供货保障及品牌优势,便于管理,经营品种受限制	8
C	加盟(松散)	加盟方自有经营场地及营业执照;特许方为主要供货方。	有供货保障,经营灵活;需创品牌,竞争压力较大,不便管理。	48
D	直营	特许方租赁门市,自行经营。	与总店优势相当,且经营灵活,便于管理,需额外投入。	13

（五）广东模式

广东省图书业连锁经营是以新新图书股份有限公司为基础，通过增资扩股组建新华发行集团，于2000年建立起省级连锁书店网络的。其中，以控股形式集合各地市级新华书店建立了阳江、高要、江门、韶关、汕头、湛江、赤坎等8家子公司；以参股形式建立了惠州、梅州图书发行中心，基本实现了省、市、县三级书业连锁经营的设想。2001年随着全国连锁业的快速发展，广东图书业连锁网络凸显出辐射能量强、凝聚力大、市场调控快的连锁规模效应。同时，粤版图书代理点还设到了北京、上海等特大型城市，加盟连锁书店已拓展到福建、江西等省的周边地市县。

广东“新华”集团连锁书店发展情况表

年度	加盟店（家）	特许店（家）	直营店（家）
2000年	23	28	
2001年	50	41	11

（六）江西模式

早在1993年江西省就以新成立的出版集团为核心，收回了全省、市、县新华书店的“三权”，拟以“行政捏合”的形式快速推动全省书业连锁经营。但实际的运营和发展不断显露出“捏合”无法解决的传统销售模式的弊端，“捏合”造成的矛盾也日益突出。为此，省出版集团在总结经验，实地考察的基础上制定了《连锁经营管理办法》、《连锁经营配送业务实施办法》等一系列连锁经营管理、业务流程、配送管理、考核规章、利益分配制度等政策性文件，对图书业连锁经营的供配货、验退货、销售、结算、信息交流等各方面进行了规定，以严格、规范、标准化的指导性文件替代了“行政干预”，以市场规则来推动全省图书业连锁经营的发展。

（七）辽宁模式

辽宁省图书业连锁经营由北方图书城于1998年发起。2000年辽宁省北方出版物配送有限公司（“辽配公司”）通过联网配送实践，建立起以出版物发行为主体内容，以电子商务为主要模式，以先进技术手段带动传统发行产业的信息网络系统。该系统不仅解决了零售书店库存不足、资金紧张、销售品种快速拓展受限的传统难题，而且实现了配送公司与基层店的信息共享，加快了出版物周转，扩大了服务范围，降低了运营成本，优化了配送方、基层书店、读者群相互依存、协调发展的供需关系，充分显示了集约化经营的优势。

目前，北方图书城的销售额已占到沈阳市图书销售额的一半；“辽配公司”的信息网络已经与清源、普兰店、新民、辽河油田等20余家新华书店的基层店对接，对接书店的销售额同比增幅已达50%以上，经营成本大幅下降，成为最具发展潜力，备受关注的经营模式。

（八）新华驿站模式

由新华音像租赁发行有限公司创办的“新华驿站”是2001年1月真正规模化地开始实施社区化连锁书店业务的。其深入社区布点，以品牌、物流、信息流、计算机管理为支持系统，以音像制品、图书、报刊、电子出版物销售及租赁服务业务为主要经营内容，以青少年和家庭为主要服务对象，以“便利、亲善”为经营特色，以会员特惠、24小时、订购目录、免费阅览、代办便民业务等服务，为顾客提供最好的精神文化产品。

“新华驿站”计划用五年时间在全国发展3000家以上连锁书店，首先在北京、深圳等文化基础浓厚的地区开办 100 家，并逐步向全国拓展。目前，“新华驿站”已在北京地区发展加盟店 100 余家，直营店 9 家；在黑龙江、辽宁、山东、河南、湖北、浙江、福建、宁夏、新疆等 28 个省、市、区的大、中小城市设立加盟店 60 余家。“新华驿站”加盟店的平均毛利率已达 35%，比 2001 年全国音像业 27% 的增长率高出许多。

“新华驿站”充分利用新华书店的品牌形象和广泛的社会影响力，及时把握零售书店尚未真正涉足城市未来发展重点——社区的机遇，建立起深入社区的图书业便利店网络，以现代先进的营销模式和社会资本整合传统新华书店资源。同时，这种社区化的连锁书店通过地理位置的选择，避开了超市书店、大型图书商厦的强势竞争，挖掘并满足了潜在于社区的广大图书消费需求；而与社区不同消费特点相适应的各社区连锁书店的不同定位（如商业区、校园区、居民生活区、城乡结合部等）及其各具特色、服务对象明确、灵活而人性化的经营活动，加之覆盖全国的物流配送体系的支持，有效解决了社区连锁书店店面小、品种少的局限，形成与超市书店、大型图书商厦（音像店）的互补，使“新华驿站”社区化连锁书店成为社区生活的一部分而获得快速发展。

（九）席殊模式

“席殊书屋”1996 年介入连锁经营，是中国第一家民营全国性连锁书店。其 1997 年创建了按国际惯例运作的“席殊好书俱乐部”；1998 年率先将特许经营引入国内图书业，发展了席殊书屋加盟店；2000 年涉足电子商务，创办了旌旗席殊网上书店；2001 年对其连锁店，好书俱乐部、网络书店、BOOK321 电子发行商等进行有机整合，加大了加盟宣传力度和广度，打造出国内民营图书业第一品牌，形成各方投资者踊跃加盟的高潮。至 2001 年 11 月，“席殊”已拥有连锁店 375 家，其中 60% 以上是 2001 年的新加盟店。“席殊”计划到 2002 年 6 月将拓展到 500 家，再用二至三年时间，在全国县以上城市，主要以特许经营方式建立 1000 家以上的图书连锁店网络，形成除新华书店系统以外、最具发展潜力和规模的民营图书业零售商。

席殊模式开创了民营资本发展图书业连锁经营，并以特许经营方式为先导，以俱乐部会员制特色服务为基础，实现低成本快速扩张的先例。同时，其在连锁经营过程中十分注意利用外资，并积极引进国外同行的先进理念和经营方式发展和完善自己的做法，值得国有书店学习和借鉴。

二、发展走势

（一）国内发展环境

随着我们经济的快速发展，城镇居民文化消费的需求和实际支付能力也在快速提升。据《2002 中国统计摘要》数据，在城镇居民消费支出中，文化消费的支出比重呈逐年递增态势。并且文化消费的排位自 1998 年后稳居食品消费之后列第二位，即使是近几年城镇居民住房商品化进程的加快也未能撼动文化消费的排位。这为图书业连锁经营留下了硕大的市场发展空间。

城镇居民年人均文化消费占消费性支出的比重

年度	1996	1997	1998	1999	2000	2001
比重（%）	9.57	10.71	11.53	12.29	12.56	13.00

此外，我国图书业市场结构重组进一步加快，大型图书商厦等超级书店和连锁书店对图书业流通市场的驾驭能力日渐增强，促使出版业形成更为积极的合作和更为优惠的政策，而连锁书店将以其高效运营，规模化发展的优势，在市场重组中争得发展先机。

同时，信息网络等高新技术在图书业连锁经营中的应用也为连锁书店的发展提供了可靠的技术保障。而连锁经营在其他行业的发展，以及连锁经营不同业态的发展实践，都为连锁书店的发展提供了丰富的经验借鉴。

但是，就全国范围来看，以行政区划为边界的图书业市场割据、贸易壁垒、盗版行为依然存在，图书业连锁经营的技术服务还比较落后，科技含量普遍不高，信息化程度仍然很低，尚未充分形成规模优势，使物流、商流、资金流、信息流的长处难以完全发挥，严重制约了图书业市场的规模化、集约化发展。

（二）WTO 的影响

中国加入 WTO，图书业市场将逐步对外开放，这必将加剧书业市场的竞争。以国内图书企业的经营规模、经济实力、经营理念、经营方式、基础设施以及技术支持等方面与国外同行比较，差距是明显的。

同时，图书业外资的进入也带来了丰富的管理经验、新颖科学的经营理念、灵活完善的销售服务、先进的管理技术和设备，以及雄厚的资本保障。这将促进我国图书业运营管理体制的改革，加速图书业资源的重组和优化，加快图书业市场竞争的节奏，加强客户群体的分划与针对性服务。

（三）发展走向

1. 经营主体多样化。我国区域性超级书店的发展已渐入成熟期，且在发展中形成各自不同的特色优势。而超级书店多为区域性连锁书店的龙头老大，这为连锁书店的进一步发展奠定了坚实的基础。同时，连锁书店是国际图书业发展的主要形态，正处于快速发展期。如美国的巴诺（Barnes & Noble）、鲍德斯（Borders Group）、百万三大连锁书店，法国的福纳克（Fnac），加拿大的查普特斯（Chapters），英国的W. H史密斯（W. H. Smith），日本的纪伊国屋、三省堂、角川书店、八重洲等书店，都是通过连锁经营出现增长强势的。因此，国外书商进入国内后，一方面会建立超级书店，另一方面也将采取连锁战略，大力发展连锁书店。这样，连锁书店的经营主体将呈现国有、集体、民营、合资、外资等多样化局面。

2. 资本构成股份化。由于连锁经营的规模化、集约化特性，要求经营者要以雄厚资本为保障，因此股份化的合资经营方式就成为连锁书店的最佳选择。而图书业市场经营主体的多样化为连锁书店的股份化创造了条件。

3. 经营功能综合化。以连锁网点为依托，连锁零售集团将充分利用网络优势涉足图书业电子商务，并以资源优势、品牌优势扩大销售和影响，进而冲击网上图书业市场。同时，读者俱乐部的会员制服务，各种宽泛方便，用以吸纳人气的代销业务，都将纳入连锁书店的多功能服务平台，使连锁书店的功能日趋综合和完善。

（作者：李建中）

连锁药店分析

一、行业概述

(一) 连锁药店业态市场发育状况及消费需求变化

2001 年药店业尤其是连锁药店得到了飞速发展，从 2002 年全国药品监督管理工作会议上获悉，目前全国已有药品零售连锁企业 503 家，连锁门店 18527 个。北京、天津、江西、青海等地连锁企业的药品零售额占到辖区药品零售额 50% 以上。县级批发企业改组为配送中心工作已见成效，如山西、湖南、湖北、河南省已有 1745 家批发企业改组为基层药品配送中心。

各省市药店审批的陆续放开，虽然政策细节上稍有差别，但整体上是不惟经济成分，提高市场准入门槛，符合标准即可开业，促进了药店的繁荣发展。

2001 年是丰富业态、多元化发展的一年。按业态形式可分为：大卖场（健康广场）、商场超市店中店、社区便利店、OTC 超市、传统药店等。按是否连锁可分为：独立药店、连锁药店（直营、加盟、合资）。按经济成分分为：国有、民营、个体、股份制等。

随着医药卫生体制改革的推行及药品分类管理的实施，老百姓购药行为模式发生了变化，到药店购药的比重会越来越多。药店与便利店的融合，乙类非处方药进超市等都会极大地方便老百姓购药，将进一步刺激药品零售市场的竞争和发展。

（二）竞争状况（包括外资进入情况）

价格战：药店价格战从 2000 年在昆明、成都等城市点燃，2001 年迅速蔓延，从哈尔滨、沈阳、大连、成都到南京、长沙、武汉，平价药店超市不断涌现，挑起药店价格战的大旗，对传统药店价格体系发起冲击。有些城市的连锁药店也加入其中，如何应对价格战是广大连锁药店经营者面临的不可回避的课题。

圈地运动：随着跨省跨区连锁的蓬勃开展，兴起一轮圈地运动。各地连锁药店纷纷扩张地盘，甚至出现几家同时争抢同一地址的情况。有采取行政命令，将原来系统内的药店招致麾下的；有采取加盟形式的；有资金实力的加快了自己布点的步伐。

兼并联合：像三九、丽珠、华源、复星、华药、鲁抗这样的制药企业也加入到连锁药店的行列中，为了在短期内达到规模效益，大都采用兼并联合的方式来扩展市场。药店之间的联合也比较多见，像上海华氏与江西黄庆仁栈的联合，重庆桐君阁与供销社的合作等，都在短时间内扩大了规模，提高了竞争力。

外资进入情况：目前还没有外资药店真正进入中国，2001 年，“华氏”和“一致”获准中外合资试点。上海华氏大药房和深圳一致药店两家医药零售企业获准在中方控股的前提下进行中外合资试点。据悉，华氏已开始行动，在派人到国外进行实地考察后，与美国一家在资金、规模、效益等方面都遥遥领先于自己的医药零售企业达成协议，并准备于正式签约之后全新亮相。已杀入中国连锁十强的“一致”也不甘示弱，与外资合作的计划也在酝酿之中。

（三）连锁企业经营及发展状况

2001 年本行业企业销售额排行榜（前 10 名）

序号	连锁药店名称	营业额（单位：万元）
1	北京嘉事堂药业有限责任公司	96 000
2	重庆和平药房连锁有限责任公司	56 000
3	南昌市黄庆仁栈华氏大药房有限公司	50 000
4	上海华氏大药房有限公司	45 241
5	青岛国风大药房有限公司	38 976
6	深圳一致医药连锁有限公司	38 000
7	辽宁省沈阳东北大药房连锁店	36 000
8	重庆桐君阁大药房连锁有限责任公司	32 000
9	大连美罗大药房连锁有限公司	32 000
10	深圳海王星辰医药有限公司	29 500

注：材料源自《中国药店》2002 年第 4 期

二、典型企业情况

(一) 国内

1. 重庆和平药房连锁有限责任公司

2000年：300家（门店）

2001年：553家（门店）；5. 6亿元（销售额）

(1) 企业介绍

重庆和平药房连锁有限责任公司是重庆医药股份有限公司集约化、专业化经营的成果，主要从事西药制剂、中成药、保健品、玻璃仪器、化学试剂、中药饮片、食品、饮料、保健食品、健身器材、医疗器械、日用百货等经营，经营品种10000余种，2000年进入中国连锁业100强。2001年销售实现5.6亿元，是1997年的9倍。和平药房于2001年4月在全国首批通过GSP认证。

和平药房作为国家药品监督管理局跨省连锁经营试点单位之一，已成功迈出了跨省市经营的步伐，目前550家连锁网点遍布重庆市各区县、贵州德江、四川南充、自贡、阆中、射洪等地市。考虑到传统的农村药品供应体系已被打破，新的药品供应体系尚未建立，在大城市带动农村政策的指引下，和平药房于1999年开始把战略重点逐步转向广大的农村乡镇市场。到目前为止已发展了120家，并准备在2001年年底发展到200家。

(2) 2001年企业连锁经营的重大举措。

①为顺应知识经济时代和信息时代的市场竞争要求，和平药房分步实现了计算机信息网络管理，现已初见成效。

②和平药房的快速发展必须有功能完善的配送中心做支撑。2000年8月开始，和平药房成功实现配送中心的改造建设，其中包括对计算机信息管理系统和发货车的改造，以适应直接配送与分级配送两种不同的配送方式，并最终形成经营规模化、管理规范化、设施标准化、信息电子化的四大特色。

③以资本经营为依托，构建连锁网络。产权制度改革成了和平药房快速发展的基本条件。现已成功迈出了跨省市经营步伐。到目前为止，550家连锁网点遍布重庆市各区县及川、黔两地。

④本着“放心药房、便民药房、健康药房”的经营理念，和平实施多元化经营，经营品种达10000余种。不久和前平药房又与国际影像知名企业柯达公司合作，成立了和平数码彩扩中心。

2. 海王星辰医药有限公司

2000年：100家（门店）

2001年：203家（门店）；3.02亿元

(销售额)

(1) 企业介绍

成立于1995年的深圳海王星辰医药有限公司，无疑是我国最善于学习、最富于创新精神的连锁药店。它从创立之日起就颠覆了传统药店封闭式柜台、只卖药品的经营模式，而代之以健康美丽药房的新概念。近一年来，海王星辰更是亮点频现：引入彩扩靓晒店，开药店多元化经营之先河；2000平方米的健康广场横空出世，“健康+专业+便利”的大卖场风光无限；上千万元打造电子信息平台，托起药店联合采购的宏伟构想……

在发展进程中，海王星辰的步履稳健，一马平川。其当家人有着敏锐的市场预见能力和对企业自身运转的自信把握。目前，海王星辰在全国各地建有8个事业部，搭建全国连锁的大框架；对内夯实管理基础，着力于经营技术的提升。

(2) 2001年企业连锁经营的重大举措

①2001年11月，海王星辰在全国医药批发和零售企业中首家通过了ISO9001质量体系认证，这标志着海王星辰已与国际接轨。通过ISO9001有效提升了海王星辰的行业地位，也为打破国际化经营的技术壁垒奠定了坚实的基础，标志着海王星辰已跨入质量技术型经营组织的行列。

②开办海王星辰海景健康广场。健康广场是海王星辰结合国际药品零售通用模式与深圳本地消费习惯的全新药店，是“大卖场”型的医药零售模式。健康广场营业面积近2000平方米，经营药品及健康产品、品种数超过1万种，健康广场集健康、专业、便利于一体，以“专业健康服务、完整一站购足”为经营理念，倡导全新“健康、科技、个性化”的服务概念。

③2001年，海王星辰完善门店标准作业手册，门店员工必须按照规范标准化要求进行日常工作。

④2001年8月，海王星辰与靓晒店合作，将柯达冲印开进药店，41家柯达靓晒店入驻海王星辰连锁药店，成为中国医药连锁走向多元化经营的一种崭新模式。

3. 广州二天堂大药房连锁有限公司

2000年：40家(门店)

2001年：87家(门店)；0.95亿元(销售额)

(1) 企业介绍

广州二天堂声名鹊起于2001年初，国家药监局局长郑筱萸亲临二天堂检查工作，并在那里作出了鼓励民营药店大力发展的重要讲话，二天堂因而成为中国民营药店的一个突出代表。无论是占地3600平方米的配送中心及完善的信息管理还是百分百条药店管理准则，无论是“走边走角走盲点”的发展策略还是引报纸、期刊入门店进行多元化经营，都处处展现了民营企业灵活多变、勇于尝试的特征，显现出开拓者的敏锐眼光与矫健步伐。

与国有企业相比，民营药店更具机制优势，在用人机制、分配机制、经营项目、激励机制等方面，民营药店更灵活，更贴近市场。然而，融资渠道的困难、专业人才的匮乏，享受不到更多国有企业的优惠政策，又深深羁绊着民营企业的长足发展。

（2）2001年企业连锁经营的重大举措。

①建立3600平方米的配送中心，并按国家GSP标准进行设施、设备配套改造，为药品在贮存、养护、保管、检验方面提供了质量保证，也为公司快速发展、增加库存周转量奠定了坚实的基础。

②总结现代连锁企业管理经验，并根据医药零售行业特点，制定出二天堂药店管理标准（简称100分100条），将门店管理的各个环节进行量化考核，先在直营门店示范推广，然后向加盟店和新开店推广，使门店在人员、物流、资金流、信息流以及操作流程方面、服务技能方面都做到整齐合一、形象统一、规范一致。

③投巨资开发信息管理系统，将采购、配送、门店销售纳入网络管理。采购部采购商品根据网络数据分析结果、提示、自动生成采购订单，并根据市场业绩对单品进行自动淘汰；配送中心利用电脑管理实现了药品按GSP分类管理、批次管理，开医药行业真正按GSP分类、批次管理之先河；在配货方面，电脑根据各分店单品销售情况自动生成配送单据，使门店商品随时保持标准陈列量，避免了药店断货、缺货现象。

④根据市场动态布点，“走边走角走盲点”，把药店开到最需要医药健康服务的城中村、城郊结合部以及外来人口稠密的居民区，并采取直营、加盟、合作等多种形式加快开店步伐，使开店速度达到5家/月左右，在短时间实现快速扩张。

随着二天堂连锁门店不断向居民区、城郊结合部渗透，公司从引进体育彩票入手，继而在药店增设日用品超市，品种达上千个；2000年下半年，又引进《广州日报》、《信息时报》、《南方都市报》、《新快报》到药店销售。这些便民措施不仅聚集了客流，也带动了销售。

（二）国外

1. CVS

年度	总店铺数（家）	销售额（亿美元）
2000	4 133	201
2001	4 004	220

2. Rite Aid

年度	总店铺数（家）	销售额（亿美元）
2000	3 802	133
2001	3 600	144

3. Walgreens

年度	总店铺数（家）	销售额（亿美元）
2000	3 165	212
2001	3 520	246

三、2001 年出台的药店业相关的政策、规定和地方法规开办零售药店有新规定

为进一步加强对零售药店的监督管理，促进药店的合理布局，方便群众购药，国家药品监督管理局出台《零售药店设置暂行规定》，对零售药店的设置提出了更具体的规定。对符合要求的申请者，必须按国家有关规定，接受药品监督机构的检查验收。开办零售药店的检查验收标准由省（区、市）药品监督管理局根据《药品经营质量管理规范》有关内容组织制定。

（一）三批药品零售跨省连锁试点企业名单相继公布

继第一批、第二批药品零售跨省连锁试点企业公布之后，国家药品监督管理局又公布了第三批药品零售跨省连锁试点企业名单。到目前为止，跨省连锁试点企业已达58家。其中，第一批41家，第二批9家，第三批8家。

（二）广州开店将亮“绿灯”

广州市药监局有望对符合开办药店条件者开放绿灯。广州市药监局局长杨卫东解释说，新修订的《药品管理法》规定，批准开办医药经营企业还必须遵循合理布局的原则。至于“合理布局”的标准，应当以是否方便群众购药来衡量，而不能仅凭“相隔多少米才能开办药店”的硬性指标去规定。

（三）江西向外地连锁药店敞开大门

江西省药监部门表示支持国家批准的50家药品零售连锁企业到江西省开设连锁店，鼓励江西省药品零售连锁企业跨地区连锁经营，鼓励外省有实力的企业对江西省零售药店进行资产重组，鼓励企业或个人到农村开设零售药店。与此同时江西省明确规定，今后江西县城以上城市不再设置单体经营的零售药店，新开办的零售药店一律以连锁经营形式出现。

（四）药品将进便利店

上海市药品监督管理局的有关人士称，药品进便利店的《普通商业企业设立乙类非处方药专柜的办法》已在制订中。目前讨论稿已完成，预计2002年会有所进展。“药品进便利店有望2002年开禁。”

（五）陕西：控制单体鼓励连锁

为进一步促进药品流通体制改革，打破地方保护和行业垄断，陕西省发布《关于整顿和规范药品市场的实施意见》的通知。《通知》鼓励非公有制经济和公有制经济相互融合、渗透，推进企业投资主体多元化、经营主体规模化和集约化、经营行为规范化。推行代理配送制和药品零售连锁经营，鼓励现有药品零售企业通过兼并、重组、联合、加盟等方式，在本区域内按药品零售连锁规范开办零售连锁经营企业。西安、宝鸡、咸阳等大中城市要严格控制开办独立零售药店的数量。

（六）杭州：药店审批开禁门槛加高

已暂停了三年的杭州零售药店于2001年12月1日恢复审批。但开办药店的门槛大大增高。该市药监局，除规定药店的营业场地应在40平方米以上、仓库面积在20平方米以上、将要开办的药店与其他药店之间的距离不得少于150米以外，还要求“考试、药师、执业药师、GSP”一个都不能少。

（七）GSP认证申请开始

国家药监局日前下发《关于实施GSP认证工作的通知》，将在前一阶段GSP认证试点工作的基础上，开始实施GSP认证工作。各地可按照《药品经营质量管理规范（GSP）认证管理办法》的规定和程序，自2002年3月1日起，接受药品经营企业的认证申请，经初审合格后报送国家药品监督管理局。

（八）门诊药房改为零售药店将试点

卫生部部长张文康在2002年全国卫生工作会议上指出，2002年，卫生部门要根据中央提出的“扩大医药卫生体制三项改革的覆盖面”的要求，继续巩固、落实各项既定的、行之有效的政策措施，扩大实施范围，规范操作。同时，要深化改革，大胆探索，争取在一些体制性、结构性和机制性问题上有新的突破。

（九）河北大力破除连锁经营区域壁垒

河北省药监局近日下发了《关于大力破除药品连锁经营区域壁垒的紧急通知》，要求目前尚未政企分开的县（市），暂停当地药监部门对省重点扶持的跨区连锁经营药品企业的行政监督和技术监督管理职能，由上一级药监部门承担；省重点扶持的跨区药品连锁经营企业新增设的连锁店，由企业直接向省局申请批准。

（十）药品必须标明有效期

国家药监局规定从2001年12月1日起生产的所有药品必须制定和标明有效期。对尚未规定有效期的药品，要求在2001年12月1日前依法制定和标明有效期；对2001年12月1日前生产且已流通包括已进入医院的尚未制定和标明有效期的药品，可销售使用到2002年6月30日；对2001年12月1日前生产的药品，但未出厂销售的尚未制定和标明有效期的药品，在药品每一最小包装单位标明该药品的有效期后方可出厂销售。对该类药品中的中药，药品生产企业应根据该中药既往储存时间和质量的实际情况确定有效期，但有效期最长时间期限一般不得超过5年。属上述情况的产品，流通截止日期为2002年12月31日。

（十一）假坐堂医罚10万

从2001年10月1日起开始实施的《北京市发展中医条例》中规定，如若再发现有假坐堂医出诊欺骗患者，不仅没收其违法所得及其药品、器械，而且还要处以10万元以下的罚款。

（十二）2001年执业药师资格考试《药事管理与法规》科目内容有调整

国家药品监督管理局人事教育司下发通知，根据国家执业药师资格考试大纲关于学习运用法律、法规、规章，应遵循“后法”废“前法”的原则。对2001年度国家执业药师资格考试《药事管理与法规》科目的考试内容在考试大纲（2000年版）相对稳定的基础上进行部分调整。

（十三）三批执业药师培训中心名单相继公布

继第一批执业药师培训中心名单公布后，国家药品监督管理局又相继公布了第二批、第三批执业药师培训中心名单。到目前为止，共36家。其中，第一批17家，第二批7家，第三批12家。

（十四）国家执业药师资格制度“十五”规划

为进一步加强执业药师工作，充分发挥执业药师在药品监督管理工作中的重要作用，保障人民用药安全、有效、经济、合理，国家药品监督管理局特制定国家执业药师资格制度“十五”规划。其中，规划2002年底执业药师人数达到10.5万人，从业药师人数达到1.2万人；2003年底执业药师人数达到12万人，从业药师人数达到1.5万人；2004年底执业药师人数达到13.5万人；2005年底执业药师人数达到15万人。从业药师政策的有效期从2001年7月1日至2004年6月30日。

（十五）2002年药学技术人员单科一次性考试政策出台

国家药品监督管理局执业药师资格认证中心规定，在2002年10月全国执业药师资格考试中，对各单位在药学（中药学）岗位上工作并符合规定条件的专业技术人员，可免试部分科目，只参加《药学综合知识与技能》或《中药学综合知识与技能》一个科目的考试，考试合格者即可获得执业药师资格。

（十六）从业药师资格申报和考试办法

为贯彻实施新修订的《药品管理法》及其实施办法，必须在积极实施执业药师资格制度的同时，进一步加强和完善从业药师资格认定工作。经研究决定，在继续执行国药管人［2000］562号文件的基础上，国家药品监督管理局要扩大从业药师资格认定范围，并对扩大范围认定的药学技术人员采取全国统一领导、统一考试的方式实施从业药师资格认定工作。其中，对2002年的申报条件、申报程序、考试情况及资格认定做了详细介绍。

（十七）上海药品定价实行差别差率

2001年初，为逐步合理调整药品流通差率总水平，上海市物价局取消了药品流通环节固定的进销差率和批零差率，实行差别差率，对单价高的药品价格实行低差率，对单价低的药品价格实行高差率。上海市物价局还规定，药品销售实行分类利润率，鼓励企业研制开发新药，适当放宽新药、专利保护药品的销售费用率和销售利润率，并要求药品生产企业严格执行国家规定的销售费用率和销售利润率，以控制销售费用占药品价格的比例。

（十八）国家计委近五年10次降药价

国家计委资料显示，我国自1997年以来先后10次降低了中央管理药品的价格。由国家计委公布的降价药品达200多个品种，降价总额累计约100亿元。其中，2001年4月，国家计委制定公布了列入国家基本保险药品目录中69种抗感染类药品的零售价格，零售价格平均降低20%，年降价总额约20亿元。2001年7月，国家计委制定公布了列入国家基本保险药品目录中49种中成药的零售价格，零售价格平均降低15%，年降价总额约4亿元。

（十九）国家计委：最新药品招标收

费标准出台

针对我国药品招标采购中乱收费比较严重的情况，国家计委专门下发文件，要求各省、区、市价格主管部门立即对药品招标收费情况进行一次全面清理。文件规定：具有编制招标文件和组织评标能力的医疗机构自行招标的，可以向投标人收取招标文件费；医疗机构委托招标代理机构进行招标的，可以暂时向中标人收取招标代理服务费；除此两项，不得向投标人、中标人收取任何费用，药品招投标管理部门或其授权人、委托的机构要求招投标当事人各方履行登记、审批、备案及其他手续的一律不得收费。

（二十）国家计委：383 种药品又限价

2002 年初，国家计委制定公布了 383 种药品最高零售价格。这次价格调整涉及到列入《国家基本医疗保险药品目录》的抗肿瘤药、循环系统用药、神经系统用药、治疗精神障碍用药等 14 类药品，共 383 种 890 多个规格。

四、本行业发展热点及核心问题

（一）医药改革

医药卫生体制改革是整个医药卫生行业发展的重中之重，是连锁药店蓬勃健康发展的基石，国家大力鼓励连锁药店的发展。

（二）地方保护

连锁药店跨省跨区连锁中遇到地方保护主义的阻碍，许多地方不欢迎外来药店的进入，认为是来抢饭碗，与本地药店竞争，千方百计保护地方企业。

（三）税收政策

现行的税收政策客观上阻碍了连锁药店跨地域发展的积极性。

（四）医保定点

医保定点药店数量偏少，处方从医院流出困难，制约了药店的公平竞争和市场份额的扩大。

（五）执业药师

执业药师数量缺口较大，随着药品分类管理及 GSP 认证的进一步推进，执业药师在药店的重要性越来越大。国家药监局也在千方百计的解决执业药师缺口问题，并推出了从业药师的过渡政策，同时药店和药师也得重视执业药师的发展问题。提高执业药师的社会地位和经济收入，是解决短缺问题的根本。

（六）GSP 认证

是新开药店的准生证，是药店的生死门槛，连锁药店要在 2002 年通过 GSP 认证，是连锁药店发展的最基本的准则和质量管理规范。

（七）外资进入

2003年1月1日，外资将允许进入，新一轮的激烈竞争将到来。外资带来竞争的同时，也带来资金、理念、管理、技术及人才等，必将提高整个连锁药店行业的发展水平。同时，各连锁药店也在积极准备，苦练内功，迅速扩展，迎接WTO的挑战。

五、2001年（各地区）主要活动暨行业大事记

1. 北京市医药公司和北京市医药经济技术经营公司实行强强联合，成立北京医药股份有限公司，打造出北京市最大的医药流通企业。

2. 上海华氏大药房和深圳中联两家医药零售企业获准在中方控股的前提下进行中外合资试点。

3. 哈尔滨药店开打价格战，西南地区的成都、昆明遥相呼应，药店之间的价格战由星星之火渐成燎原之势。

4. 《中国药店》杂志按连锁分店数量推出“中国连锁药店前100名排行榜”。重庆和平药房连锁公司以300家分店排在第一位。

5. 上海、广州、北京、成都等城市先后公布了医保定点药店名单，医保定点给药店带来商机的同时，处方量不足也成为一大难题。

6. 三九集团提出要在三至五年内在全国开办8000至10000家连锁药店。以此为标志，制药企业开始大规模进军药品零售领域。

7. 四川省医药保健品总公司、四川天麒医药公司、成都市医药总公司、九鼎药房、成都大药房等百家药房实行联合招标采购。

8. 2001年6月18日至19日，由《中国药店》杂志、中国医药商业协会连锁药店分会、深圳海王星辰医药有限公司共同主办的“现代医药连锁经营与发展战略高级研讨会”在深圳召开。

9. 2001年8月28日，深圳海王星辰医药公司在其41家连锁门店内开设的柯达彩扩靓晒店统一亮相，迈出国内药店多元化经营的第一步。

10. 2001年10月16日至17日，《中国药店》杂志主办的“中国药店跨区域连锁高峰论坛”在北京召开。

11. 重庆市供销社系统的近千个药品零售网点整体加盟重庆桐君阁大药房。

12. 上海复星大药房与上海联华超市合作，将药店开进超市，同时把便利店开进药店。

13. 全国21.8万人报考执业药师，

是自1994年实行执业药师资格制度以来报考人数最多的一年。

14. 2001年12月6日，国家药品监督管理局举办的首届“中国执业药师论坛”（CLPF）2001年年会在海口市举行。

15. 广州、南京、江西等地放开药店开办标准，不惟成分、不惟条件，申请者踊跃。

16. 北京同仁堂海内外开办连锁药店，构建跨国公司框架。

17. 59家企业首批通过GSP认证。

（作者：吴开华）

中式快餐连锁经营分析

一、快餐业及中式快餐概述

快餐，作为餐饮业的一种经营方式，最早起源于美国的20世纪50年代左右。快餐的产生与发展是现代社会发展的需求，是餐饮业适应现代社会特点的一种表现。按照《中国快餐业发展纲要》对快餐的解释：“‘快餐’是为消费者提供日常基本生活需求服务的大众化餐饮，具有如下特点：制售快捷，食用便利，质量标准，营养均衡，服务简便，价格低廉；快餐经营主要采取店堂加工销售和集中生产加工、现场出售或送餐服务等形式。快餐企业既包括以标准化、工厂化和连锁经营为主要特征的现代快餐企业，也包括以手工操作、现场加工和单店经营为主的传统式快餐企业。”

作为替代日常饮食的大众化餐饮，快餐必然要进行薄利多销；为了深化薄利多销的经营策略，为了快速扩大自己的规模，采取连锁经营是快餐企业的必然选择。快餐作为一种对质量和安全要求都非常高的产业，快餐企业大多选择直营连锁和特许加盟两种连锁方式而不采取自由连锁方式，也就是说，快餐企业大多具有直营店和（特许）加盟店两种店型。

自从肯德基和麦当劳分别于1987年和1990年进入中国以后，中国的快餐业作为一种独特的餐饮经营形式逐渐从传统的餐饮经营形式中分离出来，并得到了迅猛的发展，在社会上引起了巨大的反响。在它发展的十多年时间内，中式快餐从最初向西式快餐的模仿学习逐渐走向“具有中国特色”的中式快餐发展之路。早期的上海荣华鸡（20世纪90年代初期）和中期的河南红高粱（20世纪90年代中后期）虽然均以失败而告终，但是他们的经验和教训对于中式快餐的发展而言，无疑是无比珍贵的。目前，已经涌现出了一大批发展势头良好的中式快餐公司，如马兰拉面、新亚大包、老家肉饼、大娘水饺等。

按照最新的国家统计年鉴（2001），2000年“限额以上餐饮企业”中，快餐的营业收入和经营利润分别是84.8亿元和11.5亿元，经计算，比上年分别增长38.8%和22.4%；相比之下，2000年整个餐饮业的营业收入和经营利润分别是405.2亿元和57.5亿元，经计算，比上年分别增长15.1%和18.8%。显然，快餐业的发展速度比整个餐饮业的发展速度要快得多，快餐业的营业额约占整个餐饮业营业额的1/5。另据《中国烹饪信息》2002年第二期报道：“从中国烹协获悉，据国家统计局公布，2001年我国全社会餐饮业营业额实现4368.9亿元，增加额超过600亿元，比上年同期增长16.4%，占社会消费品零售总额的11.2%，成为拉动内需、繁荣市场的重要力量，为国民经济的持续发展做出了积极贡献……据预计，今年我国餐饮业发展将保持较强的发展趋势，增长幅度可在15%以上，全年营业额有望突破5000亿元大关。”

二、快餐产业政策与大事记

（一）2001年与中式快餐有关的政策

1. 绿色餐饮

为了贯彻1999年国家经济贸易委员会第六号令《淘汰落后生产能力、工艺和产品的目录》，国家经济委员会国经贸产业［2001］382号文件《关于立即停止生产一次性发泡塑料餐具的紧急通知》（2001. 4. 23）；

国家经贸委办公厅国经贸厅贸易［2001］130号文件《关于餐饮企业立即停止使用一次性发泡塑料餐具的通知》（2001. 5. 29）；

中国商业联合会、中国烹饪协会、中国连锁经营协会、中国饭店协会等八家单位联合发出《拒绝“白色污染”，推进绿色商业——关于停止使用一次性发泡塑料餐具倡议书》（2001. 6. 6）；

中国烹协决定在全国餐饮行业开展“全国餐饮绿色消费工程”活动。

2. 营养餐饮

由农业部、卫生部、科技部、国家计委、国家经贸委、教育部、财政部和国家食物与营养咨询委员会共同编写的《中国食物与营养发展纲要（2001～2010）》于2001年12月6日公布。该《纲要》提出，在今后10年内我国食物与营养发展的指导思想是，为了提高中华民族素质，实现中华民族伟大复兴，动员和号召全社会力量，加快我国食物与营养发展。围绕食物发展的重点领域、重点地区、重点人物，分类指导，全面推进，以此引导和促

进食物与营养协调发展，使我国食物与营养整体水平有较大提高。（内容摘自《中国烹饪信息》2002 年第 1 期）

（二）2001 年中式快餐大事记

1. 成立了快餐专业委员会

为了尽快建立我国快餐业组织，更好地推动中国快餐业的发展，2001 年 4 月 21～22 日，由中国烹协召集，在天津市召开了中国快餐专业组织筹备工作会议，来自全国的快餐骨干企业、科研院所、大专院校、生产场所、行业协会、行政管理等数十家发起单位的代表参加了会议。会议代表本着认真负责、团结务实的态度，共同商议了快餐组织建立的原则，讨论了快餐组织的工作章程草案，并研讨了中国快餐业发展的形式与问题等。筹备会议代表通过、推举李鸣德同志为快餐组织筹委会主任，阎宇同志为副主任兼秘书长，会议代表均为筹委会委员。年内，快餐专业委员会已经获得国家民政部的批准。

2. 组办了“中国现代快餐连锁峰会”

为了推动中国快餐与连锁的发展，中国烹饪协会于 2001 年 8 月 28 日在上海召开了“2001 年中国现代快餐连锁峰会”。会议邀请国内外快餐和连锁专家进行了专题培训讲座，组织参会企业交流研讨。

3. 2001 年中国餐饮百强企业决出，其中有 10 家企业以经营快餐为主于 2002 年 3 月由中国商业联合会、中国烹饪协会、中华商业信息中心联合发布了 2001 年度中国餐饮企业经营业绩统计信息。去年开展的首次年度餐饮行业百强企业信息发布，在社会和行业中形成了强烈反响，对客观反映我国餐饮发展状况与企业经营业绩，促进行业发展起到了积极作用。

该统计信息虽然不全面（未包括麦当劳、老家肉饼等快餐公司），但是总体上反映了我国餐饮业的状况。统计信息显示，2001 年度的前 100 名餐饮企业中，以经营高档酒楼、便餐酒家为主的特色餐馆企业有 63 家，营业额占总营业额的 52.8%，成为主要经营业态。经营快餐为主的餐饮企业有 10 家（占前 100 家企业的 10%），企业所占比例虽小，但营业额占到 30.1%。这说明快餐企业连锁店数较多。

就快餐部分而言，肯德基（西式快餐，营业额 69967 万元）位居第一，在总体排名中位居第五。据有关资料，肯德基在 2001 年底在中国大陆的连锁店数达到 660 家；德克士（西式快餐，连锁店 200 家，营业额 50000 万元）、马兰拉面（中式快餐，连锁店 382 家，营业额 42986 万元）、上海新亚大包（中式快餐，连锁店85家，营业额19652万元）、利华快餐（送餐、连锁店31家，营业额16700万元）、大娘水饺（中式快餐，连锁店50家，营业额15800万元）分列2～6位。这6家快餐公司在总体排名中分别列第6、9、17、34、38、41名。

三、2001年中式快餐发展的特点

（一）中式快餐发展势头喜人

虽然荣华鸡和红高粱的失败曾经一度令国人为中式快餐感到担忧和失望，甚至有的人认为中式快餐已经走入低迷。其实，从我国快餐业的整体来看，中式快餐的发展还是相当令人欣慰的。虽然荣华鸡和红高粱倒下去了，但是有更多的中式快餐企业发展起来了。马兰拉面继续稳步发展，北京老家肉饼已经增长到120多家，江苏大娘水饺也已经有40多家，利华快餐更是在北京电视台上连续做广告，在全国各地拥有数十家连锁店的快餐公司还是非常多的。

2001年是中国的大喜之年，中国成功加入WTO，北京成功申办2008年奥运会，中国足球入围世界杯。如果说第三件事情与快餐的发展关系不大，那么前两件事情对中国快餐业的发展必将注入新的活力，带来许多新的变化。

（二）快餐之间的竞争越来越激烈

《中国烹饪信息》2002年第2期："台湾顶新国际集团在京宣布，其在大陆开设的德克士快餐连锁店数量已突破200家。而在上月，肯德基刚刚宣布在华门店数量已突破500家。另外麦当劳总部宣布，到2003年其要确保在中国每年新开100家店铺。"该刊还报道，今年中国将出现第一家个人经营的麦当劳特许经营店。这一切说明，西式快餐加快了他们在中国发展的步伐；也意味着，西式快餐与西式快餐之间以及西式快餐与中式快餐之间的竞争越来越激烈。

快餐之间的竞争主要取决于消费者的选择，而消费者的选择又主要取决于对产品的选择。所以从目前情况来看，快餐竞争主要表现在西式快餐与西式快餐之间，中式快餐与中式小餐馆之间。但是西式快餐的迅速发展也为中式快餐公司敲响了警钟，因为适合于做快餐的门店位置还是非常有限的，总体市场空间终究要达到或接近饱和，市场教育（消费者口味偏好，品牌偏好，消费习惯等）也是必不可少的前期工作。

（三）中餐产品被国际接受的程度在提高，这为中式快餐走出国门提供了有利条件据《中国烹饪信息》（2001 年第 6 期）介绍：“美国农业部近日批准通过了一项旨在改善学生餐脂肪含量过高这一营养素失衡现象的新规定：今后，美国全部学校和日托中心由联邦政府补贴的餐饭用豆腐或其他豆制品来代替肉食。与此同时，美国农业部也在着手取消对餐饭中豆制品所占比重的限制。”豆腐是中餐中重要的食品原料，深受华人乃至整个亚洲人的喜爱。美国的这些决定无疑为中餐走向美国乃至全球创造了有利条件，同时也为中式快餐企业提出了一个问题：能否用豆腐或其他豆制品开发快餐食品？

随着西式快餐在中国的发展，西式快餐也会把在中国“本土化”以后的产品和文化带到其他国家和地区。例如，肯德基于 2001 年 7 月 6 日在全国推出的，以中国传统调料五香粉、麻油等为主要配方调料的一款新品——盐酥半翅，是根据中国消费者口味特别量身定做的肯德基食品，也是肯德基在其 11 款神秘配方基础上首次推出的具有“中国特色”的烹鸡食品。另外，由台湾人经营的西式快餐德克士快餐公司，正在利用典型的东方原料和中国人原有的饮食习惯开发出自己的特色食品，如脆皮多汁的炸鸡、玉米浓汤、米汉堡、珍珠奶茶等适合中国人的口味。有理由相信，将有越来越多的“中国特色”产品走入西式快餐店，并走向世界。西式快餐的“本土化”结果为中式快餐的产品开发和中式快餐走向世界提供了宝贵的经验。

（四）早餐市场将成为快餐公司的主要战场之一

据《中国烹饪信息》2002 年第 1 期的一篇题为“中西快餐比拼早点”的文章报道“以肯德基、麦当劳为代表的洋快餐一年前就瞄上了南京的早餐市场，相继推出了价格在 4 ~ 6 元的特惠价早餐。然而一年来，早餐的经营情况并不十分理想。”

在美国快餐发展的历史上，也曾出现过麦当劳和汉堡王争夺早餐市场的战争。随着我国快餐业的发展，早餐市场也必将成为快餐公司之间争夺的主要战场。

四、快餐研究与教育

我国对快餐业的统计分析尚缺乏统一的规范和标准，统计指标也很粗。主要原因可能是对于什么是快餐还缺乏一个明确的界定，对于某些餐饮企业是否是快餐企业也无法认定，对于快餐统计究竟是应该按企业进行统计还是应该按产品进行统计还缺乏科学的依据。1994 ~ 1996 年统计的是餐饮业（包括正餐、快餐、其他餐饮业）的网点数和从业人数，而1999年又开始改为统计“限额以上餐饮企业（包括正餐、快餐、其他餐饮业）的主要财务指标情况”。

快餐的理论研究和教育一直在进行，随着我国快餐业的发展，理论研究也越来越系统、越来越深入。继夏连悦编著的《快餐业成功之路》（1998）、杨铭铎编著的《现代中式快餐》（1999）和阎宇编的《中国快餐发展启示录》（2000内部发行）之后，于2001年又由轻工业出版社出版了由冯俊编著的《现代快餐经营与管理》。

目前开设快餐经营与管理方面课程的学校有北京工商大学、哈尔滨商业大学、南开大学、四川烹饪高等专科学校等院校，为我国快餐业的发展培养了后继人才。

（作者：冯　俊）

中式正餐连锁经营分析

一、行业概述

(一) 市场发育特点

近来来，随着社会经济的稳步发展和人民的生活水平不断提高，我国的餐饮业一直保持着持续发展的势头，行业规模和经营领域日趋扩大，成为国内消费需求市场中增长幅度最高、发展速度最快的热点行业。据中国商业联合会等部门 2002 年 3 月 25 日发布的统计信息：2001 年我国餐饮业经营网点已达 350 多万家，从业人员超过 1500 万。另据国家统计局统计，2001 年全社会餐饮业营业额 4369 亿元，比上年增长 16.4%，增加额超过 600 亿元，增幅比社会商品零售额增长高出 6.3 个百比点，对扩大内需和促进国民经济的发展做出了突出贡献。

从对中国商业联合会、中华商业信息中心等部门发布的“第二次中国餐饮百强企业信息”分析来看，2001 年的餐饮市场呈现出以下特点：

1. 中式正餐占据经营业态的主体，规模化、品牌化企业居多

从 2001 年度前 100 名餐饮企业经营业态看，中式正餐有 85 家，营业额占总营业额的 68.4%。其中以经营中高档酒楼、酒家为主的特色餐馆企业 63 家，营业额占 52.8%；经营宾馆餐饮为主的企业有 22 家，营业额占 15.6%。在营业额超过 10 亿元以上的三家企业中，中式正餐企业占 2 家，即内蒙古小肥羊餐饮连锁有限公司（15.13 亿元）、上海新亚（集团）股份有限公司（12.01 亿元）。年营业额超亿元的餐饮企业有 60 家，其中中式正餐企业 51 家，占 85%。

在这些中式正餐企业中，绝大多数都是知名度相当高的企业，如北京全聚德集团有限责任公司、沈阳小土豆餐饮有限公司、上海杏花楼有限公司、重庆小天鹅饮食文化（集团）有限责任公司、广州酒家企业集团等。

2. 中式正餐企业投资主体呈多元化组合趋势

随着餐饮企业的发展壮大和企业体制结构改革的不断推进，企业资本投资和所有制结构逐渐发生变化。从“百强”餐饮企业中的85家中式正餐企业的经济类型分析看，国有独资企业（15家）、私营企业（18家）的营业额比上年分别下降了8.7和4.6个百分点；而股份有限责任（33家）、股份有限（14家）、中外合资（5家）所占比例均呈上升的势头。这表明企业资本投资逐步走向合资、股份等形式的社会多元化组合。

3. 餐饮连锁经营发展迅速

2001年我国餐饮连锁经营的发展速度明显加快，餐饮企业采取连锁经营方式的更为普遍，拥有几十家、上百家和数百家连锁店的餐饮企业越来越多，规模经营和规模效应的优势日趋显现，连锁经营显示出强大的市场潜力，成为企业发展和壮大的重要途径。进入2001年度餐饮百强的企业，有79家企业采用了连锁经营方式，比上年的41家增加了近一倍，其营业额占前100名企业总营业额的85.6%。其中连锁店超过100家的6家企业中，中式正餐企业占4家，即：南京桂花鸭（集团）公司（240家店）、山西运城大胖饮食集团公司（156家店）、沈阳小土豆餐饮有限公司（139家店）、重庆小天鹅饮食文化（集团）有限公司（108家店）。连锁店50家以上、100家以下的中式正餐企业也占了相当数量。如，北京东安饮食公司（北京东来顺连锁总部）（96家店）、昆明大滇园美食有限公司（95家店）、成都谭鱼头投资股份有限公司（79家店）、吉林四平市地孛连贵风味大酒楼（76家店）、重庆德庄饮食文化有限公司（60家店）、重庆菜根香风俗酒楼有限公司（52家店）、沈阳老边饺子有限公司（51家店）、江苏常州大娘水饺餐饮有限公司（50家店）。

4. 全国大中城市和西部地区餐饮发展较快

2001年度中国餐饮百强企业分布在36个大中城市，比上年增加12个城市，分布更加广泛。其中上海占20家（比上年多6家），企业营业额占餐饮百强企业的35.2%，列第一位；北京13家（比上年减少6家），营业额占餐饮百强企业的13.1%，列第二；重庆8家，列第三；广东7家，列第四。从东、西部对比来看，东部地区企业虽然仍占较大比例，但西部地区的重庆、成都、西安和昆明等城市共有20家企业，比上年增加9家，增幅较大。排在百强前 32 家的企业，西部地区占了 11 家。西部地区的餐饮企业基本是中式正餐。

（二）消费需求变化

随着人民生活水平的不断提高，社会消费需求随之发生了重大变化，特别在“吃”的方面，要求越来越高，希望常吃常新，吃出品位，吃出文化，吃出健康。为了适应这一变化，餐饮企业尤其是诸多中式正餐店采取了一系列措施，改变传统经营方式，加快现代餐饮企业发展步伐。主要表现在：

1. 结构调整、进展较快

我国餐饮企业的集团经营、网络营销、中心厨房、集中采购、统一配送等现代经营方式显示出强劲的发展势头，明显凸现出新经济特点。例如：北京全聚德集团公司通过结构调整，现已发展成拥有 49 家成员企业的中式正餐大型跨国连锁企业集团。该集团公司近几年投资建立了配送中心，建立了日处理 8000 只鸭坯的生产线，从美国引进了日产 2 万张荷叶饼的生产线，对北京和外埠连锁店实行鸭坯、荷叶饼和甜面酱的统一配送，并建立了 23 个特色菜品用料和工艺操作的标准，保证了产品的质量，使生意一直红红火火，2001 年营业额达到 6.63 亿元，比上年增长 8.3%。浙江红泥餐饮集团在杭州已有 5 家餐饮店的基础上，又在上海建立了 2 家面积万余平方米的大型酒店。该集团在杭、沪两地实行低价位经营，在社会上产生了有口皆碑的轰动效应，生意越做越火爆。其低价位来自于大批量的集中进货和统一加工、统一配送、减少了原料成本开支；产品集中或部分集中开发，节省了厨师劳务技术成本支出，加之统一的形象和广告宣传，产生了广泛的社会影响，加快了现代餐饮店的发展步伐。

2. 假日餐饮，频掀热潮

2001 年的春节、“五一”、“十一”三个“黄金周”期间，国内旅游、客房预订、餐饮消费一再掀起热潮，给餐饮企业带来无限商机。据统计，北京、上海、天津、重庆、广州、武汉、南京、西安、沈阳、深圳等 10 个大城市，“黄金周”期间的餐饮业营业收入比上年平均增长 27.54%，其中武汉同比增长 40%。综合起来看，假日中式正餐消费呈现出三个特点：

（1）地域餐饮，呈现“三忙”。一是旅游景区忙。2001 年假日旅游持续火爆，仅国庆节 7 天就接待旅游者 6397 万人次，同比增长 6.97%。所在旅游景区的饭店、酒楼、餐馆都出现了极为火爆的场面。著名旅游城市青岛的十大餐饮企业，7天营业收入600.5万元，同比增长14.7%。青岛汇泉王朝大酒店餐饮部每天接待2000多人，7天营业额突破百万元，同比增长30%。二是商圈附近忙。人们在假日期间先是到商场购物，然后到饭店、餐馆尽享美味佳肴，所以各商业区餐饮店的就餐人员络绎不绝。上海商业区的饭店、餐馆，午、晚餐排队等座的顾客比比皆是，新凯福大酒店、新亚饭店的营业收入同比增长17.7%、35%。三是居民社区忙。随着人们生活水平的提高，社区餐饮已经成为社区居民的家庭餐桌。许多家庭节假日全家团圆时不再自己下厨做饭，而是到附近的饭店、餐馆举行家宴。特别是有老人、孩子的家庭，一般都到所居住的社区内的饭店、餐馆就餐，北京、上海、武汉、深圳等城市，这一特点十分明显。

（2）就餐形式，呈现“两热”。一是“婚庆宴”热。“十一”期间的婚庆市场最为红火。在武汉，星级宾馆千元一桌的高档婚宴及“新”字号餐饮企业推出的每桌500—800元的中档婚宴（全部为中式正餐）相当火爆。南京状元楼酒店仅10月2日一天，就承办婚宴100桌；南京中心大酒店、丁山香格里拉酒店、玄武饭店同日都承接了50桌以上的婚宴；南京金都饮服集团7天共承接婚宴家宴656桌，同比增长22.4%。二是“团圆宴”热。由于2001年国庆、中秋两节同在一天，所以城市居民到饭店、餐馆叫“团圆饭”的特别多，北京、上海、天津、广州、武汉最为突出。国庆（中秋）之夜，广州有几十万人到各大宾馆、酒家吃“团圆饭”，广州酒家集团在露天花园临时加设的1300个座位座无虚席；胜利宾馆当晚也接待了1300多人次；新荔枝湾酒楼、白天鹅宾馆、花园饭店、中国大酒店、东方宾馆等高档食府和星级酒店的餐饮部也基本由团圆宴“占领”，不少酒家的团圆宴只好以“轮”安排和计算。

（3）餐饮类型，呈现“三火”。三大节日期间，中式正餐呈现“三火”。一是大众餐饮火。青岛餐饮企业以便民、利民为宗旨，坚持面向大众、服务大众的经营方针，积极推进餐饮市场的繁荣。该市春和楼饭店发挥老字号商誉，突出鲁菜特色，重点搞好大众宴席，营业额同比增长13%。大连市的大众餐饮深受市民的欢迎，如黑石礁酒楼以海鲜、小炒为主，非常适合散客和家庭用餐，“十一”期间营业收入82万元，同比增长37%。二是地方风味火。地方风味代表着一个地方菜肴的特色，“尝尝地方风味”是外出游客的一种心理要求，所以节日期间地方风味菜肴比较火爆。“津菜”近几年的知名度越来越大，所以有“南有杭邦菜、北有天津菜”之说。外地游客到天津品尝“津菜”的越来越多，红旗饭庄、鸿起顺等津菜名店，“十一”期间销售额达到151万元和245.5万元，同比增长58%和17.5%；天津狗不理大酒店的营业额也达到81.8万元，创销售新高。三是特色餐饮火。如大连市极具特色的餐饮业代表“天天渔港”，其海鲜特色深受外地游客和本市居民的欢迎，节日期间天天爆满。

3. 以节造市，以市促销

2001年全国各地举办的各种美食节、厨师节连连不断，如广州国际美食节、吉菜美食节、津菜美食节、重庆美食文化节、鲁菜美食文化节等，其目的是以节造市，以市促销，弘扬中华美食文化，推动中国餐饮业的发展。在这诸多“节”中，最具代表性的是中国商业联合会和杭州市人民政府联合主办，中国饭店协会等单位承办的第二届中国美食节，以及由中国商业联合会和西安市人民政府联合主办的第十一届全国厨师节。以“美食创新·绿色健康”为主题的第二届中国美食节于2001年11月1日至6日在杭州举行，有34个省市的专业代表队参加，参赛作品以中式中餐为主，6天的客流量达134.5万人次，总成交额1.59亿元，涌现出一批富有创新精神的名菜和八大新菜系展，并评出能够代表中式正餐水平的11位烹饪大师。18个中国美食最高奖——金鼎奖、7个中华名宴、7家全国十佳餐饮连锁企业，成为我国餐饮业规模最大、档次最高、影响力最广的行业盛会。第十一届全国厨师长以“名厨与技术创新”为主题，举行了以中式正餐为主要内容的烹饪技术交流活动，即有理论上的探索，又有实际操作的现场观摩；既有29个省市的对口学习，又进行了不同菜系之间的交流，进一步促进了中式正餐的创新和交流，在社会上产生了积极影响。

4. 地方菜系，异军突起

近年来、全国各地对挖掘、整理、发展地方新菜系的工作抓得很紧，研发、创新了许多极具特色的名菜肴，并利用各种美食节进行推介。在杭州举办的第二届中国美食节上，评出了新八大菜系，即吉菜、秦菜、杭菜、沪菜、辽菜、晋菜、敦煌菜、宁波菜。另外，津菜、赣菜、湘菜、陇菜、贵州菜、重庆川菜和哈尔滨的哈阜菜等，都加大了开发、发展的力度。各地在举办各种美食节时，省、市领导亲自到会进行推介，吉林省省长洪虎亲自抓吉菜的开发和推广，一时成为美谈。正由于地方菜肴具有新、奇、特等特色，加之人们的饮食需求向常吃常新，追求时尚转变，所以对各地的创新菜特别青睐。尤其是旅游者，每到一地，必然要尝地方风味菜肴。应该说，这是地方菜系发展较快的重要原因。

（三）行业发展趋势

1. 集团经营，大势所趋

餐饮业特别是中式正餐走集团经营发展之路，是21世纪把中国餐饮做大做强的有效途径，是中国也世界现代餐饮发展的必然趋势。俗话说：船小好调头，大船抗风浪。中国已经加入WTO，为数众多的中小餐饮企业正试图通过做大、联大、傍大等方式，尽力扩大规模，参加市场竞争。与此同时，国内餐饮高层经过蓬勃发展、激烈震荡之后，上海新亚集团、杏花楼集团、小绍兴集团、北京全聚德集团、华天饮食集团、重庆小天鹅饮食文化集团、天津狗不理集团、广州酒家集团、西安饮食服务集团、南京桂花鸭集团、长沙饮食集团、广东中山海港饮集团、福州市饮食集团、山东净雅餐饮集团、安徽金满楼饮食集团、山西江南餐饮集团、浙江红泥餐饮集团……经过短短的几年，走完了餐饮集团由量的积累到质的升华的发展之路，正以其特有的优势、旺盛的活力、在一些地区、城市餐饮市场中起着举足轻重的作用，甚至成为当地经济的新增长点。中国入世后，面临全球经济一体化，国外饭店集团、餐饮集团早已盯上了中国餐饮市场这块“肥肉”，将以较快的步伐进军中国餐饮市场，扩大经济的经营阵地和市场占有率。因此，在中国入世后的几年里，中国餐饮市场的竞争将是激烈而残酷的。在这种情势下，继续发展有中国特色的、上规模的餐饮集团，成立一批在全国餐饮行业中具有重要意义的龙头企业，以集团化经营与外商抗争，是大势所趋，势在必行。据悉，有许多地区、许多企业正在着手发展餐饮集团。重庆市人民政府最近制订的重庆餐饮业规划中，提到“扶持发展品牌餐饮集团公司10家，向国内外发展餐饮连锁店500家。”

那么中国餐饮集团化的道路究竟如何走？不少专家学者和企业负责人认为，中国餐饮业走集团化发展之路，其根本是构筑集团的核心竞争力，这个核心竞争力就是企业在经营过程中形成的不易被竞争对手效仿且能够带来超额利润的能力。这一能力是企业在决策、生产经营、新产品开发、管理营销等一系列过程中形成的独有的竞争力。它包括核心技术能力、组织协调能力、对外影响能力和应变市场能力，其本质内涵是让消费者得到真正好于竞争对手的不可替代的价值、产品、服务和文化。餐饮单店则为构筑和增强这种核心能力创造了条件。在这方面，西安饮食服务集团进行了成功的探索。该集团的核心竞争力体现在超前独特的理念、科学的体制和机制、富有生命力的老字号和特色品牌、规模发展和多元经营能力等方面，使该公司在经营运作中形成了一种特有的核心竞争力。在浩瀚的餐饮市场中，自己为自己设置跑道，自己同自己赛跑，始终不是“模仿”和“跟随”，而是按照市场规律和集团的发展战略一步一步地创新，一步一步地强大，所以西饮集团的抗风险能力越来越强，2001年营业额达到3.58亿元，同比增长30.6%。

2. 培育品牌，势在必行

品牌是餐饮业发展的生命，没有品牌，特别是知名品牌，企业难以发展。品牌餐饮是某店、某种风味或风格在餐饮经营业绩和社会口碑优良，知名度甚高，并形成了相当规模，得到社会一定范围认可的餐饮。新世纪餐饮业的竞争，将由价格竞争、质量竞争、文化竞争向品牌竞争转变，由大浪淘沙进入到品牌之间的强强竞争。在餐饮业中，品种、质量、服务都可以做到同质化，核心是提升品牌的知名度和美誉度。今天的餐饮，在经历了从无序到有序、从卖方市场到买方市场的过程后，更加认识到品牌的重要。但在经营雷同、竞争加剧的格局面前，品牌的树立已不再是单单靠宣传、搞轰动效应打响一个牌子就可以取得的，品牌的背后是质量、是服务、是标准、是创新、是人才、是文化内涵。从这几年我国餐饮业的发展情况看，能在较长时间里保持较快发展速度的，主要是品牌的推动，北京全聚德、上海杏花楼、广州酒家、杭州知味观、西安饭庄、沈阳小土豆、湖北九头鸟、四川皇城老妈、天津狗不理等，或是适应时代发展赋予现代气息的老字号，或是当代餐饮行业的知名品牌。加入WTO后，我国餐饮面临的最大挑战还是品牌，中国餐饮要想走出中国，走向世界，就必须培育、发展一批全国品牌，甚或世界名牌，舍此别无出路。

3. 绿色餐饮，将成时尚

绿色饭店、绿色餐饮作为一种新的营销方式，已成为餐饮企业实现可持续发展的必然选择。据全国餐饮绿色消费工程组委会介绍，我国迄今共开发绿色食品1500多个，绿色食品产地监测面积已达到240多万公顷，年实物产量1200多万吨，总产值500多亿元。许多饭店、餐馆、酒楼看准了“绿色”商机，千方百计地为消费者提供符合环保、健康要求的高质量饮食产品，增强了餐饮食品的安全。有些饭店、餐馆大打“绿色牌”、“生态牌”，由餐饮企业牵头，农户参与绿色基地的建设，请营养专家，动物养殖专家指导，形成了酒楼（饭店、餐馆）加农户的发展模式，使绿色食品开发向专业化、规模化、系列化发展，形成产销一体化、种养加工一条在的经营格局，让有机食品、无污染的鲜活食品和蔬菜瓜果走进餐饮企业，既受到广大消费者的青睐，扩大了消费，又提高了餐饮企业的经济效益和社会效益。

绿色饭店、绿色餐饮是国际通用的“生态标志”和环境品牌。近年来，国家经贸委连发三个文件，要求餐饮企业立即停止使用一次性发泡塑料餐具，尽快使用符合环保、健康要求的替代产品，坚持绿色营销、绿色管理，增强对绿色餐饮的认识强度，保证广大人民的身心健康。前不久，中国饭店协会制定了《绿色饭店基本条件》，并在全国饭店与餐饮业开展绿色饭店认证工作；中国烹饪协会也已在全国范围内开展绿色餐馆认证工作。这些活动必将加快绿色餐饮发展的步伐。可以预料，绿色餐饮在今后一、二年内，将在全国成为时尚。

4. 宾馆餐饮社会化，社会餐饮宾馆化

近年来，中国餐饮业出现了一个新现象，这就是宾馆餐饮社会化，社会餐饮宾馆化。这“两化”的好处是，即可优势互补，实现双赢；又可满足各层次消费者的需求，扩大消费，拉动内需。所以这一动向已经引起了餐饮业主管部门的重视，并已着手调研，以便正确引导。

宾馆餐饮与社会餐饮相比，社会餐饮发展的速度更快一些，效益更好一些。主要原因有四：一是价格相对便宜，能被大众消费者所接受；二是菜肴很有特色，能够吊起消费者的胃口；三是“硬件”装修讲究，吸引了一批中高档消费者；四是广告投入集中，促销手段强劲。宾馆餐饮特别是星级酒店餐饮虽然也有一些优势，如完备的综合性服务功能，深厚的管理文化底蕴，有一批素质较高的管理人员和服务人员等，但与火爆的酒楼、餐馆相比，不少宾馆的餐厅生意冷清，效益不断滑坡。据有关部门对390家星级饭店所做的抽样调查，2001年餐饮营业收入与上年相比，持平的占11%，上升的占26%，下降的63%。社会酒楼的崛起，使星级饭店的客源不断流失，普通百姓对宾馆的神秘感尚未消除。因此，火爆的越来越火爆，冷清的越来越冷清。原因何在？一是“门槛”高，令社会大众望而却步；二是价格高，经营成本高于社会酒楼；三是特色少，很少有自己的创新菜、特色菜；四是餐厅规模小，不能形成规模经营，更难做到薄利多销，等等。正因如此，“星级饭店难做火爆酒楼”、“宾馆餐饮何时冲出‘包围圈’”、“饭店餐饮路在何方”的感慨不绝于耳。在这种情况下，不少宾馆放下架子，或是将餐饮开到食品街上，或是将其有特色的社会餐饮引到饭店，或是创新菜品，经营特色菜肴等。而社会餐饮则看准了宾馆客源较稳定的优势，主动找上门去，买断了某个宾馆的餐饮权，结果实现双赢。上海竹家美食有限公司在上海、杭州各进入了一家饭店，生意十分红火。

（四）连锁经营分析

连锁这一新兴的经营方式给中国餐饮业注入了新的活力，一大批餐饮企业在努力探索和大胆实践中壮大，规模经营和规模效益的优势日益明显。应该说，中餐连锁经营前途光明。

1. 中式正餐连锁经营的优势

(1) 历史悠久，具有较高的品牌开发价值。许多中餐店或中餐品牌历史悠久，特别是那些被社会广泛认同的“老字号”，具有很高的品牌开发价值，且开发成本较小，一旦开发，就能够很快的产生效益。这是中餐特许连锁经营的一大优势。如北京全聚德烤鸭店，从 1864 年至今，已有 138 年的历史，通过烤鸭套餐的开发，成为中式餐饮业中的一种特色品牌，1993 年 5 月开始探索加盟店形式，1994 年成立股份制公司，无形资产现已达到 7 亿多元，有近 50 家直营店和加盟店。上海杏花楼也是一个百年老店，以特色餐饮著称，近几年发展很快，在 2000 年、2001 年的两个年度的全国餐饮业百强评比中，上海杏花楼（集团）有限公司分获第三、第七名，年营业额分别为 7.16 亿元、6.8 亿元。

(2) 种类众多，便于开展连锁。除原有的八大菜系外，近几年来又开发了许多新菜系，且以创新菜系居多。这无疑对开展连锁经营创造了条件。如以川菜为主的成都谭鱼头已有连锁店 79 家，重庆菜根香 52 家，重庆陶然居 38 家；以东北菜为主的小土豆餐饮有限公司已有连锁店 139 家；以湖北菜为主的三五酒店已有连锁店 27 家；以粤菜为主的广州酒家企业集团已有连锁店 28 家，等等。

(3) 特许连锁经营优越性突出，成功率高。中餐特许连锁经营的优越性在于：本部在进行扩张时，不必完全靠自有资本金，可以在不直接投资的情况下进行复制式发展，从特许经营权经营中获得相应的收益。即收取特许经营费。被特许连锁经营企业则利用总部的特有餐饮品牌、技术、信息等优势，迅速进行扩张，占领一方市场，达到双赢的目的。如北京东来顺连锁总部就利用特许连锁经营形式发展连锁店88家；沈阳老边饺子也利用这一形式发展连锁店51家。

(4) 具有全球性扩散需求。中国菜在全球具有很高的知名度。随着中餐业连锁经营的发展，中餐走向世界具有较大的发展空间，北京全聚德集团就已在国外发展了8家连锁店。目前在亚洲、欧洲、美洲、非洲、澳洲各国，中餐馆随处可见。另外，香港、台湾的中餐连锁店也已开到了内地，如香港威哥饮食发展（国际）集团有限公司近来在北京、大连、天津、西安、广州、中山等城市开了十几家连锁店，以经营鲍鱼、燕窝、鱼肚、海参特色菜肴为主。香港竹家庄餐饮集团也在上海、杭州、西安、苏州等地开了多家连锁店。

2. 中式正餐连锁店存在的主要问题

当前中式正餐连锁经营的发展势头虽然看好，但存在的问题也是显而易见的。

(1) 规模小、连锁店少。从年营业额看，进入世界500强的服务企业，年营业额最低限是70亿美元，而中国的餐饮业目前的营业额还没有一家能达到这一标准。名列2001年中国餐饮百强企业第一名的是经营快餐的外商独资企业——百胜（中国）投资有限公司，年营业额54.98亿元；名列第二的内蒙古小肥羊餐饮连锁有限公司主要经营中式正餐，年营业额也只有15.13亿元。从连锁规模看，国外的连锁规模大，如法国的雅高集团在142个国家拥有2700多个连锁饭店。而中国的中式正餐企业连锁店最多的才只有200多个，有的甚至仍是单店经营，几乎没有自己的连锁品牌。影响连锁规模发展的主要因素，一是无品牌，二是缺资金，三是少技术。

(2) 认识上有误差，缺乏正确引导。近几年来，国外的麦当劳、肯德基、德克士、必胜克、百胜、萨拉伯尔等餐饮业在中国的发展较快，很多中式正餐企业便进行模仿。殊不知，这些洋快餐与中式正餐是现代餐饮业中的两种完全不同的业态，其市场定位、消费群体、商圈范围、产品品种、生产加工的环节与过程、顾客的期望、文化内涵等不同，这就决定了两者必须采取不同的经营形式和管理方式。从经营规律看，中式正餐的连锁经营比西式快餐复杂得多，几十种、上百种甚至数百种菜肴难以完全做到标准化生产。从特许连锁经营的必要条件看，中式正餐连锁企业必须具备品牌资源的可增值性、核心技术的可复制性、规范标准的可操作性。但近年来谈连锁经营，谈共性的多，谈个性的少；讲简单的可复制性的多，讲复杂的可控因素少；讲快餐的模式多，讲中式正餐的独特性少。因此，总结和升华中式正餐连锁经营不仅是一个企业的实践问题，更是整个中国餐饮业迫切需要解决的一个重要的理论问题。

（3）品种开发滞后，科技含量低。国外的餐饮业非常重视营养配方、个人健康和卫生条件，而中国的餐饮业都比较注重讲辈份、字号和味道（菜品是否正宗），缺乏新品种的开发。祖祖辈辈传下来的只是经验性的东西，许多餐饮企业并没有发扬“老字号”的金字招牌，推陈出新，创立新菜肴，结果是许多“老字号”被卖了，企业垮了。也有一些企业盲目的扩大规模，对品牌、技术管理失控，结果造成“信誉”危机，品牌倒了，特许经营失去了生存的土壤。

（4）法律法规不健全，侵权行为时有发生。特许经营是连锁经营的高级形式，是对特许人以商誉为核心无形资产的开发和利用，是对企业信誉、品牌的“出租”。正因为品牌在特许经营中的独特作用，所以侵权行为已成为制约特许经营发展的重要因素。一是冒充或变相冒充某某品牌，使消费者产生误解，侵犯了拥有该品牌的企业的知识产权，使该企业的名誉和经济利益受损；二是餐饮连锁企业总部与加盟店的纠纷比较突出，或是加盟店不服从总部的管理，想要“独立门户”，“自由发展”；或是总部对加盟店缺乏信任而产生矛盾，导致双方不欢而散。烧鹅仔老总林伟成曾感叹：连锁连锁，是连而不锁，当时的合同没有法律约束力，很难避免发生问题。目前，我国相关的法律还不健全，对侵权行为的惩处没有明确的规定，打起官司来往往久拖不决，缺乏对侵权者和违约者有力的制裁。特许人将特许经营有关的知识产权和专利技术授予受许人时，只能间接得到《合同法》、《商标法》、《知识产权法》的保护，而现行的《商业特许经营管理办法》只是行业规范，不具有法律效力。因此，连锁经营立法，迫在眉捷。

2001年中式正餐行业企业销售额排行榜（前10名）

排序	企业名称	年销售额（万元）	店铺数（个）
1	内蒙古小肥羊餐饮连锁有限公司（特色餐馆）	151 311	
2	上海新亚（集团）股份有限公司（宾馆餐饮等）	120 108	
3	沈阳市小土豆餐饮有限公司	78 361	139
4	锦江国际管理有限公司（宾馆餐饮）	72 096	
5	上海杏花楼集团有限公司（特色餐饮等）	68 000	
6	北京全聚德集团有限责任公司（特色餐馆）	663 000	49
7	北京燕莎控股（集团）有限责任公司（特色餐馆等）	60 000	
8	北京市东安饮食公司（北京东来顺连锁总部）（特色餐馆）	53 000	96
9	重庆小天鹅饮食文化（集团）有限公司（特色餐馆）	49 260	108
10	北京顺峰饮食娱乐有限公司（特色餐馆）	47165	15

二、典型企业情况

（一）重庆小天鹅饮食文化（集团）有限公司销售情况

1. 简介

重庆小天鹅饮食文化（集团）有限公司，由廖长光和何永智夫妇于1982年创建，从火锅餐饮产业起家，经过近二十年的发展，目前，涉足火锅餐饮、酒店管理、房地产开发、宾馆旅游、食品加工、进出口贸易和服装设计制作等多种行业，拥有资产3.6亿元，拥有全资、控股、参股及特许加盟企业100多家，分布在美国及中国大陆各大中城市，是一个多元化全方位发展的跨国集团。

重庆小天鹅集团是中国民族餐饮连锁业全球化发展的先导型企业，志在创建“中国餐饮第一品牌”，创立中国民族餐饮优秀特许经营体系。

重庆小天鹅是“中国民营企业500强”、“中国连锁企业100强”、“重庆私营企业50强”、“重庆房地产开发企业50强”、“重庆30家优势扩张型企业”、“中国最具前景的50家特许企业”、“中国农业银行AAA级信用企业”、“中华餐饮名店”、“全国绿色餐饮企业”。

2. 经营、管理特色

(1) 企业世界观：信者行之基，行者人之本。

(2) 企业价值观：倡导并实践“小天鹅精神”；

报效祖国、振兴民族的爱国精神；

刚健有为、艰苦创业的奋斗精神；

风雨同舟、共谋发展的敬业精神；

以人为本、高效多能的管理精神；

创造100%顾客满意度的服务精神；

以道制欲、团结互助的自律精神；

诚信合作、和合双赢的夯实精神。

(3) 企业人才观：贤智相辅，能工示才；才者，德之资也；德者，才之师也。

(4) 企业愿景：创建中国餐饮第一品牌。

(5) 企业经营理念：诚信合作、和合双赢。

(6) 企业管理理念：创新、务实、高效、团结。

(7) 企业文化理念：诚信、静远、和合、敬业。

3.“小天鹅公司”销售情况表

年度	店铺数（个）	销售额（万元）	比上年增长率（%）
2000	67	21 300	18.99
2001	108	52 000	129.58

4. 2001年“小天鹅公司”大事记

(1) 2001年3月，再度荣获中国农业银行AAA级信用企业。

(2) 2001年3月5日，集团董事长廖长光参加全国九届人大四次会议，廖董向大会提交了四项议案。

(3) 2001年4月，由得庆小天鹅集团牵头成立“重庆市火锅协会”，重庆小天鹅集团为会长单位，集团总裁何永智当选为火锅协会会长。

(4) 2001年4月，荣获“中国连锁企业100强”，在餐饮企业中名第七位。

(5) 2001年7月1日，集团建立特许加盟管理中心和直营管理中心两个体系。

(6) 2001年8月，集团被重庆市委，市人民政府再度授予“重庆市私营企业50强”称号，排名第五。

(7) 2001年9月，集团特许加盟管理中心召开“首届加盟商年会”。

(8) 2001年9月，集团成立酒店管理公司，并成功接管超豪华四星酒店——红岛大酒店，标志着集团公司在酒店管理领域跃上新台阶。

(9) 2001年9月，集团“双重喜庆”宴在重庆美食节上勇夺重庆美食金奖、特别创意奖。

(10) 2001年10月，集团再度荣获“中国民营企业500强”。

(11) 2001年11月，被重庆市建设委员会评为房地产开发企业50强。

(12) 2001年11月20日，重庆小天鹅第100家特许加明店在青岛开业。

(13) 2001年12月8日，重庆小天鹅集团文化传播产业的又一力作，20集电视连续剧《都市俏辣妹》开机，香港著名影星翁虹担纲女主角，川、渝两地的知名演员加盟倾力出演。

(14) 2001年12月，重庆小天鹅荣获中国烹饪协会的“中华餐饮名店”称号。

（二）成都谭鱼头投资股份有限公司

成都谭鱼头投资股份有限公司是以从事“谭鱼头”系列特色火锅经营为主的餐饮连锁企业。2001年4月经批准改制设立“成都谭鱼头投资股份有限公司”，注册资本5451万元。

1996年，公司创始人、董事长谭长安先生潜心研制出了独具特色的“谭鱼头”系列火锅，其特点是“辣而不燥、鲜而不腥、入口窜香、回味悠久‘。由于其选料考究、配方独特，品味绝佳，在鱼头火锅市场独占鳌头，占据了大部分市场份额，并长盛不衰。

至2001年底，公司已发展成四川省规模最大的餐饮特许连锁企业，拥有80余家连锁店，员工总数达7000多人，形成近2亿元的经营资产规模。

“谭鱼头公司”销售情况表

年度	店铺数（个）	销售额（万元）	比上年增长率（%）
2000	60余家	27．653	82．4
2001	80余家	44213	59．9

公司在经营管理中，始终坚持“特色为主、品牌为金、创新为本”的经营宗旨，秉承“品质、价值、价格”的经营理念，打造了公司的品牌形象，扩大了资本实力，建立了一支精神团结、务实进取、开拓创新的高素质的经营管理队伍；建立了高效、科学、规范的组织机构；建立了灵活、激励、竞争的用人机制；建立了规范化、标准化、精细化的管理制度。

同时公司被四川省委、省政府列为餐饮企业重点扶持企业，多次被相关部门评为“名品名店”、“四川知名企业、新兴企业”、2001年，四川省副省长王恒丰亲笔题赠“龙头企业、大展宏图”，并提出争创“四川餐饮第一股”的殷切希望。

进入21世纪，随着全球经济一体化的加强和中国加入WTO，以及国家西部大开发的战略的实施，公司迎来了空前的历史机遇和新的发展机商。在产品市场，公司秉承“团结、严谨、创新、高效”的企业精神和“互惠、双赢”的合作思路，最大限度地实现了管理、技术、人才、资本的最佳组合，以一流的管理、技术、产品、服务和效益奉献于社会，不断提高企业品牌的知名度和美誉度，不断追求卓越，创造完美，立足国内经营，瞄准国际市场，并将以中国餐饮业第一品牌为目标，利用多种资本运作优势，加速扩张以实现“谭鱼头”品牌和资本的最大增值。

（三）沈阳小土豆餐饮有限公司

沈阳市小土豆餐饮有限公司创建于1989年，十余年来由过去一家酱菜馆发展成为拥有139家连锁的大型餐饮企业。公司下设2家分公司、3家股份制公司，构成了以沈阳、北京两地为基础的主体产业销售网络，其中直营店铺35家，特许加盟连锁店104家，拥有员工6500多人，1998年9月经“北京亚事无形资产评估中心”评估价值为1.5673亿元，2000年被评为首届中国餐饮业“百强”，排名第五。

“小土豆公司”销售情况表

年度	店铺数（个）	销售额（万元）	比上年增率（%）
2000	129家店铺	61749	30
2001	139家店铺	78361	27

公司以现代化企业管理模式为先导，遵循集团化发展，集约化经营的思路，优化内部管理及经营机制，全面实行规范化股份责任公司制度，充分利用现代信息和技术革新成果，并适时发展国外餐饮市场，开拓特色餐饮连锁企业发展之路。

（四）成都狮子楼大酒店有限责任公司

成都狮子楼大酒店是一家全球性餐饮连锁酒店。2001年，企业先后荣获“全国500家最大私营企业”、“中华餐饮名店”、“中国餐饮百强企业”、“全国十佳餐饮连锁企业”、“四川省著名商标”等称号，狮子楼菜品在成都首届美食节获“成都名菜”称号，在第二届中国美食节上，狮子楼菜品夺得了3金4银，其中“春夏秋冬”一菜更是勇夺中国餐饮业最高奖——金鼎奖。

成都狮子楼大酒店以川味鸳鸯火锅“红汤红亮清润、香辣可口；白汤洁白似乳，鲜美回肠”的鲜明特点，确立了“四川火锅第一品牌”的地位。其川菜“秉川菜体系之魂，融百家名特之风”，旗帜鲜明的走“海鲜川做”的经营之路，引领了川菜振兴与发展之新方向。狮子楼是广大消费者领略川味、川韵、川情的最佳所在。2001年，其继续大力发展连锁加盟行业，在原有10家连锁店的基础上，又发展了8家，并继续获得良好业绩。

狮子楼大酒店销售情况表

年度	店铺数（个）	销售额（万元）	比上年增长率（%）
2000	10	17 000	15
2001	18	25 000	47

在企业经营管理中，其秉承“继承、融合、创新、提高”的经营理念，以市场为导向，将顾客的需求作为企业的第一

工作目标，用人机制上，以人为本，大胆使用、重用人才；产品管理上严格质量标准，狠抓技术创新；企业实体上，注重发挥品牌内在优势，积极拓展市场份额，为打造国际酒店品牌而不懈努力。

（作者：曹进堂）

西式快餐连锁经营分析

一、行业概述

2001年，我国西式快餐业基本延续上年的格局，保持了快速发展的态势。肯德基、麦当劳依然保持了对其他西式快餐企业的绝对优势，稳居该行业的头两把交椅。台湾顶新集团的德克士则以“农村包围城市”和发展特许经营两大手段，意图成为中国西式快餐的第三品牌。

在中西式快餐的较量中，到目前为止中式快餐还远远不是西式快餐的对手。从2001年中国餐饮业百强的评选中可以看出，主要西式快餐企业在整个中国餐饮业中都鲜有敌手。肯德基、必胜客两大快餐品牌的所有者百胜（中国）投资有限公司的销售额达54.98亿元，是第二名内蒙古小肥羊餐饮连锁有限公司的3.6倍；德克士也闯入了前十强的行列。如果再把拒绝参加此次评选的麦当劳算在内，2001年中国餐饮市场的最大赢家，毫无疑问是这些具有雄厚实力的跨国快餐企业。

取得了良好业绩的西式快餐企业肯德基、麦当劳和德克士等，则放眼于中国这个世界最大的餐饮市场无穷的发展潜力，致力于扩大市场份额。加大投资与连锁发展是他们不约而同选择的策略。无论是直营连锁还是特许加盟，他们都为其他行业树立了良好的榜样。

2001年中国餐饮业销售额排行榜

销售额排序	企业名称	年销售额（万元）	店铺数（个）
1	百胜（中国）投资有限公司	549 843	612
2	内蒙古小肥羊餐饮连锁有限公司	151 311	
3	上海新亚（集团）股份有限公司	120 018	
4	沈阳市小土豆餐饮有限公司	78 361	139
5	锦江国际管理有限公司	72 096	

销售额排序	企业名称	年销售额（万元）	店铺数（个）
6	上海肯德基有限公司	69 976	
7	上海杏花楼集团有限公司	68 000	
8	中国北京全聚德集团有限责任公司	66 300	46
9	德克士食品开发有限公司	60 000	200
10	北京新燕莎控股（集团）有限公司	58 569	

二、龙头企业情况

（一）百胜餐饮国际公司

百胜餐饮国际公司是世界最大的餐厅连锁集团，拥有肯德基、必胜客和塔克贝尔（Taco Bell）三大著名餐饮品牌，全球餐厅总数超过30000家。百胜旗下的肯德基和必胜客两大餐饮连锁品牌已进入中国多年，并为百胜带来了惊人的销售额。在2001年中国餐饮百强的评选中，百胜以54.98亿元的销售额蝉联榜首；在中国连锁经营协会评选的中国连锁业百强中排名第七。

百胜具有如下经营特色：

1. 差异性的市场定位

与其他单一品牌企业不同，百胜拥有肯德基和必胜客两大中国人家喻户晓的品牌，如果市场定位体现不出差异性，双方争夺同一消费群体，必然影响彼此的经营效益。而百胜将肯德基定位于以快取胜的快餐，采取自助服务，将顾客用餐所耗费的时间压到最少。而必胜客则定位于所谓的“休闲餐饮”，食物是顾客点餐后现行烹制的，而提供的服务也是从进门领座到餐后在座位上结账的全套服务，让顾客得以从容而悠闲地品尝美味的食品。这样，肯德基和必胜客满足了顾客的不同需求，彼此互不冲突，取得了良好的经济效益。肯德基从1987年在中国开设第一家店铺以来，至2001年底，已在中国设有30家肯德基公司，500多家店铺遍及100多个城市。，无论是从店铺数量、营业收入还是消费者认知度方面，肯德基在中国都保持着行业领先地位。而必胜客也吸引了大批忠实顾客，店门外排长队等候吃比萨的情景屡见不鲜。

2. 中国第一的扩张速度

2001年10月，肯德基为中国第500家分店的开业举行了盛大的庆祝仪式。从1987年肯德基进入中国开始，百胜就从未停止过跑马圈地的行动，而且速度越来越快。1987年～1996年，肯德基用了九年时间在中国开了100家店，而从400家店扩张到500家只用了11个月的时间，年增长速度达25%。据报道，肯德基的目标是每年在中国开设150家分店。同时，在中国有50多家餐厅的必胜客也将加快开店速度，预计2002年会增开25~30家。而百胜的第三大快餐品牌塔克贝尔也将很快进入中国。

3. 与新型媒体合作，开拓网络商机

在信息技术高度发达的今天，国外几乎所有的知名企业都开设了自己的网站，电子商务的收益颇为可观。在这一点上，我们不得不承认中国与西方发达国家还有不小的差距。2001年5月，事事争第一的肯德基与搜狐网站合作，在同行业中率先推出了中国肯德基网站，将经营触角伸向网络。网站提供的促销信息和电子优惠券下载等服务吸引了不少网民的关注，网站开通后平均日点击率在10万人次以上。必胜客网站 www. pizzahut. com. cn 也于其后不久开通。

(二)“麦当劳”公司

与百胜相比，麦当劳在中国的经营显得较为谨慎，甚至可以说有些保守。作为世界快餐第一品牌，麦当劳无论从进入中国的时间、开店数量与速度，还是开展特许经营以及中国网站的建设上，都比老对手肯德基慢了一步。2000年和2001年麦当劳两次拒绝参与中国餐饮百强的评选，使人们失去了了解麦当劳在中国经营业绩的机会，但同时也避免了与肯德基正面对比的尴尬。

麦当劳的经营特色如下：

1. 营销策略多样

无论在中国还是在外国，麦当劳的营销策略一向为人们所称道。2001年，麦当劳继续使用儿童餐玩具配售以及阶段性降价促销活动，并不断推出各种优惠券以吸引顾客。通过高额广告投入进行宣传也是其营销特点之一。此外，2001年麦当劳还采取了一些新的营销措施：2001年8月北京麦当劳与世界顶级互联网安全技术厂商赛门铁克联合推出“安全餐”，凡在麦当劳购买指定商品的顾客便可获得赛门铁克提供的超值优惠券和抽奖券。这是传统饮食企业与新经济企业在中国内地的首次营销合作。2001年圣诞节期间，麦当劳在雅虎中国网站推出了电子圣诞贺卡，网民可将贺卡与所附的电子优惠券一起发给亲友的电子邮箱。这一举措也吸引了不少眼球。

2. 加快开店速度

2001年，世界性的经济不景气也影响了麦当劳的经营。由于收入不理想，麦当劳决定在全球关闭部分效益不好的分店。但中国市场是个例外：2001 年麦当劳在中国新开 104 家店铺，使其中国内地店铺总数达到 430 家；麦当劳还宣布到 2003 年，确保每年在中国新开 100 家门店。此外，2000 年 12 月 23 日在北京东方广场开业的专卖咖啡饮品的麦咖啡，则是在快餐之外的扩张尝试。尽管现在麦当劳的中国店铺数量不如肯德基，但在这场旷日持久的快餐大战中，谁能战胜谁还无法确定，但双方的营业额都连年上升，双赢的结果是肯定的。

3. 为开展特许经营做准备

麦当劳是世界上特许经营开展得最成功的企业之一，但在中国却迟迟没有采取这一行之有效的扩张方式。其实，他们早就对中国的特许经营发展前景进行了考察和研究，但为了保证全球一致的品质和服务，他们才对迈出这一步采取非常谨慎的态度。在肯德基的特许加盟店已近 20 家的情况下，2001 年底，天津麦当劳公司终于率先取得了在中国市场内发展特许经营的许可。麦当劳表示，加盟者一定是具有中国公民身份的个人，除了要有良好的素质外，并要接受为期一年的培训。相信不久的将来，麦当劳的加盟店也会出现在中国内地。

（三）“德克士”公司

2001 年底，台湾顶新国际集团在京宣布，其所属的德克士快餐店在中国内地的连锁店铺已超过 200 家。源自美国的德克士为了避免与麦当劳、肯德基直接竞争，采取了退出一级城市，主攻内陆中等城市的策略，取得了相当大的成功。而且，德克士很早就使用特许经营模式，减少直营店数量，广招加盟者。目前德克士的直营店有 30 家，而加盟店有 170 多家。顶新集团还表示，2002 年起要在北京大规模开店，准备杀回一级城市，与麦当劳与肯德基三分天下。

三、入世与西式快餐业

加入 WTO 是 2001 年中国乃至世界的一件大事，它对我国经济领域的方方面面都产生了深远的影响。在中国，餐饮业不属于垄断行业，入世相关政策和法规的改变不会对这一行业产生太大的影响；麦当劳和肯德基等跨国连锁企业在全球多个国家经历了多年竞争，其经营和操作早已规范化，入世不会影响到他们的生存和发展；而更多外国竞争者的加入则会为消费者提供更多的选择和更多的实惠。

谈及中国入世对西式快餐业的影响，人们比较关注的一个问题是，随着进口关税的降低，洋快餐会不会降价。对此，肯德基和麦当劳都明确表示，由于食品原料已接近100%本土化，进口关税的下调对他们影响不大，现阶段他们不会降价。其实，就绝对价格而言，洋快餐在中国的定价已低于在国外的售价。而且，以大规模促销来拉低价格已成为洋快餐的重要营销方式，并已取得了很好的效果。

四、本行业发展热点

（一）加速扩张，争抢市场份额

如前所述，几大西式快餐企业在2001年都加紧扩张，将势力范围伸展到以前未涉足的地方。肯德基、麦当劳在一些中小城市开设分店，而德克士则重新进驻一级大城市。在特许经营这一世界流行的扩张方式上，各企业的态度各不相同：德克士以特许加盟为主要扩张手段；肯德基800万元人民币的加盟费仍然没有阻挡热情的申请者，其加盟店已近20家；而麦当劳稳字当头，未来的首批加盟者正在接受培训。无论如何，特许加盟是西式快餐发展的重要趋势，而规范而有效地扩张则是大家共同追求的目标。

（二）不断增加食品新品种

食品种类少而口味单一，是西式快餐的最大缺陷。尤其在以美食著称的中国，如何让顾客百吃不厌，成为西式快餐企业要面对的一大挑战。在这方面，肯德基和麦当劳不断推出适合中国人口味的新品种。肯德基推出的“盐酥半翅"、中式风味的"摇摇薯条"和“劲爆鸡米花”，麦当劳的“麦辣鸡腿汉堡”、“香蕉派”等，都获得了不错的口碑。不断推出的新品种和配套的促销吸引着西式快餐的忠实拥护者，尤其是儿童不断前往尝试，从而创造出源源不断的客流。

五、存在的主要问题

（一）食品卫生问题

在国人心目中，洋快餐的卫生状况是让人放心的。麦当劳、肯德基全球一致的高品质是清洁卫生的保证。的确，与国内大部分餐饮企业相比，西式快餐企业的卫生程度要高出许多。然而，这并不意味着他们做到了无可挑剔。2001年夏季，上海市有关部门在对现制杯装、蛋筒装冷饮的专项抽查中发现，肯德基、麦当劳、必胜客细菌数超标。虽然几大品牌的公关部对此做出了不同的解释并提出了改进措施，但这一事实还是出乎人们的意料。随后又有人提出，必胜客的番茄酱不是单独包装，一个客人用后另一个接着使用，有不卫生之嫌。而肯德基的问题更严重：2001年肯德基土豆泥连续数月脱销，令喜爱肯德基的顾客望眼欲穿，其真正原因却是肯德基有4万公斤土豆泥粉被中国查出漂白剂超标并予以退货处理。尽管百胜方面解释说，国内进口检验标准分类中，未列有土豆泥粉漂白剂的检测标准，但根据美国实验生物社会生命科学研究部和FAO/WHO食品法典对马铃薯制品国际标准的有关规定，肯德基土豆泥粉漂白剂含量也远远超过限量标准。

尽管上述种种问题由于各公司公关部的出色工作而未对日常经营造成太大的影响，但毕竟与人们心目中对洋快餐的期望有一定的差距。不过，相信爱惜自己声誉的洋快餐企业会对此采取相应措施。

（二）下脚废油的处理问题

无论肯德基、麦当劳还是德克士，煎炸食物都在其菜谱中占了不小的比例，而由此产生的大量下脚废油的去向也引起人们的关注。2001年8月，有关媒体披露，南京肯德基有限公司下属的17家餐厅，将平均每日7000多公斤对人体有害、已不能再食用的废油，以每公斤约1.6元的价格卖给个体非法加工厂进行加工，这些废油经所谓的“加工”后去向不明。据分析，极有可能又回流到当地的餐饮行业。2001年的这条新闻虽然没有大肆报道，但却值得我们警惕。肯德基在国外是绝对不会这样做的，因为这将引起全社会的愤怒。那为什么他们在中国会这样做呢？是有关负责人的个人素质问题，还是合资企业的相关制度不严格？其实，采取这种方法处理废油的不仅是南京肯德基一家。无论如何，相关企业应该对此进行反思。

（作者：王小燕）

国内加油站分析

一、行业概述

2001年我国加油站经过国家和地方有关部门的清理整顿，社会加油站滥批、滥建的势头得到了有效的遏制，据国家有关部门统计，2001年国内国有、集体、民营和合资加油站共有7.5万座，其中石油集团1.2万座，石化集团2.4万座。石油、石化两大集团根据国务院和国家经贸委的有关文件，通过收购、参股、联营、租赁和发展特许经营等多种方式对社会加油站进行重组，纳入两大集团管理统一管理，对规范国内成品油市场秩序、维护消费者的权益、保证国家税收起到积极的作用。

（一）加油站发育状况及消费需求变化

1. 随着我国加入世界贸易组织，国内汽车工业引进新技术步伐的加快，各种新型的车辆进入市场，同时随着关税的降低，进口轿车增长较快，汽车保有量增长速度加快，达到了1700万辆，随着国内汽车价格的不断下降，轿车开始进入家庭，私人轿车增加较快。由于各种车辆的增加，加大了对加油站汽油、柴油和润滑油的需求，特别是随着国产和进口高压缩比（压缩比为9.0～10.5之间）汽油机轿车的增加，对高辛烷值，即高标号汽油（93#、97#、98#）需求量增加，国内汽油零售的产品结构开始发生变化。

2. 随着我国对保护大气环境要求标准的提高，对汽车尾气中排放的硫、烯烃、芳烃、苯和含氧化合物含量标准也在不断提高。汽车也告别了化油器时代，进入了电喷时期，车用汽油开始向无铅化和清洁化迈进。2000年1月1日，我国开始实行了车用汽油无铅化。2000年7月1日，国家要求在北京、上海、和广州销售的车用无铅汽油中必须加有有效的汽油清净剂。汽油无铅化和清洁化要求对无铅汽油，特别是清洁汽油需要量的增加。

国家环保要求的提高，使一些城市的车辆开始向清洁化燃料转化，LPG（液化气）和 CNG（压缩天然气）燃料汽车在出租和公交车辆中使用。

3. 随着我国国省道公路交通建设速度的加快，尤其是中心城市之间高速公路的开通，人们的出行更多的依赖汽车和公路，车辆在公路上行驶的时间延长，对加油站提出了便利店、餐饮、住宿、汽车维修保养等多功能服务。因此加油站开始由过去单一销售成品油向多功能服务方向发展。

（二）加油站竞争状况

目前国内加油站竞争主要在石油、石化两大集团加油站、社会加油站和中外合资加油站之间进行。

石油、石化两大集团在国内南北地区形成各自的加油站零售网络后，开始相互渗透，双方在竞争中加强联合，相互促进，共同提高，对促进双方的营销管理水平产生了重要的作用。

石油、石化两大集团与国外石油公司合资经营的加油站开始在国内亮相，国外加油站先进的经营理念，营销方式引入国内，对两大集团原有的加油站产生影响。

社会加油站以其特有的经营方式与两大集团展开竞争，特别是在国省道加油站竞争中采用了消费者喜闻乐见的营销方式，对两大集团国省道加油站形成了一定的冲击，但有些社会加油站依然存在不规范经营，不公平竞争的现象。

（三）连锁企业经营及发展状况

两大集团加油站正在向连锁经营的方向迈进，双方正在建立和健全各种加油站经营管理的规范体系。中国石油天然气股份公司在吸取国内外加油站先进经验的基础上，结合自身实际制定了《加油站管理规范》，对所属加油站进行规范化管理。中国石化股份公司在原有《加油站管理规范》的基础上，又进一步制定了加油站内部管理的各种专项制度，各省市公司结合当地的具体情况，探索出适应当地特点的管理模式。为今后连锁经营奠定了良好的基础。双方都加强了对特许加盟加油站的管理。

二、典型企业情况

（一）销售情况统计表

年 度	中国石油			中国石化		
	加油站数（个）	销售额（亿元）	比上年增率（%）	加油站数（个）	销售额（亿元）	比上年增率（%）
2000	11 350			20 259	573	
2001	12 102			24 062	731	

注：销售额为加油站销售，即零售额。

（二）典型企业简述

目前国内拥有加油站最多的两个企业是中国石油天然气股份有限公司和中国石化股份有限公司两大集团。

中国石油天然气股份有限公司加油站的中英文简称“中国石油 Petro China”，所属加油站大部分集中在我国的北方地区的内蒙古、辽宁、吉林、黑龙江、大连、重庆、四川、西藏、陕西、甘肃、宁夏、青海、新疆等12个省、自治区、直辖市的各级石油公司，近年来在南方地区发展的零售网络逐渐形成规模。截至2001年底，自有、控股、特许经营和由中国石油集团公司拥有并由股份公司提供监督支持的加油站共有12000多座，年零售量1500多万吨。

中国石化股份公司加油站的中英文简称“中国石化 SINOPEC”，所属加油站主要集中在我国中部和南方地区的北京、天津、河北、山西、上海、江苏、浙江、安徽、福建、江西、山东、河南、湖北、湖南、广东、广西、海南、贵州、云南、深圳等20个省、自治区、直辖市的各级石油公司，在西南地区和北方地区也建立了部分加油站。2001年，共有直营加油站24000多座，特许加油站4000多座，年零售量3000多万吨。

1. 经营特色

目前国内加油站最多的是石油、石化两大集团。随着国内成品油资源总量相对过剩，零售市场竞争的加剧，消费者的选择性增强，需求也在发生变化。两大集团已由过去的以油品为主的经营，向多种经营转化和增加各种服务功能转化。加油站正在向加油站+便利店、加油站+餐饮服务、加油站+洗车服务、加油站+汽车维修服务、加油站+餐饮，修车、住宿、洗浴、便利店、汽车保养等一条龙服务。

2. 管理特色

石油、石化两大集团在加油站管理方面，已由大规模收购、新建的外延扩展向改造、挖潜、提高单站加油站加油量和营销管理水平的内涵发展的方向转化。两大集团加油站经营管理正在由过去粗放型管理向精细化管理发展，双方积极引进国外先进的管理经验，结合本公司的实际积极探索各具特色的经营管理模式。

三、2001 年出台的与加油站相关的政策、规定和地方法规

2001 年有关本行业最重要的政策性规定当属国家经贸委、建设部、国家工商总局于6月5日联合下发了《关于严格控制新建加油站问题的通知》和10月份国务院办公厅转发了国家经贸委等部门《关于进一步整顿和规范成品油市场秩序意见》两个文件，第一个文件明确规定今后新批准建设的加油站统一由中国石油、中国石化两大集团负责建设，其他企业、单位和个人不得新建加油站。同时要求石油、石化两大集团通过加油站的新建和改造，推动成品油集中配送和连锁特许经营，完善成品油零售网络，保证社会供应。在第二个文件中，国务院办公厅对进一步整顿和规范成品油市场秩序提出了要求，要求各省、自治区、直辖市人民政府，国务院各部委、各直属机构，认真贯彻执行。

通知指出，成品油是关系国计民生的重要商品，整顿和规范成品油市场秩序直接关系石油石化行业的改革和发展，关系整个国民经济的健康运行。各地区、各有关部门要高度重视，顾全大局，加强领导，落实责任，坚持不懈地抓好整顿和规范成品油市场秩序工作。《关于进一步整顿和规范成品油市场秩序的意见》主要内容有：

严厉查处违法违规建设和经营加油站。对未取得《成品油零售经营批准证书》和营业执照的加油站，以及已建成但不符合规划要求、非法占地和违章建设的加油站，一律依法取缔；对未经省级经贸委批准，正在建设或尚未开工的加油站，一律停止建设；对存在严重掺杂使假、偷税漏税、缺斤短两、加油机未经质检部门检定以及使用不符合整机防爆要求的加油机等情况的加油站，责令停业整顿；经整顿仍不合格的加油站，取消其成品油经营资格；对有营业执照但未取得《成品油零售经营批准证书》的加油站，以及上述被取消成品油经营资格的加油站，由工商行政管理部门责令其限期办理注销登记；拒不办理的，吊销营业执照。

严格成品油市场准入，进一步规范成品油市场秩序。严格控制新建加油站，规范新建加油站审批程序。成品油由石油集团、石化集团集中批发；要严格控制新建和扩建成品油仓储设施，确需建设的，由省级经贸委按照有利于有序竞争、合理布局原则审批，并报国家经贸委备案；对成品油经营（包括零售、批发、仓储）资格实行动态管理，由核发经营资格证书的部门每年审核一次；国家经贸委要会同有关部门抓紧制订有关成品油市场管理法规，把成品油市场纳入法制化轨道。

《意见》要求，各级行政主管部门和执法部门在整顿和规范成品油市场秩序工作中要从大局出发，加强协调，力戒政出多门、互相推诿扯皮，加大执法力度，坚决刹住乱批滥建加油站的歪风，使成品油市场秩序得到根本好转，为国民经济健康发展创造良好环境。

到 2001 年，全国各省（直辖市）、自治区都出台了成品油市场秩序清理整顿的办法，有些省市还以地方性法规的形式对加油站的市场准入、管理规范等做出了明确的规定。

四、本行业的发展热点及核心问题

2001 年以来，针对一段时间加油站乱批滥建、盲目发展问题，为深化石油石化行业改革、尽快提高整体竞争力，国务院领导几次做了重要批示。国家经贸委有关领导指出：两大集团负责新建加油站，是对加油站建设、管理体制的调整和改革。这种调整和改革是按照石油石化行业上下游、内外贸和产销一体化的要求，提高加油站建设的专业化、规范化水平的具体措施，是改变加油站建设混乱、布局不合理、缺乏统一规划、难以满足消费者需要等问题的重要手段，同时也是适应即将加入 WTO、健全两大集团的销售网络、提高市场竞争力的重要应对措施。

随着集中性的清理整顿工作的结束，各地在加强市场监管、维护正常的成品油流通秩序上开展了一系列工作。但是在清理整顿工作告一段落后，成品油市场秩序仍暴露出不少问题。

1. 加油站违规建设、盲目发展的问题十分突出。据不完全统计，自成品油市场清理整顿开始后，各地省级经贸委批准新建加油站 2000 多座，其中批准两大集团新建的占 60%，此外，未经省级经贸委批准违规新建的达 500 多座，未经批准擅自改建、扩建的加油站数量也很多。违规建设加油站的原因很复杂，经调查分析，主要是体制、利益等方面的深层次原因。这里面既有一些单位和个人出于加入 WTO 后国外石油公司收购加油站的心理预期想方设法新建的因素，也有一些地方视建加油站为招商引资擅自开绿灯，一些地方领导支持纵容外地客商投资大建加油站。二是小炼厂生产的成品油和土炼油没有管住。据反映，陕西、山东、河南等地的地方小炼油厂生产的成品油继续大量流入市场，为这些违规加油站提供了生存空间。三是有关部门缺乏强有力的行政的、经济的和法律的手段。不少地方反映，对一些擅自建设的加油站，没有强有力的手段使其停工，有些部门甚至为其发放证照手续，一些部门以罚代管，监管不力，对违规加油站发放批准手续，致使违规新建加油站行为得不到遏制和惩处。

2. 成品油流通领域现代流通组织形式推进较慢，流通方式创新、企业优胜劣汰难以实现。成品油集中配送推行面不大、流通环节较多，流通费用仍然偏高。加油站连锁经营步伐缓慢。经过清理整顿，石油、石化集团加油站在全国加油站中所占的比例虽然有很大提高，但所属加油站并没有实现真正意义上的连锁经营、统一配送，与规范化连锁的要求还有很大差距。对于大量的社会加油站，两大集团推行特许经营的力度较小，目前，挂两大集团牌子的社会加油站有8000座，总数已达全部社会加油站的30%，但这些加油站运作不规范，经营上各自为政，油源、价格、结算也不统一，也不是真正意义上的特许经营。连锁经营不规范、管理跟不上，就容易让社会一些不法行为利用两大集团的牌子钻空子。

3. 市场管理的各项制度不够配套，缺乏现代化的监管手段。目前，还没有形成一部全国性的成品油市场管理的办法，制定地方性法规的省市只是少数，总体上缺乏强有力的法规来规范市场管理；缺乏专门性的规章制度，如对目前新出现的加气站的设计规范、乙醇汽油的流通管理、进口成品油的国内市场管理等问题都没有明确的管理规定，造成建设和发展没有标准，管理和规范没有依据；市场管理还没有形成一套现代化的管理手段，对加油站的规划、审批没有做到联网监控，对成品油流通企业进销存情况无法有效及时地监督，管理工作相对滞后。

（作者：董黎明）

汽车经销连锁店分析

2001 年国家继续实施积极的财政政策和加强宏观调控等多项措施，鼓励消费、扩大内需，经济走势平稳，国民经济保持了持续、快速、健康发展的良好态势。在国家总体经济增长的带动下，汽车工业生产、销售、经济运行呈现出一番新气象。全国《目录》内 103 家企业汽车总生产量约 233 万辆，同比增长 12.8%；汽车总销售量约 236 万辆，同比增长 13%。其中，全国轿车产量 70.4 万辆，销售 72.2 万辆，同比增长分别为 6% 和 8%。另外，客车产量约 83 万余辆，销量约 83 万辆，同比分别增长为 18% 和 17.5%。载货车产销量同比增长分别为 5% 和 6%。

从生产企业集中度分析可以看出，一汽、东风、上汽三大集团生产集中度进一步提高，达到 48%，比上年提高 3.4 百分点；三大集团市场占有率为 47.5%，比上年提高 2 个百分点；排列在前七名的企业是：上汽、一汽、东风、长安、哈飞、北汽集团、昌河。

2001 年产量 5 万辆以上的企业有 12 家，集中度为 87%，比上年提高 3.98 个百分点。这些企业是：上汽、一汽、东风、长安、哈飞、北汽集团、昌河、金杯、天汽、跃进、广汽集团、江淮。

2001 年轿车、轻客分品牌统计表（部分）

单位：辆

序号	车型	产量	销量
1	红旗明仕	9 472	9 468
	红旗十八	381	381
	红旗吉星	665	665
	红旗世纪星	6 249	6 234
	红旗其他	327	343
	合计	17 094	17 091
2	桑塔纳	95 414	109 037
	桑塔纳 2000	70 274	78 093
	帕萨特 B5	64 593	54 951
	合计	230 281	242 081
3	别克 G	6 283	6 271
	别克 3．0	12 359	13 399
	别克 GL8	9 983	10 530
	赛欧	29 918	28 128
	合计	58 543	58 328
4	捷达 2V	26 291	25 800
	新捷达 2V	52 208	51 636
	捷达王	14 622	13 968
	捷达 AT	6 238	6 048
	宝来	3 512	2 610
	合计	102 871	100 062
5	奥迪 A61．8L	2 669	2 624
	奥迪 A61．8T	8 966	8 810
	奥迪 A62．4L	12 148	12 009
	奥迪 A62．8L	7 239	7 268
	合计	31 022	30 711
6	雅阁 2．0L	10 379	10 414
	雅阁 2．3L	35 464	35 355
	雅阁 3．0L	5 288	5 283
	合计	51 131	31 052
7	夏利 TJ7100	12 789	22 592
	夏利 TJ7100U	15 901	30 403
	夏利 TJ7130U	11 739	7 049
	夏利 2000	10 590	10 282
	合计	51 019	70 326

序 号	车 型	产 量	销 量
8	富康1．4L两厢	13 037	15 085
	富康1．4L三厢	18 022	17 638
	富康1．6L	4 841	4 527
	富康1．6L自动	2 815	2 580
	富康988	11 520	10 039
	富康988自动	2 615	3 013
	毕加索	830	312
	合计	53 680	53 194
9	奥拓长安铃木	32 328	33 221
	羚羊长安铃木	10 795	9 869
	合计	43 123	43 090
10	风神	18 501	17 415
11	奇瑞	30 070	28 851

20世纪90年代以来，各跨国汽车公司围绕客户进行的营销管理创新呈现一些重要趋势：以企业为中心的销售战略开始向以用户为中心的营销模式转化；整体运作式的战略逐渐向模块组合式的营销战略转化；汽车产值价值链正向服务延伸。特别是欧盟日前做出决定，将于2001年10月开始强力推行汽车销售改革，彻底打破长期以来汽车市场的行业垄断，在汽车销售商之间引入竞争机制，改变目前的指定汽车代理商的销售模式，即把汽车视为一般消费品，不再允许特许经营，以压缩流通领域的费用，振兴汽车销售。新规则规定，汽车生产上必须给销售商更多的自由，例如销售商可以在任何地方寻找消费者，可以卖不同厂家的汽车，也可以把车批给超级市场去卖。而且，今后的经销商也不再向购车者提供售后服务和维修。欧盟的这一新规定，将导致汽车零售业的革命，更多的零售商将实现卖汽车愿望，他们可以卖汽车卖服务，甚至可以在网上销售。在欧盟的这一汽车销售新规则中，体现了“全球经济一体化”的趋势，将对全球汽车销售模式产生重大影响。

我国的汽车销售也经历了一个发展阶段。

从1995年北京市最早的汽车交易市场北方汽车交易市场的出现，到现在全国诸多汽车交易市场的繁荣，汽车交易市场作为一种已经存在数年的汽车销售模式，因其营业面积较大、销售品牌齐全、市场内部竞争激烈，消费者可以在价格上得到实惠以及配套设施相对完善，办理各种手续较为简便，再加上装饰配件等在市场内可以一次性购置齐全等，使得传统的汽车交易市场为老百姓提供了广阔的挑选余地。

从1999年北京开始兴办汽车专卖店，到目前广州本田、别克等各大品牌专卖店在我国一些大中城市的迅速崛起，它们以经营独立品牌、拥有统一标识、统一建筑、统一售价、统一服务标准等为特征，受到业内外广泛关注。具有整车销售、配件供应、维修服务、技术信息咨询等功能的四位一体、前店后场的经营模式，在国内逐渐成为时尚。但是汽车品牌专卖店由于投入大、回报期太长再加上品牌单一，随着目前欧盟等地区国际流行销售模式的变化，其发展速度也会逐步放慢或者向多品牌联合的方式转换。

随着国际和中国汽车销售模式的逐步发展，中国在一段时间内将形成集贸式汽车交易市场和汽车品牌专卖店共舞的局面；在欧盟汽车销售进入商场、超市或超市连锁的感召下，中国初生的汽车超市将进一步完善，有可能以商户多、汽车品种多、竞争强的特点迅速崛起。

2001年7月，国家工商行政管理局继1997年批准北京亚飞汽车连锁总店和南京红龙汽车销售公司开展汽车（含小轿车）经营之后，再次批准北京新华夏、大连国际汽车城和铭泰三家汽车连锁企业。截至2001年底，中国已有五家汽车连锁企业。

居国内汽车连锁企业之首的，当属亚飞汽车连锁，根据有关数据显示：截至2002年4月底，亚飞已在全国300多座城市组建连锁分店450家，年销售各类车辆10万余部，特别是在汽车营销方面，“亚飞汽车信贷模式”以其创新的运作模式，科学的操作流程，严谨的管理技术，有效规避了银行保险公司的业务风险，赢得了合作各方的信任，充分实现了汽车信贷对汽车流通与消费的带动作用。无论是北京、上海的近20家专营店，还是在沈阳、大连、无锡、太原、郑州、成都、济南、珠海、重庆等地的众多加盟店，普遍取得了远远高于传统汽车营销模式的经济效益和社会效益。

汽车连锁的优势主要体现在以下几个方面：

1. 中国加入WTO，汽车产品的极大丰富、车辆价格的不断走低、消费需求的日益膨胀，使汽车贸易成为入世之后，国内少有的机遇大于挑战的行业之一。与此同时，传统意义中的汽车流通企业和汽车营销方式，由于体制、观念上的束缚，难以面对新一轮的竞争和挑战，正在逐渐淡出。机遇和挑战面前，汽车连锁经营网络经过多年的实践、探索和发展，正逐步以其先进的经营理念，庞大的网络规模、独特的营销技术和无可比拟的合作优势，成为中国汽车流通领域发展进程中不可缺少的一支重要力量。

2. 汽车连锁经营网络可以在理念、规模、技术、合作、策略、人才等方面表现出更高一筹的优势，对加盟连锁店的支持可以概括为六大利益：

(1) 获得由总店统一组织配送的国产汽车、进口汽车资源，销售差价全归分店；

(2) 获得由总店统一组织的专业知识、技能培训，无论加盟前后是否从事过汽车经营，都能以高起点从事汽车经营业务；

(3) 获得由总店统一策划的“汽车消费信贷”、“汽车租购”、“品牌专卖”、“二手车经营”等营销模式，大幅度提高市场竞争能力和创利水平；

(4) 获得由总店提供的经营管理技术和信息网络技术；

(5) 获得总店统一的品牌、统一的CI等无形资产的使用权；

(6) 获得知识、信息、媒体等方面的资源共享。

这六大利益有效地解决了以往在汽车经营中特别是作为单体经营存在的诸多弊端，如利润过薄、资金占压、技术传统、信息滞后、品牌打造困难、车型单一等。

3. 从目前已加盟到亚飞的连锁店来看，他们大都是当地具有竞争实力、行业经营业绩优秀、企业信誉良好的企业。汽车连锁加盟发展是强强联合，让具有现代商业头脑的商家发展得更加强大，在有序的市场竞争中实现优胜劣汰。

中国加入世贸组织，中国汽车行业产、销两旺及世界汽车销售模式的发展对汽车营销方式提出了新的要求。

根据中国政府的承诺，加入 WTO 以后，我国政府将全面开放汽车分销领域，外资可不通过中间代理商直接从事汽车及相关产品的进出口以及在国内市场的营销，进入涉及批发零售、售后服务、维护保养和运输等与分销相关的整个服务领域。2002 年放开汽车连锁店，允许合资经营。如果连锁店数量超过 30 家，外方不能控股，但这一限制仅维持到 2006 年。

由此看出，加入 WTO 后，各项保护政策将在五年内逐步取消。如关税递减、逐步放开汽车流通企业的合资等项目。具体"合资"政策方面，经贸委和相关主管部门对合资企业的审批是严格控制的，尤其是汽车流通（即销售）企业。目前国家已批准了三家国家级大型汽车销售企业的合资项目作为试点，它们是上汽销，一汽销和东风汽车销售公司。这就意味着它们可以无竞争性地快速发展。实际上，中国担心国外的汽车销售网络进来，尤其是通过特许加盟的经营模式在国内进行网络扩张。由此中国已在国内大力扶持国内的汽车特许经营网络的发展，截止目前，国家经贸委已批准5家特许连锁企业，其中亚飞汽车是最早一家试点企业且规模最大，网络成熟，其他4家都处于刚起步阶段。

事实上，入世以后受到冲击最大的还不是汽车制造业本身，而是与"汽车文明"相配套的汽车销售、维修、保险、贷款的服务贸易体系。因此有人称这是中国汽车业最后的阵地。2001年12月，中国人民银行发布公告，中国汽车信贷市场全面开放，外资非银行金融机构获准可在我国境内开展汽车消费信贷业务，外资汽车信贷机构可以申请在华开办专业汽车信贷公司。此消息一出，通用、福特、大众等国际巨头纷纷表示有意在中国设立汽车金融服务公司，以加快拓展在中国本地市场的汽车消费业务，并将在最短的时间内进入。据悉，通用汽车公司正计划联合一家熟悉中国市场的一流金融机构，建立第一家中外合资汽车信贷公司。专家表示，我国汽车消费融资市场新一轮竞争与发展的局面已经到来。据了解，世界几大汽车业巨头，其利润的50%都来自于分销和售后服务环节，他们通过其遍布全世界的全方位、全过程服务网络给汽车提供"从生到死"的服务。而在金融服务方面，国外已形成十分成熟的产业。与国外相比，我国的汽车服务贸易体系还有较大的差距，主要存在销售体制不健全、服务质量差、融资消费不成熟、市场割裂、服务意识淡薄等问题，令中国消费者抱怨不休。

总之，在中国加入WTO后，随着生产技术、社会经济进一步与国际接轨，汽车销售模式也将进一步和国际接轨，调整和逐步完善我国汽车营销模式势在必行，在机遇和挑战并存的时刻，中国完全可以走出一条具有中国特色的路，来构筑适合本土国情的营销体系。我们目前能做的只是一些相对理性的分析和尝试性的预测。不过可以肯定的是，在中国谈汽车营销模式的走势，必须立足中国的国情。就目前中国的情况来说，将在很长一段时间里形成多元化、多样化，有区域特色、结合消费者不同层次需求且土洋结合的多种模式并存的状态，各种形式之间还将互为补充，互为依存。

部分资料提供：北京亚飞汽车连锁总店有限公司

（作者：陈　烁）

汽车养护服务业分析

汽车养护行业是一个被誉为21世纪中国黄金产业的行业，是一个被发达国家早已证明拥有巨大市场活力的行业。汽车养护业经历了三年的低靡后，随着中国加入WTO及国内汽车销售市场的火爆，终于重新得到了良好的发展机会。

在汽车业发达的国家，汽车维修的利润与整车销售的利润相当，但在我国情形就大不相同了。同样投资的维修厂和整车销售公司的利润有成倍的差距。据有关资料显示，美国的汽车维修服务机构约有12.5万家，从业人员约350万，年产值约1200亿美元，店（机构）年均经济效益为96万美元。而我国共有维修企业约22万家，从业人员170万，年产值250亿元人民币，店（机构）年均效益仅11万元左右。国外汽车维修行业呈现如下发展趋势：

1. 品牌化经营。以服务做品牌，国内还是远远没有认识到。2002年初，德尔福宣称在中国树立汽车品牌服务形象，应该说是国外品牌服务向国内进军的开始。

2. 从修理为主转向维护为主。80年代，美国汽车维修市场开始萎缩，修理工厂锐减了31.5万家，与此同时，专业汽车养护中心出现爆炸性增长，1995年近一年就增加了3.1万家。目前，美国的汽车养护业已经占到美国汽车保修业的80%。

3. 电子化和信息化。随着汽车技术的发展，汽车的电子化水平越来越高，汽车的保修愈来愈复杂，工人凭经验判断故障所在的时代早已过去，大批高科技维修设备被应用于汽车维修行业。

4. 规模化、规范化经营。汽车保修行业的规模化经营与汽车制造业不同，不是指建立大规模的汽车修理厂或汽车保修中心，而是指拥有大量的连锁、分支机构。美国的保标快车养护系统在美国就有

1000家加盟店，并在全世界拓展自己的网络。规模化经营同规范化经营是密不可分的。在同一连锁系统内，采用相同的店面设计、人员培训、管理培训，统一服务标识、服务标准、服务价格、管理规则、技术支持，配料中心采用物流配送，减少物资储存和资金占用，降低运营成本。

5. 专业化、综合化经营。在汽车厂家提供越来越周到的售后服务的同时，汽车的保修行业也出现专业化经营的趋势，如专营玻璃、轮胎、润滑油等。专业化经营的独特优势是专业技术水平高、产品规格全、相对价格比较低。

就目前市场状况看，我国汽车养护行业竞争比较激烈，质量良莠不齐，经过几年的市场洗礼，有些品牌已经销声匿迹，另有些新生品牌又不断涌现，这反映出汽车服务市场还处于初期的自由竞争阶段，还没有哪个品牌能够真正谈得上具有决定性的或主导性的优势地位。众多汽车养护企业都在寻找适合中国市场情况，迎合中国消费观念和价值取向的连锁经营模式。由于汽车服务业本身的原因，不可能像餐饮、洗染业那样操作。随着我国加入世贸组织，非关税壁垒逐渐消除，国外进口汽车大量涌入，汽车售后市场势必更加开放，竞争也将日趋激烈，国内汽车养护业既要面对外资汽车养护企业的挑战，又要承受国内个体维修企业的竞争。

目前我国汽车养护领域，连锁经营的发展趋势不断扩大，促进了行业不断革新。经营形式、经营计划、部门化管理方式、自助服务、配件超市、专业应急维修等一系列经营管理技术相继问世，使得连锁经营水平逐步提高，形成了一套独特的连锁方式，使得汽车售后服务领域发生了一场根本性的革命。事实连锁经营有利于统一价格、统一标准、统一运作，实现维修行业的规模化、规范化经营。有效遏制当前市场的恶性竞争和不正当经营行为，最终保护广大维修客户的权益，促进维修行业走健康、良性发展之路，有利于维修领域取长补短、互相交流。

但不容否认，我国汽车维修行业虽然企业数量众多，全国性名牌企业却不多，具有全行业10%以上市场份额的大型连锁品牌维修企业还没有，客观地说我国的汽车维修企业大多还像散兵游勇，距离形成一个全新的汽车养护业还相差甚远。

一些从业人员只看重汽车养护业诱人商机而缺乏长期经营的思想，饥不择食，胡乱引进养护用品，致使养护用品市场鱼龙混杂。据不完全统计，目前市场上养护用品国外的品牌就有近百种，其中，有些是国外早已被淘汰的，有些是含铅、铝、磷、氯等有害物质的，使用后会造成环境污染，而这些居然也被某些业主标榜为国际先进技术产品，堂而皇之地充斥于中国汽车养护市场，既侵害了消费者的利益，也侵害了部分经营者的权益，还给汽车养护市场埋下了祸根。

由于汽车养护业是一个新兴的行业，其发展速度之快始料不及，目前，国家对这个市场尚缺乏有效的监督，很多国外产品进入中国后没有带来相应的质量标准和公司标准，而国家有关部门对这类产品或是没有检测能力，或是整个市场管理责任不明确（是汽车行业管理，还是化工行业管理），致使鱼目混珠，泥沙俱下。

车主的养护意识不强，养护常识缺乏，也使各种低质伪劣的养护用品有了可乘之机。公车车主养护意识不强，车坏了就送修理厂，反正不掏自己的腰包，不注意汽车养护，更不关心用什么样的养护品。而私车车主虽然很看重汽车养护，但由于多数不懂车，不知如何选择和鉴别产品，更不知道劣质养护用品所带来的恶果。为图便宜，轻信一些劣质产品的推销宣传，一旦受到损害，对整个汽车养护市场就失去了信心，无所适从。改变这些严重阻碍中国养护业健康发展的不利因素，养护品生产企业、行业管理部门和普通消费者都有责任。

在中国未加入世贸组织之前，这种局面尚能应付，但如今已形势可危。目前，全球最著名的汽车制造厂商如通用、丰田、福特、克莱斯勒、奔驰、大众、奥迪、雷诺等都在中国合资建立了整车生产厂，全球最大的50家汽车零部件厂商有35家在华设立了合资企业。国际汽车界一致认为，中国将是汽车业最有发展前景的市场之一。另外，在国外汽车维修企业已经形成了非常先进的连锁经营模式，美国经营规模最大的前8名连锁维修公司共有5938家维修站，这些维修站的收入占整个行业的一半，具有完善的企业文化、管理规模，被誉为美国汽修业的“麦当劳”、“肯德基”。随着外资逐步介入汽车维修行业，这种经营方式也必将在中国复制，届时维修企业之间的竞争必然从传统的价格竞争、售后服务竞争，过渡到品牌竞争。

因此，汽车养护行业应注重以下发展要点：

1. 重视人才培养。要满足汽车售后市场的需要，就必须培养新型的维修、养护人才，熟练掌握先进的设备和技术管理方法；必须建立合理的人才激励机制，以市场化运作手段和遵循价值规律来锻炼、培养、使用人才，从根本上重视和规划维修人才发展，充分调动其积极性，大力开发人才资源。汽车维修人员的培训是汽车维修企业提高技术和服务能力的关键，加速培养具有较高学历层次的汽车维护技术和管理人才是我国汽车售后服务业实现可持续发展的要求。

2. 注意新技术的引进。只有牢固树立以科技进步追求企业进步观念，适当引进各种具有新材料、新工艺、新功能和新结构的先进的新技术维修设备，满足汽车运行环境、维修需求不断变化的需要，才能真正顺应市场需求。

3. 进一步落实行之有效的养护基础管理制度。在车辆修竣交车结账前，业务员必须将修理情况和收费情况向顾客做出完整的说明；汽车修竣出厂后，对其进行认真跟踪服务；顾客向维修点发出求援电话，各维修点根据求援网的指示，配备专用抢修车，就近施救，提供服务，体现维修网络的规模经营优势；坚持 24 小时服务制度，配备热线咨询电话。

连锁关系是市场竞争的需要，连锁企业可通过连锁关系形成利益共同体，决不能采取计划经济的“拉郎配”形式。企业共性的存在是实施连锁的基础，个性的存在可以更好地发挥网络优势、突出特色，特色经营是企业生存发展的法宝。

通过连锁关系而形成的网络，企业数量越大、网络越大，利益越好。实施汽车维修养护企业连锁经营，可以满足消费需求，建立汽车养护信息流、资金流、技术流的良性运行互动机制，把企业内部与市场连接成一个全新的流程，达到企业效率、质量与个体化需求的整合目标。

（部分资料提供：百援汽车连锁服务有限公司）

（作者：陈　烁）

房屋租售业分析

一、行业概述

（一）房屋售租业与住宅消费市场

连锁经营的房屋售租业，一般指连锁中介性质的房屋（二手房）买卖、租赁行业，其业态主要特征是一种经纪活动。中介性质的房屋买卖、租赁的经纪活动，它包含两个基本内涵：其一，它是一种居间的服务，主要是提供信息和专业知识服务来进行"牵线说合"，促成交易。其二，以获取佣金为商业目的，经纪人提供中介服务，以佣金方式取得其劳动服务的报酬。

房屋售租业，面对二手房买卖（又称房屋置换）以及房屋租赁的住宅消费市场，这是一个近年来逐步升温，发展潜力巨大的市场。先以住宅消费市场日趋成熟的上海市为例，二手房交易 1997 年为 162 万平方米，1998 年为 315 万平方米，1999 年为 511 万平方米，2000 年为 779 万平方米，截至 2001 年 11 月底，上海二手房成交量为 1245.25 万平方米，共成交 14.63 万套，全年成交量将近 1300 万平方米。以下为实行连锁经营的上海房屋置换股份有限公司 2000 年 ~ 2001 年二手房买卖以及房屋租赁经营业务情况。

表 1　上房置换 2000 年 ~ 2001 年经营业务情况

	二手房买卖			房屋租赁	
	成交面积（万 m2）	成交套数	成交金额（亿元）	成交套数	经营收入（万元）
2000 年	81.4	14 433	20.71	5 985	523
2001 年	122.7	19 796	32.96	9 617	959
增长率（%）	51	37	59	61	83

资料来源：上房置换提供

上房置换研究了全国300个城市（其中5个特大城市、25个大城市、90个中等城市、180个小城市）的住宅消费市场，对2001年全国300个城市交易情况作了测算，并暂定有一半的交易是通过中介服务机构完成，二手房买卖佣金以成交金额2%计，房屋租赁佣金以交易金额1/12计，其收益为29.57亿元。

表2　2001年全国300个城市住宅消费交易情况和收益测算

	成交面积（万m2）	收益（亿元）
二手房买卖	15 900	21.4
房屋租赁	15 500	8.17
合计	31 400	29.57

资料来源：2001年第11期《房地产世界》杂志

根据以上分析，我国住宅消费市场如此巨大，房屋售租业必然红火。

（二）房屋售租业的连锁经营状况

1. 上海房地产中介直营连锁崛起发展

1993～1994年台湾信义房屋（现为CB信义房产）和太平洋房屋分别以房屋售租中介连锁店形式进入上海。在相当长的一段时间内，这二家境外房地产中介公司均以直营连锁开展业务。在上海房地产中介连锁经营发展过程中，最具代表性的是上房置换，公司从1997年9月开始运作，年底为30家连锁加盟店，1998年底为108家连锁店，2000年底为164家连锁店，2001年为206家连锁店，这样的数量规模均为直营店并保持到现在。1999年开始，上房置换以独资、合作、参股、技术转让等形式在全国扩展，连锁区域有昆明、成都、杭州、长春、重庆、南昌、常州、马鞍山，但特许经营方式尚未真正开展。

2. 北京房地产中介特许经营后来居上

1998年7月，上海太平洋房屋海华加盟店挂牌营业，这可视为中国（大陆）首例房地产中介特许经营个案。1999年信义房产取得美国著名Coldwell Banker公司在中国的房地产中介特许加盟授权业务的独家代理权，并以CB信义房产联合品牌进行运作。进入21世纪之后，太平洋房屋、CB信义房产特许经营工作的力度在不断地加强，取得了积极的成果，但从整个行业的角度分析，2000年美国21世纪中国不动产北京总部和我爱我家北京总部的建立，它们的经营体系和2001年业务发展，预示中国房地产中介连锁经营进入特许经营时代，代表当前中国房地产中介特许经营水准。

美国21世纪不动产称为“全球最大的房地产中介机构”，它遍布全世界32个国家和地区，共有6600多家加盟店。它凭借雄厚的实力和全球三十余年房地产中介连锁经营丰富的经验，目前致力于发展中国大陆房地产中介特许加盟事业。属于本土的我爱我家定位于“全国最大的居家综合服务商”，其特许经营运作策划之周密，推广之强劲，令人瞩目。21世纪中国不动产加盟者区域，从北京已扩展至上海、厦门、郑州、温州等地；我爱我家加盟区域，从北京已扩展至杭州、南京、苏州、天津、宁波等地。

（三）房屋售租业的连锁经营趋势

1. 行业未来：不连锁难经营

一个不争的推断为：全国大中城市二手房交易面积会进一步放大，今后几年二手房交易会占全部房产交易50%以上，乃至达到80%以上。房地产中介二手房如此看好，房屋租赁也会有所发展，因此，房地产中介公司必然迅速扩展。以上海为例，据不完全统计，截至2001年底，上海市注册登记的中介公司门店数已达4000余家。

房地产中介公司及其门店如此之多，还有一大批局外人又想进入，但未来前景是不连锁难以经营，因为海内外房地产中介公司在中国大陆连锁经营已逐渐成市。相当知名的企业如上房置换、CB信义房产、太平洋房屋、21世纪中国不动产，他们都有雄心勃勃的发展计划。房地产中介连锁经营品牌化、规模化、专业化，在商业信誉、运营体系、信息资源、人才培养等方面都具有强大的优势。房地产中介企业如果单打独斗很难在激烈的市场竞争中获胜，将面临出局的危机。每一个具有前瞻性战略意识的房地产中介公司都应该知道、通晓连锁经营，在此基础上可作这样的选择：要么自己当盟主，在自己的旗下发展连锁经营；要么自己做加盟者，加盟前途看好的房地产中介连锁经营企业。

2. 自由连锁将成为房地产中介连锁经营第三种类型

自由连锁又称为自愿连锁，它主要是中小企业为保护自己的利益，通过协作和联合，抗衡大连锁企业的竞争，获得自身的发展。自由连锁也设有总部机构，连锁的企业及门店也需要交纳一定的费用。根据自愿的原则，其成员可以自由退出。可以预计不久的将来，一部分房地产中介会进行和选择自由连锁，因为自由连锁具有经营机制灵活、交纳费用较低等特点。

表3为房地产中介连锁经营中直营连锁、特许经营、自由连锁主要特点的比较。

表3　房地产中介连锁经营类型特点比较

类型 特点	直营连锁	特许经营	自由连锁
决　策	总部作出	总部为主，加盟店为辅	总部原则规定，加盟店自主经营
管　理	总部或区域中心统一管理	总部监督、加盟店自行管理	总部指导，加盟店自行管理
形　象	各直营店完全一致	各加盟店完全一致	各加盟店基本一致
合同约束	强硬、紧密、灵活		

3. 2001年中国房地产经纪论坛关注加入WTO后面临的挑战

2001年中国房地产经纪论坛11月在上海举行，此次论坛是中国加入WTO后的第一次全国性房地产中介行业的盛会，由中国房地产协会主办，全国各地三百余名房地产中介行业的代表参加，并递交了50余篇论文。论坛举行期间，上房置换和创首例“房屋银行”服务模式的贵州房屋置换中心等企业做了专题演讲，纷纷针对中国加入WTO之后，房地产中介经纪行业如何应对挑战，构筑具有中国特色的房地产交易综合服务体系等发表了真知灼见，引起了与会同行的热烈反响。同时，还召开了中介专业委员会常委会议，明确了进一步促进房地产中介行业的规范发展方向，树品牌、促改革、共同迎接中国入世后的新挑战。

二、国内典型企业情况

（一）上海房屋置换股份有限公司

1. 企业简况

上海房屋置换股份有限公司成立于1997年12月31日，是经上海市人民政府批准的上海市房地产行业首家发起式股份制企业，公司注册资金5000万人民币，由上海房地（集团）公司下属的A股上市公司——金丰投资股份有限公司控股。经营范围：房屋置换、开发经营、房屋中介、差价换房、房屋评估、动拆迁、物业管理、咨询服务和科技开发等。公司成立以来坚持以房地产产、学、研一体化为运作理念，以理论研究成果为指导，以连锁经营方式结合先进的网络技术开发应用和专业人才培育为基础，建立起以股份制为依托的规模化、规范化、专业化和市场化的置换运作管理模式——“上房置换模式”，全心全意为广大百姓梯级消费、逐级改善住房条件提供优质服务。

至 2001 年底，公司在上海设立了 8 个签约服务中心、206 家连锁门店、员工 1000 余人；并在实践运作过程中，将隶属于整个经营过程的一些相关业务及派生业务进行专业化发展，相继成立了“上房权证代理公司”、“上海商铺网络有限公司”等一系列子公司。上房置换网点的联网运作，使居民足不出社区，既可在家门口方便地获晓行情信息，又可就近登记上网参与房屋买卖、置换、租赁、交易，极大地方便了社区居民，使他们充分享受了规模化、规范化、专业化和市场化经营所带来的优质服务和快捷便利。

上海房屋置换股份有限公司作为金丰易居住宅消费流通产业链中的重要一环，通过数年的高速发展，目前已成为上海乃至全国大型的房产中介连锁经营企业，公司的管理运作模式——“上房置换模式”也被国家建设部作为先进技术向全国推广。随着中国住宅消费流通服务市场的不断发展和拓展，公司将一如既往地本着不断创新、勇于开拓的精神，朝着“让中国人住得更好”的目标而努力奋斗。

2. 上海房屋置换股份有限公司 2001 年主要大事记：

3 月，设立特价房中心，推出特价房业务，为消化空置房拓展了新的渠道。

4 月 18 日，公司与上海金丰投资股份有限公司共同推出存房中心业务（原名房屋银行），在社会上引起了强烈反响，它开拓了房屋置换经营新模式。

5 月，公司荣获第二届上海市房地产优秀经纪企业“金桥奖”。

8 月，“上房置换模式”获第七届国家企业管理现代化创新成果奖。

附：上海房屋置换股份有限公司经营统计表

年　度	店铺数（个）	销售额（万元）	比上年增长率
2000	164	207 623	
2001	206	330 559	59%

（二）北京我爱我家房屋租赁置换有限公司

1. 企业简况

北京我爱我家房屋租赁置换有限公司成立于2000年4月，是由伟业控股、太合控股、斯坦福房屋公司共同组建的，从事不动产经纪和居家综合服务的大型企业，其宗旨为创建中国规模最大的居家综合服务商。

我爱我家已经实现了：两网（连锁网与互联网）合一的商业模式；业内扩张速度迅速；使用宽带网络支持全国内部网络管理系统；采用直营和连锁加盟特许经营模式；实现品牌有效输出。我爱我家公司的主要业务为：包括房屋租赁、房屋信托、房屋置换、装修代理担保、家用电器购置代理、房屋抵押贷款担保在内的个人级整体解决方案，包括写字楼租赁及免费综合评估、商铺租赁及免费商用房价值分析、高级员工公寓租赁及免费全程担保、普通员工民宅租赁及免费全程担保在内的企业级整体解决方案，以及空置房销售代理、新楼盘策划代理等业务。

公司先后在北京、天津、杭州、南京、宁波、苏州、温州、上海开设了分公司，在太原发展了特许加盟商。

2. “我爱我家”公司2001年大事记

4月，推出“房屋信托”业务，市场反响热烈；

9月，我爱我家推出“旧房换新房”业务；

10月，我爱我家特许加盟经营模式正式开始启动，太原天隆仓科技实业有限公司成为第一家特许加盟公司；

11月，我爱我家正式全面启动ERP管理系统；

11月，我爱我家推出商铺租赁业务；

12月，我爱我家开展免费评估业务；

12月，我爱我家开始大举进军写字楼租赁业务。

北京我爱我家房屋租赁置换有限公司销售统计表

年　度	店铺数（个）	销售额（亿元）	比上年增长率（%）
2000	40（全国范围）	0.0479	
2001	123（全国范围）	0.1889	294%

三、境外典型企业

1. 企业简况

COLDWELL BANKER 是美国著名的房地产经纪业特许加盟品牌，具有 94 年的专业历史与服务经验，多次被《SUCCESS》、《FRANCHISE TIMES》、《ENTREPRENEUR》、《INCOME OPPORTUNITY》等著名商业媒体评为房产服务业的第一品牌。

信义房屋为台湾房屋中介业股票上市公司，连续七年荣居台湾房地产中介业营业额榜首，屡屡获得台湾有关专业杂志评比的品牌第一，享有在上海多年连锁经营的成功经验。

COLDWELL BANKER 信义房产是由台湾信义房屋取得美国 COLDWELL BANKER 房产公司在大中国地区进行房产中介特许加盟授权业务的独家代理权而成立的公司，即中国总部。其完善的操作系统、丰富的行销资源、独特的服务支持是吸纳 COLDWELL BANKER 与信义房屋不同的品牌优势并加以整合创新而来，既具有世界领先性，又切合中国本土市场。

在"信义立业，止于至善"精神下，信义房屋实施许多建立房屋中介业制度的措施：

（1）保障交易安全：制作不动产说明书，先产调再进行买卖。提供购屋全面保障系统，保障客户权益。与金融机构合作，提供成屋履约保证。

（2）连锁经营模式：各事业单位之间以 IBM AS400 电脑网络串连。一家委托，多家同时销售，提供更多更快的成交机会。

（3）透明合理收费：不赚差价，收取固定比例服务费。依据产权转移办理情况，采取分段收费。

（4）高素质的人力：吸收大专毕业以上且无房屋中介经验的经纪人。提供一系列完整严格的教育训练。

（5）专业律师服务：提供签订合同、法律及税务咨询。

（6）客户满意服务：进行客户满意度问卷调查，收集客户反馈意见。成立客户服务部，开通 800—6202777 客户服务专线。

（7）完善售后服务：代收租金，代扣代缴税费，省却客户麻烦。代办产权转移事项，简化繁琐手续。提供房地产市场信息及投资咨询。

2. COLDWELL BANKER 信义房产 2001 年经营与发展大事记：

1 月　COLDWELL BANKER 信义房产第一家加盟店——远见华山店隆重开幕

2月　COLDWELL BANKER 信义房产信城中山公园加盟店正式营业

3月　COLDWELL BANKER 信义房产品牌频频出现在《房地产时报》，《解放日报》，《上海楼市周刊》，《房地产导刊》，东方广播电台等多家报刊、媒体

5月　COLDWELL BANKER 信义房产远见徐汇店加盟店开幕

6月　COLDWELL BANKER 信义房产推出“多项卖方服务保证”COLDWELL BANKER 信义房产进行内外销并轨政策宣传活动

11月　COLDWELL BANKER 信义房产跨出上海，苏州长荣东环店开幕

12月　上海信义房屋家中介店加入COLDWELL BANKER 信义房产大家庭

COLDWELL BANKER 信义房产益邦虹桥加盟店开幕

COLDWELL BANKER 信义房产志远镇宁加盟店开幕筹备……

CB 信义房产销售统计表

年　度	店铺数（个）	营业额（万元）	比上年增长率
2000	7	1 500	
2001	18	2 700	80%

（作者：戴承良）

洗衣店分析

经历了发展、饱和与优胜劣汰等阶段，2001年我国的洗衣行业已逐渐过渡到市场的成熟期，经营模式开始发生变化，连锁经营、前店后厂式的模式店为市场看好，并为消费者所认可。

洗衣从最初的草木灰和天然土碱去污到如今的现代化设备洗衣已经经历了上千年的历史。

19世纪初期，出现了原始的“干洗”技术，作坊式的洗衣走出家庭的范畴，成为人们所认知从事经营的行业。

20世纪，四氯乙烯的问世，使得洗衣技术向着更高技术含量和更新洗涤溶剂使用方向飞速发展，而且加工工艺水平趋于完善，较大的、成型的洗衣店、洗衣设备生产商应运而生，国际洗衣业在规模、技术等方面有了长足的进步。

从国际上洗衣店的服务群体来看，越来越多的家庭洗衣加入社会服务的行列，欧美及东南亚一些国家的家庭洗衣机呈逐渐淘汰的趋势，人均洗衣量日益增长，部分国家洗衣行业逐渐趋于饱和。

欧美等国的洗衣业发展经历了几百年的历史，其整体的先进技术和可靠的质量要远远领先于其他国家，加之其生活消费水平的状况，消费和服务在供需方面已经基本达到了一种趋于饱和的平衡状态，进一步要做的是寻求更先进的设备和技术工艺的研究开发。

近年来，对环境保护提出了更高的要求，引发了全球范围内的“绿色生产”、“绿色消费”、“绿色产品”的竞争，推动了洗衣用品向温和型表面活性剂、4A沸石、高聚物及酶制剂等的生产研究。时下依靠新材料、新工艺、新设备，减少污水废气的排放，倡导绿色洗衣已在行业兴起。权威人士认为，未来十年，国际上洗涤用品增加的速度趋于平缓，预计为3%~4.5%，洗衣业将继续向有利于环保、节水、节能、高效及功能要求的方向发展。

中国洗衣业的发展呈现明显的阶段性。

洗衣（洗染）业在清朝末年才逐渐形成行业，解放前后几年间，洗衣业几乎歇业。建国五年后，政府对洗衣（洗染）行业投入大量的资金来扶持，才使得这个行业得以恢复，但受技术上的制约很大。随之而来的三年自然灾害和“文化大革命”，使得洗衣（洗染）行业发展又趋于停滞。

直至20世纪80年代，价格适宜的四氯乙烯在国内的普遍推广应用，使得洗衣行业得以发展。

90年代，国际上的新设备、新技术、新工艺给洗衣业带来全新的变化，高科技、大容量、环保型洗衣设备成为现代化洗衣店的主导，洗衣业有了飞跃性的进步，某些洗衣企业的技术力量已接近国际水平。几年内，国内涌现出了一批较具规模的洗衣店：北京的普兰德、荣昌、福奈特、伊尔萨，上海的正章、三洋，台湾的象王，重庆的洁诚，大连的百姓，广州的越友等品牌，加之更多的尚欠规范的街头小店，已达到了25万家之多。至此，我国洗衣业完成了从木盆手工洗衣到洗衣机的使用，从家庭洗衣到前店后厂式的手工作坊洗衣，从传统洗衣工艺到现代化快捷环保洗衣，从家庭式单店经营到品牌特许连锁经营模式这样一个过渡。尽管如此，对于我国这样一个十几亿人口的国家来说，随着人民生活和消费水平的日益提高，以目前洗衣业的状况来满足全国洗衣量的需求是远远不够的。在国外，平均每一家洗衣店仅需要服务于1000多名顾客，而我国平均每25万人才有一台干洗机，差距如此之大，中国洗衣业的市场容量潜力可想而知。

从美国和日本等发达国家的情况可以看出，利用特许经营是其洗衣行业快速发展的法宝。其特许经营的操作规程、核心技术都是经过多年的总结和整合后推向市场的。洗衣业特许经营在美国已经有相当长的历史，加盟数占所有行业连锁加盟总数的0.5%，营业额约占0.6%，在所有特许经营行业的利润中居前100名，洗衣服务业已在经济发展中占有一席之地。

表1　1987、1988 年美国洗衣行业特许连锁店分布

年　度	洗衣加盟店铺数量（单位：家）			营业额（单位：1000 美元）		
	总　数	直营店	特许店	总　数	直营店	特许店
1987 年	2 570	227	2 343	405 872	58 342	347 530
1988 年	3 157	269	2 888	425 046	52 931	372 115

由上表可以看出，特许经营要直营店做支撑，洗衣业直营店与加盟店之比约为1∶10，平均每个直营店的营业额明显高于平均每个加盟店的营业额，且比值约为10∶7，1986 年到 1987 年、1987 年到1988 年，美国的洗衣业网点数分别增长了11.9%、17.4%，而由上表我们可以看出，1987 年到 1988 年，加盟洗衣店的增长率为 22.8%，所以通过特许经营发展的洗衣店的成长势头要快得多。

20 世纪 50 年代，连锁经营从美国引入到日本，60 年代迅速发展，70 年代特许经营在各行业得到了普遍发展，包括洗衣业。据统计资料显示：饮食业占41.9%，零售业占 36%，服务业占22.1%。至 1994 年 3 月，日本有连锁特许经营总部 203 个，加盟店 14 万个。日本的社会文化背景使得日本非常重视产品品质和服务质量。日本的连锁店善于学习欧美的经验，同时又根据本国实际不断创新，其经营规模和档次有的甚至超过欧美。同时，日本很注意相关法制法规建设。

我国直到 80 年代中期连锁经营才以合资形式由国外传入，以原行政型公司为基础组建，或是独资开办的直营连锁店居多。时下，连锁店特许经营的形式虽然已经起步，但主要在餐饮业和洗衣业发展，且特许经营的企业占企业总数的比例仍然很小。这些年来，尽管我国还没有一部专门的特许经营法，但依靠国家相关政策，如《工商企业管理条例》、《商标法》等同样可以予以规范的。随着人们的品牌意识不断增强，知识产权越来越为人们所接受。从现实来看，国家也加大了对无形资产的保护力度，这些都为特许经营的发展创造了较好的市场氛围。由于第三产业是我国“九五”期间乃至今后相当长一段时期内经济发展战略的一个重点，到2000 年，第三产业占国民生产总值的比重达到 35% 以上，从业人员达到 2 亿人左右，占社会劳动者总数的比重提高到

30%，特许市场前景看好。从美、日两国特许经营状况分析来看，特许经营已遍布整个第三产业的几乎所有行业，特别是被广泛地应用于服务业。据统计，1998年我国特许企业数仅60多家，其中洗衣业十几家，1999年已增加到了上百家，洗衣业特许企业更增加到30多家，预示着特许经营在我国开始了其快速的发展。

表2 中、日、美洗衣连锁店特许经营的简要比较

项目 \ 国别	中 国	日 本	美 国
国土面积	960万平方公里	37.8万平方公里	936.3万平方公里
人口	12.4亿	1.2亿	3亿
起源年代	20世纪80年代	20世纪60年代	19世纪60年代
发展阶段	初级阶段	发展阶段	发达阶段
加盟店所有制性质	国有、私有	私有	私有
一般连锁规模	几个~几十个	几百~几千个	几百~几千个
权益金	营业额的2%~5%	营业额的5%~10%	营业额的1%~10%
洗衣特许企业（2001年）	40多家	200多家	500多家

2000年，北京居住半年以上的常住人口达1400万人，全市职工年均工资14500元，全市城镇居民可支配收入9987元，人均消费性支出8217元，其消费结构为烧3%、穿12%、吃29%、用56%，国民经济增长率为9%，洗理费年人均约30元，现有大小洗衣店约5000家，其中街头的不规范店铺占去约70%的市场，较规范的稍具规模的洗衣店不到1200家。下表反映了北京城内居民收入及衣着消费情况：

表3 2000年北京市城市居民收入及衣着消费统计

区 属	常住人口（有户口）（万人）	外来人员（有住所）（万人）	2000年人均工资（元）	衣着消费总额（万元）
东城区	70.9	11.4	15 885	129 760
西城区	91	15.1	16 484	331 468
崇文区	47.2	6.9	13 489	10 171

区属	常住人口（有户口）（万人）	外来人员（有住所）（万人）	2000年人均工资（元）	衣着消费总额（万元）
宣武区	62.7	7.7	14 021	27 675
朝阳区	161.8	60.2	14 787	307 376
丰台区	86.1	35.3	11 867	65 840
石景山区	36.6	11.1	12 248	9 860
海淀区	167.2	55.7	16 331	80 286

表4　北京市居民个人月收入构成

居民收入（元）	0～299	300～599	600～899	900～1199	1200以上	无固定收入
占居民人数比例	3%	11%	23%	24%	34%	5%

从以上数据可以对现阶段北京市场有一个总体把握，按月收入800元以上标准，目前有600万以上的人可以承受洗衣消费，消费量达3.6亿元。

2000年，上海市居住半年以上的常住人口达1600多万人，职工年均工资15051元，全市城镇居民可支配收入11124元，人均消费性支出8952元，洗理费年人均约45元，现有洗衣店（不分大小）6000多家，但较规范的洗衣店不到2000家，洗衣消费总额达5亿多元。

有调查表明，18岁至65岁的城市居民中，68%的消费者经常接受洗衣店的服务，有32%的消费者表示很少甚至几乎未曾光顾过洗衣店，一般接受洗衣店服务的顾客分为以下三类：

1. 居民高收入群，如私营企业业主、高薪白领阶层（含外企高薪人员）、国家机关、事业单位部分工作人员家属，此类顾客贡献额很大，干洗和水洗的服务需求几乎均等，对洗衣质量及服务的要求都较高，受洗衣价格影响较小。

2. 普通消费群，如一般收入居民、小商贩等，此类顾客基数大，偏重于服装干洗服务，受价格及洗衣质量的影响较大。

3. 团体消费群，如大小机构、酒店、社团、商场、宾馆等，此类顾客受社会关系影响较大，量大利薄，是水洗服务的主顾。

随着人们生活水平的不断提高，消费意识的增强，更多的顾客将从家庭洗衣中解脱出来，同时，对高档次高质量的规范服务要求也越来越具体，这将促使一部分不规范的个体洗衣店逐渐被服务和技术实力较强的规模洗衣店所取代。

表5　洗衣市场饱和状态预测

项　目	北　京	上　海
人口	1 500万人	1 800万人
洗衣店数量（带设备，较规范）	8 000家	10 000家
年人均洗衣消费	200元	220元
单店顾客群	1 800人	1 800人
单店平均年收入（包含大、中、小型店）	36万	40万
年洗衣消费总额	30亿元	40亿元
到达饱和状态至少所需时间	20年	20年

近几年，我国洗衣业连锁经营发展十分迅速，出现了一批知名企业，普遍业绩较为突出，特别值得一提的是，这些企业在全国或当地均有较高的知名度，吸引了众多的加盟者。

①有设备投入的模式店：高档次、规范化的大型洗衣企业，多为连锁店，约占中国洗衣业市场份额的20%。

比较	福奈特	普兰德	象王	白急便	荣昌	伊尔萨
优势	法国投资者，形象设计好，标准化强	国有体制，政策支持力度强，有很多房产及门面，政策上有进入小区的便利条件，职工稳定，技术实力强，经营历史悠久	台湾投资者，市场意识浓，洗衣专业技术能力强	日本投资者，在日本有60多家店，资金实力强，目光长远	皮/毛洗衣业务均经营，尤其皮衣洗染的名气较大，管理人员综合素质高，特许经营和电子商务结合较好	意大利品牌，在世界40多个国家有店面，在中国有60多家加盟店，管理梯队素质高，加盟者实力强
劣势	自己不做洗衣，尤其不洗皮衣，无专业的洗衣经验，无直营店，只有加盟店	品牌分割为四家，无法形成统一的特许体系，体制本身缺乏活力，人员综合素质不很高，无模式店	设备单一，洗衣店档次较低，开展特许经营时间短，自己无直营店，加盟店亦较少	刚进入中国市场不久，暂时未形成自己的品牌及占有太大的市场份额，只有直营店，无特许加盟店	设计不是很系统，标准化程度不够完善	在北京尚未完全打开市场，占有市场份额不够
单店平均营业额	108万	60万	80万	50万	120万	100万

②中型档次洗衣店：中型洗衣店，有　　较小。
设备投入，多为各店独立经营，或连锁规模

	三洋	航星	美涤	洁诚
主营	洗衣、设备销售	洗衣、设备销售	洗衣、设备销售	洗衣
技术实力	较强	一般	一般	一般
设备配置	10～20万元	1～20万元	1～10万左右	10万元左右
店面数量	50多家	80多家	60家	20多家（当地）
每店年均营业额	20万元	15万元	12万元	8万元
员工人数	200人	300多人	200多人	70多人
占全国市场份额	0.2%	0.05%	0.03%	0.01%

③小型（手工）作坊：

特　征		小洗衣店
优　点	规模	投资小，容易转型
	人员	家庭式居多
	价格	低廉，可争取大部分中低消费者
	位置	靠近居民区
缺　点	技术水平	较差
	设备配置	没有或较低
	服务	不规范
	质量	保障率不高
单店年均营业额		几千到几万元

2001年洗衣行业大事记

北京地区洗衣行业环保工作座谈会召开，北京奥申委、北京市环保局、北京市消协、北京市商委、北京市技术监督局官员出席会议

6月　日本三洋首家推出“不用洗衣粉的洗衣机”

7月　上海第一家“慈善洗衣房”正式启动中华洗网派代表参加在美国新奥尔良召开的国际CLEAN01国际洗衣行业博览会

北京第一家中外合资大型专业洗涤公司——北京首旅酒店洗涤公司开业，采用国际上最新型的隧道式洗衣龙

8月　国际整烫洗涤设备博览会在上海召开

9月　荣昌洗染集团引进国内首台环保型碳氢溶剂干洗机

小天鹅公司获我国洗衣机制造业有史以来最大一张海外订单（3000 万美元，墨西哥）

12月　经过较长时间的筹备，江苏省洗染行业协会正式成立

（资料提供：荣昌·伊尔萨洗染连锁集团、北京福奈特洗衣服务有限公司）

（作者：陈　烁）

美容店分析

一、行业概述

2001 年中国美容业的发展可以用"波澜不惊"四个字来形容。整个行业保持温和平稳的发展，市场的优胜劣汰使得一批规模小、缺乏实力，或是经营不正规的美容院倒闭，同时涌现出不少资金雄厚、实力强、具有良好信誉及独特技术的美容企业。随着我国人民生活水平的提高，美容需求的数量和质量同步提高，一些新的美容项目逐渐融入美容行业。高薪聘请国外美容美发技师也成为业界的新气象。各地美容美发会展风起云涌，特许加盟发展迅速，但整个行业仍然缺乏规范而有效的治理，使纠纷与投诉率居高不下，影响了整个行业的形象。

二、龙头企业发展情况

（一）NB 自然美国际事业集团

在全球拥有超过 2000 家连锁店的 NB 自然美国际事业集团，是最早进入内地的美容机构之一。至 2001 年底，NB 自然美在内地陆续成立了 30 多家控股公司，连锁店超过 800 家，百货专柜 132 个。

NB 自然美是美容业界较早开展特许经营的企业之一，其连锁店的大多数都是加盟店。加盟 NB 自然美除需要缴纳一次性加盟金和接受培训外，NB 自然美并不提取营业分成，而是通过销售产品的收入来获取利润。在 SPA 水疗风行以后，NB 自然美又推出了 SPA 沙龙等新型加盟店模式。至 2001 年底全国的自然美 SPA 沙龙已有 122 家，另有 SPA 生活馆 34 家。2001 年自然美还发起主办了"两岸同步自然美亲善大使 SPA 代言人暨爱心妈妈"选拔大赛，提升了企业形象。

（二）雅兰国际化妆品有限公司

总部位于广州的雅兰国际化妆品有限公司是德国碧斯专业护肤品牌在国内的总代理。1997 年，雅兰在广州设立碧斯化妆品厂，获得授权在中国生产碧斯化妆品。2000 年底该厂获得 ISO9002 质量体系认证。雅兰除了代理和生产碧斯化妆品外，还开设美容连锁店，2001 年其连锁机构已发展至 2000 多家。雅兰下属的碧斯国际美容美发美体学院主要培养美容专业人才。在从事美容行业生产、服务和培训等方面的经营之余，雅兰还将业务扩展至美容以外的行业，2000 年它取得了日本高档美体内衣姿蔓婷的烟台区总代理资格，并于 2001 年开始高调招商活动。

三、相关政策法规

由于医疗美容引起的纠纷屡屡出现，早在 2000 年 4 月，卫生部就颁布了《关于加强美容服务管理的通知》，严格界定了生活美容和医疗美容的范畴，并规定只有领取了《医疗机构执业许可证》的企业才能开展医疗美容服务。通知颁布后，由于缺乏有效的监管，超范围经营医疗美容的机构比比皆是，由此引发的投诉和纠纷反而有上升趋势。为此，卫生部一直在酝酿制定医疗美容服务管理办法，并将于 2002 年颁布实施。

此外，各地方主管部门及行业协会还根据本地美容美发业发展情况，实行地方性的管理制度。如北京市 2001 年对美容美发店实施了“星级评审”制度，通过考核评定把美容美发厅分为特级店、一级店、二级店、经营达标店四个等级，并在门前挂上等级牌。同时，全国多个大中城市评选出“放心美容院”，让消费者放心消费。由于监管力度加大，提供色情服务的不法美容院大幅减少。

四、本行业发展热点

（一）美容店趋向大型化高档化

随着我国人民生活水平的提高，对于美容行业的需求与要求同步增加，那些几千元资金开设的街边小美容店已经不能适应消费者对于卫生和服务的需要，有些已被淘汰。而拥有雄厚资金，设备先进且技术出色的美容院取得了优势地位。2001 年，营业面积在 100 平方米以上，投资额在几百万至上千万元的美容院在全国各大城市都成为发展趋势。高薪聘请国外技师也是 2001 年引人注目的热点。如上海的中村美容城占地 4000 多平方米，23 名美容师、美发师都来自日本。北京的美容美发店也不乏来自法国等国家的技师为消费者服务。

（二）美容引入健身、美体等新项目

新的健康生活和休闲概念的盛行，使美容不再局限于面部皮肤护理，很多美容院都将健身与美容护肤结合起来，通过多元化经营，一次性解决消费者锻炼和休闲的需要。健身项目可以争取客流，提高市场份额，而美容项目利润则是利润的主要来源，二者相得益彰。

美体则是都市白领时尚生活的新兴内容。SPA 水疗更是近两年流行起来的休闲美容方式，成为行业发展的一个热点，被相当数量的美容院所引进。但 SPA 项目对美容院的场地、设备、环境等硬件设施要求较高，这体现出了实力和资金在美容业界的重要性。

五、存在的问题

不规范经营现象依然严重。多年来，与美容行业的快速发展相伴随的一个严重问题，就是部分企业的不规范经营。美容质量问题数年来一直是消费者投诉的热点。据中国消费者协会公布的数据，2001 年中国消费者协会收到美容质量投诉 4915 件，比上年增加 2%。其中，医疗美容的质量问题占了 70% 以上。消费者投诉的主要问题有：美容院使用假冒伪劣产品和“三无”产品；不具备医疗美容资格的美容院超范围经营；虚假广告宣传误导消费者；使用未经检验或未经批准使用的材料等。这些问题都给消费者带来了身体和精神上的极大痛苦。

除此之外，不规范经营还体现在商家不兑现对消费者的承诺上。不少商家用“无效退款”的广告博得消费者的信任，但真发现无效时，钱款却难以退还。更有甚者，一些美容院游说客人花数百甚至几千元购买了美容卡后，便关门大吉，使受骗的消费者难以讨回自己的损失。

种种不规范经营现象的存在，主要是因为本行业法律法规的不健全，以及缺乏明确的主管机构。只有建立全面的行业法规和严格的奖惩制度，主管部门依法管理，不规范经营现象才能得到有效的遏制，美容行业才能真正健康地发展。

六、关于美容美发行业暴利的争论

2001 年 8 月，北京、深圳、成都的媒体不约而同地刊出了关于美容美发业存在暴利的报道。这些报道将美容美发业的收费与其所用原料进价进行了比较，得出该行业利润率达 3000% ~4000%，堪称暴利的结论。报道刊出后，在美容美发业界掀起了轩然大波。全国各地的业界人士纷纷召开讨论会，就此事展开讨论。业界人士表示，美容美发业属于服务行业，它不同于批发零售业“售价 - 进价 = 毛利”的计算方法。美容美发业的收费中，除了原料成本外，还包括前期投入、经营成本和技术含量在内，除个别企业外，绝大部分企业的利润率与“暴利”不能相提并论。

这场持续了数月之久的争论，实际上反映了消费者与美容美发业界对于该行业经营状态的不同理解与看法。不可否认，报道使用的计算方法的适用性确实值得商榷，但是，美容美发业定价不透明，从业者的技术价值没有得到应有的尊重和承认，以及消费者花钱没有得到物有所值的服务等因素，都是造成这一争论的原因。相信随着整个行业发展的规范化，美容美发行业的收费必将取决于市场，消费者不能接受的，或是不能盈利的收费将被市场淘汰，有关暴利的争论也将不复存在。

七、美容美发行业大事记

5月　由卫生部全国卫生产业企业管理协会主办的《中国国际美容教育网》网校成立。该网校主要对在职美容师进行系统的基础理论教育和美容技术再教育。

8月　关于美容美发业是否存在暴利的争论在全国展开。

9月　由NB自然美国际事业集团主办的“两岸同步　自然美亲善大使SPA代言人暨爱心妈妈”选拔大赛全国电视总决赛在上海举行。

（作者：王小燕）

眼镜店分析

一、行业概述

传统的眼镜零售市场是由一些小而分散的小企业形成。改革开放以后，眼镜行业以超过国内生产平均增长的速度迅速增长，1999年眼镜行业产值65亿元，2000年达到83.5亿元。眼镜行业的高速增长来自于两方面，一方面是国内需求旺盛，另一方面是出口需求持续增长。

国内眼镜市场需求主要从三个方面体现，第一是人们生活水平不断提高，生活质量越来越好，追求时尚，追求个性化生活方式，因此各种时尚的、有个性的眼镜、太阳镜深受人们的喜爱，戴太阳镜已不再是简单的遮蔽阳光，人们会根据自己的爱好，出入不同的场所，穿着不同的服装来搭配不同的时尚眼镜，尽显与众不同的个人魅力。因此，时尚的、个性化的眼镜广泛受到年轻人、追求时尚的人们的欢迎，同时也使眼镜市场得以蓬勃发展；第二是我国中小学生近视率居全球第二，仅次于日本。据调查，我国中小学生近视率已达34.6%，高中生近视率在70%，近视率居高不下，而中小学生又正处在生长发育阶段，一副眼镜一般戴两年就要重新配一副新的，这也是眼镜行业得以迅速发展的一个原因；第三是老年人的老视镜，随着我国进入老龄化社会，60~65岁、65岁以上的老年人在我国人口中所占比例已达到国际老龄化标准的15%、7%，而我国老龄人口中知识老人所占比例也在不断增加，老视镜的需求也随老年人的增加而增加，同时老视镜的佩戴者一般也要随老视程度的不同配适合的老视镜，因此老视镜也不是一次性需求。以上三块使我国国内眼镜市场需求持续旺盛，使眼镜零售企业得以蓬勃发展。

国外需求不断增加。由于我国劳动力价格低，同时我国的眼镜生产商积极学习国外先进技术，不断引进先进生产设备，生产出来的眼镜无论款式、颜色还是材质、加工工艺都不比国外名牌产品逊色，而价格却只有国外产品的几分之一，因而我国生产的眼镜产品在国际市场上广受青睐。日本是我国眼镜的消费大国，2001年秋季以来，日本的各个眼镜零售商纷纷推出中国眼镜专柜或中国眼镜专卖店。中国眼镜价廉物美，受到日本消费者的热烈欢迎。据海关统计，2001 年我国眼镜产品出口额为 7.42 亿美元，虽受美国“9·11”事件影响，但仍比上一年增长了 10.58%。这也是我国眼镜行业迅速发展的一个重要原因。

行业竞争逐步加剧，尤其面对入世的压力，大型老字号企业依靠自身的地域优势和品牌优势，不断扩大规模。如北京大明眼镜股份有限公司，1998 年在完成了与老字号精益、晨光等眼镜店联合的同时，也完成了股份制改造，之后在北京地区迅速扩张，使大明眼镜店遍布北京的 17 个区县，销售额突破亿元大关。同样是老字号的上海茂昌眼镜公司，依靠自身的技术和品牌优势走上了连锁经营的扩张之路，现在茂昌眼镜店分布于上海各大商业街、生活区，每年的增长速度都在 25%以上，2000 年的销售额也达到了亿元以上。2001 年茂昌开始向全国扩张。台资的加入也使竞争更加激烈，台资早在 1992 年就已进入眼镜市场，重庆千叶眼镜连锁有限公司就是其中之一，现已发展成为拥有 20 余家店铺，年销售额几千万元的连锁企业。宝岛眼镜店也已在内地多个城市开设了连锁店，仅在天津就开了 9 家店。民营股份制眼镜连锁店也占据着重要的地位，尤其是在珠江三角洲一带，如广州的大众眼镜连锁企业、明廊眼镜连锁企业、深圳博士眼镜有限公司等企业，在眼镜零售市场上都占据着重要的位置。

随着中国加入世贸组织，有越来越多的外资看好中国市场。外资除了在中国以合资、独资的性质开设眼镜店外，还在中国建立加工中心。另外还有越来越多的国际知名眼镜品牌进入中国，在中国建立销售中心或寻求销售代理。目前进入中国的外国眼镜零售商有日本最大的眼镜连锁店巴黎三城、现代光学、美式眼镜城、爱眼眼镜等，他们以合资或独资的形式在中国建立眼镜零售企业，以连锁经营形式发展连锁店。如上海巴黎三城已发展成为拥有 50 多家店的大型企业。这些外资企业拥有先进的管理方法、设备仪器、技术手段，为消费者提供着优质服务，因而具有很强的竞争优势。

二、眼镜业典型（龙头）企业情况

（一）销售统计表

企业名称	2000 年店铺数	2001 年店铺数	第一家店开店时间
上海茂昌眼镜公司	24	30	1923
北京大明眼镜公司	35	37	1937
上海吴良才眼镜公司	21	22	1719
上海红星眼镜公司	35	1 930	
北京雪亮眼镜有限公司	35	1 987	
天津大明眼镜店	21	25	1922
武汉精益眼镜店		1 911	
重庆千叶实业总公司	11	18	1992
广州大众眼镜有限公司	16	20	1994
深圳博士眼镜有限公司	60	1 993	

（二）企业简况

1. 上海吴良才眼镜公司

上海吴良才眼镜公司始创于清康熙五十八年（公元1719年），其前身是“澄清斋珠宝玉器铺”，外挂招牌“吴良才眼镜店”，后改为“吴良才眼镜公司”。公司素以“验光准确、磨制精良、矫配舒适、服务上乘”，技术力量雄厚而享誉海内外。

2. 上海茂昌眼镜公司

上海茂昌眼镜公司在上海激烈的竞争中立于不败之地，茂昌公司总经理曹建祥先生说：茂昌的四张王牌与众不同。茂昌的第一张王牌——科技创新。茂昌首创青少年渐进多焦镜，获得国家专利。茂昌研制树脂片去毛复新技术，延长了树脂片眼镜的使用寿命。第二张王牌——人才。茂昌拥有高级验光师11人，特高等级的验光师6人。第三张王牌——流行先锋。引进国际知名品牌，在茂昌人们可以买到德国、法国、日本、意大利等国的最新时尚眼镜。第四张王牌——连锁经营。通过连锁经营实现了规模的扩张，并开始了向全国挺进的进程，计划在今后几年内在全国范围内开设100家连锁店。茂昌的经营理念是：茂昌，还您一个明亮的世界。

3. 北京大明眼镜股份有限公司

北京大明眼镜店创建于1937年，素以“验配准确、技术精良、专业能力强和承接高难光度眼镜定配制作”而闻名。在大明，人们能够配1000多度的散光镜，2000多度的近视、远视镜，除此之外，大明在环境、商品、服务、经营、管理等方面，从验光、选架、配片、开方、装配、检验、取镜到维修等各个环节，制定了一系列规范化、标准化、量化、可操作的规章制度和流程，形成了一整套具有大明特色的经营管理规范。1997年初，大明眼镜公司连锁中心正式成立，通过与精益眼镜公司、晨光眼镜店、明明眼镜店等几家北京知名老字号眼镜专业店的合并，实现了资产重组，优势互补，从而增强了企业的竞争力。

4. 北京雪亮眼镜有限公司

北京雪亮眼镜公司成立于1987年，专业从事眼镜的验光配镜、加工、经营。近年来雪亮公司不断开拓进取，引进连锁经营模式，全面提升企业形象。1998年雪亮公司通过了由英国皇家颁发认可的（UKAS）《国际标准认证证书》，并荣获中国国家颁发认可的（CNACR）《质量体系认证证书》。雪亮公司经营理念："以人为本，唯才是举，以诚待客，取信于民，科学务实，团结开拓"。他们的质量警训是"严把质量，慎之又慎；差以毫厘，失之千里"。2001年雪亮眼镜公司连续作为中国大陆地区惟一零售商代表出席韩国大邱市国际眼镜展和香港国际眼镜展。

（三）外资企业进入中国的情况

总部在日本的巴黎三城，1930年在日本创立第一家店，1973年在巴黎设立了其海外第一家店，以后陆续在德国、美国、英国等地开店，巴黎三城全球眼镜连锁网络逐步形成。目前巴黎三城在全球已开设了1000多家连锁店。巴黎三城日本总部1998年在日本"东证一部"上市，成为第一家上市的眼镜连锁企业，并且是日本第一大眼镜连锁企业。1992年进入中国并首先在上海金陵东路开设了中国的第一家店。凭借先进的管理方法和经营理念，以及丰富的国际市场开店经验，其在中国大陆发展迅速，到2001年底在中国已开设了51家店铺。巴黎三城眼镜店以优质的服务、精良的产品吸引顾客，他们向顾客提供免费验光、免费清洗眼镜、免费眼镜整形、配镜时免费提供镜盒服务，在我国开创了眼睛店优质服务的先河。

三、眼镜行业相关政策、规定

眼镜行业作为与人们生活、身体健康密切相关的行业，其发展一直受到国家有关政府部门的重视，制定了一系列相应的政策、规定，近年出台的与行业相关的政策、规定有：

1. 2000年3月，劳动和社会保障部发布的《招用技术工种从业人员规定》；

2. 2000年5月10日开始实施的，劳动和社会保障部颁布的《眼镜验光员国家职业标准》、《眼镜定配工国家职业标准》；

3. 2001年5月21日国家药品监督管理局发布了《关于加强OK镜管理事项的

紧急通知》

四、行业发展热点及核心问题

（一）质量问题仍然是行业的热点及核心

人们把眼镜视为眼睛的保护神，因此眼镜的质量问题一直是人们关心的问题，也是眼镜行业始终的热点话题。据 2001 年第二季度国家技术监督局对北京、上海、天津、江苏、浙江等 12 个省、直辖市的 20 多个城市，以及丹阳、北京、义乌 3 个眼镜专业市场生产和销售的配装镜和太阳镜进行了专项抽查，抽查结果显示，配装镜的合格率大幅提高，抽样合格率为 84.4%，其中大型专业连锁企业（年销售额超过 500 万元）的产品，抽样合格率为 100%，而小型眼镜店的抽样合格率较低。抽查的太阳镜合格率仅为 19.8%，不合格产品中包括一些价格较高的品牌太阳镜。

（二）企业规模仍然偏小

由于历史的原因，眼镜行业企业的规模普遍很小，近年引进的连锁经营方式使企业规模有了很大的发展，2000 年行业中产生了几个年销售额过亿元的企业，但同国外同行业相比我国眼镜企业的规模还是很小。企业发展需要资金，眼镜零售企业要想快速发展首先要解决企业的资金问题，仅靠企业自身滚动发展很难适应当今经济的快速增长以及入世外资进入中国的竞争压力。目前我国的眼镜零售企业中，还没有独立的上市公司，因此企业融资受到一定的限制，融资渠道的不畅通，也是限制企业规模发展的重要因素。

五、2001 年眼镜行业主要活动暨行业大事记

5 月中国眼镜协会率团参加米兰国际眼镜展，我国有 11 家企业参加了展览。

5 月 21 日国家药品监督管理局发布了《关于加强 OK 镜管理事项的紧急通知》，并于 7 月 28 日国家工商总局查处了 10 家夸大宣传、误导消费者的“欧欧”眼保仪的违纪广告。

9 月 11～14 日，在北京展览馆举行了第 14 届中国国际眼镜业展览会，展览会盛况空前，是历届展会中规模最大、参展商最多、成交额最高的一届。

11 月 22 日，中国眼镜协会“首届全国眼镜高级职业资格考核班”在北京举办。首批 17 名业界资深人士获得高级专业技术职称。

（作者：齐云霞）

旅游中介机构分析

2001年度旅游业是向纵深发展的一年，而旅游中介的发展则不均衡。传统的旅行社中介发展出现了竞争激烈，经营困难的局面，其他新兴旅游中介则发展迅猛。

一、旅行社市场状况

旅行社作为旅游中介行业的传统行业虽然是占据主流，但经营困难，甚至出现大面积亏损，大多旅行社日子难过，利润急剧下降。这主要是竞争所致，淡季价格奇低，低到几乎没有利润，有的团在一位顾客身上只赚10元钱，甚至不赚钱，只靠充量让其他各相关业务旅游单位给点反扣，旺季虽然顾客丰沛，价格不菲，但成本也高，所以利润并不可观。出现了客多钱不多，收钱不赚钱的现象，这从以下各项指标分析中可以看出。

（一）行业规模状况

截至2001年底统计，全国共有旅行社10716家（其中，国际旅行社1319家，国内旅行社9397家，共有10532家旅行社参加了2001年度业务年检），同比新增加1723家，增幅为19.16%（其中：国际社增加51家，增幅为4.03%；国内社增加1672家，增幅为21.65%），国内旅行社的增长仍是全国旅行社规模扩大的主要因素。全国旅行社资产总额（固定资产和流动资产）为415.47亿元，同比增长13.55%；负债总额为199.08亿元，同比增长2.07%；所有者权益总额为216.39亿元，同比增长26.64%；注册资本金额为130.63亿元，同比增长15.39%；直接从业人员为19.24万人（其中：导游人员8.46万人、领队人员0.87万人、会计人员2.21万人、经理人员4.46万人），同比增长17.11%；全国旅行社责任险投保率达85.32%（国际社91.15%、国内社86.19%），各类旅行社缴纳保险费总额1.13亿元人民币（国际社4419万元、国内社6916万元）；经审核总经理持证率达88.56%，副总经理持证率为65.74%，部门经理持证率为60.96%。

（二）总体经营规模和效益状况

2001年度，全国旅行社营业收入为589.80亿元，同比增长25.51%；旅游业务收入为562.90亿元，同比增长26.89%；利润总额为12.85亿元，同比增长23.09%；旅游业务利润为12.28亿元，同比增长13.92%；实缴税金为7.63亿元，同比减少4.62%；结汇7.85亿美元，同比增长38.94%；全年促销费支出3.85亿元，同比增长17.03%；人均利润为6678.94元，同比增长5.12%。各项效益指标出现了不均衡增长状况。

（三）主要旅游业务指标状况

1. 入境旅游业务：2001年度全国旅行社入境外联783.44万人次，同比增长24.67%；外联人天数为3136.82万，同比增长26.20%，其中外国人为1570.35万人天；接待入境旅游者1453.64万人次，同比增长27.09%，接待入境旅游者人天数为3275.84万，同比增长24.56%，其中接待外国人360.93万人天；入境旅游业务收入为150亿元，占全国旅行社旅游业务收入总量的26.65%；利润为5.61亿元，占旅行社业务利润总量的45.69%；收入利润率为3.74%，同比减少0.2个百分点。这说明中国的旅游环境逐渐向良性方向发展，但收入利润率的降低和旅游规模的增加形成反差，说明竞争的激烈，收钱并不一定同比赚钱。

2. 国内旅游业务：2001年度全国国内旅游组团3516.17万人次，同比增长31.95%，共9461.87万人天，同比增长40.95%；接待5894.39万人次，同比增长37.96%；接待10266.48万人天，同比增长34.62%；国内旅游业务收入为331.33亿元，占全国旅行社旅游业务收入总量的58.87%；国内旅游利润为3.79亿元，占旅行社旅游业务利润总量的30.87%；收入利润率为1.15%，同比增长0.09个百分点。国内旅游业务的较高速度增长，说明国内旅游开发业务做得好，与国家的旅游指导政策相关。

3. 出境旅游业务：2001年度组织出国游152.02万人次，同比增长27.42%；共855.51万人天，同比增长11.53%；组织港澳游127.97万人次，同比减少22.12%；共541.83万人天，同比减少26.20%；组织边境游89.54万人次，同比减少14.56%，共225.00万人天，同比增长3.23%；出境旅游业务收入81.57亿元，占全国旅行社旅游业务收入总量的

14.50%；出境旅游利润2.86亿元，占旅行社旅游业务利润总量的23.29%；收入利润率3.51%，同比减少1.08个百分点。从2001年度全国旅行社组织国内游、入境游、出境游三项旅游业务比较分析看，国内旅游业务规模最大，营业收入排在第一位；入境旅游业务规模次之，排在第二位；出境旅游业务规模最小，排在第三位。同2000年度相比，旅游业务利润结构发生了变化，入境旅游业务利润排在首位，国内旅游业务利润排在第二位，出境旅游业务利润排在第三位。

（四）旅行社总体结构状况

全国旅行社数量的一半以上仍然集中在山东、江苏、浙江、广东、辽宁、上海、北京、河南、河北等九个省（自治区、直辖市）。全国国际旅行社各项主要指标名列前茅的地区排序为广东、北京、上海、江苏、浙江、重庆、福建、海南、陕西、广西；全国国内旅行社各项主要指标名列前茅的地区排序为上海、浙江、江苏、广东、四川、北京、云南、山东。从各类旅行社各项指标在全国总量的比重情况看，广东省取得了旅游利润、全年促销费、实缴税金、从业人员、国内旅游组接、出国游等6项指标全国第一，成为2001年度我国旅游消费的重点地区；北京市则取得了外汇结汇、入境外联人天、接待人天三项指标全国第一，成为2001年度最具吸引力的入境旅游招徕重点城市。

（五）国际旅行社状况

据2001年度旅行社年检统计结果：全国国际旅行社资产总额为283.71亿元，占全国旅行社资产总额的68.29%；负债146.95亿元，占全国旅行社负债总额的73.82%；所有者权益136.83亿元，占全国旅行社所有者权益总额的63.24%；注册资本72.14亿元，占全国旅行社注册资本总额的55.23%；从业人员7.28万人，占全国旅行社从业人数的37.84%；全年促销费支出为2.62亿元，占全国旅行社促消费支出总数的68.06%；营业收入利润率2.84%，同比减少0.78个百分点；旅游业务收入利润率为2.89%，同比减少0.48个百分点。从规模上看，国际旅行社数量是全国总量的12.31%，人员是全国总量的37.84%，资产、全年促销费均超过总量的68%以上。从经营效益上看，国际旅行社的旅游业务利润占总量的87.71%，其余各项指标仍占全国旅行社的70%左右。外汇结汇、全年促销费指标在平均值以上的旅行社同比略有减少，其余指标在平均值以上的旅行社同比均有增多。2001年度结汇旅行社数量占总数的42.90%，同比有明显增长，但仍有57.10%旅行社无结汇。

（六）国内旅行社状况

据2001年度旅行社业务年检统计结果，全国国内旅行社资产131.76亿元，占全国旅行社总数的31.72%；负债52.12亿元，占全国旅行社负债总额的26.18%；所有者权益79.55亿元，占全国旅行社所有者权益总额的36.77%；注册资本58.48亿元，占全国旅行社注册资本总额的44.77%；从业人员11.96万人，占全国旅行社从业人员总数的62.17%；全年促销费支出1.23亿元，占全国旅行社促销费支出总额的31.95%；营业收入利润率有所增长为0.89%，旅游业务收入利润率同比有所增长为0.80%。以上数据表明，2001年度国内旅行社各项指标有明显的增长。国内旅行社数量占全国旅行社总量的87.7%，是国际旅行社的7倍，从业人员占全国的62%，国内旅游组接指标保持在占全国60%以上的水平，利润总额、旅游利润分别增长253.15%、127.94%，全国国内旅行社的旅游业务利润占到全国旅行社旅游业务利润总量的39.32%；收入利润率为0.89%；旅游业务收入利润率为0.80%。

（七）双百强旅行社状况

双百强是指国际旅行社百强和国内旅行社百强。全国31个省区市中，22个省（自治区、直辖市）有双百强旅行社。吉林、内蒙古、江西、湖南、贵州、青海、宁夏、甘肃、西藏等9个省（自治区、直辖市）没有双百强旅行社。广东、上海仍然分别稳居国际、国内百强社数量的榜首，北京名列第三，浙江第四，江苏第五，福建第六，云南第七。广东、上海、北京、浙江、江苏、福建、云南、四川等8个省（直辖市），占有双百强旅行社总数158家，比重近80%；2001年度双百强旅行社仍然集中分布于重要口岸城市、客源输出地和旅游热点地区。在双百强旅行社中，有194家百强旅行社产生于中国优秀旅游城市，占优秀旅游城市总数的97%。在已命名的137个中国优秀旅游城市中，有46个城市有百强旅行社。其中：上海、北京、杭州、深圳、广州、南京、昆明、福州8个城市所拥有的百强旅行社数量已超过总数的一半。双百强旅行社在行业中有突出重要的地位。百强国际社占国际旅行社总数的7.64%，在所考核的六项指标中，外汇结汇、旅游利润之和占总数的近70%以上，其余指标则分别占国际社总量的50%左右。百强国内社约占总数的1.1%，在所考核的五项指标中，旅游利润份额占到总数的99%，其余指标均占国内旅行社总量的20%左右。上述结果表明，2001年度，我国旅行社行业在数量上和质量上都有了进一步发展，我国加入世贸组织和国内旅游的兴旺发达，为旅行社企业拓展了新的发展空间。旅行社通过改制，多种经济类型并存，国际旅行社中国有制企业仍占60%以上，股份制企业约为30%，其他类型企业约占10%。国内旅行社中国有、股份制及其他类型企业呈现三足鼎立的态势。国内大的企业集团加盟旅行社行业，为其注入了新鲜血液，使旅行社的资产及其经营情况发生了积极变化，所有者权益总额有较大增长，注册资金继续扩充，从业人员显著增长，为社会提供了更多的就业机会；受区域经济发展水平的制约，旅行社数量及综合实力的区域分布，仍以沿海经济发达地区、重要口岸城市、客源输出地和旅游目的地为主体。

二、新兴的旅游中介公司状况

新兴的旅游中介公司很多，但同传统的旅行社中介相比，无论从行业规模、数量、资产状况、社会影响力等各方面来看都不可同日而语。然而，新兴的旅游中介公司的发展速度之快不能不引起足够的重视。新兴的旅游中介公司涉及行业很多，但发展最快，并有一定市场影响力的当属网络酒店预订公司。

网络酒店预订公司可谓是旅游中介一支生力军，呈生机勃勃之势，行业规模翻番，单体公司的业绩成倍增长，如北京的金色世纪、E龙、恒中原，上海的携程等在2001年度销售业绩几乎都实现了翻番的发展速度，而且许多财务指标绝不亚于中等规模的旅行社。（由于是新兴行业，暂没有行业协会对其进行具体行业业务统计，也没有主管部门对其进行归口管理）

具体原因分析如下：

一是符合专业化经营发展趋势。旅行社所做的业务包括安排交通、住宿、吃饭、参观景点等等。而网络预订公司所从事的主要是酒店的客房预订业务，是旅行社所从事的多种业务中的一种，这符合专精经营的发展方向。二是运用了网络工具，提高了工作效率。由于网络预订公司利用了现代通讯网络工具，减少了时间成本，降低了服务成本，提高了工作效率和经营绩效。三是能和酒店利润共享，实现双赢。虽然网络预订公司介绍的客人酒店也打折，但同旅行社给酒店推荐的客人相比，利润空间要大得多，所以许多酒店越来越转变观念，从过去的不理解、不接受到现在的认可、接受并主动出击寻找网络酒店预订公司合作，因为这符合双方的共赢的关系。

旅游中介及旅游的发展趋势：

1. 国际化趋势越来越明显。加入WTO使中国的旅游业走向世界的同时，也使世界逐步走近中国。如2001年度世界最大的旅游商务公司美国的现代运通公司通过与中旅公司合作从而进入中国。国际性的网络预订公司也纷纷与中国的网络预订公司合作进行国际国内酒店的预订，英国的通捷预订与金色世纪频繁接触进行优势互补性合作。

2. 旅游中介分工越来越细。旅行社从过去传统的将国内业务和国际业务分开外，现在的分工更加细致，不同的旅行社开发不同的旅游专线，同一品牌的旅行社也分别开发出不同的主体旅游和专题旅游。而且专业化的中介公司越来越多，酒店预订专业化公司、票务预订专业化公司、餐饮预订专业化公司、旅游景点预订专业化服务公司、旅游咨询专业化服务公司等。

3. 旅游中介的附加服务越来越突出。随着顾客越来越挑剔，竞争越来越激烈，各旅游中介机构为争夺顾客，提升品牌的竞争力，在为顾客服务的过程中，越来越注重服务的附加作用。如北京金色世纪公司虽然是为顾客提供酒店预订服务为主的专业化服务公司，但却为顾客提供票务预订服务、租车接送服务等，并与中国农业银行合作为顾客提供金融服务，与中国太平洋保险公司联合为顾客提供保险保障服务（在2002年五·七空难中就有两位顾客因购买金色世纪酒店打折卡，从而获得了50万元高额交通意外保险赔付），还与许多其他餐饮娱乐等消费单位合作，为会员（顾客）提供餐饮打折、娱乐打折优惠服务等。

4. 预订的时间越来越提前。过去的旅行社和酒店预订公司为顾客服务时，顾客在预订服务时提前意识不强，这是由于过去消费习惯决定的，但随着旅游中介公司的引导消费和假日经济的火爆以及国家宏观信息的及时预报，人们越来越重视提前预订工作。不然预订晚了，顾客就有可能得不到服务了。

5. 旅游服务项目不断拓新，向精细化方向发展。在国家有关宏观政策的引导下，在旅游中介及各旅游相关部门的努力下，逐步开发出工业旅游、农业旅游、森林旅游、生态旅游以及扶贫旅游。工业旅游是以工业生产过程、厂风厂貌、工业产品展示为主要吸引物的旅游活动，如首钢、鞍钢、宝钢等著名的钢铁工业生产基地开展的“钢铁是怎样炼成的”一日工业游项目一时间成为旅游的热点话题。苏南地区开展的农业旅游带动了农业经济的大发展。如南京的江心洲，发展农业旅游，使年产800万斤的葡萄，大部分就地销售，不但减少了运输成本和损耗，而且价格也卖得更好，仅此一项就为当地农民增加千万元的收入。另外常州的横山镇、苏州的高科技农业园、昆山丹桂园等苏南地区的农业旅游项目也都开展得红红火火。目前全国已建成比较著名的工农业旅游示范点100个。这也是2001年度国内旅游相关指标增长较高的原因。

6. 旅游向郊区化、短期化发展，一日游、两日游越来越多。人们对双休日逐渐习惯和开发，旅游逐步从长线向郊区短线延伸，因此一日游、两日游这种短期的旅游活动越来越突出，各种各样的度假村越来越多，人们开始在双休日、节假日期间，抛下一周的紧张和都市的浮华，来到郊区吃农家饭，参加田园劳动，欣赏山水风光，追求自然、清醇和土朴。这从国内旅游相关增长指标远远高于出境旅游增长指标可以得到印证。

7. 自助旅游渐成时尚。传统的旅行社服务，给人们留下了许多负面的印象（主要是吃不好、睡不好、玩不好），使旅游变成了只有旅没有游，但随着交通的越来越便利、私家车越来越普及、酒店预订公司繁荣以及飞速的发展，自助旅游的人越来越多，并渐成时尚。尤其大型节假日期间，三五个家庭结伴出行，驱车数千公里，跑遍大江南北已不是稀奇事，他们通过酒店预订公司预订酒店解决住宿问题，余下的就是自己自由的安排游玩，弥补了传统旅行社的不足。从2001年度用汽车作为旅游交通工具占15.7%的人数构成中可以证明。

8. 商务旅游越来越突出。随着经济贸易的发展，国内及国际性的商务考察旅游也越来越突出。据统计，我国各类商务大军有4000万人，以每年平均每人出行3次计，全国全年的商务旅游人次应在1.2亿人次左右。而且商务旅游大军的队伍每年都在以数百万人次的速度递增。商务旅游也呈现出规模化的发展趋势，尤其是大型的商务活动（包括传统的和新兴的商务活动）是导致商务旅游增长的主要因素。而且商务旅游的构成者中，从入境旅游人数的构成比例中可以看出，其中参加会议商务的人数占到17.7%，而从25～44岁占整个旅游人数的48.6%的比重也可以看出。所以，无论是旅行社或是其他旅游新兴的中介都会非常重视商务旅游市场。

9. 期货式旅游也已萌芽。尽管分时度假这种旅游形式在我国还是新鲜事物，还很不规范，但越来越多的城市的白领们选择了长达 10 年、20 年、30 年的分时度假的旅游服务项目，2001 年选择分时度假的人数同比上升了数倍，预计全国 2001 年度购买分时度假者达万余人。目前许多旅游中介已不同程度地介入期货式旅游服务中来，并有几家知名的品牌旅行社联手在全国范围内兴建度假村，开展分时度假业务。

10. 旅游管理趋于有序和规范。旅游中介的规范化工作近年来取得了突破性的进展，包括景点收费、旅游购物消费、导游索要小费等都进行了大力的整顿和规范，出台了一系列旅游政策和法规，推行了导游持证上岗，并实行了两卡（胸卡和计分卡）合一的工作，其中，导游证实行了全国联网基础上的新的计分办法，从而有效约束和规范了导游行为，使旅游中介向规范化管理迈出了一大步。

连锁经营是旅游中介发展的大趋势。由于旅游中介工作本身的虚拟性，开展连锁经营有利也有弊，但旅行社的连锁经营工作都在尝试和进行之中。比如统一品牌商号的有中国旅行总社，其国内达到 200 余家，国际上还有商号 14 家；中国国际旅行社，目前使用其商号的有 160 余家，还有新崛起的品牌康辉旅行社都是使用同一商号，业务上独立经营又相互合作，这是连锁的初级形式。截至 2001 年底，大胆尝试连锁经营的中国青年旅行社在北京市已建立起 16 家连锁店，开展连锁旅游服务。不过旅游业的连锁经营还只是初级阶段，需要进一步的探索。新兴的网络预订公司把全国各自为战的酒店、票点、景点通过电信网络和互联网络这种工具比较好地连锁起来，通过专业化预订服务机构向顾客提供旅游服务。目前，我国酒店预订类旅游中介公司大多具有 1000 家左右的连锁酒店，规模比较小的也有 100 至 300 家左右。

（作者：景素奇）

家居中心分析

一、家居中心在中国的演变

20 世纪 90 年代初期，中国老百姓的生活刚刚从温饱型迈向小康型，住房相对紧张，对居住环境没有过高的讲究，手头既没有闲钱，也顾不上去美化居室。那时室内装修还仅限于酒店餐馆写字楼等公共建筑，家庭装修还只是少部分先富起来的人们的一种奢侈生活方式，个人消费者极少，专业售卖装饰装修材料的商店也不多。当时仅有广州、上海等几座大城市引领家庭装潢装修潮流，产生了一些面向大众的“建材一条街”等初级市场。1994 年 5 月，北京首家大型装饰材料专业市场——和平里建材经贸大厦开业。初期有三少，即入驻的厂家少，商品品种少，顾客少，有点“门前冷落车马稀”。从 1995 年开始，情况逐步好转，随着住房制度的改革，人们观念从追求住得下转变为追求住得好，装饰装修开始进入寻常百姓家，装潢材料的销售也随之升温。北京建材经贸大厦的摊位很快就炙手可热，每平米月租金可达 430 多元。这样大的商机岂可放过？投资开办建材市场的人也多起来了，1996 年后，仅北京就先后冒出了丽泽建材城、大钟寺、居然之家等万米以上大型建材市场。建这种市场一般两年就可收回全部投资。摊位市场是家居零售业的初级阶段，也无法连锁，这种业态在西方发达国家早已消失。中国迟早也要走规范化的连锁建材超市之路。1993 年底，天津市的一批本行业思维超前的精英们开始琢磨在中国搞建材超市，当时从电脑资料中了解到国外发达国家的一些先进业态，如美国的 HOMEDEPOT（家居货栈）、HOMEBASE、LOUSE、EAGLE、英国的 B&Q、德国的 OBEY（欧倍德）。其特点是：统一经营、电脑管理、天天平价、一站购齐。于是打算采用“拿来主义”，用股份制公司的形式来搞建材超市。1994 年 9 月 8 日，在政府及各方面支持下，组建了北方建筑商贸股份有限公司。股东有天津克瑞斯集团（后更名为天津家世界集团）、洛玻、耀玻、冀东等。超市命名为HOMEWAY（家居装饰建材中心）。从此，拉开了家居中心这种新型业态在中国全面铺开的序幕。据国家统计局资料估算，由于房地产业的强劲增长，2001 年国内家装总产值可达 2000 亿元以上，家居中心必将成为零售业的一支新军，有着广阔的发展前景。

二、竞争状况

1996 年 12 月 6 日，家居第一家店在天津东丽区开业，与家乐店（主营食品百货）和家园店（主营家具）在一起，统称“家世界”。由于对商业、对建材产品都不太熟悉，所以越做越觉得很难做，几乎做不下去。问题在于究竟用何理念，用何模式来操作。发起人杜厦和王月先生先后 17 次去美国亚特兰大的 HOMEDEPOT 考察，又请他的一位执行副总裁吉姆·恩里斯 6 次到天津往返学习、探求合作。1995 年夏，王月带领十几个人在洛杉矶的 4 个店实习了 3 ~6 个月。

在天津家居筹备过程中及开业后几年内，国内也有几家大投资商对建材超市发生浓厚兴趣，认为是好项目。像北京城建集团的戎泉、光大集团；哈尔滨东方集团；上海的鑫品，上海煤气公司与英国翠丰集团合资的百安居；另外还有上海的九百家居、好美家；德国的 Obey 也在上海与无锡同时筹备两家店。

1999 年是中国家居建材超市开业的高峰期，1 月瑞典投资的北京宜家家居开业；3 月北京光大建材超市开业；4 月天津家居北辰店开业；6 月英资上海百安居沪太路店开业；8 月东方集团投资的东方家园北京丽泽店开业；好美家也在默默耕耘，到 2001 年已开出 9 家店，销售额达 8 个亿。总的来说这个行业还是刚兴起，与传统建材市场相比，还未成为流通的主渠道。但是，跨国连锁建材超市来势凶猛，像百安居利用三年多的时间在上海及华东地区站稳脚跟后，2001 年又在昆明世博园附近开了店，深圳店也在筹备中，计划 2002 年 3 月开业。2002 年的进军目标又锁定了北京、哈尔滨、青岛、大连等北方城市，宣称到 2005 年要在中国大陆开 58 家店。行业老大——美国 HOMEDEPOT 也在窥视中国市场，不久也要进入。看来，中外资建材超市的一场残酷竞争、短兵相接已不可避免。

三、本行业发展热点及核心问题

家居中心在中国还刚刚起步，面临的困难也很多，不像西方国家发展那样顺利，主要原因是：

1. 商业文化的基础不一样。HOMEDEPOT诞生于二十年前，至今已非常成功，世界零售500强排位前90位以内。二十年前的美国已是超级大国，各方面都比我国20世纪末的现状要强。差别主要在“DIY”（Do It Yourself，自己动手）。其居住场所的所有人全是私人，而中国家庭的居室大多还是公房，由房管部门负责房屋的修缮和改造。即使现在已出现房屋产权私有化，但其他条件仍不具备，连放工具的空间都没有。在国外，车库中三分之一的地方用来存放用于改善环境的工具，有电动的和手动的。HOMEDEPOT正是为迎合这种需求而产生的，其店内的设置、排列、展示都是围绕“DIY”来进行。当时天津家居的平面布置设计也是以此为出发点，由4名HOMEDEPOT的专家帮助完成，但影响国内消费者在此购买时这方面因素很小，是否有利于“DIY”与他们无关，因为买回后他们还要请装修队代为施工。正因为这种商业文化基础的不同，按同样的理念和模式经营的建材超市就不太符合中国国情。所以我们建超市的目的应该在“帮你动手”这样一个基础上，经过一段时间，逐渐由“帮你动手”过渡到“自己动手”。这就引出了第二个话题，服务理念的不同。在我们这块土地上，多少年来没有服务这个概念。那现在我们要“帮你动手”，所需的服务绝不仅是送货一方面。我们一直在朝着一个方向努力，即要我们的销售理货人员和门店管理人员成为某些商品的专家，这是必需的，因为要“帮你动手”，先要帮你选材，建材超市与百货超市最大的不同在于消费者对绝大多数的商品都是陌生的，另外还要使消费者在这里购买商品放心，比如可自由退货。在HOMEDEPOT，鲜花买回家，养死了，拿回来可以换最好的、最新的，不用再花钱，但我们现在做不到这点。但其他的服务如送货、自由退换货、定制、售后安装均已逐步完善。

2. 商品结构的定位。HOMEDEPOT把商品分为10类，共45000种，已是广义的概念。这种分类是基于它的市场和文化、经济基础，与我们又完全不同。①木材；②建材（小包装）；③墙地面覆盖材料；④油漆涂料（墙纸、布艺）；⑤工具（电动）；⑥管材管件；⑦电工电料（开关、插座、电话）；⑧园艺；⑨灯具；⑩厨卫设备。其中⑤、⑧产生的销售额和利润最高，①也占很大比重。可在中国这种分类就全乱了。当初天津家居就是按这个模式建立商品结构和供货体系，结果有点水土不服：没有“DIY”的基础，工具（尤其是电动工具）这样一个占很大卖场面积的产品类别，价格较高，家庭购买却非常少；园艺、鲜活的产品以我们目前的水平也很难达到妥善经营。而在HOMEDEPOT，工具和园艺占其销售额的三分之一，而我们这两类还不到十分之一。这个行业已开办六年了，此问题至今未能解决。

3. 选店址。HOMEDEPOT 选址有三个要素：交通方便；不小于 2 万平方米，有 1∶1 或 2∶1 的停车场；在十字路口，远近无所谓。这是因为美国是“车轮上的国家”，消费者可驾车到达任何一个地方，再加上土地价格低廉，所以选址对他们来讲不是难题。但中国的情况大相径庭，城市人口密度大，适合商业运作的土地资源稀缺，即使有也价格昂贵；如果建在郊区，地虽便宜了，但对大部分无车族来讲可望而不可及。东方家园丽泽店选址在北京丰台区丽泽桥西南角，占地 4 万多平米，其中几乎三分之二是停车场。由于紧邻西三环路，所以交通方便，人气很旺。但戎泉和光大建材超市，由于位置较偏，生意一直未做起来。欧倍德无锡店因离市区远，销售在中国大陆各连锁店中是最差的。实践证明，在中国，建材超市不能远离市中心、不能离消费人群太远。

4. 税赋不同。建材超市由于是统一经营，所以一般都要成立有限责任公司，按中国税法，必须缴纳 17% 的增值税，这就要求供应商也必须是一般纳税人，可提供 17% 的增值税发票，才好抵扣。由于摊位制市场的管理者不直接销售商品，仅出租摊位做物业管理，所以他们缴 5% 的服务税即可，而承租摊位的厂商往往是包税制，这就带来了事实上的不平等税赋，也造成了不平等竞争。摊位市场往往可以很低的价格争夺消费者，实际是偷漏了国家税款。

5. 供应商体系的不健全。中国大陆有两个最重要的建材生产基地——珠江三角洲和长江三角洲，但真正能成为全国知名品牌的产品很少。生产厂家想把产品打入一个城市，最主要的渠道还是依靠当地的经销（分销）商，从而形成了以地域划分的供货体系。而经销商的水平良莠不齐，对建材超市的认知度也不同，有的很难合作，要花大的精力去说服，如年销售额达不到 180 万元的经销商提供不了增值税发票就根本无法合作。最体现连锁经营优势的统一采购在建材超市往往实现不了，这同家电连锁业有很大不同：装饰建材有3~5万个单品（面对1~2千个供应商），家电仅有几千个单品（面对1~2百个供应商）。每到一个新城市开店，几乎一半以上的供应商要重新引进，因利益分配问题或供应商实力限制，总部供应商的产品可能无法进入新区。在一些欠发达地区开店，如西部城市，那些建材个体户也能大模大样地进入建材超市，实在是与这种先进业态的经营理念不相符。在中国，每个地域都有完全不同的特点，经济、文化、习俗方面的差异很大，而连锁的统一采购又需要面对这样一个各不相同的市场需求，其商品（供应商）结构的确立和组织就更加复杂。这和欧美市场的消费趋同性有着天壤之别。

四、目前摊位市场和建材超市的关系

目前，传统的摊位建材市场的生命力还是很强的。北京和平里建材经贸大厦是国内最早，也是现在经营最好的高档建材摊位市场，其一，主要经营者都是国外高档产品在中国的代理商。但中国加入WTO之后，外商将转向中国投资，直接做生意，这将威胁到代理商的生存。但摊位市场是由开发商招商、收租金、做物业管理，他并不参与经营。这种市场在国内能存在并发展起来，而在欧美已没有这种方式的原因，是因为每个经营者（摊主）对本门类商品（如卫浴、五金、灯具等）熟悉的过程没那么难，完全根据市场需要和自身实力来经营。因此，在一段时间内，它不仅能生存，还会比超市强。其二，它赚取的超额利润。摊位上的商品价位总是报一个很高的虚价甚至不报价，以现谈现砍价的方式，获取高出目前超市的价格，它要靠这种超额利润来维系它的存在和经营。另外，客户不要发票可省去一部分费用；装修公司在摊位市场为客户购买材料时，可从摊主那里私下得到一定的回扣，在此损失的自然是消费者。而超市实行的是明码标价，它得不到这些好处，所以它是非常不情愿的。再有就是摊位市场中的经营者对市场需求的反应比较快，可以很好地调整它的经营方式和品种，以适应市场。而且目前一些摊位市场的管理已经好得多。像2001年10月开业的北京碧溪家居广场，管理也很规范。如果假设摊位市场事先设计这十大类商品，招商时按这种结构选择进驻的商家，那开始经营这种市场会比超市容易得多，更有前面提到的那些因素。超市要与其抢市场，也要关注这几个因素。首先，超市要利用规模经营的优势，直接从厂家以最优的价格进货，从而弥补因价格低而损失的利润，最重要的是要想尽办法使供货商对超市产生信心。其次，超市可采用自行设计、贴牌生产的办法，掌控一些特色产品，这样可提高毛利率并垄断市场，象宜家的做法就很值得推崇。

五、典型（龙头）企业情况

“东方家园”公司

（一）公司简介

目前已建成开业的有北京丽泽、沈阳保工街和成都红牌楼三家仓储建材超市和北京世纪城、北苑路建材超市，共 5 家店。丽泽店为三层钢结构建筑，建筑面积 25000 平方米，经营建材面积 12000 平方米（两层），收货部面积 3000 平米，停车场面积 20000 平方米，工程造价 8000 万元人民币，是北京市目前最大的仓储式建材超级市场，20000 平方米的停车场也是全国商业停车场中最大的。店内经营 3 万种左右的商品，库存量 3500 万元，可容纳所有家庭装饰装修所需的材料。2001 年实现销售额 4 亿元人民币。店内设备，如叉车、货架，大多是从德国、日本进口，耗资 800 万元人民币。计算机系统使用的是美国 IBM400，引进美国先进的 JDA 商业管理软件，可实现单品管理，海量信息处理，全国联网。店内设有货梯 4 部，滚梯 1 部，自动扶梯 1 部。店内管理体系由商品部、前台、后台、行政管理四个部分组成。

（1）商品部由木材部、基础建材部、墙地面覆盖材料部、油漆涂料装饰部、五金工具部、管件电器部、电工电料部、家居园艺部、灯具部、卫生洁具橱柜部共十个部门组成。

（2）前台由收银部、退货处、特殊订单部、电脑室、金库、设计中心、展示间组成。

（3）后台由收货部、加工间、送货部组成。

（4）行政管理由标识部、电话总机室、防损部、门检、前台咨询、销售审计、库存审计、办公室组成。

（二）经营政策

1. 市场定价

以往的定价原则是商家先与供货商谈判取得一个进价，然后顺加一个利率以后就是商品的售价。而现今的售价是相同竞争商家的价格减去某一个差价。这样定价的依据是如果想在市场上取得竞争的优势地位，就要让顾客永远的相信并信服我们的价格是最低的。

针对不同的商品竞争性定价也略有不同：战略性商品：重复购买率高，价格透明度大，性能、包装、用途清晰的商品应采取市场最低价的定价原则。重点商品：

应采取兼顾毛利率与竞争性的定价原则。冲动性商品：应采取较为理想的毛利水平的定价原则。在该店，无论那种商品，其价格一定是北京市最低的。因此该店对顾客的承诺是：商品天天平价，购买商品的价格在30天内高于其他商店，将补齐差价并给予奖励.

2. 一站式购买

一站式购买是现代商业竞争中最具征服力的商业手段之一。东方家园努力保证各层次的消费群都能在该店买到所需的商品。这样才能在激烈的商业竞争中保持优势，并使顾客体会到东方家园有其他商店没有的建材商品。

针对这一经营理念，该店着重做了两项工作：

其一，商品结构的配套组合，以系列化、系统化、不疏漏任何环节为准则。所谓配套组合是指价格档次配套组合，不因价值低而不卖，不因毛利少而不卖，不因销售量小而不卖，不因周转率低而不卖，不因经营费事而不卖。顾客的需要就是该店的需要。

其二，对畅销商品的充分选择。该店是针对购买目的明确、专业知识较少的顾客进行服务的专业商店，而顾客在决定购买前一定要经过反复对比、研究、咨询的过程才决定购买。为此，畅销品牌的大众口碑较好，影响力较高，顾客选择性明显，商店要想吸引顾客就必须经营不同档次的畅销品牌，使顾客对畅销品牌有充分的选择余地。

3. 完善的服务体系

服务体系有两种：一种是商家认为应提供的服务体系；一种是消费者需要的服务体系。能否从消费者的需求出发，建立自己的服务体系，这是确定商家经营理念的关键。东方家园的服务内容是：

（1）最低的价格保证。保证商品价格在北京市最低。为保证价格最低，其采取直接从厂家进货，并以连锁经营方式进行拓展。同时，通过扩大销售额使供货商降低售价；寻找有实力的厂家定牌生产。

（2）退货保证。凡是在东方家园购买商品的顾客，一个月内（国家规定退货时效为14天）对商品的颜色、性能、价格、数量或其他方面不满意的，只要该商品不影响商店的再次销售，不破坏包装，都可无原因退货；有质量问题的商品按国家有关规定或退货或补偿损失。这样做的目的：一是体现其服务特色与众不同，为顾客着想；二是家庭装修的时间较长，一般都是一个月左右，14天的时效不现实；三是家庭装修一般不会计算得十分准确，都会有富余，而装修过后剩余的商品不会再有用途。为此，其延长退货时限，放宽退货要求，以高质量、高信誉的服务吸引更多的顾客光顾该店。

(3) 完善的售前、售中、售后服务。商家一般对销售环节的服务比较重视，而忽略了购买前、后的服务。而东方家园在顾客购买商品前会为顾客提供装修设计、样板间、商品知识介绍、免费装修课堂、各种商品展示，会告诉顾客装修的步骤与注意事项，提供各种商品的演示，以使顾客在选购商品之前对所要从事的装修有比较全面的了解和认识。顾客在购买商品后，东方家园会为顾客提供安装、退货、送货、维修等全方位的服务。并把这些作为出售商品的一部分，属顾客理应获得的服务商品。

(4) 全方位的产品知识服务。绝大部分装修的顾客，对自己购买商品的性能、用途、质量、使用方法等不十分清楚。因此，他们在选购装修商品时往往漫无目的，很需专业人士的指导。东方家园要求员工必须是其所在部门商品知识的专家，在向顾客介绍商品时必须是专业的、建设性的、公正的，使顾客在享受这样的服务后树立起对该店服务的满足和对其商品的信心。这也是最重要的服务，是与对手竞争的最有效的武器，是服务的主体。

优良的购物环境。顾客都希望在愉快、整洁、舒适的环境中消费，这也利于其产生购买的欲望和冲动；明显、醒目的价格标签会使顾客产生对商品质量和价格的信任感；整齐有序的商品会使顾客感到购物的方便；完善的配套设施，如空调、餐饮、自由存包、免费存车等会使顾客有宾至如归的感觉。为此，维护店堂的良好环境不仅是保洁员的工作，更是东方家园的整体工作之一，是每个员工都必须做好的工作，这也是起码的职业准则。

(三) 经营特点

1. 低成本运营

以低廉的土地价格，简朴而实际的装修，节俭的仓储及运输费用，深入厂商的直接采购，以及利用大型计算机管理系统，来有效降低运营成本

2. 零库存管理

通过科学、理智的订货，及时有效的处理滞销商品，以及合理的店间存货调配，基本上消灭了店外库存。

3. 集束式发展

五年内计划在全国开设 130 家连锁店。

4. 合法经营

遵守国家各项政策规定，不偷税漏

税，不进销假冒伪劣商品，不进行有损消费者公平、合理选购的不良商业行为。

表1 国内典型企业销售情况统计表

年度	东方家园有限公司			好美家装潢建材有限公司		
	店铺数(个)	销售额(亿元)	比上年增率(%)	店铺数(个)	销售额(亿元)	比上年增率(%)
2000	3	3.1		5	6	
2001	4	6.3	100	9	8	33

表2 2001年家居中心（企业）排行

销售额排序	企业名称	销售额（万元）	店铺数（个）	备注
1	上海好美家装潢建材有限公司	80 000	9	
2	东方家园有限公司	63 000	4	
3	天津家世界集团家居装饰建材中心	54 000	3	
4	上海九百家居			
5	北京旺市百利家居广场			
6	中国住宅产品连锁营销中心			
7	广州靓家居购物广场			
8	济南金色家园建材超市			

表3 国外典型企业销售情况统计表

年度	美国家居货栈			
	总店铺数（个）	在中国店铺数（个）	总销售额（亿美元）	在中国销售额（亿元）
2000	1 134	500	480	5
2001	1 168	550	500	8
	英国百安居			
2000	90	4	3	3
2001	100	5	5	4

（作者：李 波）

第五部分

技　术　篇

朝日啤酒公司鲜度管理案例

日本朝日啤酒株式会社从1988年开始，为了给顾客提供新鲜的啤酒，公司开始推行“鲜度管理”。它的经营观念是“追求顾客满意，为人类健康以及丰富社会生活做出贡献”。

为了进一步提高啤酒的物流效率，他们将啤酒厂→零售店→消费者的物流流程作为一个整体进行管理，并将“鲜度”作为顾客满意的目标。为此，公司于1998年9月设置了物流系统本部，开始大力实施“鲜度管理”方案。

一、鲜度管理战略的导入

朝日啤酒公司于1986年导入了CI（Corporate Identity），同年开始推行“鲜度管理”战略，以及对在零售门市储存三个月以上还没有销售的啤酒进行回收。

1992年公司重新出台了名为“鲜度交替”的鲜度管理改革方案，1993年公司进一步将“鲜度管理”作为经营中最重要的问题加以强化。为了搞好此次活动，公司设立了以公司总经理为首的鲜度管理委员会，将生产后10天内出厂定为“鲜度管理”目标，1994年该目标又上升为5天内出厂。从1997年起开始实施包含全流程阶段在内的鲜度管理，即从生产到门市共8天时间的“总鲜度管理”目标。

鲜度管理委员会的最大任务是进行计划管理，由以前的从工厂出货日开始算起设定回收日的结果管理，转变为减少啤酒在库天数的计划管理。

当“总鲜度管理”成为管理目标后，零售店也成为要考虑的环节。因为要实现生产后8天内送到顾客手里的目标，必须考虑批发商的库存，如果工厂控制在5天以内，批发商必须在3天内出手，否则无法达到目的。因此，公司在考虑批发商的库存等因素决定控制出货量。

为此，公司研究决定了啤酒的保存方法。木桶（装酒用的）虽保存于冷藏库中，但运输过程非常关键，因此公司决定采用保温配送的方法。同时，公司也对啤酒不适于照射紫外线，在夏季日晒后容易变质的问题采取了相应对策。

为了实施鲜度管理方案，公司调整了管理体制。业务部门的目标是准确预测需求，制定计划，当生产计划与实际的动态产生偏差时，就迅速采取措施，使预测精度上升。同时，生产部门制定了相应的弹性生产计划，以应对变化的市场和小批量生产订单。

物流部门为了减少在途库存而及时向生产部门提出生产建议，将产地和销地有机联系起来，可以有效地减少库存；业务部门根据物流部门提供的库存动态信息调整业务计划；生产部门调整生产计划等。

此外，公司还对业务人员进行业务培训以及品质保证培训，并在分公司、分店中选出鲜度管理者，经常对库存啤酒进行检验，对特约店也通过发行鲜度管理工作，并由全体人员进行鲜度管理计划的制定、修改和评价。

二、扩大厂家直送比重

1987 年以后，随着啤酒销售额的增大，公司将重点放在了生产量的扩大上，生产规模扩大后一时间只顾设立新配送中心，租赁新的仓库，没有注意控制库存，导致了库存的增加，后来公司就开始解决这一问题。

啤酒的配送有两种方案，一是啤酒从工厂→配送中心→特约店，配送线路多，因此需要更多的在途库存，使总库存增加；另一种是从工厂→特约店，由于中间环节缩减，库存得到降低。因此，公司决定实施第二方案。

减少工厂配送车辆的滞留时间，关键作业是拣货。为了提高效率，公司导入了自动分拣装置，以夜间为主体，将手工分拣改为自动分拣，将 16 名检货员缩减到 5 名，装货时间也缩短了。

公司改进了对配送车辆装车的调度和指挥。以前是对配送车辆作业进行示意，凭司机的直觉来拣货，现在研究出了配送车辆自动引导系统。该系统的运作程序是：首先进行库存分配的模拟实验，然后对产品从入门到出门进行调整，尽量在一个场所完成一辆配送车辆的装车作业，使用这一系统可缩短装车时间。

公司还对配送中心的管理进行了改革。公司决定在维持现有服务水平的前提下，对啤酒进行集中配送，采取的办法是逐渐减少租赁其他公司的库存。如果公司的配送中心有余力还可招揽生意，为其他公司提供配送服务，这样来减少啤酒配送所用的实际空间。

三、降低库存水平

为了削减库存水平，必须根据市场需求来确定订货。市场信息的收集、需求量的预测等是提高销售计划紧缺度的保证。为了作好销售计划，公司根据业务、生产、资材、物流各部提供的信息，每周召开市场需求与供给分析会议，每周重新评估和修订生产、运输和配送计划方案。

1996 年公司建立了生产、销售、物流集成系统、各部门都利用这一信息平台进行信息交换，并且各部门之间的计划制定公开化，比如，销售部的计划由生产、销售部门共同确定；生产部门的计划是在销售计划确定后与销售部门一起来制定。

物流部门的职责是根据集成信息系统各主干数据库提供的信息，根据销售计划、生产计划调整各集团库存及配送计划，向各地区的物流部门传送数据。由于各部门共用同样的数据库，这样，整个生产、销售和物流系统的不确定因素大大减少。

由于将各个环节的信息系统进行集成，公司有条件对库存进行严格管理，公司导入了库存管理系统。配送中心虽一般存有 3 天的库存，但根据模拟实验的结果，发现一般的品种只要有 1.6 天的库存就不会引起缺货，因此公司制定了将库存控制在 1.5～1.6 天的方案。这一目标的实现，直接减少了配送中心的库存，也减少了所需配送中心的数量。

公司“总鲜度管理”方案实施以后，物流效率指标（销售额的增加值与物流量的比率：基准值 100）从 1992 年开始一直下降，但 1997 年开始增加。

从 1997 年起，公司一直在对储存饮料的临时库存、啤酒库存、自动库存的增设、新工厂的建立等问题进行尝试。现在，公司正在研究新的鲜度管理方案，拟推出新的“鲜度管理”体制，同时考虑 ECR 以及 SCM 等新概念提出的要求，准备向未来挑战。

（本文原载日本《物流系统》，朴延华提供翻译初稿）

家电零售企业的信息化管理

一、国内家电零售企业的发展

在国内零售领域中，发展最快的是超市业态，不过近年来，特别是 2001 年，跨地区发展势头最为强劲的却是家电连锁企业，尤其是以北京国美、江苏苏宁、山东三联为代表的大型家电连锁零售企业的发展速度最为引人注目。这些企业通过跨区域的连锁经营，利用开设直营店和加盟店等多种扩张手段，牢牢控制了企业原有的经营阵地，并逐渐开始形成辐射全国的庞大的销售网络。目前，北京国美在全国十多个大城市拥有 80 多家连锁店，年销售额超过 60 亿元人民币，是长虹、TCL、康佳、厦华等众多厂家在国内的最大经销商；国美电器商城的彩电、空调机、影碟机等产品的销量每年均高居全国同行之首。山东三联目前业已拥有 170 多家连锁店，年销售额达到 70 亿；其在济南的市场占有率达 65%，在整个山东地区也占到 30% 至 60% 之间。江苏苏宁电器目前在全国拥有近百家直营零售门店，以及 200 多家特许连锁门店；它的年销售额也超过了 40 亿，并形成了布局广泛而严谨的零售渠道。

除上述三家大型家电连锁企业之外，在北京、上海、武汉、广州等地，市场上也涌现出一批发展迅速的大中型家电连锁企业，例如北京的国通电器、大中电器，上海一百家电、永乐家电、华联家电，江浙地区的金太阳家电，以及广州的东泽、海印等；这些企业构成了家电零售业阵容强大的第二集团。此外，在许多百货商场和大型仓储超市中，家电部组占营业额的比重也越来越大，成为一般零售企业中不可缺少的组成部分。

同一般的零售企业（如百货商场、超市等）一样，家电零售企业的连锁和跨地区发展同样面临着内部管理的新问题，特别是在许多家电商品经营管理的特殊环节，如商品配送、企业的组织结构等方面，都需要我们立足本土，吸纳国外同行的先进经验，探索出适合中国商业环境的经营管理模式。同时，依靠先进的信息管理技术手段来辅助管理者监控和解决这些实际问题。

那么，目前国内家电零售企业的实际经营、管理工作到底有哪些特点？这些特殊环节中的问题，信息系统又是如何予以解决的呢？

二、家电零售的管理特色以及对信息管理提出的课题

零售业在发展进步的过程中具有明显的多元化趋势。从普通的食品超市到图书、音像制品、医药制品的专营店，再到本文所介绍的家用电器专卖店，它们都延承了零售企业的血脉，又都具有各自不同的面孔与个性。

人们都有购买家用电器的经验，无论是大家电、小家电，还是黑白色家电，消费者在选购时都必然会考虑商品的品牌、型号、功能 售后服务等一系列因素，当然还有最重要的价格。实际上单件商品的售价相对较高，是家电商品最重要的特征之一，从这里引发的对库存成本的严格控制，以及零售过程中销售策略的灵活掌握，是家电零售企业与其他零售商家有所不同之处。

由此，可将家电零售企业区别于普通超市管理的特色之处进行简单概括，见表1。

表1：家电零售企业与一般综合性超市管理的区别

管理环节	管理内容	一般综合性超市	家电零售企业	对信息系统的新要求
基础工作	行政部组的控制	严格的进销分离，总部控制各关键环节；连锁店的行政划分没有太大区别	部组的地位突出，多是进销一体化管理；由此各连锁门店的组织机构划分常有不同	类似于百货商场的连锁形式，新功能：各分店的部组机构需要灵活设置，随时更改
进	商品的附加属性	对商品的基本属性，如进价、供应商、保质期等严格控制；一般不涉及其他属性	商品的基本属性大体一致（一般对保质期等不需要严格控制）；但一些附加属性，如：品牌、产地、型号等，需要有准确、详尽、全面的体现	商品档案中增加对应内容，包括商品属性的多种标志、新的字段，以及相应的大量统计查询和分析内容

管理环节	管理内容	一般综合性超市	家电零售企业	对信息系统的新要求
存调	商品的库存控制	针对商品投入的资金量相对较少；当然，库存控制仍然非常重要	由于企业占用资金量大，库存周转成为一个更加重要的问题；周转率过低将直接影响企业的经营业绩，甚至危及企业的生存	对产品库存的动态分析、畅滞销商品排行等方面要求更为严格
	商品的配送	总部监控整个配送过程，成为单据流转中心；配送中心是物流的核心枢纽	除了企业内部的调拨、配货任务，同时还承担了送货任务，批发、零售兼顾；配送中心的功能加以延伸	新的配送内容需要信息系统增加相应的单据流和物流控制
销	商品的售价	商品售价的改变多以促销形式体现，并且同种商品在不同门店可能售价不同(连锁企业)；但销售时严格按该商品的零售价进行	除促销因素和不同门店售价不同的情况外，同一件商品(同样的条码)在同一店中的售价仍然多有不同；因为家电商品的售价灵活，顾客甚至可以与营业员讨价还价	对商品售价的控制展开了一个完全不同的层面，在商店制定的限制标准以内，系统应当允许实际产生不同的零售价
	营业员业绩考核	卖场中的收银员、理货员、促销员、导购员，各司其职，按照严格的规章制度进行工作；一般都是固定工资收入	卖场中的员工以营业员最重要，他们肩负着向顾客介绍以及推销产品的直接工作，他们的薪金直接和销售业绩挂钩	在对营业员销售业绩统计的基础上，直接为员工薪金模块(人事管理内容)提供数据，以及相应的统计分析功能
售后	送货、安装和售后服务	只有少量的售后服务，如退货等	有大量的售后工作，包括送货(大家电)、安装(空调)等	增加相应的单据内容(顾客送货单、预约安装单)，并通过配送中心对售后的物流内容进行调配
	商品的信息反馈	一般根据供应商的要求和自身需要，有少量的反馈收集工作	家电制造商对消费者的反馈有很高要求，零售商要提供详尽的顾客信息和反馈内容	应有对顾客信息的整理和统计分析功能，并与制造商的ERP系统对接

以上所列的内容都是家电零售管理中具有代表性的问题。

三、信息管理系统针对家电零售的具体功能及应用

根据家电零售的管理特点以及对信息管理系统提出的要求，家电零售企业信息系统在解决实际问题中的具体运作是：

（一）行政部组的灵活设置

所谓行政部组的不同设置是针对家电连锁企业来说的。家电零售企业与普通的超市不同，超市是以管物为主，管人为辅；而家电企业则可以说是管人为主，管物为辅，这一点和传统的百货业态很类似。因为家电企业中部组的地位十分突出，往往采用事业部的形式独立核算，因此部组的设置在不同地区的门店间，大门店与小门店间，常常有不同的情况；而且还会因市场或经营管理的需要随时变化。像标准的连锁超市那样 100% 的“克隆”门店非常困难。

比如在大门店中，由于冰箱的销量较大，可能需要单独设置一个部组：冰箱组；但是在小门店中只需要由大家电组负责冰箱的业务即可。而从整体上说，这些大小门店又都是从总部集中采购的，具备了连锁的基本特征。因此对于信息管理系统来说，不可能让零售商每更改一次部组设置、每开一家新门店都要重新修改程序；这就要求管理系统本身能够做到：让家电零售商自己根据需要随时的、方便的修改企业和连锁单位的组织机构。又因为涉及到事业部核算、业绩汇总等多种因素，系统还要随组织机构的设置变化，自动提供以部组或事业部为单位的统计查询功能。

（二）对家电商品附加属性进行全面、严格的控制

家电零售企业对商品的品牌、规格、型号、产地等要求十分详细，虽是附加属性，但绝不是次要属性。对于一般的快速流通商品来说，如规格、产地等信息只有简单的体现，但是这些附加属性却是家用电器的“身份证明”中必不可少的内容。试想，我们对于一听可乐是在天津还是北京罐装的可能并不在意；但是一架日本牌子的电视机是在国内组装的还是在日本原装的，这可就大不一样，也会在售价中直接反映出来。所以，信息管理系统必须根据家电商品这样的特点，根据其品牌、规格、型号、产地等附加属性对商品严格区分，添加必要的信息字段。针对这些属性，系统也必须支持各种灵活的查询和报表打印方式。

再有，家电行业的商品淘汰率非常高，新品出现的频率也很快，技术含量也越来越高。这在信息管理系统中就直接体现为需要经常修改商品信息。如同品牌、同型号的影碟机，可能由于新一批货采用了新的解码器，虽然没有增加新功能，但是技术指标变化了；或者由于生产厂家的需要，这种机型由原来广东出厂变成由浙江的工厂组装封箱，使得产地发生了变化。如此这些都需要进行相应的信息修改，因此信息系统不能简单的丢掉旧的商品档案，必须满足业务的实际需要，让商品的多种信息可变可改，并仍然对应旧有的商品编号和条码。

（三）对家电商品库存的控制和查询

家电零售企业运营过程中需要占用巨额资金，如何加快资金周转、合理安排企业商品库存，显得异乎寻常的重要。况且家电零售企业一般经营的产品多以经销为主，需要企业先行进货，垫支大笔资金。因此管理者需要更为频繁的使用信息系统中商品销售排行等工具，按照品牌、部组等各种商品附加属性查询商品的库存和销售状况，从而随时分析当前的商品结构，制定出新的优化方案。

实际上家电零售企业与普通超市对商品库存的控制要求都非常严格，只不过在信息管理系统中体现的侧重点不尽相同。比如家电企业在查询当前库存时，往往需要针对某一个部组（如彩电组）中的某一个品牌（如长虹电视）进行，而且由于每次平均进货量少，对单品的批次控制要求更为精确；而对于一般超市中经常使用的保质期预警查询则基本很少采用。

（四）家电商品配送的一般流程

先从单据流和物流两个角度来分析家电商品配送的流程。

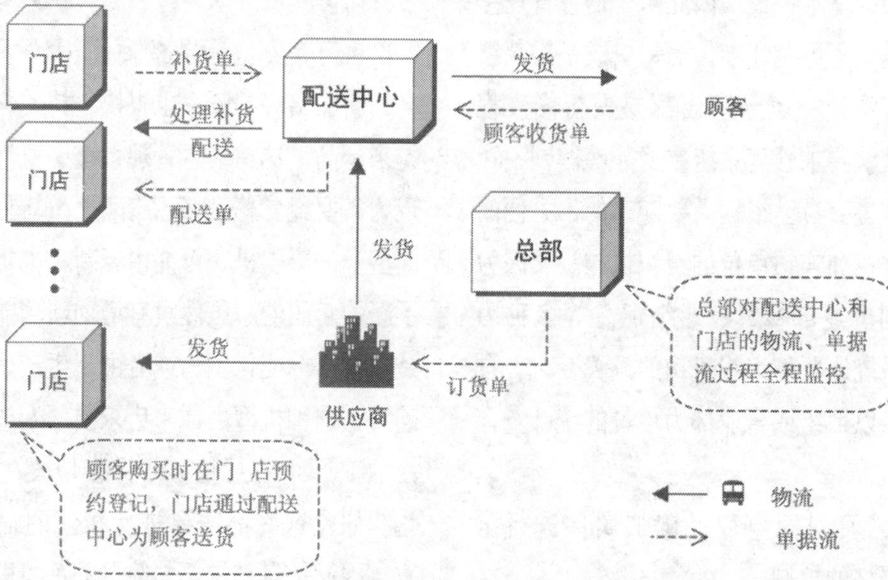

图 1：家电商品配送的简单流程

配送流程实际上与普通超市的商品配送情形大体一致，除了增加了配送中心直接向顾客（包括批发和零售顾客）发货的过程外，由于零售门店中部组的地位非常突出，所以在连锁企业中，门店甚至是柜组也常有直接向供应商要货的情况。这就需要信息管理系统在门店的要货（订单、补货单）和收货（入库单、收货单）过程中能够实现多种操作模式，在满足门店业务灵活特点的同时还要保证总部对其操作的严密监控。

（五）商品售价灵活变动

家电商品售价的灵活主要体现在两个方面：一是由原厂家策划的促销降价行为非常普遍、频繁；二是最终顾客往往要与零售人员商谈商品的价格，很少能按商品所标示的价格不打折扣直接售出。

因此，在支持各种促销方式的同时，信息管理系统还需要解决同种商品实际零售价不同的问题。一般超市里采用的信息系统，要通过商品惟一对应的条形码确定商品，进而确定商品惟一对应的价格（该时刻、该地点）；而在家电零售企业中这个对应的价格则是一个范围（一般是一个价格下限），满足这个范围的零售价格都应当为系统接受。售价不惟一的问题解决后，接踵而来的就是卖场销售情况的实时汇总分析的要求。因为（连锁企业）不同门店的销售情况可能产生很大的差别，管理者必须适时掌握一线销售的情况，所以家电企业总部、配送中心与门店间的通讯方式也多采用高新信息技术，实现适时的数据通讯。这样就可以帮助管理者随时查询各门店任意单品的销售情况，及时、方便的下达指令，修正商品销售价格等敏感指标。

同时，灵活的售价也与下文提到的营业员业绩考核有密切关系。

（六）对营业员业绩的考核

家电零售卖场中营业员的作用不可低估，他们对顾客购买倾向的影响远比普通超市中导购员对顾客的影响大得多。因为不同品牌、不同型号的家电产品间会有很大的区别，而营业员由于具有一定的专业知识，可以向顾客更好的推介商品。因此不同的营业员推销同种商品的售价往往不同，每个人完成的销售总额也有不能忽略的差别。

鉴于营业员的工作性质，企业为了更好的调动他们的积极性，就需要根据其销售业绩评价他们的工作。信息管理系统首先按管理者制定的编码规则建立营业员档案，然后在销出每件商品的同时都自动对应营业员的编码，这个编码是必需而且惟一的；这样所有的交易都可以逐一对应上每一个营业员。到每个财务月末，系统可以方便地汇总出营业员业绩报表，作为经理考核员工绩效的主要依据。

（七）送货、安装与售后服务

送货是家电零售企业一项重要的服务

项目，像彩电、冰箱、洗衣机等大家电，几乎100%的企业都会为顾客送货上门（与配送相关的物流和单据流，请参阅图一）。整个送货过程中，单据的源头是从门店的零售工作起始的，顾客在购买了商品后便通过营业员的帮助填写好预约送货单；送货单先上传到总部，由总部进行审核、汇总等工作；然后再传到配送中心，由那里统一安排车辆和员工，集中送货。一般的流程，从顾客付款购物到商品送达他的手中，都控制在1~2天内。最后系统还要对送货的成本（如车辆、人员等）进行计算，并最终得出商品的实际平均成本。

有些家电产品还涉及到安装问题，比如空调。与送货流程相类似，总部也要通过信息系统对门店上传的安装预约单进行审核和汇总，然后转到配送中心，统一协调完成安装工作。由于空调的生产厂家和品牌繁多，信息管理系统可以对各个厂家的产品安装单进行统计汇总，从而作为零售商与不同生产厂家间协议结算的准确依据。

家用电器的售后服务是消费者非常重视的因素，这一点与普通的超市门店有很大区别，除了由于各种原因而产生的退货情况外，还有返厂报修和上门维修等许多复杂的情况。信息管理系统需要将售后服务内容中涉及到库存的信息（比如返厂、退货等）进行汇总分析，并且按品牌和厂商等分别统计报修的情况；这样有助于企业对畅滞销商品和存在问题的商品进行分析，并及时反馈给生产厂家。

（八）消费者对家电商品的需求反馈

随着市场的发展，家电产品的个性化设计已经成为一种潮流，消费者对家电产品的需求将是多品种、小批量、高性能、个性化、人性化和功能多样化的。因此家电制造企业对消费者的需求反馈越来越重视，而他们获得这些宝贵信息的重要来源就是通过家电零售企业。现在由制造商按家电零售企业的需求定制产品已经不再是新闻了。

消费者的个性需求可以在购买时通过填写预购单来体现。预购单可以详细体现消费者的各种要求，比如家电的大小、外观设计、颜色和功能设制等。信息系统对大量预购单数据进行汇总统计，帮助零售企业有效的分析消费者的需求倾向和潮流发展趋势。同时，利用较传统的功能对销售数据进行多维分析也是相当重要的手段。这些数据最终都将发回到生产厂家，或者通过零售商与制造商共用的电子商务平台实现数据的无缝对接，这样就使得零售企业当之无愧的成为消费者与制造厂家之间的桥梁，也帮助生产环节与流通环节的企业建立起更紧密的战略合作关系。

目前，国内家电零售管理在实践中遇到的问题，已经有很多是通过信息系统的细节设计予以解决的。当然，也仍然存在一些需要零售商与软件开发（服务）商携手解决的问题。比如，关于制造商对零售商返利的计算，基本的方式有按零售商总体回款额或销售额计算，按某种具体型号的商品在一定时间内的销量计算等等。由于各家企业采用的方式很多，行业内鲜有一定之规，所以只能按每家企业的情况各自处理，无法形成整个家电零售行业的共性。一些国内的信息系统供应商，比如北京亿惠达电子科技有限公司等，已经能够在深入了解国内家电零售企业业务核心的基础上，利用他们在传统商业信息系统和 ERP 系统方面的优势，提供出针对国内家零售企业的实用解决方案，我们的零售企业实现业务流程的高层次信息化管理。

四、电子商务和网上家电购物的趋势

利用新的电子商务技术对流通环节进行改造是零售业的发展方向。具体到中国的家电零售企业，由于大多采用独立的购销运作，存在着相当的资源浪费，有些地方并不能实现连锁的规模效益。但是中国的企业一直都在不懈的努力，比如苏宁电器自己的电子商务网络平台就已经初步建成，他们将对整个连锁网络进行升级改造，使连锁店成为家用电器综合经营的多媒体门店。

此外，由于商品的特性，也使得家用电器非常适合于网上销售方式。许多新型小家电（如影像器材）技术含量很高，相应的毛利也较高；而传统的大家电则相对单品的配送成本较低，因此国内外绝大多数家电零售企业都建立了自己的网上零售平台。比如名列世界 500 强企业中的 Circuit City 集团（www. circuitcity. com）和 Best Buy 公司（www. bestbuy. com），都已经建立较为完善的网上购物和与之配套的物流体系，甚至可以被称为电子商务 BtoC 的典型成功案例；它们利用互联网的优势扩大企业的影响，真正提升了企业的销售额。显然这也将是国内家电零售企业向信息化领域深入发展的方向之一。

（作者：王心意）

自动订货和补货的现实应用

对于零售企业采购部门来说，订货、补货像在例行公事，每天都要进行。但是，什么时候该订什么货却不是一件容易的事。现在，尽管零售企业能够通过信息管理系统实现“自动”的订货和补货流程，但是，是不是手工订单就可以被完全取代？计算机系统自动生成的建议订单是否有足够的“建议”价值？或者说这些建议订单的生成依据和理论算法是否科学？是否对每一类商品都同样适用？这些细节问题越来越值得广大零售企业关注。

一、订货与补货的概念

这里所说的订货是指零售企业直接向供货商直接要货，或者简单说成是采购；补货是指零售企业的门店直接向自己的配送中心或总部要货，或者称为配送调拨。补货基本上属于企业内部的流程范畴；有的零售企业会把补货工作称为“向配送中心点菜”，这样的提法也非常形象。

二、信息系统对手工订单的支持

传统的订货和补货方式是以手工方式为主进行的，大量的信息在通过电子数据传输的过程中差错率高，而且效率低下。不过，现实当中很多时候零售企业的采购工作仍有一些是需要手工来完成的。部分原因是因为某些供货商的管理水平无法达到超市要求的标准；也有的时候是因为有突发性的需求，像偶然出现大宗批发销售业务时，也需要超市的采购主管或当值的采购员下达手工订单通知采购。有些同仁提出的急提订单或者紧急落订单，都可以说是手工订单的一些特殊形式。

当然，即使在手工下订单的情况下，采购业务人员同样需要信息管理系统给予足够的参考数据支持；超市的管理内容也要求进行相应的限制，而决不可能完全脱离开系统。一般采用手工订单时需要参考的依据有：商品的历史进价、历史采购批量、当前库存以及在途商品量（在订单量）等，这些实际数据对采购人员的工作将起到直接的帮助。同样是手工订单，对于需要限量控制的商品（比如干货），应当对采购数量和价格等敏感数值给予严格的限制；而对于生鲜商品等则可以在这些方面适当放宽，实行不限量订单。

从这里可以联系到日配商品的订货方式。一般超市针对生鲜、冷藏商品都要求勤进快销、提高此类商品的周转率，所以这些商品进销频繁；而且由于商品本身保质期短，不可能保持过多的库存量，因此像牛奶、面包一类的商品大多实行每天供货，即日配。零售企业可以采用永续订单的方式，自动设定系统每天生成当天的订单；而由于一个超市每天的收货量不可能完全相同（如遇到周末、假日等），系统还可以利用不限量订单的方式，通过一次性批量订购此类生鲜商品，并按天收货，使进销频繁的生鲜商品，其订货管理得以简化。

三、自动订货和补货的基本内容

自动订货和补货的主要内容包括：根据不同种类商品的特点配置不同的订货、补货规则；分别按照最小、最优或最大库存量订货、补货；根据手工订单的内容订货、补货；同时还应当支持库位的指定，以及应对零售企业可能遇到的其他特殊情况。

自动订货和补货的功能在信息管理系统中直接体现在建议订单的内容上，因此建议订单的内容也是订单流程中的重要环节之一（详见下图）。

目前零售企业采用的建议订单依据，有很多内容是从国外先进的超市管理思想中借鉴来的；分析起来无外乎两个方面：即库存方面与销售方面的参考依据。

建议订单的主要依据	
库存方面	当前库存结构
	库存警戒线
	采购/补货频率
销售方面	历史销售数据的分析
	对未来销售的预测 *
	平均销售的动态分析
	季节调整参数

* 注：一般是按供货周期进行销售预测，比如按周供货的商品则预测今后 7 天的销售情况。

四、经营中常用的基本算法

自动订货和补货的核心内容其实就是零售企业在经营中采用的基本算法，通过计算机系统来实现这些算法并不困难，但是用什么样的逻辑值计算自动订货（补货）量最合理，什么样的算法适合什么种类的商品，都需要细致推敲。

（一）库存警戒线法

库存警戒线以商品的最小、合理或最

大库存数作为标准生成订单，有人把这种方法称作固定库存法，或者库存上下限法，无论提法如何，其算法核心都是一致的。比如根据采购人员的经验，某种需冷藏的香肠，其库存警戒线是20（包）；当然保鲜食品一般都码放在卖场冷柜中，因此也可以说是卖场的存货警戒线。当某一天库存低于警戒线的时候，在销售记账工作的同时系统就会生成建议订单。当工作人员第二天上班的时候可以从系统中直接看到这张系统提示的建议订单，并开始进行订货工作。

不过这种按“经验系数”为依据的库存提示方法仍然没有脱离人为因素的影响；单纯使用手工设定库存的合理数，严格讲也并不科学，其实这只能叫做“半自动”订单，因为它仍然是通过业务人员的经验和直觉来进行采购决策的，并没有体现出计算机信息管理的真正价值。

有些系统可以挖掘和利用系统的数据（比如在一个订货周期里的综合销售数据），对库存警戒线进行动态的调整，这种算法相比之下比简单的经验系数法要更有说服力。

拿一个单品来举例，比如某种速冻饺子，我们可以以它在过去一个季度中的平均销量作为参考，让系统自动调整库存警戒线。如果这个单品的平均销量在这三个月中逐月递增，就会带动它相应的库存警戒线也随之提高，从而形成了动态设定的库存警戒系数。因此系统针对该商品的自动订单采购量也会相应增加。

同样的原理，还可以利用商品的同期销量（比如去年本月的销售量），以及商品销售中出现的季节特征作为参考值，来动态的调整库存警戒线。

总体来讲，库存警戒线是一种以库存为主要指标的计算方法，并且具有一定的优越性。但是它也并不是十全十美的，因为很显然这种方法最适合于库存数量少，对库存变化反映敏感的商品，比如大多数的生鲜商品和其他保质期较短的商品，而对某些商品也并不是100%的适用。

（二）平均销量法

同前面提到的建议订单的主要依据一样，自动订货和补货的算法也能够分为以库存量和销售数据为依据的两类方法。这里的平均销量法，顾名思义，就是按商品在一段时间内的平均销售状况来决定建议订单的生成，也可以被称为销售统计法或动态销售法。

这种算法的核心就在于“一段时间”，因为平均销售的数据是很容易从信息系统中得到的，而零售企业一般都会利用目标控制天数（例如：用订货周期的这段时间）来计算商品的平均销量。比如大件商品组的某种山地自行车，订货周期是一个季度，那么我们可以通过这种自行车以往一年里的销售数据计算出每个月它的平均销售量，进而推算出在订货周期所需的这3个月中可能的销量有多少，等于是做出了单品的销售预测。

这种方法对于那些销售波动不大的商品，比如干货、普通的日用百货商品等比较适用。

（三）同期销售对比法

以销售数据为依据计算自动订货/补货量，另外一种常用方法就是同期销售对比法。这种方法描述起来相对比较简单。比如我们可以按去年夏季空调的销售状况来粗略估计今年夏天空调的销售状况。

自然，这种方法比较适合于服装、白色家电等一些季节特征明显的商品。当然，像时装一类流行趋势明显的商品，同期销售对比也有一定的缺陷。比如在北京的服装零售市场上，简单的用2001年春季的销售情况来预测2002年春季的情况，恐怕无法预测出“唐装”将会大流行，这的确还需要零售工作者对特定零售市场具有丰富的专业知识，以及敏锐的市场洞察力。信息系统提供的建议仍然是有一定参考价值的数据资源。

五、商品自动订单的组合方案

通过对库存警戒线法、平均销量法和同期销售对比法的简单总结可以发现：一个综合性的零售企业不可能简单的选择哪一种自动订单的计算方式；根据不同商品的特征将这些算法组合应用才是更科学的方案。不过这同时对零售企业自身的信息管理系统提出了相当高的要求，需要计算机信息系统有与之相适应的功能，能够帮助企业确认和设定出各类商品自动订货和补货的最佳组合方案。

六、自动订货和补货的发展趋势

理想中的自动订货和补货主要有下面几个基本特征：库存量、需求量和采购量清晰明了，在企业的整个商品物流管理中全程可控；由于信息的充分共享，可以由供货商主动提出出货方案，零售商无需自己每日下订单；供货商和零售商对缺货商品达成自动供货方案，并且集中供货；零售商的库存情况完全向供货商公开，双方共同监控产品的销售状况；销售预测、促销计划等都由供货商与零售商一同完成；日常的订货和补货完全自动进行，只是在出现特殊情况时才出现人为干预。

这时候，自动订货和补货的工作是由供货商与零售商共同协作完成的，并且能够对市场情况做出更合理、更准确的前瞻预测，进而对顾客购买行为的细微变化作出快速反映。系统可以提示零售企业的工作人员哪些商品将要断货，应当在什么时候订多少货，还有哪些商品可能会滞销，等等。系统能够为缺货的商品自动生成订货单（采购单）或补货单（配送调拨单），实现商品真正的自动订货和补货。这些功能的真正实现和付诸应用将有效的帮助管理者实现库存最小化的理想状态，零售企业所希望的自动订货和补货的目标也会进一步得以实现。

（作者：王心意）

香港华润超市品类管理分析

品类管理是使商品组合更为科学有效的管理手段，通过优化商品的组合，有效利用有限的空间资源，使销售利润达到最大化，并提高毛利，降低库存。品类管理较传统的商品管理更为科学化、规范化。品类管理工作主要通过数据（字）化的管理手法，对商品品种和货架空间进行管理。

一、为何要引进品类管理

目前，香港华润超市经营的商品有7000多种，共分为300个小类，对商品管理基本上还是经验化管理为主。一间新超市开业前，先由发展部初步设计商品的摆放位置，开铺组再根据商品销售的整体情况，最后确定商品的陈列位置及陈列面的多少。但是，接下来的商品管理工作主要由超市主管负责，超市主管则根据市场需求及个人经验管理商品。随着时间的变化，超市商品陈列亦随着超市主管的替换而变动，逐渐形成每间超市都有自己的“陈列”特色。货架管理没有一套统一的、规范化的管理方法，将会对经营管理造成影响。因此，提高整体管理水平已经迫在眉睫。

二、品类管理从何入手

华润超市是通过与极具实力的AcNielsen公司合作开展了品类管理工作。主要包括培训、测试及全面实施三个阶段。

品类管理对华润超市来说还是一个新概念，负责这项工作的多数同事经验较少，有些甚至对基本概念很模糊，因此，员工的培训工作非常重要。为此，公司与AcNieLsen先后合作举办了数次专题培训，为品类管理的实施奠定了基础。

香港华润公司实施品类管理的前期准备工作主要包括四个方面：

(1) 对所有门店的面积及货架进行测量，合理、有效地分配空间资源；

(2) 根据门店坐落的地点和效益状

态进行分类；

(3) 根据门店商品销售数据，对门店的商品组合重新进行评定；

(4) 确定不同的门店销售不同等级的商品。

三、品类管理中的困难是什么

品类管理是多部门参与的跨部门工作，需要采购、管理、发展及电脑等多部门间的合作与协调，因此，建立部门间良好的沟通机制，以公司利益为共同目标开展工作是十分重要的。

这还是一项长期的工作，它的效益体现在落实和执行的过程之中。华润超市在品类管理推广工作中也发现一些超市主管仍没有认识到品类管理工作的重要性，或在具体落实、执行工作中忽略了一些必要的看似细小的工作。如取货不及时，造成超市缺货现象；没有严格按照货架陈列规定摆放商品等问题。品类管理在超市的推广是否成功，直接反映了超市员工的工作态度。做事是否用心，是否认真，是否做到从严细化管理等等，都反映了员工对品类管理的认识，反映了他们按品类管理的要求自觉做好工作的意识。

四、何谓成功的品类管理

成功的品类管理意味着科学化的货架管理取代经验化管理。按品类管理要求，店内的货架数目确定后，哪一种商品组合达到最大效益，要由品类管理小组确定并统一下发货架陈列图，同时定期进行评估工作。这里，要求超市主管根据货架陈列图进行商品的管理。届时，同类别、同等级的超市，其货架陈列也将统一并标准化。而对现有的、不需额外投资的店铺，开展品类管理，不仅可以增加超市的销售额、降低库存，而且可使其内部管理及实际运作更规范、更科学。

（香港华润超市有限公司）

日本7－ELEVEN全面推进e战略

在日本其他零售商深受经济低迷、通货膨胀之苦时，7－Eleven连锁便利店的销售却增长4%，利润增长15%，7－Eleven取得如此佳绩的主要原因是能与客户进行电子沟通的e战略的应用。但是建立一套e战略服务，且能适应7－Eleven需求的系统，在当时来说是很费力的。作为一家连锁便利店，该系统要具备以下特点：

(1) 使用方便。因为从业人员很少有计算机知识；必须在有故障时能够快速修复；

(2) 能加速定单和客户要求的处理，升级方面以便于使用最新的技术为准则；

(3) 该系统至少需运行十五年，还要所有的供应商都使用这个系统。

7－Eleven和NEC合作制造硬件，要求微软公司为其定制一套基于Windows的系统。西雅图美国微软总部专门派专家提供即时支持，软件及时备份操作，如有故障自动重新启动，重复障碍会立即提醒维护部门。如今，每个7－Eleven连锁便利店都有一个卫星接受器，这比地面电缆要便宜，而且对于地震多发的日本也更稳定。

7－Eleven信息系统部门负责人MakotoUsui说："竞争的方式已经变化了，以前是把商品销售给顾客，如今是按照顾客需求提供商品，在这种变化中，销售者与顾客交流的界面就非常重要了。"E战略确实适应了这种变化，保证了7－Eleven店也能够做到快速知晓客户需求。

如今，总部可以每天三次收到所有分店的数据，并能在20分钟内提供分析报告。7－Eleven能够知道何种产品或包装更受顾客喜欢，这对于供应商来说也是很有价值的信息。7－Eleven甚至开发自有品牌以获得更大的边际利润。每个分店的这套系统还有助于管理存货，因为便利店的大多数商品是易耗品，系统每天可以收到五次周围的天气预告，这对于即使相隔40公里，气温也会相差5度的某些日本地区来说是必需的。系统一直在做统计和比较，分店就可以随时调整库存。为此，所有的供应商也加入了这套系统，促进了供应链效率的提高。7-Eleven的运输队伍在系统管理下号称比公交车还准时。这套系统还起到一些意想不到的效果。因为便利店往往用很多临时工，他们甚至彼此都没见过面，但如今他们有了交流的地方，这无疑有助于日常管理。

7-Eleven不满足于这套基于企业网技术的系统，其基于互联网技术的发展计划已在进行中。它正计划安排一个Ariba日本公司提供的电子商务软件来进行办公用品等的大宗采购，以降低费用。这方面7-Eleven已开始尝到了甜头。过去10年中7-Eleven致力于成为一家“无纸”公司，由此每年减少了3亿费用，互联网技术的应用将使公司节省更多。此外，在其庞大的连锁便利店的基础上，7-Eleven要把自己变成在线交易的支付点和提货点。E-shopping Books（一家在线售书公司）的许多顾客就选择在7-Eleven提货和支付。这些应用还帮助吸引了人流，使得7-Eleven平均每天的销售是对手的1.5倍。

7-Eleven的e战略展示了一种生意方法或者在特定文化里的应用。它提示连锁商家：e战略虽然有风险，但如果做得好，会使你更优秀；e战略不是用来建造空中楼阁的，它只是使一座座企业大厦更加敏锐的知道脚下流沙的流动，并灵活的做出反应。

零售技术为华联超市提供强劲动力

现代零售技术在连锁超市发展过程中扮演着越来越重要的角色，它主宰着连锁业竞争的成败。现代零售技术既包括硬技术又包括软技术，就像是超市企业的两个翅膀，为企业的发展提供源源不断的动力。

一、两大“硬的”支持系统

这里指的硬技术是针对连锁超市企业的后台支持系统而言的。优秀的后台支持系统应该包括：一个功能强大的计算机管理系统和一个运转高效的物流配送系统。经过八年，尤其是近几年的不断努力，华联超市在上述两大体系的构建上均取得可喜的成绩。

2001 年 9 月 25 日，华联超市的计算机管理系统一期工程正式通过上海市计算机软件开发中心、上海市计算机软件评测重点实验室的技术鉴定，成为国内第一套拥有自主知识产权的完整的连锁超市计算机管理系统。这套系统包括总部管理子系统、配送中心管理子系统、商场管理子系统三个有机的组成部分，覆盖了连锁超市经营的全部业务管理范围，实现了连锁超市一体化的计算机综合管理。使各级业务管理人员从手工管理模式中解放出来，为企业实现从传统商业管理向现代连锁经营的变革，提供了坚实的技术手段和系统保障。另外，在这套基础系统上，华联超市还将进一步引进国外先进的连锁商业计算机管理模式，把企业的科学管理内容用数字化流程表现出来。

物流配送中心是连锁超市的心脏，近年来华联超市不遗余力地投入大量人力、物力、财力建设现代化配送中心，建成的占地面积 2．8 万多平方米的华联超市新配送中心一期工程已于 2000 年投入使用。该配送中心采用了计算机全过程控制、无纸化、无线电等信息技术，是国内屈指可数的现代化大型配送中心之一，为华联超市的整个连锁网络提供了强大的物流支持。

二、三种“软的”管理技术

软技术是针对连锁企业的内部管理而言的。这里选择性地提出三种管理技术：一是反应灵敏的信息管理技术；二是层层把关的成本控制技术；三是勇于创新的市场营销技术。它们都是连锁超市赖以生存的依托。

今天的华联超市除了有一个由电脑、网络、数据库组成的数字化的、适时更新数字信息的管理系统外，还有一个由高学历、年轻化组成的高素质、高灵敏的“信息管理系统”。华联超市在同行业中创新成立了企业内部的研究所，研究所活跃在公司管理信息的采集、归纳、分析的第一线，他们的研究成果能在第一时间投入到义务实践中，为公司提供和解决了许多棘手的问题。

严格的成本控制一向是华联超市的优良传统，除了早些年成立的公司内部费用控制小组外，2001 年华联超市又花费重金从外资企业和国有企业聘来了几位很有经验的高级财务管理人才，由他们专门负责公司的成本控制和内部审计。他们的工作卓有成效，很快在企业内部建立起一套行之有效的管理程序，使公司的各项成本费用比 2000 年又有大幅下降。

连锁企业既要在内部严格控制成本，又要在市场开拓创新，这样才能不断为竞争注入新的活力。与上海申花足球俱乐部合作，开展了风格独特、丰富多彩的球票营销活动就是华联超市在营销上积极创新，并获得了很大的成功。

据上市公司中期报告显示，华联超市仅 2001 年上半年的销售规模就达 36.06 亿元，同比上升 1669 个百分点。各项经济指标均创同期历史新高。华联超市能取得这样的成绩，完全得益于善用先用的现代零售技术。因此，由“硬技术”和“软技术”构成的现代零售技术，是推动华联超市迅猛发展的第一动力，它不断的改变着我们的企业，使之向着更广阔的目标迈进。

第六部分

调　查　篇

一、2001年中国连锁经营发展环境统计

人民物质文化生活状况

项目	单位	1990 年	1995 年	2000 年	2001 年
就业					
每一农村劳动力负担人数	人	1.64	1.56	1.52	1.52
每一城镇就业者负担人数	人	1.77	1.73	1.86	1.88
年末城镇登记失业率	%	2.5	2.9	3.1	3.6
收入					
农村居民家庭人均纯收入	元	686	1 578	2 253	2 366
农村居民家庭人均纯收入指数	1978 = 100	311.2	383.7	483.5	503.8
城镇居民人均可支配收入	元	1 510	4 283	6 280	6 860
城镇居民人均可支配收入指数	1978 = 100	198.1	290.3	383.7	416.3
职工年平均工资	元	2140	5 500	9 371	10 870
消费水平					
全国居民	元	803	2 236	3 397	3 608
农村居民	元	571	1 434		
城镇居民	元	1 686	4 874		
农村居民家庭人均生活消费支出	元	585	1 310	1 670	1 741
农村居民家庭恩格尔系数	%	58.8	58.6	49.1	47.7
城镇居民家庭人均消费性支出	元	1 279	3 538	4 998	5 309
城镇居民家庭恩格尔系数	%	54.2	49.9	39.2	37.9
储蓄					
城乡居民年底储蓄存款余额	亿元	7 120	29 662	64 332	73 762
平均每人储蓄存款余额	元	623	2 449	5 076	5 780
住房					
农村新建房屋面积	亿平方米	6.9	7.0	8.0	7.4
城镇新建住宅面积	亿平方米	1.7	3.8	5.5	5.4
农村人均住房面积	平方米	17.8	21.0	24.8	25.7
城市人均使用面积	平方米	9.9	11.8	14.9	
城市人均居住面积	平方米	6.7	8.1	10.3	
城市公用事业					
用气普及率	%	42.2	70.0	84.2	

项 目	单 位	1990年	1995年	2000年	2001年
人均公共绿地面积	平方米	3.9	5.0	6.8	
文 化					
农村每百户有电视机	台	44.4	80.7	101.7	105.2
城镇每户有彩色电视机	台	59.0	89.8	116.6	120.5
广播综合人口覆盖率	%	74.7	78.8	92.5	92.9
电视综合人口覆盖率	%	79.4	84.5	93.7	94.2
教育卫生					
学龄儿童入学率	%	97.8	98.5	99.1	99.1
每万人在校大学生数	人	18.0	24.0	43.9	56.3
每万人口医院、卫生院床位数	张	23.0	23.4	23.8	23.9
每万人口医生数	人	15.4	15.8	16.8	16.9

注：1. 本表价值量指标按当年价格计算；指数按可比价格计算。
2. 城市住房人均使用面积和居住面积为建设部数字。

城乡居民家庭人均收入及恩格尔系数

年份	农村居民家庭人均纯收入		城镇居民家庭人均可支配收入		恩格尔系数（%）	
	绝对数（元）	指数（1978年=100）	绝对数（元）	指数（1978年=100）	农村居民家庭	城镇居民家庭
1978	133.6	100.00	343.4	100.00	67.7	57.5
1980	191.3	138.99	477.6	127.02	61.8	56.9
1985	397.6	268.94	739.1	160.39	57.8	53.3
1990	686.3	311.20	1 510.2	198.10	58.8	54.2
1991	708.6	317.43	1 700.6	212.37	57.6	53.8
1992	784.0	336.15	2 026.6	232.91	57.6	52.9
1993	921.6	346.91	2 577.4	255.13	58.1	50.1
1994	1 221.0	364.36	3 496.2	276.83	58.9	49.9
1995	1 577.7	383.67	4 283.0	290.34	58.6	49.9
1996	1 926.1	418.20	4 838.9	301.56	56.3	48.6
1997	2 090.1	437.44	5 160.3	311.85	55.1	46.4
1998	2 162.0	456.21	5 425.1	329.94	53.4	44.5
1999	2 210.3	473.54	5 854.0	360.62	52.6	41.9
2000	2 253.4	483.48	6 280.0	383.69	49.1	39.2
2001	2 366.4	503.79	6 859.6	416.30	47.7	37.9

注：本表指数按可比价格计算。

城乡居民储蓄存款年底余额和年增加额

单位：亿元

年份	年底余额			年增加额		
	总计	定期	活期	总计	定期	活期
1978	210.6	128.9	81.7	29.0	17.2	11.8
1980	399.5	304.9	94.6	118.5	138.5	-20.0
1985	1 622.6	1 225.2	397.4	407.9	324.3	83.6
1990	7 119.8	5 911.2	1 208.6	1 923.4	1 695.8	227.6
1991	9 241.6	7 691.7	1 549.9	2 121.8	1 780.5	341.3
1992	11 759.4	9 425.2	2 334.2	2 517.8	1 733.5	784.3
1993	15 203.5	11 971.0	3 232.5	3 444.1	2 545.8	898.3
1994	21 518.8	16 838.7	4 680.1	6 315.3	4 867.7	1 447.6
1995	29 662.3	23 778.2	5 884.1	8 143.5	6 939.5	1 204.0
1996	38 520.8	30 873.4	7 647.4	8 858.5	7 095.2	1 763.3
1997	46 279.8	36 226.7	10 053.1	7 759.0	5 353.3	2 405.7
1998	53 407.5	41 791.6	11 615.9	7 615.4	5 473.7	2 141.7
1999	59 621.8	44 955.1	14 666.7	6 253.0	3 798.5	3 054.5
2000	64 332.4	46 141.7	18 190.7	4 976.7	1 310.3	3 666.4
2001	73 762.4	51 434.9	22 327.6	9 457.6	4 144.5	5 313.2

城镇居民家庭基本情况

项　　目	单位	1985 年	1990 年	1995 年	2000 年	2001 年
调查户数	**户**	**24 338**	**35 660**	**35 520**	**42 220**	**43 840**
平均每户家庭人口数	人	3.89	3.50	3.23	3.13	3.10
平均每户就业人口数	人	2.15	1.98	1.87	1.68	1.65
平均每户就业面	%	55.27	56.57	57.89	53.67	53.23
平均每一就业者负担人数（含本人）	人	1.81	1.77	1.73	1.86	1.88
平均每人全年可支配收入	**元**	**739.08**	**1 510.16**	**4 282.95**	**6 279.98**	**6 859.58**
平均每人全部年收入	**元**	**748.92**	**1 522.79**	**4 288.09**	**6 316.81**	**6 907.08**
国有单位职工工资	元	455.88	857.59	2 590.03	3 500.63	3 745.98
集体单位职工工资	元	113.52	170.39	400.40	312.33	315.80
其他所有制职工工资	元			68.53	269.82	314.13
个体经营劳动者收入	元	10.20	18.71	90.60	348.20	400.34
被聘用或留用的离退休人员收入	元	4.56	15.51	42.86	60.74	70.68
其他就业者收入	元	1.95	3.79	8.44	30.96	36.92
其他劳动收入	元	12.36	22.61	96.91	197.74	214.77
财产性收入	元	3.74	15.60	90.43	128.38	134.62
转移性收入	元	65.88	250.01	734.83	1 211.86	1 362.39
其他收入	元	35.95	69.46	4.92	256.16	311.45
平均每人实际支出	**元**	**722.40**	**1 413.94**	**4 102.94**	**6 147.38**	**6 553.56**
#消费性支出	元	673.20	1 278.89	3 537.57	4 998.00	5 309.01
非消费性支出	元		37.16	561.11	1 146.12	1 240.81
恩格尔系数	%	52.25	54.25	49.92	39.18	37.94

注：1. 本表为城镇居民家庭抽样调查资料。
2. 可支配收入指居民家庭在支付个人所得税之后，所余下的实际收入。计算公式为：
可支配收入＝实际收入—个人所得税—家庭副业生产支出—记账补贴

城镇居民平均每人全年消费支出和购买的主要商品数量

项　　目	1996 年	1997 年	1998 年	1999 年	2000 年	2001 年
消费性支出（元）	**3 919.5**	**4 185.6**	**4 331.6**	**4 615.9**	**4 998.0**	**5 309.0**
1. 食品	1 904.7	1 942.6	1 926.9	1 932.1	1 958.3	2 014.0
#粮食	271.5	238.1	226.8	215.4	188.7	188.1
油脂类	69.0	70.7	75.3	73.7	66.5	58.9
肉禽及制品	438.8	459.6	431.2	408.5	411.3	413.5
水产品类	131.9	141.0	142.5	144.0	143.5	152.0
菜类	206.7	203.9	197.0	194.6	192.3	194.3
烟草类	83.9	92.2	93.6	94.8	100.9	103.8
酒和饮料	85.0	91.0	91.6	95.3	103.2	103.9
干鲜瓜果	117.7	127.0	120.7	130.0	127.5	131.3
在外用餐	186.2	203.4	227.0	249.6	287.8	314.2
2. 衣着	528.0	520.9	480.9	482.4	500.5	533.7
#服装	323.9	328.2	311.0	320.2	337.2	364.3
鞋袜帽及其他衣着	132.3	129.4	120.7	123.1	130.8	140.6
3. 家庭设备用品及服务	298.2	316.9	356.8	395.5	439.3	438.9
#耐用消费品	161.3	173.4	201.3	231.3	259.1	250.6
4. 医疗保健	143.3	179.7	205.2	245.6	318.1	343.3
5. 交通和通信	199.1	232.9	257.2	310.6	395.0	457.0
交通	96.2	111.4	114.8	136.9	162.2	175.5
通信	103.0	121.5	142.4	173.7	232.8	281.5
6. 娱乐教育文化服务	375.0	448.4	499.4	567.1	627.8	690.0
#文娱用耐用消费品	89.8	112.5	126.0	135.3	146.9	139.4
教育	204.0	237.6	275.0	323.3	363.8	428.3
7. 居住	300.9	358.6	408.4	454.0	500.5	548.0
住房	124.1	148.7	173.0	195.9	200.6	217.0
水电燃料及其他	176.7	210.0	235.4	258.1	298.9	331.0
8. 杂项商品和服务	170.5	185.7	197.0	228.8	258.8	284.1
#个人消费	134.8	147.0	156.7	185.2	210.5	233.6
购买的主要商品数量（千克）						
粮食	94.7	88.6	86.7	84.9	82.3	79.7
鲜菜	118.5	113.3	113.8	114.9	114.7	115.9
食用植物油	7.1	7.2	7.6	7.8	8.2	8.1
猪肉	17.1	15.3	15.9	16.9	16.7	16.0
牛羊肉	3.3	3.7	3.3	3.1	3.3	3.2
家禽	4.0	4.9	4.7	4.9	7.4	7.3
鲜蛋	9.6	11.1	10.8	11.5	11.9	11.1
水产品	9.3	9.3	9.8	10.3	11.7	12.3
酒	9.7	9.6	9.7	9.6	10.0	9.7
煤炭	126.5	134.7	116.9	115.5	128.1	129.5

城镇居民平均每百户耐用消费品年底拥有量

项　　目	单位	1996 年	1997 年	1998 年	1999 年	2000 年	2001 年
摩托车	辆	7.9	11.6	13.2	15.1	18.8	20.4
洗衣机	台	90.1	89.1	90.6	91.4	90.5	92.2
电冰箱	台	69.7	73.0	76.1	77.7	80.1	81.9
彩色电视机	台	93.5	100.5	105.4	111.6	116.6	120.5
录放像机	台	20.2	21.3	21.7	21.7	20.1	19.9
组合音响	台	12.2	15.3	17.5	19.7	22.2	23.8
照相机	台	32.1	33.6	36.3	38.1	38.4	39.8
空调器	台	11.6	16.3	20.0	24.5	30.8	35.8
淋浴热水器	台	34.2	38.9	43.3	45.5	49.1	52.0
排油烟机	台	38.4	42.6	45.9	48.6	54.1	55.5
影碟机	台		7.9	16.0	24.7	37.5	42.6
家用电脑	台		2.6	3.8	5.9	9.7	13.3
摄像机	台		0.8	0.9	1.1	1.3	1.6
微波炉	台		5.4	8.5	12.2	17.6	22.3
健身器材	台		2.3	3.0	3.8	3.5	4.0
移动电话	台		1.7	3.3	7.1	19.5	34.0
家用汽车	台		0.2	0.3	0.3	0.5	0.6

城镇居民收入与支出结构

单位：元

项　　目	1996 年	1997 年	1998 年	1999 年	2000 年	2001 年
平均每人全部年收入	**4 844.8**	**5 188.5**	**5 458.3**	**5 888.8**	**6 316.8**	**6 907.1**
最低收入户	2 453.6	2 456.1	2 505.0	2 646.7	2 678.3	2 834.7
#困难户	2 242.9	2 186.0	2 228.8	2 356.5	2 350.8	2 497.3
低收入户	3 148.6	3246.2	3 329.1	3 518.4	3 658.5	3 888.1
中等偏下收入户	3 779.8	3 988.0	4 134.9	4 391.6	4 651.7	4 983.5
中等收入户	4 580.0	4 922.3	5 148.8	5 543.2	5 930.8	6 406.2
中等偏上收入户	5 599.3	6 074.2	6 404.9	6 942.0	7 525.0	8 213.7
高收入户	6 826.8	7 495.3	7 918.5	8 674.9	9 484.7	10 441.6
最高收入户	9 250.4	10 297.5	11 021.5	12 147.8	13 390.5	15 220.0
平均每人消费性支出	**3 919.5**	**4 185.6**	**4 331.6**	**4 615.9**	**4 998.0**	**5 309.0**
最低收入户	2 327.3	2 333.0	2 397.6	2 523.1	2 540.1	2691.0
#困难户	2 175.5	2 148.0	2 214.5	2 327.5	2 320.4	2 450.9
低收入户	2 780.8	2 895.4	2 979.3	3 137.3	3 274.9	3 452.3
中等偏下收入户	3 265.5	3 427.5	3 503.2	3 694.5	3 947.9	4 197.6
中等收入户	3 816.3	4 064.6	4 179.6	4 432.5	4 794.6	5 131.6
中等偏上收入户	4 482.0	4 822.2	4 980.9	5 347.1	5 894.9	6 241.5
高收入户	5 204.4	5 709.5	6 003.2	6 443.3	7 102.3	7 495.1
最高收入户	6 485.8	7 314.8	7 594.0	8 262.4	9 250.6	9 834.2

各地区城镇居民人均可支配收入

单位：元

地区	1996年	1997年	1998年	1999年	2000年	2001年
全国总计	**4 838.9**	**5 160.3**	**5 425.1**	**5 854.0**	**6 280.0**	**6 859.6**
北　京	7 332.0	7 813.2	8 472.0	9 182.8	10 349.7	11 577.8
天　津	5 967.7	6 608.4	7 110.5	7 649.8	8 140.5	8 958.7
河　北	4 442.8	4 958.7	5 084.6	5 365.0	5 661.2	5 984.8
山　西	3 702.7	3 989.9	4 098.7	4 342.6	4 724.1	5 391.1
内蒙古	3 431.8	3 944.7	4 353.0	5 129.1	5 535.9	
辽　宁	4 207.2	4 518.1	4 617.2	4 898.6	5 357.8	5 797.0
吉　林	3 805.5	4 190.6	4 206.6	4 480.0	4 810.0	5 340.5
黑龙江	3 768.3	4 090.7	4 268.5	4 595.1	4 912.9	5 425.9
上　海	8 178.5	8 438.9	8 773.1	10 931.6	11 718.0	12 883.5
江　苏	5 185.8	5 765.2	6 017.9	6 538.2	6 800.2	7 375.1
浙　江	6 955.8	7 358.7	7 836.8	8 428.0	9 279.2	10 464.7
安　徽	4 512.8	4 599.3	4 770.5	5 064.6	5 293.6	5 668.8
福　建	5 172.9	6 143.6	6 485.6	6 859.8	7 432.3	8 313.1
江　西	3 780.2	4 071.3	4 251.4	4 720.6	5 103.6	5 506.0
山　东	4 890.3	5 190.8	5 380.1	5 809.0	6 490.0	7 101.1
河　南	3 755.4	4 093.6	4 219.4	4 532.4	4 766.3	5 267.4
湖　北	4 364.0	4 673.2	4 826.4	5 212.8	5 524.5	5 856.0
湖　南	5 052.1	5 209.7	5 434.3	5 815.4	6 218.7	6 780.6
广　东	8 157.8	8 561.7	8 839.7	9 125.9	9 761.6	10 405.2
广　西	5 033.3	5 110.3	5 412.2	5 619.5	5 834.4	6 665.7
海　南	4 926.4	4 849.9	4 852.9	5 338.3	5 258.3	5 838.8
重　庆		5 322.7	5 466.6	5 896.0	6 276.0	6 721.1
四　川	4 482.7	4 763.3	5 127.1	5 477.9	5 894.3	6 360.5
贵　州	4 221.2	4 441.9	4 565.4	4 934.0	5 122.2	5 451.9
云　南	4 978.0	5 558.3	6 042.8	6 178.7	6 324.6	6 797.7
西　藏	6 556.3			6 908.7	7 426.3	7 869.2
陕　西	3 809.6	4 001.3	4 220.2	4 654.1	5 124.2	5 483.7
甘　肃	3 353.9	3 592.4	4 009.6	4 475.2	4 916.3	5 382.9
青　海	3 834.2	3 999.4	4 240.1	4 703.4	5 170.0	5 853.7
宁　夏	3 612.1	3 836.5	4 112.4	4 472.9	4 912.4	5 544.2
新　疆	4 649.9	4 844.7	5 000.8	5 319.8	5 644.9	6 395.0

各地区城镇居民人均收支情况

(2001 年)

单位：元

地区	全部收入	#可支配收入	实际支出	#消费性支出	#非消费性支出	恩格尔系数(%)
全国总计	**6 907.1**	**6 859.6**	**6 553.6**	**5 309.0**	**1 240.8**	**37.9**
北京	11 659.0	11 577.8	10 676.5	8 922.7	1 753.5	36.2
天津	8 999.4	8 958.7	8 367.0	6 987.2	1 379.7	37.0
河北	6 027.8	5 984.8	5 749.7	4 479.8	1 267.7	35.4
山西	5 416.3	5 391.1	5 284.9	4 123.0	1 160.1	34.3
内蒙古	5 561.1	5 535.9	5 246.7	4 195.6	1 044.9	33.9
辽宁	5 832.6	5 797.0	5 998.2	4 654.4	1 340.9	39.7
吉林	5 361.4	5 340.5	5 371.6	4 337.2	1 033.9	38.1
黑龙江	5 461.7	5 425.9	5 128.4	4 192.4	931.5	37.2
上海	12 981.5	12 883.5	11 977.4	9 336.1	2 641.3	43.1
江苏	7 427.5	7 375.1	6 967.8	5 532.7	1 434.9	39.7
浙江	10 540.4	10 464.7	10 073.9	7 952.4	2 121.2	36.3
安徽	5 715.5	5 668.8	5 757.0	4 517.7	1 236.8	44.3
福建	8 384.6	8 313.1	7 603.6	6 015.1	1 583.9	44.1
江西	5 545.7	5 506.0	4 684.1	3 894.5	777.5	40.8
山东	7 171.2	7 101.1	6 386.1	5 252.4	1 132.9	34.3
河南	5 292.1	5 267.4	4 894.7	4 110.2	784.1	34.7
湖北	5 888.7	5 856.0	5 774.8	4 804.8	961.5	37.5
湖南	6 832.6	6 780.6	6 925.5	5 546.2	1 377.6	35.0
广东	10 534.7	10 415.2	9 607.3	8 099.6	1 498.8	38.2
广西	6 722.8	6 665.7	6 531.7	5 224.7	1 302.2	37.7
海南	5 927.4	5 838.8	5 397.9	4 367.9	976.6	46.3
重庆	6 755.5	6 721.1	6 668.7	5 873.7	794.4	39.8
四川	6 406.6	6 360.5	6 114.0	5 176.2	927.2	40.2
贵州	5 467.2	5 451.9	5 098.6	4 273.9	822.1	40.9
云南	6 849.7	6 797.7	6 485.5	5 252.6	1 228.4	40.1
西藏	7 912.4	7 869.2	8 431.7	5 994.4	2 435.3	43.8
陕西	5 513.8	5 483.7	5 647.7	4 637.7	1 008.6	34.3
甘肃	5 413.7	5 382.9	5 174.5	4 420.3	754.0	37.1
青海	5 883.8	5 853.7	5 664.6	4 698.6	961.8	38.1
宁夏	5 582.2	5 544.2	6 064.2	4 595.4	1 466.6	34.0
新疆	6 456.9	6 395.0	5 940.0	4 931.4	1 003.3	34.8

农村居民家庭基本情况

项　目	单位	1985 年	1990 年	1995 年	2000 年	2001 年
调查户数	**户**	**66 642**	**66 960**	**67 340**	**68 116**	**68 190**
调查户常住人口	**人**	**341 525**	**321 429**	**301 878**	**286 162**	**283 223**
平均每户常住人口	人	5.12	4.80	4.48	4.20	4.15
平均每户整、半劳动力	人	2.95	2.92	2.88	2.76	2.73
平均每个劳动力负担人口（含本人）	人	1.74	1.64	1.56	1.52	1.52
平均每户生产性固定资产原值	元	792.53	1 258.06	2 774.27	4 673.06	4 883.80
平均每人经营耕地面积	**亩**	**2.07**	**2.10**	**2.17**	**1.98**	**1.99**
平均每人年收入						
总收入	**元**	**547.31**	**990.38**	**2 337.87**	**3 146.21**	**3 306.92**
1. 工资性收入	元	72.15	138.80	353.70	702.30	771.90
2. 家庭经营收入	元	445.25	815.79	1 877.42	2 251.28	2 325.23
3. 财产性收入	元	29.91	35.79	40.98	45.04	46.97
4. 转移性收入	元			65.77	147.59	162.83
纯收入	**元**	**397.60**	**686.31**	**1 577.74**	**2 253.42**	**2 366.40**
1. 生产性纯收入	元	367.69	657.35	1 479.49	2 129.58	2 231.58
第一产业收入	元	298.28	510.86	996.51	1 125.34	1 165.17
第二产业收入	元	29.47	70.68	287.24	488.89	532.61
第三产业收入	元	39.94	75.81	195.74	515.35	533.80
2. 非生产性纯收入	元	29.91	28.96	98.25	123.84	134.82
现金收入	**元**	**357.39**	**676.67**	**1 595.56**	**2 381.60**	**2 534.70**
1. 工资性收入	元	68.89	136.43	352.88	700.41	769.77
2. 家庭经营收入	元	251.68	481.19	1 116.73	1 498.81	1 565.51
3. 财产性收入	元	36.82	59.05	38.19	38.89	41.05
4. 转移性收入	元			87.76	143.49	158.37
平均每人年支出						
总支出	元	485.51	903.47	2 138.33	2 652.42	2 779.96
#生活消费支出	元	317.42	584.63	1 310.36	1 670.13	1 741.09
恩格尔系数	%	57.79	58.80	58.62	49.13	47.71
现金支出	元	331.23	639.09	1 545.81	2 140.37	2 284.62
房屋使用情况						
平均每人年内新建房屋面积	平方米	1.08	0.82	0.78	0.87	0.84
平均每人年末住房面积	平方米	14.70	17.83	21.01	24.82	25.73

农村居民平均每人全年支出和主要食品消费量

项 目	1996年	1997年	1998年	1999年	2000年	2001年
平均每人总支出（元）	**2 535.16**	**2 536.79**	**2 457.17**	**2 390.37**	**2 652.42**	**2 779.96**
#家庭经营费用支出	709.42	706.27	652.48	599.72	654.27	695.97
购置生产性固定资产支出	63.79	59.98	54.31	57.63	63.90	78.13
税费支出	107.39	108.02	106.70	99.98	95.52	91.24
#纳税	38.13	37.52	37.93	36.00	36.08	38.10
#生活消费支出	1 572.08	1 617.15	1 590.33	1 577.42	1 670.13	1 741.09
食品	885.49	890.28	849.64	829.02	820.51	830.72
衣着	113.77	109.41	98.06	92.04	95.95	98.68
居住	219.06	233.23	239.62	232.69	258.34	279.06
家庭设备用品及服务	84.22	85.41	81.92	82.27	75.45	76.98
医疗保健	58.26	62.45	68.13	70.02	87.57	96.61
交通及运输	47.08	53.92	60.68	68.73	93.13	109.98
文化教育娱乐用品及服务	132.46	148.18	159.41	168.33	186.71	192.64
其他商品及服务	31.74	34.27	32.87	34.32	52.46	56.42
平均每人现金支出（元）	**1 887.49**	**1 959.75**	**1 930.98**	**1 917.23**	**2140.37**	**2 284.62**
#家庭经营费用支出	523.97	539.93	511.66	470.73	544.49	584.80
生活消费支出	1 076.22	1 126.28	1 128.16	1 144.61	1 284.74	1 364.08
#食品	423.80	435.74	428.90	425.98	464.26	484.47
衣着	112.70	108.31	97.04	91.48	85.17	97.95
居住	186.24	198.25	199.35	206.60	231.06	249.84
主要食品消费量（千克）						
粮食（原粮）	256.19	250.67	249.28	247.45	249.49	237.98
#细粮	206.51	208.89	208.97	206.18	207.10	199.70
蔬菜	106.26	107.21	108.96	108.89	111.98	109.30
食油	6.07	6.16	6.13	6.17	7.06	7.03
猪牛羊肉	12.90	12.72	13.20	13.87	14.41	14.50
家禽	1.93	2.36	2.33	2.48	2.81	2.87
蛋及制品	3.35	4.08	4.11	4.28	4.77	4.72
水产品	3.68	3.75	3.66	3.82	3.92	4.12
食糖	1.37	1.35	1.40	1.46	1.28	1.43
酒	7.11	7.13	6.98	6.98	7.02	7.10

农村居民平均每百户耐用消费品年底拥有量

项　目	单位	1996 年	1997 年	1998 年	1999 年	2000 年	2001 年
自行车	辆	139.12	141.95	137.15	136.85	120.48	120.83
电风扇	台	100.46	105.93	111.59	116.07	122.62	129.42
电视机	台	87.97	92.44	96.16	100.59	101.71	105.15
#彩电	台	22.91	27.32	32.59	38.24	48.74	54.41
电冰箱	台	7.27	8.49	9.25	10.64	12.31	13.59
收录机	台	31.15	32.02	32.36	31.99	21.58	20.74
摩托车	辆	8.40	10.89	13.52	16.49	21.94	24.71
洗衣机	台	20.54	21.87	22.81	24.32	28.58	29.94
照相机	架	1.94	2.06	2.22	2.69	3.12	3.23
录像机	台	1.52	1.79	2.09	2.66	3.30	3.34

农村居民家庭纯收入户数结构

单位:%

项　目	1996 年	1997 年	1998 年	1999 年	2000 年	2001 年
500 元及以下	2.53	2.28	1.69	1.89	2.64	2.51
500 ~ 1 000 元	15.47	12.45	10.97	11.11	11.53	10.71
1 000 ~ 1 500 元	23.75	20.35	19.89	18.92	17.92	17.00
1 500 ~ 2 000 元	19.89	19.52	19.60	19.20	17.93	17.33
2 000 ~ 2 500 元	13.69	14.93	14.97	15.18	14.53	14.52
2 500 ~ 3 000 元	8.82	10.35	10.70	10.33	10.29	10.38
3 000 ~ 3 500 元	5.18	6.56	7.08	7.05	7.11	7.41
3 500 ~ 4 000 元	3.34	4.13	4.37	4.67	4.76	5.07
4 000 元及以上	7.33	9.43	10.74	11.66	13.29	15.07

各地区农村居民人均纯收入

单位：元

地 区	1996年	1997年	1998年	1999年	2000年	2001年
全国总计	**1 926.07**	**2 090.13**	**2 161.98**	**2 210.34**	**2 253.42**	**2 366.40**
北 京	3 561.94	3 661.68	3 952.30	4 226.59	4 604.55	5 025.50
天 津	2 999.68	3 243.68	3 395.70	3 411.11	3 622.39	3 947.72
河 北	2 054.95	2 286.01	2 405.30	2 441.50	2 478.86	2 603.60
山 西	1 557.19	1 738.26	1 858.60	1 772.62	1 905.61	1 956.05
内蒙古	1 602.34	1 780.19	1 981.50	2 002.93	2 038.21	1 973.37
辽 宁	2 149.98	2 301.48	2 479.80	2 501.04	2 355.58	2 557.93
吉 林	2 125.56	2 186.29	2 383.60	2 260.59	2 022.50	2 182.22
黑龙江	2 181.86	2 308.29	2 253.10	2 165.93	2 148.22	2 280.28
上 海	4 846.13	5 277.02	5 406.80	5 409.11	5 596.37	5 870.87
江 苏	3 029.32	3 269.85	3 376.80	3 495.20	3 575.09	3 784.71
浙 江	3 462.99	3 684.22	3 814.60	3 948.39	4 253.67	4 582.34
安 徽	1 607.72	1 808.75	1 862.90	1 900.29	1 934.57	2 020.04
福 建	2 492.49	2 785.67	2 946.40	3 091.39	3 230.49	3 380.72
江 西	1 869.63	2 107.28	2 048.00	2 129.45	2 135.30	2 231.60
山 东	2 086.31	2 292.12	2 452.80	2 549.58	2 659.20	2 804.51
河 南	1 579.19	1 733.89	1 864.10	1 948.36	1 985.82	2 097.86
湖 北	1 863.62	2 102.23	2 172.20	2 217.08	2 268.59	2 352.16
湖 南	1 792.25	2 037.06	2 064.90	2 127.46	2 197.16	2 299.46
广 东	3 183.46	3 467.69	3 527.10	3 628.95	3 654.48	3 769.79
广 西	1 703.13	1 875.28	1 971.80	2 048.33	1 864.51	1 944.33
海 南	1 746.08	1 916.90	2 018.30	2 087.46	2 182.26	2 226.47
重 庆	1 491.00	1 643.21	1 720.50	1 736.63	1 892.44	1 971.18
四 川	1 459.09	1 680.69	1 789.20	1 843.47	1 903.60	1 986.99
贵 州	1 276.67	1 298.54	1 334.50	1 363.07	1 374.16	1 411.73
云 南	1 229.28	1 375.50	1 387.30	1 437.63	1 478.60	1 533.74
西 藏	1 353.26	1 194.51	1 231.50	1 309.46	1 330.81	1 404.01
陕 西	1 165.10	1 272.30	1 405.60	1 455.86	1 443.86	1 490.80
甘 肃	1 100.59	1 185.07	1 393.10	1 357.28	1 428.68	1 508.61
青 海	1 173.80	1 320.63	1 424.80	1 466.67	1 490.49	1 557.32
宁 夏	1 397.80	1 512.50	1 721.20	1 754.15	1 724.30	1 823.05
新 疆	1 290.01	1 504.43	1 600.10	1 473.17	1 618.08	1 710.44

各地区农村居民家庭收支情况

(2001 年)

单位：元

地区	总收入	#纯收入	总支出	#生活消费	现金收入	现金支出	恩格尔系数(%)
全国总计	**3 306.92**	**2 366.40**	**2 779.96**	**1 741.09**	**2 534.70**	**2 284.62**	**47.7**
北京	6 027.10	5 025.50	4 762.44	3 552.07	5 815.25	4 686.29	35.2
天津	5 081.71	3 947.72	3 273.78	2 050.89	4 404.58	3 044.17	42.8
河北	3 478.42	2 603.60	2 389.20	1 429.81	2 788.67	2 100.03	39.7
山西	2 500.89	1 956.05	1 834.03	1 221.58	1 957.30	1 540.20	47.6
内蒙古	3 404.59	1 973.37	3 109.45	1 554.59	2 452.17	2 529.21	43.7
辽宁	3 912.87	2 557.93	3 349.60	1 786.28	3 041.75	2 837.83	45.6
吉林	3 473.85	2 182.22	3 241.84	1 661.69	2 468.22	2 775.31	45.6
黑龙江	4 059.85	2 280.28	3 695.66	1 604.53	3 077.14	3 224.82	42.7
上海	6 827.29	5 870.87	6 352.96	4 753.23	6 417.83	5 961.79	40.3
江苏	4 732.22	3 784.71	3 502.81	2 374.66	3 879.75	3 067.06	42.6
浙江	5 804.06	4 582.34	4 890.33	3 479.17	5 325.68	4 544.52	41.6
安徽	2 735.83	2 020.04	2 188.78	1 412.41	2 064.26	1 747.87	49.8
福建	4 291.44	3 380.72	3 571.40	2 503.07	3 709.35	3 226.75	47.5
江西	2 942.17	2 231.60	2 502.46	1 720.01	2 161.59	1 956.99	51.5
山东	4 161.97	2 804.51	3 326.79	1 904.95	3 362.19	2 885.42	42.1
河南	2 916.28	2 097.86	2 251.59	1 375.60	1 967.64	1 732.85	48.6
湖北	3 124.10	2 352.16	2 597.86	1 649.18	2 189.22	1 994.45	51.9
湖南	3 305.64	2 299.46	3 030.13	1 990.33	2 550.02	2 424.31	52.9
广东	4 742.76	3 769.79	3 682.98	2 703.36	3 945.53	3 139.07	49.9
广西	2 753.79	1 944.33	2 424.20	1 550.62	2 076.02	1 881.19	52.3
海南	2 854.74	2 226.47	1 983.49	1 357.43	2 243.11	1 500.92	59.0
重庆	2 709.49	1 971.18	2 250.39	1 475.16	1 752.07	1 583.16	54.1
四川	2 946.30	1 986.99	2 494.07	1 497.52	1 983.26	1 762.92	54.7
贵州	1 987.53	1 411.73	1 709.92	1 098.39	1 216.46	1 096.59	60.0
云南	2 330.95	1 533.74	2 178.00	1 336.25	1 473.06	1 420.09	57.5
西藏	1 809.13	1 404.01	1 532.88	1 123.71	1 113.63	907.15	66.7
陕西	2 131.48	1 490.80	2 030.46	1 331.03	1 669.74	1 711.71	41.9
甘肃	2 080.05	1 508.61	1 759.16	1 127.37	1 413.24	1 394.71	46.1
青海	2 157.65	1 557.32	2 055.53	1 330.45	1 470.60	1 512.66	51.8
宁夏	2 987.70	1 823.05	2 680.15	1 388.79	2 295.15	2 167.72	46.9
新疆	3 129.68	1 710.44	2 879.17	1 350.23	2 316.72	2 387.22	50.4

注：本表现金收支不含储蓄借贷。

国内贸易基本情况

单位：亿元

指 标	1996年	1997年	1998年	1999年	2000年	2001年
一、批发零售贸易业						
商品购销存总额						
商品购进总额	38 549.7	39 788.3	24 297.4	24 580.8	29 784.1	
商品销售总额	42 546.9	55 168.7	56 437.7	58 780.1	66 359.5	70 052.8
限额以上			2 1 46.8	27 448.3	32 265.5	32 809.8
限额以下			29 290.9	31 331.8	34 094.0	37 243.0
商品库存总额	7 227.3	7 544.8	3 789.7	3 629.7	3 327.2	4 156.9
二、社会消费品零售总额	**24 774.1**	**27 298.9**	**29 152.5**	**31 134.7**	**34 152.6**	**37 595.2**
按销售单位所在地分						
市	14 951.2	16 650.4	17 825.2	19 091.6	21 110.3	23 543.4
县	3 280.0	3 500.1	3 681.6	3 892.5	4 217.2	4 583.2
县以下	6 542.9	7 148.4	7 645.4	8 150.6	8 825.1	9 468.6
按行业分						
批发零售贸易业	16 205.1	18 108.3	19 185.8	20 551.8	23 042.3	25 510.8
餐饮业	2 024.9	2 433.3	2 816.4	3 199.6	3 752.6	4 368.9
其他	6 544.1	6 757.3	7 150.3	7 383.3	7 357.7	7 715.5
#制造业	1 775.3	1 987.9	2 037.6	2 094.5	2 191.8	2 304.7
农业生产者	3 261.9	3 744.9	4 088.7	4 205.0	4 035.8	4 191.7
三、城乡消费品市场情况						
市场数（个）	**85 391**	**87 105**	**89 177**	**88 576**	**88 811**	**86 454**
城市	20 832	22 352	24 127	24 983	26 395	26 699
乡村	64 559	64 753	65 050	63 593	62 416	59 755
成交额	**14 694.9**	**17 424.5**	**19 835.5**	**21 707.8**	**2 427 936**	**24 949.4**
城市	7 882.5	9 468.8	11 042.8	13 800.4	14 319.7	
乡村	6 812.4	7 955.7	8 792.7	9 382.1	10 479.2	10 629.6
在成交额中						
#粮油类	1 141.1	1 360.6	1 464.9	1 591.1	1 959.5	1 868.5
肉禽蛋类	2 754.0	3 338.2	3 557.4	3 802.1	4 201.9	4 185.3
水产品类	1 134.7	1 386.1	1 659.0	1 800.7	2 073.4	2 076.8
蔬菜类	1 590.0	1 944.6	2 207.0	2 425.5	2 551.8	2 695.2
干鲜果类	980.4	1 106.4	1 234.7	1 398.2	1 546.2	1 584.4
工业品			7 792.6	8 767.1	9 559.34	10 001.4

注：1. 1998年及以后批发零售贸易业商品购、存总额为限额以上批发零售贸易业数据。

2. 1997年及以后社会消费品零售总额不含居民购买住房（下表同）。

各地区社会消费品零售总额

单位：亿元

地区	1996年	1997年	1998年	1999年	2000年	2001年
全国总计	**24 774.1**	**27 298.9**	**29 152.5**	**31 134.7**	**34 152.6**	**37 595.2**
北京	923.7	1 051.5	1 167.2	1 313.3	1 443.3	1 593.5
天津	470.0	535.0	597.1	657.3	736.6	832.7
河北	1 022.1	1 195.0	1 332.6	1 458.8	1 613.9	1 778.3
山西	449.6	503.9	547.1	587.1	629.1	679.9
内蒙古	330.9	367.9	399.5	437.4	484.0	537.3
辽宁	1 289.4	1 450.6	1 568.7	1 696.1	1 847.6	2 034.9
吉林	555.6	619.7	680.4	734.0	810.9	909.1
黑龙江	782.2	880.2	949.7	1 016.2	1 094.0	1 198.9
上海	1 161.3	1 325.2	1 471.0	1 590.4	1 722.3	1 861.3
江苏	1 932.9	2 118.1	2 238.0	2 394.1	5 604.1	2 869.0
浙江	1 599.4	1 757.2	1 909.1	2 075.8	2 298.8	2 555.5
安徽	727.1	859.8	924.8	979.1	1 054.3	1 142.8
福建	832.5	987.7	1 132.5	1 246.3	1 372.8	1 499.5
江西	490.4	558.5	605.1	650.5	704.9	763.3
山东	1 691.37	1 914.2	2 127.2	2 310.1	2 545.9	2 834.9
河南	1 118.9	1 358.8	1 496.2	1 616.0	1 786.7	1 979.8
湖北	1 145.7	1 345.3	1 481.4	1 617.1	1 789.4	1 975.2
湖南	947.4	1 041.6	1 125.3	1 229.2	1 364.7	1 511.1
广东	2 577.9	2 918.7	3 316.3	3 656.0	4 071.9	4 515.3
广西	611.3	643.7	733.9	791.3	859.2	935.9
海南	121.6	133.4	147.9	157.7	172.5	187.5
重庆	423.4	507.9	553.7	596.3	643.4	699.3
四川	1 091.4	1 212.4	1 298.6	1 382.6	1 523.7	1 680.4
贵州	233.5	265.5	289.9	313.8	343.7	378.0
云南	414.2	467.1	500.1	539.0	583.2	655.4
西藏	26.5	32.6	35.0	37.9	42.9	49.0
陕西	432.1	490.5	518.8	557.1	607.6	665.1
甘肃	259.5	278.5	303.7	331.6	362.7	395.4
青海	62.5	66.7	70.6	75.2	82.1	90.4
宁夏	65.7	71.2	77.2	82.7	90.2	98.9
新疆	295.4	310.4	327.5	347.4	374.5	406.3

注：1. 社会消费品零售总额及其增长速度均按当年价格计算。
2. 各地区相加不等于全国总计，原因是全国数据进行了修正（下表同）。

各地区社会消费品零售总额

按行业分，2001 年　　　　单位：亿元

地　区	社会消费品零售总额	批发零售贸易业	餐饮业	其他行业	#制造业	#农业生产者
全国总计	**37 595.2**	**25 510.8**	**4 368.9**	**7 715.5**	**2 304.7**	**4 191.7**
北　京	1 593.5	1 128.3	96.6	368.6	96.5	8.1
天　津	832.7	441.8	91.0	299.9	34.0	65.9
河　北	1 778.3	1 240.0	189.2	349.1	151.7	153.1
山　西	679.9	458.7	65.7	155.5	38.7	94.5
内蒙古	537.3	349.1	56.5	131.7	37.9	71.5
辽　宁	2 034.9	1 500.3	259.3	275.3	57.5	176.1
吉　林	909.1	759.3	120.5	29.3	11.3	11.8
黑龙江	1 198.9	929.0	115.9	154.0	46.0	85.3
上　海	1 861.3	1 482.8	141.6	236.9	46.9	175.6
江　苏	2 869.0	2 117.5	289.9	461.6	187.9	219.8
浙　江	2 555.5	1 792.5	250.2	512.8	165.5	272.1
安　徽	1 142.8	735.4	131.2	276.2	85.9	166.3
福　建	1 499.5	1 086.9	171.1	241.5	74.5	93.5
江　西	763.3	471.9	66.9	224.5	50.6	147.7
山　东	2 834.9	1825.0	312.8	697.1	283.7	277.7
河　南	1 979.8	1 235.9	246.3	497.6	251.9	178.5
湖　北	1 975.2	1 221.6	225.7	527.9	99.2	317.5
湖　南	1 511.1	985.1	161.1	364.9	77.9	257.6
广　东	4 515.3	3 234.3	739.5	541.5	183.9	287.4
广　西	935.9	628.8	112.7	194.4	47.0	125.2
海　南	187.5	113.2	26.1	48.2	4.9	36.3
重　庆	699.3	427.3	60.5	211.5	41.2	161.3
四　川	1 680.4	976.4	262.0	442.0	97.2	296.2
贵　州	378.0	253.5	52.4	72.1	18.9	45.4
云　南	655.4	416.0	92.8	146.6	29.7	100.1
西　藏	49.0	38.1	5.6	5.3	2.2	2.4
陕　西	665.1	418.2	72.2	174.7	56.0	104.1
甘　肃	395.4	259.0	51.9	84.5	17.6	48.8
青　海	90.4	63.0	12.8	14.6	3.8	8.5
宁　夏	98.9	59.8	13.8	25.3	3.7	19.3
新　疆	406.3	266.4	44.5	95.4	22.0	52.3

各地区最终消费品

单位：亿元

地区	最终消费					居民消费			居民消费	
	1996 年	1997 年	1998 年	1999 年	2000 年	1996 年	1997 年	1998 年	1999 年	2000 年
北京	617.9	703.4	809.8	954.1	1221.3	452.0	492.9	563.6	633.8	808.5
天津	494.9	575.8	622.7	716.8	804.7	443.9	470.1	503.8	557.3	
河北	1 553.8	1 740.2	1 848.2	1 983.8	2 240.7	1 243.3	1 399.0	1 444.8	1 523.6	1 682.8
山西	754.5	852.5	791.3	857.1	946.0	581.4	620.5	579.3	584.4	651.8
内蒙古	573.1	639.8	664.0	724.5	787.2	448.4	496.3	503.7	540.2	578.7
辽宁	1 728.7	1 943.9	2 128.1	2 330.5	2 587.52	1 327.7	1 485.8	1 578.5	1 707.3	1 867.4
吉林	811.4	928.4	969.2	1030.4	1174.9	684.5	794.4	824.7	899.3	
黑龙江	1 413.7	1 552.6	1 730.8	1 871.5	1 112.2	1 200.5	1 232.4	1 297.7	1 394.2	
上海	1 252.3	1 423.6	1 526.3	1 719.5	1 947.1	1 008.7	1 135.2	1 201.8	1 352.9	1 521.1
江苏	2 721.8	3 020.9	3 161.9	3 339.8	3 710.72	2 218.7	2 417.8	2 513.5	2 594.2	2 815.5
浙江	1 806.9	2 004.3	2 172.3	2 355.4	2 774.7	1 496.3	1 619.0	1 678.2	1 727.9	1 957.9
安徽	1 368.5	1 612.2	1 690.4	1 861.2	1 947.8	1 172.2	1 383.5	1 453.4	1 559.1	1 615.4
福建	1 394.5	1 619.6	1 717.3	1 830.6	2 052.4	1 075.3	1 239.9	1 284.4	1 337.1	1 496.2
江西	953.6	1 030.4	1 102.4	1 174.6	1 269.6	758.4	796.8	823.0	865.9	989.2
山东	2 997.9	3 293.9	3 533.3	3 809.1	4 099.7	1 994.2	2 384.5	2 554.6	2 821.9	3 099.8
河南	1 945.0	2 155.0	2 235.1	2 358.3	2 758.6	1 540.3	1 696.5	1 727.8	1 778.9	2 084.1
湖北	1 646.7	1 783.4	1 941.2	1 983.1	2 146.5	1 390.6	1 496.8	1 593.6	1 593.9	1 699.5
湖南	1 753.3	1 956.2	2 162.8	2 212.5	2 383.27	1 409.4	1 540.7	1 601.8	1 690.7	1 782.8
广东	3 621.8	4 109.3	4 375.4	4 511.6	5 336.2	2 902.1	3 172.8	3 330.1	3 435.0	3 754.8
广西	1 259.3	1 255.8	1 308.7	1 342.9	1 443.2	919.9	936.7	952.6	978.8	1 019.4
海南	208.9	222.3	239.0	258.5	284.5	168.3	176.8	186.8	201.5	218.4
重庆	739.8	827.2	862.2	924.1	994.4	618.2	670.5	678.5	716.4	760.0
四川	1 859.7	2 065.6	2 153.8	2 247.2	2 522.9	1 523.0	1 689.4	1 758.2	1 827.0	2 059.2
贵州	595.6	652.6	685.1	725.8	775.3	497.2	529.7	548.7	568.1	600.1
云南	858.7	983.8	1 089.9	1 256.5	1 481.81	722.8	806.3	847.9	975.3	1066.8
西藏	40.5	47.9	52.9	59.2	66.2	31.1	35.8	38.1	42.3	47.0
陕西	779.4	884.6	899.9	903.8	956.5	578.2	656.4	667.3	683.5	743.1
甘肃	485.4	516.8	528.1	547.8	579.2	381.6	405.7	405.8	419.2	444.2
青海	131.1	132.7	139.3	151.5	167.3	96.4	97.6	103.2	109.9	116.8
宁夏	124.6	130.7	141.5	154.0	186.6	92.7	97.0	103.7	108.7	125.7
新疆	579.7	640.3	677.2	745.2	899.9	423.4	465.1	492.1	530.4	585.7

注：本表按当年价格计算

居民消费水平及指数

年 份	绝对数（元）			指数（1978 年 = 100）		
	全国居民	农村居民	城镇居民	全国居民	农村居民	城镇居民
1978	184	138	405	100.0	100.0	100.0
1979	207	158	434	106.5	106.1	105.2
1980	236	178	496	115.8	115.5	111.9
1981	262	199	562	125.0	125.5	123.8
1982	284	221	576	133.2	136.6	124.3
1983	311	246	603	143.6	150.8	127.4
1984	354	283	662	160.2	170.4	137.8
1985	437	347	802	181.3	194.4	147.5
1986	485	376	920	189.3	199.3	158.3
1987	550	417	1 089	200.0	207.9	172.0
1988	693	508	1 431	214.9	220.4	187.3
1989	762	553	1 568	213.8	218.8	184.4
1990	803	571	1 686	221.0	219.5	198.1
1991	896	621	1 925	239.4	234.2	216.6
1992	1 070	718	2 356	270.3	257.2	249.9
1993	1 331	855	3 027	292.2	272.8	272.1
1994	1 746	1 118	3 891	304.8	285.4	276.7
1995	2 236	1 434	4 874	327.7	308.7	289.6
1996	2 641	1 768	5 430	357.5	351.9	296.7
1997	2 834	1 876	5 796	372.4	363.6	307.0
1998	2 972	1 895	6 217	393.1	370.2	332.4
1999	3 138	1 927	6 796	424.2	387.6	370.1
2000	3 397			459.4		
2001	3 608					
平均每年增长（%）						
1979～2001 年				7.2		
“六五”时期				9.4	11.0	5.7
“七五”时期				4.0	2.5	6.1
“八五”时期				8.2	7.1	7.9
“九五”时期				6.8		

注：本表绝对数按当年价格计算，指数按可比价格计算。

各地区居民消费水平及增长速度

地　区	消费水平（元/人）					2000年比上年增长（%）
	1996年	1997年	1998年	1999年	2000年	
北　京	4 208	4 557	5 178	5 784	7 326	24.5
天　津	4 129	4 937	5 209	5 551	6 117	8.0
河　北	1 925	2 151	2 207	2 312	2 534	9.8
山　西	1 880	1 985	1 835	1 833	2 037	11.2
内蒙古	1 939	2 127	2 141	2 279	2 425	5.1
辽　宁	3 250	3 629	3 829	4 128	4 490	8.4
吉　林	2 643	2 940	3 015	3 148	3 381	5.6
黑龙江	2 994	3 210	3 276	3 431	3 669	8.5
上　海	7 742	8 699	9 202	10 328	11 546	10.2
江　苏	3 121	3 382	3 498	3 594	3 862	6.6
浙　江	3 412	3 670	3 784	3 877	4 366	11.7
安　徽	1 945	2 275	2 370	2 523	2 588	4.3
福　建	3 356	3 826	3 934	4 066	4 428	6.9
江　西	1 857	1 930	1 973	2 056	2 396	16.6
山　东	2 287	2 722	2 899	3 194	3 467	7.7
河　南	1 686	1 842	1 862	1 902	2 208	13.5
湖　北	2 398	2 559	2 706	2 691	2 857	5.8
湖　南	2 199	2 390	2 471	2 594	2 723	3.2
广　东	4 235	4 523	4 686	4 760	5 007	1.6
广　西	2 008	2 025	2 040	2 079	2 147	5.6
海　南	2 376	2 458	2 562	2 729	2 904	5.6
重　庆	2 052	2 211	2 224	2 336	2 466	5.1
四　川	1 860	2 050	2 121	2 191	2 456	11.8
贵　州	1 446	1 479	1 511	1 542	1 608	1.9
云　南	1 800	1 982	2 059	2 340	2 530	9.0
西　藏	1 312	1 473	1 551	1 669	1 823	7.1
陕　西	1 630	1 835	1 852	1 884	2 035	6.3
甘　肃	1 550	1 629	1 612	1 650	1 734	7.1
青　海	1 967	1 965	2 047	2 050	2 255	6.4
宁　夏	1 785	1 852	1 947	2 014	2 290	13.9
新　疆	2 398	2 615	2 745	2 936	3 207	6.2

注：绝对数按当年价格计算，增长速度按可比价格计算。

各种价格指数

（2001 年，以下列各年为 100）

项　　目	1985 年	1990 年	1995 年	2000 年
居民消费价格指数	333.3	202.0	110.1	100.7
城市居民	357.6	216.0	111.8	100.7
农村居民	316.5	191.8	108.7	100.8
商品零售价格指数	274.5	169.3	98.7	99.2
农业生产资料价格指数	285.4	180.8	95.9	99.1
原材料、燃料、动力购进价格指数		228.0	102.3	99.8
工业品出厂价格指数		188.1	97.4	98.7
固定资产投资价格指数			106.7	100.4

居民消费价格指数

（2001 年，上年＝100）

项　　目	全国	城市	农村
居民消费价格指数	**100.7**	**100.7**	**100.8**
一、食品	**100.0**	**100.1**	**99.8**
#粮食	99.3	99.2	99.7
油脂	91.7	90.9	92.9
肉禽及其制品	101.6	101.7	101.4
蛋	106.0	106.3	105.3
水产品	97.1	96.9	97.8
菜	100.9	101.2	100.0
糖	104.6	103.9	105.4
茶及饮料	99.1	99.1	99.3
干鲜瓜果	99.9	100.2	98.8
奶及奶制品	99.1	99.0	99.7
二、烟酒及用品	**99.7**	**99.7**	**99.6**
#烟草	99.6	99.4	99.7
酒	99.9	100.4	99.4
三、衣着	98.1	97.8	98.9
#服装	97.6	97.4	98.2
鞋袜帽	99.0	98.6	99.8
四、家庭设备用品及服务	**97.7**	**97.5**	**98.4**
#耐用消费品	96.1	95.7	97.5
室内装饰品	98.3	98.4	97.8
家庭服务及加工维修服务	101.5	101.7	100.7
五、医疗保健和个人用品	**100.0**	**99.3**	**101.1**
医疗保健	100.3	99.2	102.1
个人用品及服务费	99.5	99.4	99.5
六、交通和通信	**99.0**	**99.1**	**98.7**
交通	101.0	101.8	99.7
通信	96.8	97.0	96.5

项　　目	全国	城市	农村
七、娱乐教育文化	**106.6**	**106.7**	**106.4**
文娱用耐用消费品及服务	91.2	89.8	94.1
教育	113.6	116.5	109.8
文化娱乐用品	101.7	102.2	100.2
旅游及外出	100.3	100.3	100.8
八、居住	**101.2**	**101.7**	**100.3**
建房及装修材料	98.8	98.3	99.1
租房	108.6	109.4	102.8
自有住房	100.0	100.0	100.2
九、水电燃料	**102.5**	**102.2**	**103.0**

各地区居民消费价格分类指数

（2001 年，上年 =100）

地区	居民消费价格指数	食品	烟酒及用品	衣着	家庭设备用品及服务	医疗保健和个人用品	交通和通信	娱乐教育文化	居住
全国	**100.7**	**100.0**	**99.7**	**98.1**	**97.7**	**100.0**	**99.0**	**106.6**	**101.2**
北京	103.1	101.5	101.5	100.4	97.0	98.7	100.8	114.2	104.2
天津	101.2	100.8	99.2	93.5	95.9	100.7	106.7	104.3	106.4
河北	100.5	100.8	99.1	97.4	98.2	99.5	103.6	102.4	
山西	99.8	99.4	98.1	96.0	98.2	97.8	99.1	98.3	104.3
内蒙古	100.6	101.8	99.2	97.7	99.0	98.1	98.4	102.0	103.7
辽宁	100.0	101.8	98.0	96.8	96.4	92.7	99.6	101.3	103.4
吉林	101.3	101.3	98.4	98.2	99.4	103.7	98.7	101.4	105.3
黑龙江	100.8	101.9	99.9	100.0	98.4	96.9	102.7	100.3	102.3
上海	100.0	100.3	98.9	98.9	97.2	97.4	98.1	102.1	102.3
江苏	100.8	99.3	99.3	97.7	97.6	101.1	96.8	110.1	100.4
浙江	99.8	98.7	99.4	98.4	97.0	99.6	95.6	107.2	99.8
安徽	100.5	99.7	101.2	97.7	98.0	99.3	97.3	104.1	102.7
福建	98.7	97.6	100.5	96.5	97.6	102.5	97.2	100.6	99.9
江西	99.5	98.0	99.0	98.4	97.1	100.5	101.4	103.0	99.9
山东	101.8	101.1	101.5	98.6	98.7	102.4	96.9	108.2	101.7
河南	100.7	100.4	99.5	98.6	98.0	100.7	99.4	102.4	103.3
湖北	100.3	99.3	99.5	96.9	94.0	98.1	99.7	109.0	99.2
湖南	99.1	98.6	99.3	97.4	96.4	99.8	97.4	102.1	100.0
广东	99.3	98.2	100.0	98.2	99.4	99.3	99.7	101.5	99.9
广西	100.6	98.5	99.2	96.3	97.0	97.7	98.7	112.6	100.4
海南	98.5	98.4	100.7	99.2	98.1	100.2	98.0	98.2	97.8
重庆	101.7	99.2	96.8	97.4	95.7	98.9	102.4	114.8	102.6
四川	102.1	101.3	99.3	97.9	99.2	98.8	105.4	111.9	99.9
贵州	101.8	98.5	100.2	97.8	94.6	102.4	107.0	115.0	99.5
云南	99.1	98.3	98.9	96.3	98.5	106.2	92.5	98.6	101.6
西藏	100.1	99.3	99.6	101.1	99.4	100.1	103.6	98.7	101.3
陕西	101.0	99.2	100.0	97.3	96.2	99.7	98.2	112.6	100.5
甘肃	104.0	100.0	100.0	99.9	98.2	98.3	103.6	123.2	102.8
青海	102.6	102.2	98.6	99.4	96.2	98.6	102.4	115.3	101.2
宁夏	101.6	100.1	97.9	99.4	97.4	99.8	100.6	112.4	102.5
新疆	104.0	104.3	98.8	98.7	100.2	116.1	105.2	101.6	102.6

商品零售价格指数

（上年＝100）

地　区	1996 年	1997 年	1998 年	1999 年	2000 年	2001 年
商品零售价格指数	**106.1**	**100.8**	**97.4**	**97.0**	**98.5**	**99.2**
一、食品	**107.7**	**99.8**	**96.8**	**95.8**	**97.5**	**100.6**
粮食	107.5	92.1	96.9	96.4	90.1	101.5
油脂	92.1	104.6	100.7	94.4	86.2	89.3
肉禽蛋	106.4	104.3	92.6	91.1	96.1	102.9
水产品	105.6	101.2	94.2	93.6	102.7	96.3
鲜菜	118.4	99.5	100.3	100.4	105.3	103.3
干菜	114.1	102.1	98.2	99.1	99.2	98.6
鲜果	102.8	92.1	85.7	99.4	95.7	100.1
干果	110.3	106.6	94.8	91.5	99.1	98.5
其他食品	108.8	103.0	99.2	97.8	100.9	101.8
饮食业	108.6	104.7	101.1	99.6	99.8	100.4
二、饮料烟酒	**105.1**	**101.2**	**98.8**	**97.3**	**98.0**	**99.5**
饮料	106.2	102.1	99.1	98.4	98.5	98.9
烟酒	104.8	100.9	98.7	97.0	97.8	99.7
三、服装鞋帽	**108.5**	**103.5**	**99.3**	**97.3**	**99.2**	**98.9**
四、纺织品	**106.4**	**101.9**	**99.1**	**98.0**	**98.6**	**99.1**
#棉布	109.3	102.8	100.2	98.5	98.9	99.7
化纤布	104.9	101.2	97.0	97.5	99.0	99.6
绸缎	104.2	101.6	99.8	98.4	98.8	99.6
五、中西药品	**108.8**	**104.4**	**102.8**	**101.0**	**100.2**	**98.5**
六、化妆品	**105.0**	**102.3**	**100.5**	**99.6**	**98.9**	**98.8**
七、书报杂志	**136.9**	**112.8**	**105.1**	**104.9**	**105.4**	**108.1**
八、文化体育用品	**106.7**	**101.7**	**99.0**	**99.5**	**98.9**	**98.6**
文化用品	106.2	100.9	98.4	99.5	98.7	98.4
体育用品	108.1	104.1	100.8	99.4	99.5	99.2
九、日用品	**105.3**	**102.3**	**99.0**	**97.9**	**98.1**	**98.3**
十、家用电器	**98.7**	**95.6**	**93.9**	**94.0**	**93.6**	**93.9**
十一、首饰	**99.4**	**97.8**	**90.9**	**94.5**	**97.6**	**90.7**
十二、燃料	**105.0**	**107.3**	**96.1**	**100.4**	**117.7**	**102.4**
十三、建筑装璜材料	**101.2**	**99.0**	**97.1**	**98.3**	**98.4**	**100.1**
十四、机电产品	**95.8**	**95.5**	**92.3**	**95.1**	**95.6**	**94.3**

分行业基本建设投资

主要行业	投资额（亿元）		2001年比上年增长		比重（%）	
	2000年	2001年	绝对数（亿元）	速度（%）	2000年	2001年
全国总计	**13 427.3**	**14 567.0**	**1 139.7**	**8.5**	**100.0**	**100.0**
一、第一产业	**832.5**	**818.4**	**-14.1**	**-1.7**	**6.2**	**5.6**
农林牧渔水利业	832.5	818.4	-14.1	-1.7	6.2	5.6
二、第二产业	**4 444.4**	**4 474.7**	**30.2**	**0.7**	**33.1**	**30.7**
1. 工业	4 265.9	4 283.3	17.4	0.4	31.8	29.4
1）能源工业	3 007.7	2 826.1	-181.6	-6.0	22.4	19.4
煤炭	94.0	94.1	0.1	0.1	0.7	0.6
石油	456.5	565.4	108.8	23.8	3.4	3.9
电力	2 457.2	2 166.6	-290.6	-11.8	18.3	14.9
2）原材料工业	376.0	387.2	11.2	3.0	2.8	2.7
冶金	87.0	78.5	-8.5	-9.8	0.6	0.5
有色	55.3	63.6	8.3	15.0	0.4	0.4
化工	206.8	224.7	17.9	8.7	1.5	1.5
森林	26.9	20.4	-6.5	-24.1	0.2	0.1
3）机械电子工业	439.1	551.6	112.5	25.6	3.3	3.8
机械	215.8	256.2	40.4	18.7	1.6	1.8
电子	223.3	295.4	72.1	32.3	1.7	2.0
4）轻纺工业	282.0	391.1	109.1	38.7	2.1	2.7
纺织	40.3	85.5	45.2	112.2	0.3	0.6
轻工	241.7	305.6	63.9	26.4	1.8	2.1
5）其他工业	161.1	127.3	-33.8	-21.0	1.2	0.9
2. 建筑业	178.6	191.4	12.8	7.2	1.3	1.3
三、第三产业	**8 150.4**	**9 273.9**	**1 123.6**	**13.8**	**60.7**	**63.7**
1. 运输邮电通信业	3 625.4	4 059.4	434.0	12.0	27.0	27.9
#邮电通信业	657.9	766.1	108.2	16.4	4.9	5.3
2. 商业饮食供销仓储业	389.4	424.3	34.9	9.0	2.9	2.9
3. 房地产公用服务咨询业	1 691.8	2 069.9	378.1	22.3	12.6	14.2
4. 文教卫生广播福利业	1 020.5	1 208.9	188.4	18.5	7.6	8.3
5. 科研综合技术服务业	107.4	129.3	21.9	20.4	0.8	0.9
6. 金融保险业	94.0	89.1	-4.9	-5.2	0.7	0.6
7. 其他行业	1 221.9	1 293.0	71.1	5.8	9.1	8.9

更新改造投资完成情况

指标	实际完成		2001年比上年增长		比重（%）	
	2000年	2001年	绝对数（亿元）	速度（%）	2000年	2001年
一、投资完成额（亿元）	**5 107.6**	**5 889.2**	**781.6**	**15.3**	**100.0**	**100.0**
1. 按隶属关系分						
中央项目	1 803.0	2 115.6	312.6	17.3	35.3	35.9
地方项目	3 304.6	3 773.6	469.0	14.2	64.7	64.1
2. 按用途分						
增产	1 629.3	1 942.9	313.6	19.2	31.9	33.0
节约能源	173.7	209.9	36.2	20.9	3.4	3.6
其他节约	76.6	27.8	-48.8	-63.7	1.5	0.5
增加品种	459.7	627.4	167.7	36.5	9.0	10.7
提高产品质量	357.5	417.4	59.9	16.7	7.0	7.1
三废治理	112.4	107.5	-4.9	-4.4	2.2	1.8
其他	2 298.4	2 556.3	257.9	11.2	45.0	43.4
3. 按建设性质分						
#新建	559.7	610.3	50.6	9.0	11.0	10.4
扩建	2 442.0	2 915.8	473.9	19.4	48.1	49.5
改建	1 666.8	1 905.9	239.2	14.3	32.8	32.4
4. 按工程用途分						
#住宅投资	74.1	37.6	-36.4	-49.2	1.5	0.6
二、新增固定资产（亿元）	**3 659.1**	**3 882.3**	**223.3**	**6.1**		
三、房屋面积（万平方米）						
施工面积	5 821.7	5 199.8	-621.9	-10.7		
#住宅	1 298.5	655.0	-643.5	-49.6		
竣工面积	2 940.0	2 511.7	-428.3	-14.6		
#住宅	778.3	372.7	-405.6	-52.1		

更新改造投资资金来源情况

指标	到位资金（亿元）		#地方项目		2001年比上年增长（%）	
	2000年	2001年	2000年	2001年		#地方项目
资金来源合计	**5 000.5**	**5 839.3**	**3 234.8**	**3 752.1**	**16.8**	**16.0**
1. 国家预算内资金	146.3	165.5	97.6	99.0	13.1	1.4
2. 国内贷款	1 020.0	1 076.8	686.6	707.0	5.6	3.0
3. 债券	25.6	4.6	19.8	3.2	-81.9	-83.6
4. 利用外资	215.5	244.5	170.6	202.5	13.5	18.7
#外商直接投资	136.0	170.9	131.1	163.0	25.7	24.4
5. 自筹资金	3 399.8	4 141.0	2 104.6	2 577.3	21.8	22.5
#企、事业单位自有资金	2 637.7	3 517.2	1 741.5	2 162.8	33.3	24.2
6. 其他资金	193.3	206.9	155.9	163.1	7.0	4.6

各地区年底总人口

单位：万人

地 区	1996 年	1997 年	1998 年	1999 年	2000 年	2001 年
全国总计	**122 389**	**123 626**	**124 761**	**125 786**	**126 583**	**127 627**
北 京	1 259	1 240	1 246	1 257	1 382	1 383
天 津	948	953	957	959	1 001	1 004
河 北	6 484	6 525	6 569	6 614	6 744	6 699
山 西	3 109	3 141	3 172	3 204	3 297	3 272
内蒙古	2 307	2 326	2 345	2 362	2 376	2 377
辽 宁	4 116	4 138	4 157	4 171	4 238	4 194
吉 林	2 610	2 528	2 644	2 658	2 728	2 691
黑龙江	3 728	3 751	3 773	3 792	3 689	3 811
上 海	1 419	1 457	1 464	1 474	1 674	1 614
江 苏	7 110	7 148	7 182	7 213	7 438	7 355
浙 江	4 343	4 435	4 456	4 475	4 677	4 613
安 徽	6 070	6 127	6 184	6 237	5 986	6 328
福 建	3 261	3 282	3 299	3 316	3 471	3 440
江 西	4 105	4 150	4 191	4 231	4 140	4 186
山 东	8 738	8 785	8 838	8 883	9 079	9 041
河 南	9 172	9 243	9 315	9 387	9 256	9 555
湖 北	5 825	5 873	5 907	5 938	6 028	5 975
湖 南	6 428	6 465	6 502	6 532	6 440	6 596
广 东	6 961	7 051	7 143	7 270	8 642	7 783
广 西	4 589	4 633	4 675	4 713	4 489	4 788
海 南	734	743	753	762	787	796
重 庆	—	3 042	3 060	3 075	3 090	3 097
四 川	11 430	8430	8 493	8 550	8 329	8 640
贵 州	3 555	3606	3 658	3 710	3 525	3 799
云 南	4 042	4094	4 144	4 192	4 288	4 287
西 藏	244	248	252	256	262	263
陕 西	3 543	3 570	3 596	3 618	3 605	3 659
甘 肃	2 467	2 494	2 519	2 543	2 562	2 575
青 海	4 88	496	503	510	518	523
宁 夏	521	530	538	543	562	563
新 疆	1 689	1 718	1 747	1 774	1 925	1 876

注：1. 2000 年数据为第五次全国人口普查快速汇总的 11 月 1 日零时数，各省总人口包括外来人口，不包括外出人口。其他年份数据为人口变动情况抽样调查推算数。

2. 全国总计包括中国人民解放军现役军人数，但不包括香港、澳门特别行政区和台湾省数据；分省数据中未包括中国人民解放军现役军人数。

（以上表格数据摘自《2002 中国统计摘要》）

二、2001年中国连锁企业100强排序

2001 年中国连锁企业 100 强排序

（中国连锁经营协会 3 月 20 日发布）

单位：万元、个

排序		2000 年排位	企业名称	业态	2001 年销售总额	2001 年门店数
*	1	1	联华超市有限公司	超市、大超、便利	1 406 341	1 225
*	2	2	华联超市股份有限公司	超市、大超	850 400	818
	3		北京华联综合超市有限公司	大超	800 000	42
*	4	3	上海农工商超市有限公司	超市、大超、便利	747 465	325
*	5	4	三联商社	专业	702 600	177
*	6	8	北京国美电器有限公司	专业	615 047	84
*	7	5	百胜（中国）投资有限公司	餐饮	549 843	612
*	8	6	苏果超市股份有限公司	超市	528 200	663
*	9	7	上海锦江麦德龙有限公司	仓储	494 922	15
*	10		北京王府井百货集团股份有限公司	百货	488 730	8
*	11	11	华润万佳有限公司	超市、大超、便利	464 766	343
	12		苏宁电器连锁集团股份有限公司	专业	399 107	91
	13	10	天津家世界连锁商业集团有限公司	仓储、餐饮	326 668	28
*	14	9	江苏文峰大世界连锁发展股份有限公司	仓储、便利、百货	314 530	17
*	15	18	北京超市发天客隆连锁股份有限公司	超市、大超、仓储	263 386	101
*	16	15	江苏五星电器有限公司	专业	254 600	66
*	17	22	北京物美商业集团有限公司	超市、大超、便利	252 170	199
*	18		深圳市人人乐连锁商业有限公司	大超	212 543	6
*	19		联想（北京）有限公司	专卖	209 294	565
*	20		上海永乐家用电器有限公司	专业	205 142	22
*	21	16	北京京客隆商厦	超市、大超、便利	189 331	57
	22		深圳市新一佳投资发展有限公司	大超	189 000	10
*	23	12	武汉中商集团平价连锁分公司	超市、大超、仓储	182 857	8

排序		2000 年排位	企业名称	业态	2001 年销售总额	2001 年门店数
*	24	14	上海捷强烟草糖酒（集团）连锁公司	便利、超市、专业	171 757	240
*	25	24	青岛利群集团（股份）有限公司	超市、其他	170 914	11
*	26	20	华联集团家用电器有限公司	专业	166 000	20
*	27	66	深圳市民润农产品配送连锁商业公司	超市、大超	165 668	75
	28		上海华联集团经济发展有限公司	大超	160 030	8
	29		合肥百货大楼股份有限公司	超市、大超、便利	160 000	15
*	30		山东潍坊百货集团股份有限公司	超市、大超、便利	156 187	49
*	31		内蒙古小肥羊餐饮连锁有限公司	餐饮	151 311	483
*	32	17	山东新星购销总社	超市、大超、专卖	146 000	78
*	33	25	安徽商之都有限责任公司	大超、百货	143 000	7
*	34	27	杭州华商集团有限公司家友超市公司	大超	128 000	22
*	35	29	吉林省明日恒客隆仓储百货有限公司	大超、便利、百货	126 370	61
	36		深圳茂业商厦有限公司	百货	123 865	4
*	37	47	武汉中百连锁仓储超市有限公司	仓储、便利	118 008	80
*	38	28	江苏时代超市有限公司	超市、大超	117 000	43
*	39	35	宁波三江购物俱乐部有限公司	大超	105 500	23
*	40	36	上海家得利超市有限公司	超市、便利	102 000	119
*	41	33	赛特商业发展有限责任公司	百货	101 402	11
	42		深圳天虹商场有限公司	百货	100 808	3
	43	37	百佳超级市场有限公司	超市	96 152	19
*	44	38	华普超市有限公司	超市、大超	95 773	16
*	45	41	武商集团量贩分公司	超市、大超、仓储	95 087	7
*	46	30	浙江新中义商贸股份有限公司	专业	95 000	51
*	47		辽宁兴隆百货集团	超市、大超、便利	92 602	16
	48	21	广东烧鹅仔集团有限责任公司	餐饮	84 680	58
*	49	48	山东省威海糖酒采购供应站	超市、大超、仓储	84 000	134
*	50	31	哈尔滨中央红集团股份有限公司	大超、便利、百货	83 196	160
*	51	49	济南蔬菜副食品集团公司	超市、大超、便利	72 000	101
*	52	54	上海可的便利店有限公司	便利	70 887	500
	53	55	上海良友连锁经营有限公司	便利	66 589	440
*	54	40	中国北京全聚德集团有限责任公司	餐饮	66 300	49
*	55	43	南京华诚超市有限公司	超市、大超、便利	65 076	98
	56	56	湖南步步高连锁超市有限责任公司	超市、大超、便利	63 310	25
	57		大连友谊集团	酒店	63 000	15
	58		青岛崂山百货大楼集团股份有限公司	大超、百货、专业	60 374	17

排序	2000年排位	企业名称	业态	2001年销售总额	2001年门店数
* 59	63	德克士食品开发有限公司	餐饮	60 000	200
* 60	61	徐州惠客隆超级市场有限公司	超市、大超、便利	57 367	130
* 61	52	重庆和平药房连锁有限责任公司	专业	56 707	518
* 62	50	北京燕莎望京购物中心	大超、便利	54 380	6
63		上海欧尚超市有限公司	大超	53 800	2
64	92	阜阳华联超市有限公司	大超、便利、百货	53 283	58
* 65	53	北京东安饮食公司	餐饮	53 000	96
* 66	74	重庆小天鹅饮食集团有限公司	餐饮	49 260	108
* 67	73	温州人本超市有限公司	超市、大超、便利	48 600	36
68	59	宁波新家世界贸易有限公司	超市	48 300	29
* 69	88	漯河双汇商业连锁有限公司	专业	47 302	123
* 70	69	重庆山城超市有限公司	超市	45 801	23
* 71		广州酒家企业集团	餐饮	44 325	28
* 72		成都谭鱼头投资股份有限公司	餐饮	44 213	79
73		重庆市莱根香风俗酒楼有限公司	餐饮	43 600	52
* 74	62	马兰拉面快餐连锁有限责任公司	快餐	42 986	382
* 75	65	哈尔滨哈客隆连锁仓买有限公司	超市、大超、便利	42 172	22
* 76	60	无锡天惠超市股份有限公司	大超、仓储、便利	41 561	32
* 77	58	天津劝业场超市	大超	40 714	4
* 78	84	慈溪市慈客隆超市有限公司	超市	39 072	24
* 79		山东临沂九州集团总公司	超市、快餐	38 235	26
* 80		柳州市佳用（集团）实业有限责任公司	超市、大超、便利	37 255	43
* 81	86	河北国大连锁商业有限公司	超市、便利、百货	36 700	103
* 82		天津市时代食品超市	超市、便利	36 650	40
* 83	75	北京顺天府货仓式商业有限责任公司	超市	36 200	9
84	70	山东潍坊友谊集团公司	大超、百货、专业	36 000	11
* 85	42	上海光大通信终端产品销售有限公司	专业	35 000	80
86		广东省中山市壹加壹商业连锁有限公司	超市、百货	34 852	23
87		捷安特（中国）有限公司	专卖	34 354	1245
* 88	67	山西华宇超市有限公司	超市、大超	34 017	20
* 89	76	南京桂花鸭（集团）公司	专卖	33 100	240
90		大连美罗大药房连锁有限公司	专业	32 076	105
* 91		河南思达商业有限公司	超市	32 000	80
* 92		北京美廉美商贸公司	超市、大超	32 000	3
93		余姚华联商厦（集团）有限公司	超市、便利	31 000	58

排序		2000年排位	企业名称	业态	2001年销售总额	2001年门店数
*	94	77	北京城乡仓储大超市有限公司	大超	30 500	1
*	95		白山市方大商业有限公司	超市、专卖店	29 713	32
*	96		深圳市海王星辰医药有限公司	便利、专业	29 500	203
	97		广州市医药公司健民医药连锁店	专业	28 956	100
*	98	80	山西省太原唐久超市有限公司	超市、仓储	28 100	48
*	99	79	天津市消费合作总社	超市、大超	27 693	60
	100	90	陕西海星连锁超级市场有限公司	超市、便利店	26 842	95

注：*号为中国连锁经营协会会员单位

三、2001年中国连锁企业100强分析

2001 年中国连锁企业 100 强分析

根据中国连锁经营协会的统计，2001 年连锁百强总计实现销售额 1620 亿元，增长 48%，其中：直营店销售额 1350 亿元，加盟店销售额 270 亿元。门店数达到 13117 个，增长 56%，其中：直营店 7741 个，加盟店 5376 个。营业面积 8367132 平方米，增长 62%。员工人数 416442 人，增长 63%。

从连锁百强的变化看，2001 年中国连锁业有以下特点：

一、连锁经营在零售市场的主导地位更加显著

2001 年连锁百强销售额占社会消费品零售总额的 4.3%，比上年提高了 1.4 个百分点。

2001 年连锁百强销售额比上年增长 48%，远远高于社会消费品零售总额 10% 的增长速度。

2001 年连锁百强实现销售额比上届百强增长 65%，门店总数增长 70%。

连锁百强在零售市场份额的大幅增长，说明连锁经营的集中化程度正在迅速提高。

二、大型企业快速发展，企业平均经营规模比上年有大幅度提高

2001 年连锁百强年平均销售额 16.2 亿元，是上届百强企业平均销售规模的 1.65 倍。

（图 1：1997～2001 年连锁百强企业年平均销售规模）

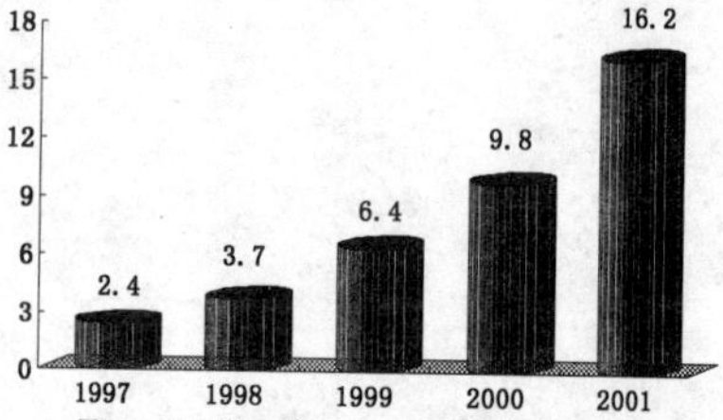

图1：1997-2001年连锁百强企业年平均销售规模(亿元)

连锁百强企业平均拥有连锁店 131.2 个，是上届百强企业的 1.7 倍。

（图 2：1997～2001 年连锁百强企业平均拥有店铺数）

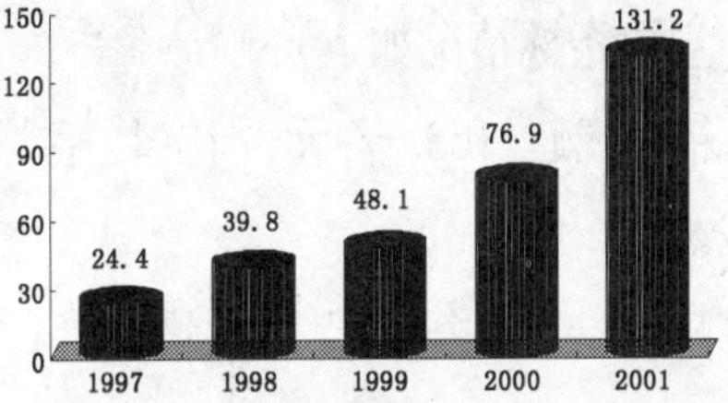

图2：1997-2001年连锁百强企业平均拥有店铺数(个)

连锁百强企业中前10名的销售额达到718.4亿元，占百强销售总额的44%。

企业进入百强名单的销售规模的底线为2.68亿元，比2000年增加了1.44亿元。上届百强企业中有近20家没能入围2001年的百强。

三、联合、兼并与重组成为连锁企业扩张的重要方式之一

2000年榜上有名的几家百强企业，2001年的座次和称谓都发生了显著变化，集中反映出2001年中国连锁领域一个最引人注目的发展动向，即连锁企业大范围的联合、购并活动。例如：

华润收购万佳，组建华润万佳，排名第11位（2000年排名分别是第11位和第13位）；

超市发与天客隆合并，排名第15位（2000年排名分别是第18位和第32位）；

民润收购岛内价、新七星等民营连锁企业，排名27位（2000年民润、岛内价的排名分别是第66位和第51位）。

四、连锁经营方式向更多行业和业态延伸

大量企业采取多业态发展策略，在69家经营超市、大型综合超市、仓储式会员商店、便利店的百强企业中，单纯经营一种业态的只有18家企业，其余51家企业采取了多业态发展的策略：以超市经营为主的企业正在向大、小两极延伸，发展大型综合超市和便利店。

超市类（包括超市、大超、便利店、仓储）企业在连锁百强中所处的地位没有发生大的变化，但所占比例有所下降，去年为76家，今年为69家。一些专业店，特别是家电专业店和连锁药店已有长足发展。

（图3：连锁百强企业业态分布）

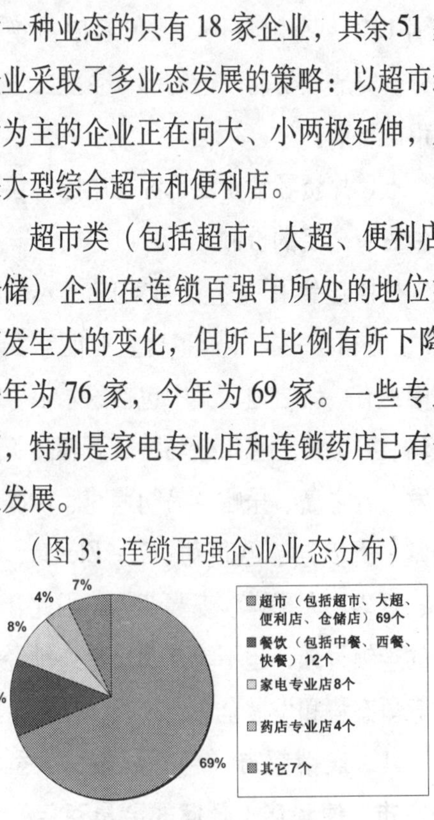

图3：2001年连锁百强企业业态分布

五、跨区域发展，百强的地区性特征越来越淡化

2001年，连锁企业跨区域发展势头强劲，连锁百强中跨区域发展的企业已不在少数，全国性的连锁集团正在孕育形成中，因此，根据连锁百强企业的起源地对其进行地区划分，无法准确表现百强企业的分布和发展状况。

六、只有建立现代企业制度，连锁企业才能做大做强

连锁百强企业中，国有独资的比重下降到10%，有限责任、股份有限占绝大部分。完成股份制改造的部分企业已进入上市准备期。

七、外资零售企业已经在中国零售市场中占有一定的份额

按照连锁百强企业目前的“入围标准”，有相当一批外资零售企业能够在百强中占有一席之地，其中包括家乐福、沃尔玛、好又多、普尔斯马特、万客隆、大润发、吉之岛、乐购、易初莲花、伊藤洋华堂、百安居、欧倍德、7－Eleven、罗森、百盛、太平洋、麦当劳等。因此，目前的连锁百强，还不能准确反映连锁经营的竞争态势和发展全貌。

八、连锁超市（包括超市、大型综合超市、便利店、仓储式会员商店）基本状况分析

对2001年销售额超过1亿元的91家连锁超市的运营情况所进行的调查汇总显示（主要指标情况如下）：

销售额1163亿元，比上年增长53.1%

门店7953个，比上年增长51.3%（其中，超市3328个、大超271个、便利店3342个、仓储店60个）

营业面积644万平方米，比上年增长58.4%

员工人数24万人，比上年增长45.9%

平均每个企业拥有门店87个，比上年增长50%

平均地效（直营）1.81万元，比上年下降0.15万元

平均人效（直营）47.56万元，比上年提高0.73万元

平均毛利率12.4%，与上年基本持平

平均纯利率1.33%，比上年下降0.23个百分点

（中国连锁经营协会）

四、2001年销售额超亿元的中国连锁企业

2001年销售额超亿元的中国连锁超市

排序		在百强中排序	企业名称	销售总额（万元）	同比增长（%）	门店总数（个）	同比增长（%）
*	1	1	联华超市股份有限公司	1 406 341	26	1 225	29
*	2	2	华联超市股份有限公司	850 400	52	818	20
	3	3	北京华联综合超市有限公司	800 800	60	42	68
*	4	4	上海农工商超市有限公司	747 465	38	325	123
*	5	8	苏果超市股份有限公司	528 200	31	663	59
*	6	9	上海锦江麦德龙有限公司	494 922	32	15	88
*	7	11	华润万佳	464 766	35	343	42
	8	13	天津家世界连锁商业集团有限公司	326 668	48	28	40
*	9	14	江苏文峰大世界连锁发展股份有限公司	314 530	48	17	55
*	10	15	北京超市发天客隆连锁股份有限公司	263 386	18	101	13
*	11	17	北京物美商业集团有限公司	252 170	97	199	262
	12	18	深圳市人人乐连锁商业有限公司	212 543	213	6	50
*	13	21	北京京客隆商厦	189 632	34	57	6
	14	22	深圳市新一佳投资发展有限公司	189 000	48	16	23
*	15	23	武汉中商集团平价连锁分公司	182 857	5	8	167
*	16	24	上海捷强烟草糖酒（集团）连锁有限公司	171 757	20	240	20
*	17	25	青岛利群集团（股份）有限公司	170 914	62	11	38
*	18	27	深圳市民润农产品配送连锁商业公司	165 668	380	75	241
	19	28	上海华联集团经济发展有限公司	160 030	156	8	60
	20	29	合肥百货大楼股份有限公司	160 000	33	15	0
*	21	30	山东潍坊百货集团股份有限公司	156 187	37	49	158
*	22	32	山东新星购销总社	146 000	7	78	15
*	23	33	安徽商之都有限责任公司	143 000	34	7	17
*	24	34	杭州华商集团有限公司家友超市公司	128 000	43	22	16
*	25	35	吉林明日恒客隆仓储百货有限公司	126 370	41	61	578

排序		在百强中排序	企业名称	销售总额（万元）	同比增长（%）	门店总数（个）	同比增长（%）
*	26	37	武汉中百连锁仓储超市有限公司	118 008	119	80	1900
*	27	38	江苏时代超市有限公司	117 000	31	43	23
*	28	39	宁波三江购物俱乐部有限公司	105 500	40	23	35
*	29	40	上海家得利超市有限公司	102 000	37	119	89
	30	43	百佳超级市场有限公司	96 152	82	19	－17
*	31	44	华普超市有限公司	95 773	41	16	23
*	32	45	武商集团量贩分公司	95 087	61	7	75
*	33	47	辽宁兴隆百货集团	92 602	72	16	129
*	34	49	山东威海糖酒采购供应站	84 000	58	134	60
*	35	50	哈尔滨中央红集团股份有限公司	83 196	0	160	119
*	36	51	济南蔬菜副食品集团公司	72 000	40	101	74
*	37	52	上海可的便利店有限公司	70 887	67	500	100
*	38	53	上海良友连锁经营有限公司	66 589	58	440	47
*	39	55	南京华诚超市有限公司	65 076	12	98	29
	40	56	湖南步步高连锁超市有限责任公司	63 310	51	25	25
	41	58	青岛崂山百货大楼集团股份有限公司	60 374	274	17	89
*	42	60	徐州惠客隆超级市场有限公司	57 367	59	130	63
*	43	62	北京燕莎望京购物中心	54 380	11	6	20
	44	63	上海欧尚超市有限公司	53 800	28	2	100
	45	64	阜阳华联超市有限公司	53 283	208	58	81
*	46	67	温州人本超市有限公司	48 600	60	36	89
	47	68	宁波新家世界贸易有限公司	48 300	22	29	12
*	48	69	漯河双汇商业连锁有限公司	47 302	158	123	54
*	49	70	重庆山城超市有限公司	45 801	47	23	92
*	50	75	哈尔滨哈客隆连锁仓买有限公司	42 172	20	22	47
*	51	76	无锡天惠超市股份有限公司	41 561	7	32	0
*	52	77	天津劝业场超市	40 714	33	4	33
*	53	78	慈溪市慈客隆超市有限公司	39 072	94	24	100
*	54	79	山东临沂九州集团总公司	38 235	25	26	189
*	55	80	柳州市佳用（集团）实业有限责任公司	37 255	20	43	0
*	56	81	河北国大连锁商业有限公司	36 700	97	103	37
	57	82	天津市时代食品超市	36 650	211	40	43
*	58	83	北京顺天府货仓式商业有限责任公司	36 200	29	9	20
	59	84	山东潍坊友谊集团公司	36 000	20	11	10
	60	86	广东中山市壹加壹商业连锁有限公司	34 852	32	23	28

排序		在百强中排序	企业名称	销售总额（万元）	同比增长（%）	门店总数（个）	同比增长（%）
*	61	88	山东华宇超市有限公司	34 017	2	20	-5
*	62	91	河南恩达商业有限公司	32 000	52	80	60
*	63	92	北京美廉美商贸公司	32 000	256	3	200
	64	93	余姚华联商厦（集团）有限公司	31 000	41	58	164
*	65	94	北京城乡仓储大超市有限公司	30 500	11	1	0
*	66	95	白山市方大商业有限公司	29 713		32	
*	67	98	山西太原唐久超市有限公司	28 100	30	48	41
*	68	99	天津市消费合作总社	27 693	28	60	67
	69	100	陕西海星连锁超级市场有限责任公司	26 842	49	95	107

注：* 为中国连锁经营协会会员

2001 年销售额超亿元的连锁餐饮企业

排序		在百强中排名	企 业 名 称	销售总额（万元）	同比增长（%）	门店总数（个）	同比增长（%）
*	1	7	百胜（中国）投资有限公司	549 843	25	612	33
*	2	31	内蒙古小肥羊餐饮连锁有限公司	151 311		483	
	3	48	广东烧鹅仔集团有限责任公司	84 680	23	58	23
*	4	54	中国北京全聚德集团有限责任公司	66 300	8	49	-6
*	5	59	德克士食品开发有限公司	60 000	76	200	82
*	6	55	北京东安饮食公司	53 000	15	96	7
*	7	66	重庆小天鹅饮食集团有限公司	49 260	74	108	74
*	8	71	广州酒家企业集团	44 325	1	28	47
*	9	72	成都潭鱼头投资股份有限公司	44 213	60	79	32
	10	73	重庆市菜根香风俗酒楼有限公司	43 600	279	52	300
*	11	74	马兰拉面快餐连锁有限责任公司	42 986	20	382	6
*	12	89	南京桂花鸭（集团）公司	33 100	18	240	5
*	13		北京金三元食品有限责任公司	24 600	58	41	32
*	14		北京华天饮食集团公司	22 593	4	43	-48
	15		重庆陶然居风味饮食文化有限公司	21 920	19	38	19
	16		重庆德庄饮食文化有限公司	21 600	253	60	253
*	17		昆明大滇园美食有限公司	20 948	50	95	32
	18		上海新亚大包有限公司	19 652	-5	85	0

注：* 为中国连锁经营协会会员

2001 年销售额超亿元的连锁药店

排序		在百强中排名	企业名称	销售总额（万元）	同比增长（%）	门店总数（个）	同比增长（%）
*	1	61	重庆和平药房连锁有限责任公司	56 707	23	518	73
*	2	90	大连美罗大药房连锁有限公司	32 076		105	
*	3	96	深圳市海王星辰医药有限公司	29 500	217	203	233
	4	97	广州市医药公司健民医药连锁店	28 956	3	100	69
*	5		深圳市中联大药房有限公司	26 056	82	231	114
*	6		深圳市万泽医药连锁有限公司	22 049	136	111	178
	7		广州采芝林药业连锁店	19 202	–11	178	51
	8		重庆时珍阁医药科技开发有限公司	13 657	306	218	523

注：＊为中国连锁经营协会会员

五、2001 年中国连锁企业的物流配送

2001年中国连锁企业的物流配送

一、现阶段连锁企业多渠道的物流

从市场经济的原理看，流通渠道的阶段应该越短越好，但同时也不能忽视批发商的作用。特别是我国从计划经济转到市场经济后，尽管进行了重组和改制，现阶段仍然保留着原来批发一二级站的流通渠道，生产企业、批发商以及零售商在目前连锁企业中同时发挥着重要的作用，有些连锁企业也部分尝试开展第三方物流。

连锁企业的多渠道物流也是现阶段我国连锁企业经营管理的重要特征之一。

（一）生产企业参与的分销物流

在我国的大型生产企业中，有许多建立了自己的分销体系，将分销渠道直接介入到连锁企业中，如大型家电厂家以及国外有实力的日化产品厂家。还有许多生鲜食品的加工企业，在一定的区域内通过自己的配送能力，将商品直接配送到有业务往来的连锁店铺。生产企业参与的分销物流在现阶段我国连锁企业中占有重要的地位。

（二）批发商参与的代理物流

批发商的情况有多种多样。如：某一厂家的总代理商、地区代理商和一般代理商等。批发商在进行商品交易的同时，基本上承担了商品送货的业务，有些批发商建立了自身的配送渠道甚至还投资建立了大型的配送中心。提供物流服务是今后批发商的主要方向，也是批发商生存和发展的重要契机。

（三）零售企业的物流配送

在连锁企业中，几乎大多数企业都有自己的物流配送体系，并参与有关物流配送的作业。随着我国连锁经营的不断发展，零售企业对物流配送越来越重视，并成为零售业物流配送的重要组成部分。许多大型的连锁企业都建立了自己的配送中心，有些还引进了较先进的加工生产线和立体货架仓库，连锁企业的物流配送成为我国零售业物流的主要课题。

二、现阶段连锁企业物流的构造

关于连锁企业物流的构造可以从连锁企业物流的参与方、配送中心与仓库、信息系统等三个方面进行分析。

(一) 连锁企业物流参与者的构造

从参与连锁企业物流的方面看，有生产企业、物流企业、批发企业和零售企业四方。

1. 生产企业物流的构造

在商品竞争激烈的行业，如家电制品、服装、化妆品和保健用品等领域，大型生产企业基本上都直接参与了面向消费者的市场活动，一些企业商品的运输是通过自己的运输部门，还有一些企业的运输委托给了专业的运输公司。生产企业一般是根据商品的属性、运输距离、自己运输能力以及季节等条件安排有关物流的活动。最近几年，也出现了将物流委托给第三方物流企业的情况。

2. 物流企业的构造

我国原来的储运企业大都从事有关生产资料的运输和保管业务，与零售业的物流涉及较少。目前，随着原有储运企业的改制以及新兴物流企业的出现，他们也将业务拓展到了零售领域，特别是连锁企业。还有一些原属于流通部门的运输和仓储部门也从整体业务中剥离出来，独立经营从事专业的物流服务。已经有一些物流企业介入到了连锁企业的物流业务，还有更多的物流企业计划并正在洽谈连锁企业的物流业务。

3. 批发企业物流的构造

计划经济时期的一、二级批发企业在目前仍然具有很强的资源和经营优势，大部分企业已经进行了重组并引入了公司机制，还有一些批发企业将业务拓展到零售领域，建立了大卖场和超级市场等零售业态。为零售企业送货一直是批发企业的经营习惯，近来也出现了一些批发企业建立配送中心为自己的连锁企业和其他连锁企业提供服务的案例。但覆盖全国的批发企业在我国还不多见，批发企业的物流配送也局限于一个城市或一个地区。

4. 零售企业物流的构造

近年来，大部分的连锁企业都创造条件建立了自己的配送中心，但大多数是将原来的仓库或租用仓库进行改造而成，正在努力进行商品的多品种少量配送，但还没有形成完善的配送作业体系。现阶段的连锁企业物流可以说是以连锁企业为主导，以配送中心为中心的体系。

(二) 配送中心与仓库的构造

上面谈到有许多批发企业和连锁企业特别是大型的连锁企业基本上建立了配送

中心，除个别企业在新址上进行规划和建立之外，大部分的配送中心都是由原有的仓库改造而成的，甚至一些企业还保留着原来仓库的存储功能。大部分连锁企业认为，如果不建立自己的配送中心就不可能及时地将需要的商品陈列到店铺的货架上。

配送中心包括带有存储功能的流通型中心（DC），还有不带有存储功能的通过型中心（TC）以及主要进行食品加工处理的加工型中心（PC）三种形式。目前与连锁企业有关的配送中心主要以DC型中心为主，个别有实力的连锁企业建立了生鲜食品的PC型中心，由于TC型中心对运营的要求较高，容易发生缺货等问题，目前在我国还没有看到。

从仓库改造的配送中心由于基础设施的限制，有许多作业的效果不能够发挥出来。

（三）物流信息系统的构造

与连锁企业物流有关的信息系统可以从企业内部的管理信息系统以及与供应商进行数据交换系统（EDI）或电子订货系统（EOS）等两个方面进行分析。独立运营连锁企业物流信息系统的情况是不大可能的。

1. 从管理信息系统分析

90年代以来，特别是90年代后期开始的连锁热潮，使连锁企业将收银管理和销售管理的POS系统提高到非常重要的高度，目前连锁企业基本上应用了包括覆盖进销存的管理信息系统，甚至一些企业为提高管理的水平，还引入了商业分析智能管理以及供应商进行数据共享的供应链管理系统。但物流信息系统还大都停留在库存管理的水平，离物流配送还存在一定的距离，尤其是与现代物流配送管理理念和自动化设施与设备的衔接，还处于初级阶段。

2. 从EDI和EOS系统分析

我国零售企业应用EDI和EOS系统的企业还极少，但随着电子商务的普及和推广，零售企业特别是连锁企业出现了网上进行数据传送和订货的应用，商品流通领域也计划逐步开展增值网络的建设。连锁企业的物流信息系统也会随着网络和电子商务的应用而不断完善和不断发展。

三、现阶段连锁企业物流的实态

（一）连锁企业物流的概况及发展情况

物流配送已经成为保证连锁体系正常运营的基本条件。大部分连锁企业都拥有自己的配送中心，施行统一配送。根据中国连锁经营协会的最新统计，2001年，国内连锁百强企业当中，有80%的企业拥有自己的配送中心，配送中心的平均面积达到 9693 平方米。销售额在 1 亿元以上的 91 家超市公司，配送中心的平均面积为 8359 平方米。

根据中国仓储协会 2001 年对中国物流市场所做的调查，我国商业企业的物流配送，有 74% 是由供货方完成的，13% 的企业依靠第三方物流机构，拥有自己的配送中心的企业仅占到商业企业总数的 13%，说明商业企业物流社会化程度不高，批量小、品种多、频度高、及时性强的零售企业还普遍缺乏有效的物流支持。

从物流配送的运作情况看，商业企业物流营过程中的货损率在 2% 以上，配送及时率为 85.7%，单据准确率为 97.4%。

对拥有自己的配送中心的商业企业对物流服务的满意程度看，反映的最突出的问题是服务内容不完整，达到 34%，其他不满意的问题依次为作业速度慢(33%)，运作成本高、货损率高、作业差错率高，均为 11%。

从物流设施的现代化水平看，物流配送体系缺乏计算机系统支持，成为制约物流运营效率的瓶颈，目前，拥有物流信息系统的比例为 39%。

从上述统计结果的比较可以看出，与商业企业物流配送总体发展水平相比，连锁企业的物流配送功能和设施建设处于相对领先的地位。特别是企业拥有自己的配送中心的比例，连锁企业明显高于商业企业的整体水平。

（二）连锁企业物流实例

下面我们通过国内两家主要的连锁企业配送中心的情况，了解目前我国连锁企业配送中心的主要特点和发展状况。

1. 国美电器的物流配送

国美电器是目前国内规模最大、发展速度最快的家电专业连锁店之一。大库、小库构成了国美电器全国连锁体系的物流系统的枢纽。目前，国美在北京、天津、上海、成都和重庆分别设有一个配送中心，即大库，面积在 7000 ~ 10000 平方米之间，每个配送中心可以支持 7 ~ 8 个连锁店的商品配送。在国美《经营管理手册》中，对配送中心的定义是，根据总部业务部门或分部业务部的定货信息接受供应商的批量供货，进行商品储存，并按门店的要求进行配销的流通机构。简言之，国美配送中心的主要任务，一是接受或提运；二是验货；三是存储；四是配销。具体来讲，首先由厂家各地分公司直接将商品拉进国美的配送中心，有时中心也提运一些商品，然后由连锁店确定每天从本区域配送中心调货的数量和型号，运输则由门店拥有的3吨大货车完成，货物到达门店后可暂时存储在店内的小库里。国美的配送中心具备了配送中心接受、验货、存储的基本功能，但尚无能力为门店提供送货服务。可以看出，国美的配送中心称作“库”，是有它的道理的。

目前，国美已开始尝试借助社会资源，解决配送中心的送货问题。此外，国美也在积极建设内部计算机网络系统，以改变目前依靠电话、传真等手工数据传递方式。总体上看，国美的配送中心建设在支撑连锁网络的扩张中，起着重要作用，并随着企业规模的扩大不断地进行完善。但配送中心发展中的不足，也在一些方面影响了国美的运营效率和顾客服务。国美计划在2003年门店达到150家，这将对物流配送提出更高的要求。而国美电器配送中心的现状和发展过程，在一定程度上反映了我国连锁企业配送中心建设的特点和水平。

2. 华联超市配送中心

上海华联超市股份公司是国内第一家上市的超市连锁企业，目前拥有818家连锁店，遍及全国13个省市，2001年的销售额达到85亿元。2000年8月，华联超市新建的桃浦配送中心开始启用，配送中心的建筑面积20000平方米，库存能力90万箱，日吞吐能力19万箱，可同时停靠80辆货运卡车，服务半径250公里，是目前国内连锁企业最先进的配送中心之一。该配送中心具有较高的技术含量：

（1）该中心采用高层立体货架和拆零商品拣选货架相结合的仓储系统，大大提高了仓库的空间利用率。

（2）采用前移式蓄电池叉车、电动搬运车、电动拣选车和托盘，实现装卸搬运作业机械化。

（3）拆零商品配货电子化。采用电子标签拣选系统，使用电子标签设备。门店定单输入电脑后，货位指示灯和品种显示器立刻显示拣选商品在货架的具体位置和数量，作业人员可以方便地取出商品，定单商品配齐后进入理货环节，大幅度提高速度，降低差错率。

（4）采用无线通讯电脑终端和条码技术，从收货、验货、入库到拆零、配货，全面实现物流功能条码化与配送过程无纸化。

（5）具有“穿过式配送”能力，并利用“虚拟配送中心”功能协助完成“店铺直送”。

（6）建立了“自动补货系统”，与上海捷强和宝洁公司建立的“供应商补货”系统已开始运行。特别值得强调的是，华联配送中心不但拥有先进的设备和技术，配送中心的管理理念也十分明确和清晰，既提供使门店和客户满意的物流服务，同时按照这个宗旨调整和优化配送中心的作业和管理流程。

华联先进的配送中心在保证店铺正常运营、降低物流成本和商品损耗、加速周转等方面显示出巨大优势，成为华联超常规发展的重要保证。华联配送也代表了目前我国连锁企业配送中心建设和运营管理的最高水平。

四、现阶段连锁企业物流的特征与动向

（一）现阶段连锁企业物流的优势和问题点

1. 连锁企业物流的优势

首先是对物流的重视和需求的扩大；其次是国有企业的市场化机会；还有外资企业的增多和市场竞争的激化；以及信息技术的广泛应用和互联网络的发展；国内外连锁企业物流配送的成功经验等。

2. 连锁企业物流的问题点

连锁企业物流的问题点主要是，我国物流的基础薄弱；对物流的认识（非重视）程度不足；社会资源的大量浪费；以及统一配送率较低、劳动效率低，配送的经济性、配送的运营水平问题，还有人才的不足，经营指导的不足，缺乏示范的成功样板等。

（二）现阶段连锁企业物流的特征

现阶段我国连锁企业的物流表现出以下方面的特征。

1. 初级阶段特征；

2. 存在不同企业水平的差异；

3. 不同地域的发展差异；

4. 零售业主导的特征；

5. 经营和技术的不足等。

只有发挥我国连锁企业物流中的优势，不断地解决各种问题，才能促进和推动连锁企业物流的发展。

（三）现阶段连锁企业物流的动向

1. 连锁企业引入第三方物流

不久前，北京物美与和黄天百签署协议，由后者承担前者的商品配送服务。这一作法改变了国内连锁企业普遍采取的配送自营的方法，是一个有益的尝试。在日本，大约有30%的连锁企业在很大程度上依靠社会化的专业配送企业。目前，我国连锁企业自营配送中心对于大部分企业来说，依然是最理想的商品配送途径，但随着全社会专业物流企业的兴起和成熟，对于那些连锁企业自身无力解决或无力解决好的商品的配送工作甚至全部的配送工作交给专业物流企业，也会成为连锁企业的自然选择。

2. 扩大配送服务对象，开展商品配销业务

连锁企业的物流配送的发展水平明显高于商业企业的平均水平，一些连锁超市企业如上海华联、杭州家友等开始利用自身较强的物流配送能力，进行社会化的配送。这种配送方式与社会化的专业物流服务的最大差别是，在它不仅提供物流服务，还伴随着商品的销售甚至管理的输出。其开展配送服务的目的，除了由此产生的服务收益外，更主要的目的是带动企业的销售，扩大企业的销售规模，赚取进销差价。这种物流配送形式的兴起，是与社会上存在的大量中小零售企业希望改善商品采购，降低进货成本密切相关的。这些中小店铺，有的刚刚进入零售业，缺乏进货和采购渠道，自己也无力解决配送问题；有的则是迫于竞争的压力，希望在采购、配送和管理方面与大企业合作，增强自己的生存和竞争能力。目前，该类型的发生于零售企业之间的物流配送和销售活动还处于初级阶段，即作为配销服务提供方，在与服务对象的合作中还在不断摸索最有效的方式，他们希望在建立稳定合作的基础上，不断强化对中小零售商的影响力，逐渐培育成集商品配送、商品销售、管理输出为一体的连锁化集中管理模式，形成紧密程度不同的自由连锁和加盟连锁网络。

五、现阶段连锁企业物流的课题

（一）对连锁企业物流的认识

现阶段必须加大力度解决对连锁企业物流的认识问题。对物流的认识与重视是两个不同的概念，仅仅是重视并不一定对物流真正地认识，而认识了物流就可以真正地对其加以重视。

对物流的认识是学习和掌握有关物流的经营与管理知识。内容包括有关连锁经营的物流理念、政策、战略、技术和人才等。物流理念是物流在流通过程中的概念、地位和作用等，需要深入理解从物的流通到物流系统，以及现代物流和供应链管理的发展；政策包括政府推动物流的相关政策，以及本公司所制定的物流政策，在物流政策的指导下进行物流的经营；物流战略是为适应企业发展所制定的与物流有关的长期目标、方针以及实现方式和方法等；另外，认识连锁企业的物流技术和人才也是非常重要的课题。

（二）连锁企业物流的推进组织

连锁企业的物流推进组织可以从“点”、“线”和“面”三个方面进行分析。所谓“点”是指企业，连锁企业物流涉及到的企业包括连锁企业自身、批发

商、专业物流公司和生产商，这些企业在连锁物流中发挥着各自的作用。一定要明确这些企业所承担的角色，采用什么方式能够促进连锁企业物流的发展。

“线”是指行业或商品供应链。从行业的方面主要考虑如何进行企业间的合作、如何实施共同配送以及如何建立增值网络等。还包括制定连锁企业物流的相关标准、规范和规则等。商品的供应链需要考虑如何建立从生产商通过连锁企业到消费者所经过的流通渠道，如何构筑信息系体系，如何实现信息的共享等。

“面”是指整体的社会环境，包括政府的政策、物流的基础设施建设等。随着政府对连锁企业的重视与支持，对连锁物流的促进政策以及必要的计划与指导是非常必要的。高速公路建设、大量运输机构、通讯网络等物流的基础也是重要的课题。

（三）发展的阶段

目前我国连锁企业物流还处于初级阶段，今后如何按照阶段性的发展是需要研究的课题。一般情况下，可以将发展阶段划分为初期、发展期和成熟期，但需要考虑的是每一个时期的长度以及所设定的目标，以及为了实现这样的目标所制定的具体计划和实现方式。连锁企业物流发展的过程是必须要有的、也需要时间，需要考虑的是要尽可能地缩短这些过程和时间。

（四）人才的培养

连锁企业物流需要大量的人才，对从事物流工作员工能力的开发、人才培养和保证人才的需求是非常重要的课题。人才的开发和培养可以分为就业前的学校职业技术教育和对就业员工所进行的教育培训。

连锁企业物流人才可以分为经营管理者、班组长和操作人员，同时也需要掌握高级物流技术的咨询专家。

（五）配送中心的运营

配送中心在连锁企业物流中占据着十分重要的地位，现代化物流的实现必须依靠配送中心进行商品的集中和配送。配送中心的形式、运营方式、运营管理、作业的流程以及信息系统等要根据企业目前的现状满足多品种少量、小批多频度的及时配送的需求。

目前，我国连锁企业的配送中心主要以带有商品储存功能的 DC 型中心为主，基本上还没有 PC 型的配送中心，个别有实力的企业建立了生鲜食品的加工生产线。今后如何开展共同配送和一括配送，以及发展第三方物流等，也是十分重要和迫切的课题。

（作者：裴 亮 牛东来）

六、部分国家（地区）连锁经营（零售）立法概况及市场状况分析

泰国零售市场分析

自泰国宣布外商零售企业可直接赴该国投资后，许多外商便虎视眈眈地想分食其每年约 5 千亿泰币（约 110 亿美元）以上的零售市场规模。据泰国当局预测，外商的投资，不论是新进驻还是增加布点，在 2001 年均将趋于白热化。此有 1999 年泰国本地零售企业与外商零售企业的市场占有率为 7∶3，将变为 2001 年的 6∶4 得到印证。但开放外商直接投资泰国零售市场，对现有约 30 万家泰国零售商而言，不啻是引狼入室。因目前已有多家原本在泰国零售业界执牛耳地位的泰国本地企业，不是被外企并购，就是以合资（joint venture）的形式将此“零售”市场拱手易人。而位于大型卖场周边的传统零售店，不是纷纷推出折扣优惠求现，就是关门大吉。

泰国当地政府言称，传统的小型零售商店（mom－and－pop shop）型态较缺乏竞争力，多因复制他人经营型态，店面缺乏设计，甚至供需不平衡，卫生不良等所致。尽管泰国传统零售业的优势通常为有利的地理位置及个性化的服务，但外商企业带进其现代化的卖场管理与多样化的商品，再加上大型卖场以量制价的进货方式，其商品的零售价格普遍较传统零售店低，消费者自然很容易被其吸引。由于外商挟持雄厚的财力及因订货量大而衍生的议价能力，使得泰国本土的零售商面临强劲的竞争威胁，而不得不寻求政府支援。

为保护其本国零售企业，泰国政府亦如许多国家一样，在不违反 WTO 规则的前提下，规范外商零售企业在当地经营。就短期而言，泰国政府将实施建筑控制法，作为监控大型零售商的首要法规。而针对性更强的零售贸易法也将出台。据了解，泰国的零售贸易法将从管理零售交易及增加当地中小型零售商的竞争力着手，主要规范包括管控大型零售商的开店地点、限制其卖场的服务时间、员工的聘雇条件以及卖场周边环境的管理问题（如交通管理，停车场地等）。

然而，面对传统零售企业的投诉，泰国政府也不得不采取一些安抚的动作与象征性的限制条款。据统计，每个月约有600万泰国消费者前往Tesco的卖场购物，而Tesco、Carrefour以及Casino集团旗下的Big C。在泰国一年的营业额，即占泰国全国食品百货零售业销售额的30%。同时，外商集团在泰国所投入的资金创造了大量的就业机会。

泰国当地主要的外商Tesco，已顺应泰国政府的要求，缩短了营业时间，但营业时间的缩短，并未对该公司的营运产生太大的影响。Tesco于1998年3月以合资的方式前往泰国投资，并将泰国视为Tesco企业集团在亚洲地区的营运总部，且由泰国总部统筹与支援该集团在亚洲地区的物流、IT、营运策略以及财务管理等。

目前，在泰国居举足轻重地位的外商大型量贩企业包括Makro Cash & Carry（荷兰）、Tesco Lotus Supercenter（英国）、Big C Supercenter（法国）以及Carrefour（法国）；知名的外商超市企业包括TOPS（荷兰）、Jusco（日本）、Foodlion（比利时）及Seiyu（日本）等。为规避即将实施的外商不得在市区设店的规定，诸如Makro、Tesco及Big C等，纷纷打算在该法令正式实施之前，在曼谷及大曼谷地区开店。

外商得以在东南亚迅猛发展，其重要原因是该地区城市化的提高。如泰国有近40%的人口居住在城市，新加坡为100%的城市居住人口。现在，大部分的泰国人仍习惯在传统市场购物，尤其是生鲜产品。但随着现代化卖场的进驻，越来越多的泰国年轻一族消费者，已走向宽敞、明亮、舒适的卖场购物。据统计，目前泰国大型量贩店的市场占有率为29%、超市为23%、食品店为16%、便利商店则为9%，显见量贩店已成为泰国消费者最常前往的购物场所。

据了解，在经济不景气时期，泰国中低收入消费者的开支明显紧缩，对于原本针对高收入消费者的零售市场所受到的冲击反而较不明显。就地域而言，地方省份零售交易的缩减比首都曼谷明显许多。因为，高档次的零售店除有固定的消费群外，外国观光客及驻当地的外派人员是支撑其营业额的主要消费群之一，而这一类消费者通常有较高的采购消费能力。

另据泰国当地讯息，受美国“9·11”事件影响，零售业者普遍持悲观的态度，而消费者在恐战事扩大的心理因素下，也多选择保守消费。泰国零售协会（Thailand Retail Association）的资料显示，2001 年上半年该国的零售业绩较去年同期增长 8%，但比预期值低。而预期第四季度的传统采购旺季原本可提升零售业绩的希望，却因“9·11”事件而投入不利的变数。

泰国多家大卖场、购物中心及便利店的业主表示，在消费者信心下跌前提下，将改变其行销策略作为对应，而是否配合年底的传统节庆进行促销活动，各家说法不一。对于 2002 年的业绩，因不确定因素太多，特别是“9·11”事件以后，多家原本针对观光客的百货公司亦因观光客的减少，尤其美国旅客的减少而明显感受到业绩下滑的压力。

马来西亚零售市场发展趋势

由于看好马来西亚零售市场的发展前景，外国零售商纷纷投资数百亿美元在马来西亚兴建超市卖场，并以多样化的商品、便宜的价格与当地业者抢占其零售市场。

荷兰、英国、日本等大型量贩店及超市集团，早在几年前即看好马来西亚的零售市场，纷纷前往该国投资。这其中，外商选择在马来西亚投资的目标消费群，也包括其富有的邻国消费者——新加坡人，故在靠近新加坡的佛州（Johor），近一年来，也已成为外商投资的目标地区之一。而当地的超市业者，有 Metrojaya（有 59 家分店）及 Parkson（有 31 家分店）等。其中 Parkson 除了 5 家分店有超市业务的经营外，其余各分店主要经营百货业务，而无生鲜超市的业务，且其卖场内大部分的家用商品均由外商集团提供。

据了解，Tesco Plc 是前往马来西亚投资的英国最大的零售商，该公司 1999 年进驻马来西亚，计划开设 15 家分店，投资 31. 6 亿美元。Tesco 的举动使其竞争同行，如 Carrefour、Giant、TOPS、Jaya、Jusco等纷纷摩拳擦掌，慎戒以待。目前 Tesco 在马来西亚的营运，是以 Tesco Plc 占 70% 的股权，当地企业集团 Sime Darby Bhd. 占 30% 股权的形式合作。而在此前，荷兰的TOPS已并购马来西亚当地七家超级市场，并与当地的 Parkson 签署接收其超市业务的合约。

TOPS Malaysia 透露，马来西亚的超市市场已相当饱和，但仍有利润空间等待新的投入者加以开发。这使消费者的选择增加了，而超市间的价格竞争也使得消费者得以选择较便宜的商品。目前TOPS在马来西亚有 39 家分店，是由荷兰 Royal Ahold 100%控股的超市集团。

就零售商销售业绩而言，2000 年居市场占有率最高者为香港的 Dairy Farm International 集团，该集团在马来西亚的投资，是以当地 Giant 90% 股份的合作方式营运的，这也是该集团得以快速发展的主要原因之一。至 2001 年 11 月，Giant 已有包括超市及量贩店在内的 14 家店，其中包括目标客户群为新加坡人的2家佛州店（Johor、Bahru）。除了经营超市及量贩店外，Dairy Farm International 在马来西亚还投资 Guardian Pharmacy 连锁店，并已有85家 Guardian Pharmacy 连锁店。

“9・11”事件后，马来西亚经济呈现增长迟缓的现象，但据马来西亚协会估算，2001 年该国的零售额仍有 10% 的增率，较2000年稍低。

菲律宾零售市场发展分析

菲律宾的零售业比较发达。近 2 年来，零售业的年产值平均递增 15%，约占其国内生产总值的 10%。过去40 多年来，菲律宾的零售业一直由本国人垄断，严禁外国人涉足。面对经济全球化趋势，菲律宾政府在2000 年颁布了有限开放零售业的新法律，以引进竞争机制，提高本国零售企业的竞争力，并使消费者从中受益。

根据其《零售业自由化》规定，凡投资额在250万美元以上、750万美元以下、在菲律宾境内开办或收购零售企业的外商，在2年内可至多拥有零售企业60%的股权，2年后可完全拥有股权；投资在750万美元以上的外商可完全拥有该零售企业的股权；投资高档产品或奢侈品零售店之外商，其投资额不低于25万美元，亦可拥有该零售店的全部股权。

20世纪50年代，菲律宾政府为保护本国国民利益，颁布了一系列民族化政策及法律、法规，禁止外商、外侨在菲经营某些行业，《零售业菲化法》便是其中之一。该法主要是针对本国零售商资金有限、竞争力弱，容易被外商、外侨吞并而制定的。该法实施后，虽然起到了保护本国零售业的作用，但也将外资拒之门外，特别是这种保护使菲律宾零售业在当今经济全球化、贸易自由化的大环境中发展缓慢，难以与他国竞争。目前菲律宾零售业基本上由SM百货等几家本国企业垄断。

新的零售业法虽然允许国外投资人进入菲律宾零售市场，但还是为其国内零售商、特别是小零售商提供了多重保护。如《零售业自由化》规定资本额低于250万美元的零售企业，只能由菲律宾人经营，同时还对外商进入菲律宾市场进行了限定：

未对菲律宾开放零售市场之国家，该国商人不得涉足菲律宾零售业市场；

外商必须在世界其他地方已拥有5家以上零售分店或特许专卖店；

外商必须具备五年以上零售业经营纪录；

投资菲律宾零售业的外商，其母公司的净资产不得少于2亿美元；投资高档产品、奢侈品零售店的公司，其母公司的净资产不得少于5000万美元。

除此之外，外商每开一家分店的投资额，均不得少于83万美元。且在最初8年内，如外商在菲律宾零售企业中的股权达到或超过80%，则最少要拿出30%的股份在菲律宾上市。

由于看好菲律宾零售市场，目前已有多家著名跨国公司有意在菲律宾投资零售业，其中包括沃尔玛、普尔斯马特、家乐福、卡西诺等公司。

由此，我们可从菲律宾在对外开放零售业、减少国内行业垄断及保护消费者利益方面的作法，得到一些有益的启示。

新加坡零售市场与消费趋势

受全球经济不景气影响，新加坡经济面临近年来最严峻的考验。据新加坡官方数字，不论是消费信心指数还是采购经理指数，2001 年下半年均呈严重衰退现象。据新加坡零售商协会（SRA，Singapore Retail Association）消息，尽管全国整体经济的景气表现不尽理想，但消费者购物次数并没有明显减少，只是平均每次购物金额有明显减少的趋势。

由于新加坡多项经济指标受全球电子产业兴衰的影响，故 2001 年上半年美国半导体市场的萎缩使其经济呈现不理想的数字。在零售市场方面，新加坡国内几家大型购物中心的消费人潮依旧，店家的营业似乎尚未出现明显的冲击，但当地业者表示，现今消费者的购物行为已较以往挑剔，也较以往谨慎。

从新加坡零售市场来看，比邻而建的大型购物商场、一家紧挨一家的商店，让一些国际知名品牌商品亦要使出浑身解数以吸引消费者的目光，满足其各式需求。但知名品牌所代表的高利润时代，已随着景气下滑而不再风光，当地消费者的购物行为也随着经济的不景气而变得更为理性。

据新加坡 SRA 资料显示，每年的 6 月份为新加坡商品大减价的月份（Big Sale），而 2001 年 Big Sale 的整体零售营业额较 2000 年增加了 10%。尽管此数字看似乐观，但与上一年 15% ~ 20% 的成长率比较，2001 年的零售业表现事实上是差强人意的。据对消费者购物行为调查发现，2001 年商品折扣期间，消费者的交易次数为 2000 年的 2 倍，但每次平均采购金额却为上年的一半，显示新加坡消费者出现多次采购低价商品，取代以往单次购买高价商品的消费模式，采购行为渐趋保守。

调查还发现，面对经济不景气，原习惯于采购中价位商品的消费者，会转为采购较低价位的商品，但原属高价位商品的购买者，对商品的忠诚度仍然相当高，此种现象在名品女装店更为突出。如知名的女装 Bluebell 在新加坡并无专卖店面，但其在新加坡凯悦饭店（Grang Hyatt Hotel）内的精品店却已营业了十年，其所针对的 25~40 岁、追求时尚的消费者，在经济不景气时，未表现出明显的改变品牌价位取向的趋势。同时，由于国际化程度较高，新加坡消费者对于国际品牌的认同度亦颇高，促使其高价位的商品始终拥有一群较为固定的消费群。

同样，不景气的经济也反映到该国的餐饮业。以往新加坡各商场的小吃街人满为患，但现今许多中型餐饮店生意难做，而消费者前往较便宜的摊贩果腹，或改变以往外食习惯的情况越来越明显。

为协助零售业者渡过困境，新加坡政府于 2001 年初宣布一项振兴零售业的十年方案——“Retail21”，其主要目标是协助当地的零售业者在经营策略上迎合消费者的需求，增加自身的竞争力，以便与外商零售业及无店铺的网路零售业竞争。资料显示，至 2000 年底，新加坡约有 17000 余家零售商，提供了约 7 万个就业机会，每年创造出 80 多亿美元的营业额。但这 17000 余家零售商中，90% 为中小型企业，而其卖场租金及员工薪金即占成本支出的 70%。故如何协助他们降低营业成本、进行供应链的整合以及消费者消费趋势分析，已成为该计划的重点之一。

印度尼西亚经济环境的发展趋势

由于投资环境恶化，2001 年前三季印尼政府核准之外国投资金额仅有 60.05 亿美元，较 2000 年同期的 122. 25 亿美元锐减 51%，投资项目明显减少。

据联合国贸发组织统计，近年来印尼资金流入已呈负数，其 2000 年流出的资金达 46 亿美元，相对地，泰国则有 20 亿美元的资金流入，韩国有 100 亿美元、中国大陆与香港分别有高达410亿与610亿美元的流入。另据印尼中央银行（Bank Indonesia）估计，自1997年至2001年6月，印尼资金的净流出已高达350亿美元。

根据印尼投资协调委员会（BKPM, Investment Coordinating Board）的资料显示，1998年核准之外商投资额为136亿美元，1999年为100.98亿美元，2000年则为149.7亿美元，但2001年第四季度因受美国“9·11”事件影响，外商来访人数大幅下降，2001年外商投资额将不及2000年的50%。由于利率居高不下，印尼银行为安全起见，其商业贷款业务几乎停止。况且，印尼盾对美元汇价低靡，印尼本国的投资锐减。假若外商也投资不旺，印尼的经济将更加恶化，也会使目前高达5千万的失业人口继续攀升。据了解，印尼的2.1亿人口中有60%属贫穷级，还有2千万人生活在赤贫状态下。

2001年全球陷入经济不景气，“9·11”事件更加重了这一状况。国际货币基金组织（IMF）将2001年全球经济增率由“9·11”事件前预估的2.6%降至2.4%。据亚洲开发银行（ADB）预估，菲律宾2001年仅能达3.2%，但其1～10月通货膨胀率则高达8.89%，印尼盾对美元的汇率也从2000年底的1美元兑换9470印尼盾跌至2001年11月中旬的1美元兑换10600印尼盾。在资金大量外流、外资停止汇入的情况下，印尼整体经济状况不良。邻近的新加坡、马来西亚、泰国等国政府已在2000年做好了应对经济不景气的准备，并全力吸引外资来振兴经济，而印尼的投资环境却更趋恶化。

目前，印尼政府尚无良策应对投资锐减，仅以消极姿态期望已在印尼落户的外商扩大投资或不要外移。然而，下列不利因素严重影响着投资者的信心：

地方自治使地方政府违法扩权，中央政府却无力管制，投资风险极高。

“9·11”事件后的反美示威使人心存恐惧，惟恐1998年大暴乱再度发生。

劳工法一味偏坦劳方，造成劳资纠纷，生产成本暴增。

政府权力不透明或被一些官员滥用，业者之权益经常被侵害。

银行体系积弱不振、利率偏高、资金取得之成本昂贵。

汇率波动幅度过大，经营风险极高。

治安欠佳，业者生命财产无法获得保障。

印尼国际形象低落，买主纷纷将订单

转移至他国。

东协自由贸易区（AFTA）将于2002年实施，届时保护伞撤除，东亚国家及其他会员国，甚至非会员的中国大陆、印度的产品将长驱直入。为刺激景气并减少自由贸易区的冲动，印尼政府积极吸引外商前往投资，然而由于其国内政经形势欠佳，AFTA生效后将迫使外资移至其他国家，而将其成品销往印尼。目前，东南亚各国及其他会员国针对AFTA已准备妥当，惟印尼仍在为政经、宗教、种族等问题倾注大量精力，令已在印尼落户的外商担心不已。

而就劳工法令、商务仲裁以及法庭的公司廉洁程度而言，印尼远逊于周边国家，其提供的投资优惠条件已不具吸引力。与中国大陆比较，后者市场庞大、劳力充沛，且有高度工作意愿，卫星支持下的信息工业完备，各级政府全力协助投资人，早已是各国投资人的优先选择之地。2001年11月初，中国大陆顺利加入世界贸易组织（WTO）后更将引发新一波投资热潮。

据新加坡发展银行（Development Band of Singapore）统计资料显示，除日本外，2000年流入亚太地区的资金中，东南亚仅占8.6%，而中国大陆与香港占80%，主要原因是东南亚各国在1997、1998年金融风暴后未能优化金融体制，使投资人失去信心，而中国大陆则因经济发展快速，抢走了东南亚国家的资金。

另外，印尼法律更加维护劳工权益，使劳资关系失衡，这对做出实质经济贡献的外资反因奉公守法而成弱势族群，形成不利影响。目前，全球经济的不景气，各国纷纷因失业率攀升而暂缓调整薪资，但印尼政府仍研究考虑2002年起将基本工资调高30%~40%，更加重了资方负担，逼迫其携资外移。

金融方面，众多银行以赚取中央银行国库券与存款利率的利差来谋利，造成厂商经营资金取得困难；而股市原本占85%的外资撤离至5%，使资本市场异常低迷。

印尼若想吸引外资，首先须健全资本市场，激活企业资金，修改劳工法令，提供更优惠的投资条件，这样才能安定现有投资人的信心并代为宣传，并逐步改良、优化其经济环境。

印度连锁市场发展现状

据印度商业杂志《Business》报道，目前印度十大零售商依序为 Shoppers' Stop、FoodWorld、Viveks、Pantaloons、Subhiksha、Nilgiri's、Gautier、Ebony、Lifestyle 及 Westside。

Shoppers' Stop 百货公司在印度拥有 8 个分店，销售项目包括男女服饰、童装、运动用品、手饰、家饰品、唱片等。第一家 Shoppers' Stop 位于印度商业重镇孟买市。

另一个较具规模的食品连锁店是 FoodWorld。1996 年，RPG 集团成立了 FoodWorld，并在印度南部地区（如 Chennai、Bangalore、Hyderabad 等城市）发展，至今已有 67 家分店，年营业额约 6400 万美元。

一般印度人或许以为在大型商场购物，会比传统小铺（印度称为 Kirana）贵，然而商场在大量采购时的议价空间，加上运输、储存、商场展示空间规划设计等均能使成本降低，也使大商场与传统小铺在价格上几乎一样。以 FoodWorld 为例，为了避免中间商层层剥削，该公司直接向农场购买新鲜农产品、米、食用油等。

在印度，软件业发展较快，并以此形成具有较高消费能力的年轻族，他们对于连锁店的接受度颇高。印度南部的 Chennai、Bangalore、Hyderabad 等地不动产价格相对较为便宜，因此，连锁店在南部地区发展较为快速。另外，在产品类别方面，虽然印度有若干具有高消费能力的富有人群，但对多数印度人而言，仍处于“先求填饱肚子”的生活阶段，所以食品连锁店比其他类别产品发达。

体育用品连锁店也日趋活跃。由印度海外侨民成立的 Planet Sprots 体育用品连锁店目前已成立 6 家分店，每家店面成本约 20.8 万美元，其经营业态是在卖场销售各家品牌运动鞋的专卖店。Planet

Sprots经营集团也发展儿童玩具卖场，名为Kidzstation。该店已取得Mattel公司芭比娃娃系列产品的代理权，目前在德里与Jaipur两地设有分店，2001年11月在Hyderabad及孟买另设两店。此外，该集团引进英国知名连锁店品牌Marks & Spencer进入印度发展。

2000年11月设在Gurgaon的中另一销售家庭日用品连锁店Arcus，平日每天顾客400~500人，假日1000余人，平均每个顾客采购金额约52美元。该公司原本预估在18~24个月摊平成本，如今第12个月即达到目标。同时，Arcus将再投入2000余万美元，在未来3年内设立10家连锁店。

目前，印度的连锁店中，音乐方面有MusicWorld、Planet M等店；个人保健方面有Health and Glow品牌；服饰百货方面则有Ebony、Westside、Crossroads、the Bombay Store、Lifestyles等店，这些连锁店有多种产品及多种品牌吸引客户（如Ebony、Crossroads等店）；Westside以销售自有品牌的服饰、饰品、家用品为主；Bonbay Store则主售具有印度风格的产品项目。

尽管上述连锁店在印度的发展态势不错，但相对于印度庞大的国土与人口，以及多数印度人仍习惯于传统商店交易，连锁店仍然有相当大的发展空间。此外，受到全球经济不景气影响，加之美国“9·11”事件等因素，让发展中的印度连锁业有所停滞。

印度十大零售商简介

Shoppers' Stop：1991年成立于孟买，为印度最知名的连锁百货公司，共有8家分店。销售商品包括男女服饰、童装、运动用品、手饰、家饰品等，还附设唱片行。

FoodWorld：1996年成立，主要在Chennai、Bangalore、Hyderabad等印度南部城市发展，已有67家分店。

Viveks：成立于Chennai，以印度南部城市发展为主，已有19家分店，是Chennai地区规模最大的电子产品专卖店。

Pantaloons：为成衣专卖店。

Subhiksha：主要商品为日用杂货及药品，以折扣商品为主，所售商品较一般市价便宜约一成。

Nilgiri's：1905年创办于Chennai。起初以品牌饼干、点心、乳酪制品等日用食品专卖为主，销售项目逐渐扩充至品牌电子商品、运动用品、家庭用品等，甚至经营饭店、餐饮店。

Gautier：印法合作企业，以家具为主，是印度最大的家具连锁店。

Ebony：在印度设有7家分店，是销售综合性商品的百货公司，商品包括服饰、文具、唱片等。

Lifestyle：为 West Asian Landmark Group 所设立，经营方式为"shop－within－shop"（店中店）的零售方式。

Westside：印度大型企业集团 Tata 所设立的百货公司，销售项目包括男女服饰、童装、首饰、家庭日用品等。其特色是仅销售自有品牌商品，目前在印度开设有6家店。

墨西哥超市连锁店发展趋势

目前，墨西哥的全国性超市以四大零售连锁店系统最具优势，包括 Wal－mart、Comerci、Gigante 及 Soriana，四大体系共有743个卖场（全国连同其他公司共有1185个卖场）。而具有区域性优势的连锁超市，在北部以 Del real－fu－turama 为龙头（占北部地区总卖场数之22%），S－mart（占12%）及 Merco（占10%）次之；在西部以 Casa ley 居首（占该地区总卖场数的33%），Comercial V H（占16%）次之；在东南部则以 Sanfran-cisco de assis 及 Chedraui 为主（分别占27%及25%）。

法国零售商 Auchan 几年前进入墨西哥超市卖场，主要在中部地区开店，成长速度缓慢。而美国杂货连锁店 Heb 则在墨西哥北部若干城市开设，目前已占北部地区超市卖场的10%。

Wal－mart 在墨西哥国内四大零售连锁店中居龙头，到2001年6月，已有515个卖场开业，其中235个为超市，54个为百货公司，226个为餐饮店。在1991年 Wal－mart de mexico（之后为 Cifra）与 Wal－mart stors Inc.（来自美国）合并成立 Sam's club。1992后扩大为与传统超市公司，如 Aurrera、Bodega Aurrera、Superama、Wal－mart Suppercenter 等合作投资。Wal－mart 拥有全球性采购系统，中央化的配销及情报系统，以及充足的营运资金，使它在竞争相当激烈的墨西哥市场仍能经营成功。

Comerci（Controladora commercial Mexicana）为墨西哥第二大零售连锁店，包括 Comercial Mexicana、Bodega Comercial Mexicana、Mega Comercial Mexicana、Costco、Sumesa 及 Restaurante California。整个集团有 217 个卖场，其中 168 个为超市，49 个为餐饮店。

Grupo Gigante（Gigante）集团是墨西哥第三大零售连锁店，拥有 236 个超市、57 个办公室用品销售场及 40 家餐饮店。与 Wal－mart 及 Comerci 一样，Gigante 亦实施策略联盟，特别是 1994 年与法国 Carrefour 及美国的 Office Depot 两家连锁店结盟。1998 年，Gigante 将其 50% 的股权出售，解除了与 Carrefour 的合作关系。

Organizacion Soriana 为区域性连锁店，共有 104 个超市，主要分布于墨西哥北部及东北地区。

若以零售连锁店每平方米卖场，在过去 12 个月的平均销售额来衡量各公司的营业绩效，Wal－mart 绩效最佳，增长 3.2%，Soriana 成长 0.95%，而其他的零售连锁店则为下降。

有关资料显示，墨西哥 2001 年第二季度整体经济减缓，但超市销售仍增长 1.3%（指同店销售，不包括新开店销售），而第一季度为负 0.3%。其中，季节性销售差异、各零售连锁店销售价格的变化是其主因。

墨西哥连锁超市销售的产品中，65% 为食品，10% 为服饰，其余则为杂项产品。其中，销售业绩较好的是杂项产品。两年来墨西哥比索汇率相对稳定，1 位数的通膨率增强了消费者的信心和购买力，特别是在服饰、家具、电子产品及家用设备等方面的购买力更旺。另外，各连锁店提供的信用服务帮助了销售的增长。

墨西哥四大连锁店的扩店计划将影响其连锁业未来的发展。2002 年四大连锁店预计扩大卖场 9.8%，其中以 Soriana 计划扩大 12.7% 最具雄心。四大连锁店预估 2002 年销售增长 10%，其中 Wal－mart 预计增长 13%。即使墨西哥经济增长率下滑，其每年 1.5% 的人口增长率（该国人口近 1 亿人）也将促使其未来零售业继续发展。

荷兰餐饮连锁发展趋势

一、市场现状

荷兰人口虽然只有1600万，但却是欧洲乃至全球之经济强国之一。由于吸引外资积极，荷兰经济呈稳定增长态势。然而低失业率造成工资成本趋高。虽然政府和企业间就工资标准有所约定，但因工资及其所附带的社会福利支出高于其他国家，因此新投资者进入市场前必须先行测算员工薪金成本的支出。

若以连锁体系之来源国论，荷兰本土品牌占80%，美国其次，占10%，其余市场则由法国（3%）、英国（2%）及德国（1%）等欧洲国家瓜分。

荷兰连锁体系中，速食和餐饮业约90家，所开分店3000家左右。虽然竞争日益激烈，市场亦趋饱和，但对于有意进军其他欧洲市场的企业而言，荷兰是一个极佳的跳板。

荷兰的餐饮店类型繁多，其中包含点心吧、烧烤屋、午餐店、咖啡厅、公路餐厅和正式餐厅等。

荷兰的点心吧经营传统的速食，也是最受欢迎的进食场所。直到80年代初，它还是荷兰惟一的速食店形态。这一类的速食店提供了各种不同的面包和裹了炸肉的面包（如Kroket，一种荷式热狗）、三明治和最受欢迎的炸薯条加美乃滋。这类速食店大部分提供外带业务，有时店内也提供座椅。在其他形态的速食店引入荷兰之前，它最主要的竞争对手是中国餐馆和意大利比萨店的外带业务。

烧烤屋一般都座落于郊区或外国人区，它所经营的是中东国家的食品，价格不高，有些店面附有座位。

午餐店经营的主要是三明治、沙拉和汤。不过，很多荷兰人自备午餐去工作或上员工餐厅用餐。

咖啡厅的价格相对比较便宜，也相当受欢迎，目前荷兰约有2500家，过去两年的增率在10%左右。它提供的每日特餐价格在8美元左右，主菜是意大利面和鸡肉，并附之以沙拉和炸薯条。

公路餐厅多座落于高速公路旁，可选择的菜色很多，近几年其数量一直在增加中。目前，麦当劳也在许多高速公路出口附近设置分店，成果也相当好。有些投资者有意跟进，但荷兰郊区和乡村的规划建设审批很严格，申领餐饮执照不是容易办到的事。

二、竞争状况

荷兰速食店多以直营或加盟店的方式经营。较知名的品牌有：Mcdonald、Burger King 汉堡，Kwalitaria Nederland、Smulwereld、Big Snack、Stippellijn、Servex点心等。

三、消费习性

荷兰大部分人口集中在西部 Randstad 地区。所谓的 Randstad 指的是由阿姆斯特丹、海牙、鹿特丹和 Utrecht 四个大城市所围起来的区域。阿姆斯特丹是外国人进入荷兰的入口，也是重要观光点；阿姆斯特丹速食店的顾客中荷兰人和观光客几乎各占一半，其他城市的顾客则以荷兰人为主。

荷兰的劳动力市场正在改变中，占有55%的女性人口渐渐加入劳动市场，造就了越来越多的双薪家庭。而双薪家庭具有追求便利生活方式的特性，其外出就餐的机会也就增多了。

由于文化生活习惯等原因，荷兰消费者的消费特点倾向于保守、知识性和家庭导向。他们支持环保政策，使用环保产品，吃低卡路里的食物已成风尚，而且吃套餐（例如含汉堡、薯条和饮料）是成人、儿童都喜欢的。

四、市场规则与法律限制

对于连锁体系投资者而言，荷兰是进入欧洲联盟的最佳入口。因为以鹿特丹为圆心，500公里范围内的半径区域涵盖了欧盟1.6亿的消费人口，亦即全欧盟一半以上的人口。而且荷兰人有对商标权的认同，有与外商合作的意愿。但是，也有连锁经营失败的案例，其经营失败的原因主要是：

（1）缺少商标供应公司的鼎力支援。

（2）来自于母公司的支持不适用于荷兰的商业市场。

（3）合作伙伴存在经营能力和合作等方面的问题。

（4）经营管理存在关键缺陷。

荷兰没有特定的限制商标代理业的法规，它所依据的是《公平竞争法》。1997年根据欧洲竞争法制订并颁布的反独占法法规，对相关投资者将会产生影响。新的

《荷兰经济竞争法》对企业间的贸易约定进行了规定，例如，同业间的统一售价约定、生产商与零售商间制定的固定销售价格等约定都是不被允许的。除了《公平竞争法》以外，还有一些其他法律上的限制，因此投资者在订立任何形式的合约前，均应与专业律师沟通，寻求法律帮助。此外 1996 年实施的通用于荷比卢地区的新的商标法，允许企业能注册一个通用于欧洲国家的商标。而位于西班牙 Alicante 的中央商标局，正提供这方面的服务，在此局注册的商标将适用于全欧盟国家。

五、新投资者注意事项

1. 慎选合作伙伴是进入荷兰市场的首要考虑因素。其次，做好市场调研，寻求产品内容及设计方面的法律保护是进入市场前的基础工作。然后才是要求主要商标权代理商的高层次和长期的支持，以确保产品的成功。

然而，荷兰的银行不承接高额商标权的贷款业务。因此商标供应者应尽可能降低权利金，并在合约的其他项目上作相应变动，以期达到双方都可以接受的条件。

2. 荷兰法律规定连锁店经营者必须给全职员工每年 20 天的假期（平均是 25 天），而且对试用期（约一个月）满后的员工不得随意解雇。因此对人工成本和社会福利方面的支出不可轻视。

3. 进入市场前，还应请专业顾问公司帮忙寻找合适的主要商标权使用者。先尝试着开一家试验店来检验消费者对产品等各方面的反应，如有必要就应调整产品和行销等策略以适应荷兰市场。

4. 荷兰的店租相当贵，在阿姆斯特丹市中心临街的店面每年每平方米租金约 1000 美元。其他如鹿特丹、海牙等城市的店租则较便宜，每年每平方米约 150 至 300 美元。

5. 向银行贷款时通常需要至少相当于总投资额 20% 的资产以供抵押，当然这个数字是可以协商调整的，而且政府对中小企业的小额贷款也有专案资助，并委托银行办理。

6. 银行办理本国企业和外国企业的贷款手续是一视同仁的。但是，银行会偏好较有商誉的供应商和独立企业承接者。近年来由于荷兰经济持续增长，利率走低，正是贷款者申请贷款的好时期。

进驻欧洲连锁市场发展的策略

一、欧洲连锁市场及其往来

1. 产品安全检验措施

欧盟国家为保护其消费者通常要求进口产品须通过其相关产品的安全检验措施，诸如电脑、通讯、玩具等产品均须取得欧盟的 CE 安全检验标志。自行车与体育用品等产品，除非进口商特别要求外，欧盟不对其进行强制性安检，但如若该类产品使用电力（如电动自行车、跑步机等），则须通过 CE MARK 项下有关 EMC（用电相容性）的测试。

虽然相关检验费用由欧盟国家进口商负担，但拟销往欧洲的产品，若能先行通过相关产品安全检验认证，则是产品品质优良的有利佐证。据了解，未来欧盟对于产品安全性与相容性的要求将趋严，这就要求产品供应商加强产品质检，确保质量，维护品牌形象和声誉。

2. 产品保证期延长为二年

欧盟于 1999 年公布了产品保证期延长的相关法令，但因实施细则执行问题各成员未能有效遵从。2001 年 10 月，德国出台相关法案细则并公布，自 2002 年 1 月 1 日起，欧盟所有消费产品的保证期一律延长为二年。由于该法针对所有欧盟国家，因此，所有供应商仍旧具有相同的基础。

其实早在此法令公布之前，德国的 Globus、Lidl 等连锁店、折扣店、超市等，为增强顾客对其所售产品的信赖，均已将其所售电器类产品的保证期延长为二至三年，其对供应商供货的品质要求也相对更趋严格。

3. 保守的欧洲厂商

与亚洲厂商比较，欧洲厂商较为保守，且采购人员讲究关系，习惯向熟悉的客户下单，而不轻易转单。反之，美商在这一经营理念上较为活络。因此，与欧洲厂商合作时应有稳妥磋商，渐入佳境的心理准备。

4. 不因量少而不为

欧洲中小型连锁店常有订单过小、品类繁多的订单需求，若不为之，将令其转向中间商或当地进口商进货。同样，小订单商品常常是对品质要求较高的，而欧盟消费者对较高单价产品的接受度亦相对较高，也是商家提升产品品质水准的一大契机。

5. 恶性竞争，带给欧洲连锁店更多削价机会

一般而言，较有规模的德商、法商，不管大小订单，通常均采用统一的价格，而供应商一旦视订单大小，给予不同的报价，或为争抢订单而相互压价，并被德商、法商买手发现时，不但卖手商誉大打折扣，而且一定会被买手压低价格，最终抵毁卖手自身在欧洲的形象与前程。

二、进驻欧洲市场之策略

1. 设立欧洲市场据点

产品销往欧洲市场，初期的策略大多是找几家批发商（distributors）为其发货，以解决产品库存，客户订货等待等问题。若欲立足并站稳欧洲市场，则以前往欧洲国家设立分公司，深入掌握重要客户，深耕当地市场为佳。

2. 借助合作伙伴搭建进驻捷径

西班牙最大的时装公司——Zara，通过与德国知名的邮购公司 Otto 的合作策略，以其既有的庞大网络和知名度，很好地推销了自己的产品，顺利进入了德国市场。藉他山之石，吸取他人成功经验，是成功打入欧洲市场的捷径。

3. 发展本土化的品牌或公司名称

美国的办公文具零售商——Staples，进军德国市场时，以一个颇具德国味的新名 Maxi Papier 进入德国市场，并雇用熟悉市场的当地雇员，以当地文化为积淀，经过十年的努力，终于在2001年出现盈余。而有些国内企业在国外设点时，常以中文名直译或音译，不但合作伙伴难以理解，当地消费者更难认同。

4. 雇用有经验之当地雇员

Wal-mart 以美式经营手法进入德国市场多年，仍处于亏损状态。2001年5月，其任命43岁德国藉的 Kay Hafner 为其德国分公司的总裁，藉其了解德国市场相关法规、客户文化背景及员工管理之所长，来减少不同文化差异所产生的磨擦。

5. 掌握当地年轻族群之消费喜好

德、法两国在13～20岁年龄段的年轻一族，具有十分可观的消费能力。以德国为例，据慕尼黑 Young. com 网站在2001年10月所做的调查显示，德国年轻一族的年收入约在130～200亿马克之间，

加之其拥有带动整个社会消费走向的能力，若能掌握此一族群的消费习性，即能掌握整个市场的主动权。

6. 找寻新的切入点

法国的 Fnac 原以贩售书籍、CD 等文化类产品为主，但现在若包括 Fnac 与 surcouf，则其笔记本电脑的销售额已占总市场的 40%；德国的 Tchibo 原售咖啡豆为主，中高收入家庭主妇是其主要销售对象，如今包括中高级家电、鞋、成衣及珠宝等均已成为其贩售商品之列。此外，欧洲最大的资讯、家电与通讯产品采购公司——Medion，是第一个将个人电脑卖到 Aldi 等类折扣店的人。在全球经济不景气中，其 2000 年下半年营业额增幅达 54%，2001 年前 3 季又以 38% 的高幅增长。故详细了解其营状况，针对自己的产品特色，寻求市场目前尚未开发，然而未来尚有开发销售潜力处积极切入。

三、拓展欧洲连锁市场之建议

1. 产品

(1) 设计独特、与众不同的产品

对规格化的产品，外观设计是销售订价的重点，与众不同的产品外形，加价空间就大，且若市场无与之竞争的产品，制造商更可自订售价，生存空间更广。

(2) 研发新产品

创新产品深受欧洲消费者欣赏，研发新品，缩短周期，将创出更大利润空间。

2. 价格

(1) 以欧元报价，争取更多商机

2002 年 1 月 1 日起，欧元纸、硬币正式发行，各商家应尽早熟悉，并以欧元报价。

(2) 欧盟国家产品保证期延长至 2 年，可以提升品质及售价应对

2002 年 1 月 1 日起，欧盟国家将调整消费产品的保证期为 2 年，欧盟零售商间因市场竞争激烈，产品加价的空间有限。而进驻欧盟市场之外商可通过提高自身产品质量，同时一致对外提升售价，以扩充理想的加价空间。

3. 配销通路

(1) 设立本地售后服务中心

德、英、法虽然为欧洲最主要的市场，但与美国比较，市场容量仍属有限。故供应商应以小批量，多品样出货。此外，欧洲市场以服务为重，在本地设立产品售后服务中心，将拥有比同业更多的优势。

(2) 实物与网上购物将成为欧洲零售业发展趋势

据《法国网路媒介发展分析》报告指出，在法国的购物网站中，由于包括

Fnac 与 Carrefour 等在内地拥有实体贩售店的传统零售商，以既有的品牌信誉与零售经验，较纯粹以虚拟起家的网路商店更能赢得法国消费者的信赖。此外，德国欧洲贸易协会（EHI – Euro Hande ls instutut）表示，结合网上与实体销售的多元销路，将成为欧洲零售市场未来的发展方向。

第七部分

政策法规篇

国务院关于禁止在市场经济活动中实行地区封锁的规定

（2001年4月29日发布）

第一条 为了建立和完善全国统一、公平竞争、规范有序的市场体系，禁止市场经济活动中的地区封锁行为，破除地方保护，维护社会主义市场经济秩序，制定本规定。

第二条 各级人民政府及其所属部门负有消除地区封锁、保护公平竞争的责任，应当为建立和完善全国统一、公平竞争、规范有序的市场体系创造良好的环境和条件。

第三条 禁止各种形式的地区封锁行为。

禁止任何单位或者个人违反法律、行政法规和国务院的规定，以任何方式阻挠、干预外地产品或者工程建设类服务（以下简称服务）进入本地市场，或者对阻挠、干预外地产品或者服务进入本地市场的行为纵容、包庇，限制公平竞争。

第四条 地方各级人民政府及其所属部门（包括被授权或者委托行使行政权的组织，下同）不得违反法律、行政法规和国务院的规定，实行下列地区封锁行为：

（一）以任何方式限定、变相限定单位或者个人只能经营、购买、使用本地生产的产品或者只能接受本地企业、指定企业、其他经济组织或者个人提供的服务；

（二）在道路、车站、港口、航空港或者本行政区域边界设置关卡，阻碍外地产品进入或者本地产品运出；

（三）对外地产品或者服务设定歧视性收费项目、规定歧视性价格，或者实行歧视性收费标准；

（四）对外地产品或者服务采取与本地同类产品或者服务不同的技术要求、检验标准，或者对外地产品或者服务采取重复检验、重复认证等歧视性技术措施，限制外地产品或者服务进入本地市场；

（五）采取专门针对外地产品或者服务的专营、专卖、审批、许可等手段，实行歧视性待遇，限制外地产品或者服务进入本地市场；

（六）通过设定歧视性资质要求、评审标准或者不依法发布信息等方式限制或者排斥外地企业、其他经济组织或者个人参加本地的招投标活动；

（七）以采取同本地企业、其他经济组织或者个人不平等的待遇等方式，限制或者排斥外地企业、其他经济组织或者个人在本地投资或者设立分支机构，或者对外地企业、其他经济组织或者个人在本地的投资或者设立的分支机构实行歧视性待遇，侵害其合法权益；

（八）实行地区封锁的其他行为。

第五条 任何地方不得制定实行地区封锁或者含有地区封锁内容的规定，妨碍建立和完善全国统一、公平竞争、规范有序的市场体系，损害公平竞争环境。

第六条 地方各级人民政府所属部门的规定属于实行地区封锁或者含有地区封锁内容的，由本级人民政府改变或者撤销；本级人民政府不予改变或者撤销的，由上一级人民政府改变或者撤销。

第七条 省、自治区、直辖市以下地方各级人民政府的规定属于实行地区封锁或者含有地区封锁内容的，由上一级人民政府改变或者撤销；上一级人民政府不予改变或者撤销的，由省、自治区、直辖市人民政府改变或者撤销。

第八条 省、自治区、直辖市人民政府的规定属于实行地区封锁或者含有地区封锁内容的，由国务院改变或者撤销。

第九条 地方各级人民政府或者其所属部门设置地区封锁的规定或者含有地区封锁内容的规定，是以国务院所属部门不适当的规定为依据的，由国务院改变或者撤销该部门不适当的规定。

第十条 以任何方式限定、变相限定单位或者个人只能经营、购买、使用本地生产的产品或者只能接受本地企业、指定企业、其他经济组织或者个人提供的服务的，由省、自治区、直辖市人民政府组织经济贸易管理部门、工商行政管理部门查处，撤销限定措施。

第十一条 在道路、车站、港口、航空港或者在本行政区域边界设置关卡，阻碍外地产品进入和本地产品运出的，由省、自治区、直辖市人民政府组织经济贸易管理部门、公安部门和交通部门查处，撤销关卡。

第十二条 对外地产品或者服务设定歧视性收费项目、规定歧视性价格，或者实行歧视性收费标准的，由省、自治区、直辖市人民政府组织财政部门和价格部门查处，撤销歧视性收费项目、价格或者收费标准。

第十三条 对外地产品或者服务采取和本地同类产品或者服务不同的技术要求、检验标准，或者对外地产品或者服务采取重复检验、重复认证等歧视性技术措施，限制外地产品或者服务进入本地市场的，由省、自治区、直辖市人民政府组织质量技术监督部门查处，撤销歧视性技术措施。

第十四条 采取专门针对外地产品或者服务的专营、专卖、审批、许可等手段，实行歧视性待遇，限制外地产品或者服务进入本地市场的，由省、自治区、直辖市人民政府组织经济贸易管理部门、工商行政管理部门、质量技术监督部门和其他有关主管部门查处，撤销歧视性待遇。

第十五条 通过设定歧视性资质要求、评审标准或者不依法发布信息等方式，限制或者排斥外地企业、其他经济组织或者个人参加本地的招投标活动的，由省、自治区、直辖市人民政府组织有关主管部门查处，消除障碍。

第十六条 以采取同本地企业、其他经济组织或者个人不平等的待遇等方式，限制或者排斥外地企业、其他经济组织或者个人在本地投资或者设立分支机构，或者对外地企业、其他经济组织或者个人在本地的投资或者设立的分支机构实行歧视性待遇的，由省、自治区、直辖市人民政府组织经济贸易管理部门、工商行政管理部门查处，消除障碍。

第十七条 实行本规定第四条第（一）项至第（七）项所列行为以外的其他地区封锁行为的，由省、自治区、直辖市人民政府组织经济贸易管理部门、工商行政管理部门、质量技术监督部门和其他有关主管部门查处，消除地区封锁。

第十八条 省、自治区、直辖市人民政府依照本规定第十条至第十七条的规定组织所属有关部门对地区封锁行为进行查处，处理决定由省、自治区、直辖市人民政府作出；必要时，国务院经济贸易管理部门、国务院工商行政管理部门、国务院质量监督检验检疫部门或者国务院其他有关部门可以对涉及省、自治区、直辖市人民政府的地区封锁行为进行查处。

地方各级人民政府及其所属部门不得以任何名义、方式阻挠、干预依照本规定对地区封锁行为进行的查处工作。

第十九条 地区封锁行为属于根据地方人民政府或者其所属部门的规定实行的，除依照本规定第十条至第十七条的规定查处、消除地区封锁外，并应当依照本规定第六条至第九条的规定，对有关规定予以改变或者撤销。

第二十条 任何单位和个人均有权对地区封锁行为进行抵制，并向有关省、自治区、直辖市人民政府或者其经济贸易管理部门、工商行政管理部门、质量技术监督部门或者其他有关部门直至国务院经济贸易管理部门、国务院工商行政管理部门、国务院质量监督检验检疫部门或者国务院其他有关部门检举。

有关省、自治区、直辖市人民政府或者其经济贸易管理部门、工商行政管理部门、质量技术监督部门或者其他有关部门接到检举后，应当自接到检举之日起5个工作日内，由省、自治区、直辖市人民政府责成有关地方人民政府在30个工作日内调查、处理完毕，或者由省、自治区、直辖市人民政府在30个工作日内依照本规定直接调查、处理完毕；特殊情况下，调查、处理时间可以适当延长，但延长的时间不得超过30个工作日。

国务院经济贸易管理部门、国务院工商行政管理部门、国务院质量监督检验检疫部门或者国务院其他有关部门接到检举后，应当在5个工作日内，将检举材料转送有关省、自治区、直辖市人民政府。

接受检举的政府、部门应当为检举人保密。对检举有功的单位和个人，应当给予奖励。

第二十一条 对地方人民政府或者其所属部门违反本规定，实行地区封锁的，纵容、包庇地区封锁的，或者阻挠、干预查处地区封锁的，由省、自治区、直辖市人民政府给予通报批评；省、自治区、直辖市人民政府违反本规定，实行地区封锁的，纵容、包庇地区封锁的，或者阻挠、干预查处地区封锁的，由国务院给予通报批评。对直接负责的主管人员和其他直接责任人员，按照法定程序，根据情节轻重，给予降级或者撤职的行政处分；构成犯罪的，依法追究刑事责任。

第二十二条 地方人民政府或者其所属部门违反本规定，制定实行地区封锁或者含有地区封锁内容的规定的，除依照本规定第六条至第九条的规定对有关规定予以改变或者撤销外，对该地方人民政府或者其所属部门的主要负责人和签署该规定的负责人，按照法定程序，根据情节轻重，给予降级或者撤职的行政处分。

第二十三条 接到检举地区封锁行为

的政府或者有关部门，不在规定期限内进行调查、处理或者泄露检举人情况的，对直接负责的主管人员和其他直接责任人员，按照法定程序，根据情节轻重，给予降级、撤职直至开除公职的行政处分。

第二十四条 采取暴力、威胁等手段，欺行霸市、强买强卖，阻碍外地产品或者服务进入本地市场，构成违反治安管理行为的，由公安机关依照《中华人民共和国治安管理处罚条例》的规定予以处罚；构成犯罪的，依法追究刑事责任。

经营单位有前款规定行为的，并由工商行政管理部门依法对该经营单位予以处罚，直至责令停产停业、予以查封并吊销其营业执照。

第二十五条 地方人民政府或者其所属部门滥用行政权力，实行地区封锁所收取的费用及其他不正当收入，应当返还有关企业、其他经济组织或者个人；无法返还的，由上一级人民政府财政部门予以收缴。

第二十六条 地方人民政府或者其所属部门的工作人员对检举地区封锁行为的单位或者个人进行报复陷害的，按照法定程序，根据情节轻重，给予降级、撤职直至开除公职的行政处分；构成犯罪的，依法追究刑事责任。

第二十七条 监察机关依照行政监察法的规定，对行政机关及其工作人员的地区封锁行为实施监察。

第二十八条 本规定自公布之日起施行。

自本规定施行之日起，地方各级人民政府及其所属部门的规定与本规定相抵触或者部分相抵触的，全部或者相抵触的部分自行失效。

依照宪法和有关法律关于地方性法规不得同宪法、法律和行政法规相抵触的规定，自本规定施行之日起，地方性法规同本规定相抵触的，应当执行本规定。

中华人民共和国商标法

（1982年8月23日第五届全国人民代表大会常务委员会第二十四次会议通过，根据1993年2月22日第七届全国人民代表大会常务委员会第三十次会议《关于修改〈中华人民共和国商标法〉的决定》第一次修正，根据2001年10月27日第九届全国人民代表大会常务委员会第二十四次会议《关于修改〈中华人民共和国商标法〉的决定》第二次修正）

第一章　总　则

第一条　为了加强商标管理，保护商标专用权，促使生产、经营者保证商品和服务质量，维护商标信誉，以保障消费者和生产、经营者的利益，促进社会主义市场经济的发展，特制定本法。

第二条　国务院工商行政管理部门商标局主管全国商标注册和管理的工作。

国务院工商行政管理部门设立商标评审委员会，负责处理商标争议事宜。

第三条　经商标局核准注册的商标为注册商标，包括商品商标、服务商标和集体商标、证明商标；商标注册人享有商标专用权，受法律保护。

本法所称集体商标，是指以团体、协会或者其他组织名义注册，供该组织成员在商事活动中使用，以表明使用者在该组织中的成员资格的标志。

本法所称证明商标，是指由对某种商品或者服务具有监督能力的组织所控制，而由该组织以外的单位或者个人使用于其商品或者服务，用以证明该商品或者服务的原产地、原料、制造方法、质量或者其他特定品质的标志。

集体商标、证明商标注册和管理的特殊事项，由国务院工商行政管理部门规定。

第四条　自然人、法人或者其他组织对其生产、制造、加工、拣选或者经销的商品，需要取得商标专用权的，应当向商标局申请商品商标注册。

自然人、法人或者其他组织对其提供的服务项目，需要取得商标专用权的，应当向商标局申请服务商标注册。

本法有关商品商标的规定，适用于服务商标。

第五条 两个以上的自然人、法人或者其他组织可以共同向商标局申请注册同一商标，共同享有和行使该商标专用权。

第六条 国家规定必须使用注册商标的商品，必须申请商标注册，未经核准注册的，不得在市场销售。

第七条 商标使用人应当对其使用商标的商品质量负责。各级工商行政管理部门应当通过商标管理，制止欺骗消费者的行为。

第八条 任何能够将自然人、法人或者其他组织的商品与他人的商品区别开的可视性标志，包括文字、图形、字母、数字、三维标志和颜色组合，以及上述要素的组合，均可以作为商标申请注册。

第九条 申请注册的商标，应当有显著特征，便于识别，并不得与他人在先取得的合法权利相冲突。

商标注册人有权标明“注册商标”或者注册标记。

第十条 下列标志不得作为商标使用：

（一） 同中华人民共和国的国家名称、国旗、国徽、军旗、勋章相同或者近似的，以及同中央国家机关所在地特定地点的名称或者标志性建筑物的名称、图形相同的；

（二） 同外国的国家名称、国旗、国徽、军旗相同或者近似的，但该国政府同意的除外；

（三） 同政府间国际组织的名称、旗帜、徽记相同或者近似的，但经该组织同意或者不易误导公众的除外；

（四） 与表明实施控制、予以保证的官方标志、检验印记相同或者近似的，但经授权的除外；

（五） 同“红十字”、“红新月”的名称、标志相同或者近似的；

（六） 带有民族歧视性的；

（七） 夸大宣传并带有欺骗性的；

（八） 有害于社会主义道德风尚或者有其他不良影响的。

县级以上行政区划的地名或者公众知晓的外国地名，不得作为商标。但是，地名具有其他含义或者作为集体商标、证明商标组成部分的除外；已经注册的使用地名的商标继续有效。

第十一条 下列标志不得作为商标注册:

（一） 仅有本商品的通用名称、图形、型号的;

（二） 仅仅直接表示商品的质量、主要原料、功能、用途、重量、数量及其他特点的;

（三） 缺乏显著特征的。

前款所列标志经过使用取得显著特征，并便于识别的，可以作为商标注册。

第十二条 以三维标志申请注册商标的，仅由商品自身的性质产生的形状、为获得技术效果而需有的商品形状或者使商品具有实质性价值的形状，不得注册。

第十三条 就相同或者类似商品申请注册的商标是复制、摹仿或者翻译他人未在中国注册的驰名商标，容易导致混淆的，不予注册并禁止使用。

就不相同或者不相类似商品申请注册的商标是复制、摹仿或者翻译他人已经在中国注册的驰名商标，误导公众，致使该驰名商标注册人的利益可能受到损害的，不予注册并禁止使用。

第十四条 认定驰名商标应当考虑下列因素:

（一） 相关公众对该商标的知晓程度;

（二） 该商标使用的持续时间;

（三） 该商标的任何宣传工作的持续时间、程度和地理范围;

（四） 该商标作为驰名商标受保护的记录;

（五） 该商标驰名的其他因素。

第十五条 未经授权，代理人或者代表人以自己的名义将被代理人或者被代表人的商标进行注册，被代理人或者被代表人提出异议的，不予注册并禁止使用。

第十六条 商标中有商品的地理标志，而该商品并非来源于该标志所标示的地区，误导公众的，不予注册并禁止使用；但是，已经善意取得注册的继续有效。

前款所称地理标志，是指标示某商品来源于某地区，该商品的特定质量、信誉或者其他特征，主要由该地区的自然因素或者人文因素所决定的标志。

第十七条 外国人或者外国企业在中国申请商标注册的，应当按其所属国和中华人民共和国签订的协议或者共同参加的国际条约办理，或者按对等原则办理。

第十八条 外国人或者外国企业在中国申请商标注册和办理其他商标事宜的，应当委托国家认可的具有商标代理资格的组织代理。

第二章 商标注册的申请

第十九条 申请商标注册的，应当按规定的商品分类表填报使用商标的商品类别和商品名称。

第二十条 商标注册申请人在不同类别的商品上申请注册同一商标的，应当按商品分类表提出注册申请。

第二十一条 注册商标需要在同一类的其他商品上使用的，应当另行提出注册申请。

第二十二条 注册商标需要改变其标志的，应当重新提出注册申请。

第二十三条 注册商标需要变更注册人的名义、地址或者其他注册事项的，应当提出变更申请。

第二十四条 商标注册申请人自其商标在外国第一次提出商标注册申请之日起六个月内，又在中国就相同商品以同一商标提出商标注册申请的，依照该外国同中国签订的协议或者共同参加的国际条约，或者按照相互承认优先权的原则，可以享有优先权。

依照前款要求优先权的，应当在提出商标注册申请的时候提出书面声明，并且在三个月内提交第一次提出的商标注册申请文件的副本；未提出书面声明或者逾期未提交商标注册申请文件副本的，视为未要求优先权。

第二十五条 商标在中国政府主办的或者承认的国际展览会展出的商品上首次使用的，自该商品展出之日起六个月内，该商标的注册申请人可以享有优先权。

依照前款要求优先权的，应当在提出商标注册申请的时候提出书面声明，并且在三个月内提交展出其商品的展览会名称、在展出商品上使用该商标的证据、展出日期等证明文件；未提出书面声明或者逾期未提交证明文件的，视为未要求优先权。

第二十六条 为申请商标注册所申报的事项和所提供的材料应当真实、准确、完整。

第三章 商标注册的审查和核准

第二十七条 申请注册的商标，凡符合本法有关规定的，由商标局初步审定，予以公告。

第二十八条 申请注册的商标，凡不符合本法有关规定或者同他人在同一种商品或者类似商品上已经注册的或者初步审定的商标相同或者近似的，由商标局驳回申请，不予公告。

第二十九条 两个或者两个以上的商标注册申请人，在同一种商品或者类似商品上，以相同或者近似的商标申请注册的，初步审定并公告申请在先的商标；同一天申请的，初步审定并公告使用在先的商标，驳回其他人的申请，不予公告。

第三十条 对初步审定的商标，自公告之日起三个月内，任何人均可以提出异议。公告期满无异议的，予以核准注册，发给商标注册证，并予公告。

第三十一条 申请商标注册不得损害他人现有的在先权利，也不得以不正当手段抢先注册他人已经使用并有一定影响的商标。

第三十二条 对驳回申请、不予公告的商标，商标局应当书面通知商标注册申请人。商标注册申请人不服的，可以自收到通知之日起十五日内向商标评审委员会申请复审，由商标评审委员会做出决定，并书面通知申请人。

当事人对商标评审委员会的决定不服的，可以自收到通知之日起三十日内向人民法院起诉。

第三十三条 对初步审定、予以公告的商标提出异议的，商标局应当听取异议人和被异议人陈述事实和理由，经调查核实后，做出裁定。当事人不服的，可以自收到通知之日起十五日内向商标评审委员会申请复审，由商标评审委员会做出裁定，并书面通知异议人和被异议人。

当事人对商标评审委员会的裁定不服的，可以自收到通知之日起三十日内向人民法院起诉。人民法院应当通知商标复审程序的对方当事人作为第三人参加诉讼。

第三十四条 当事人在法定期限内对商标局做出的裁定不申请复审或者对商标评审委员会做出的裁定不向人民法院起诉的，裁定生效。

经裁定异议不能成立的，予以核准注册，发给商标注册证，并予公告；经裁定异议成立的，不予核准注册。

经裁定异议不能成立而核准注册的，商标注册申请人取得商标专用权的时间自初审公告三个月期满之日起计算。

第三十五条 对商标注册申请和商标复审申请应当及时进行审查。

第三十六条 商标注册申请人或者注册人发现商标申请文件或者注册文件有明显错误的，可以申请更正。商标局依法在其职权范围内作出更正，并通知当事人。

前款所称更正错误不涉及商标申请文件或者注册文件的实质性内容。

第四章　注册商标的续展、转让和使用许可

第三十七条　注册商标的有效期为十年，自核准注册之日起计算。

第三十八条　注册商标有效期满，需要继续使用的，应当在期满前六个月内申请续展注册；在此期间未能提出申请的，可以给予六个月的宽展期。宽展期满仍未提出申请的，注销其注册商标。

每次续展注册的有效期为十年。

续展注册经核准后，予以公告。

第三十九条　转让注册商标的，转让人和受让人应当签订转让协议，并共同向商标局提出申请。受让人应当保证使用该注册商标的商品质量。

转让注册商标经核准后，予以公告。受让人自公告之日起享有商标专用权。

第四十条　商标注册人可以通过签订商标使用许可合同，许可他人使用其注册商标。许可人应当监督被许可人使用其注册商标的商品质量。被许可人应当保证使用该注册商标的商品质量。

经许可使用他人注册商标的，必须在使用该注册商标的商品上标明被许可人的名称和商品产地。

商标使用许可合同应当报商标局备案。

第五章　注册商标争议的裁定

第四十一条　已经注册的商标，违反本法第十条、第十一条、第十二条规定的，或者是以欺骗手段或者其他不正当手段取得注册的，由商标局撤销该注册商标；其他单位或者个人可以请求商标评审委员会裁定撤销该注册商标。

已经注册的商标，违反本法第十三条、第十五条、第十六条、第三十一条规定的，自商标注册之日起五年内，商标所有人或者利害关系人可以请求商标评审委员会裁定撤销该注册商标。对恶意注册的，驰名商标所有人不受五年的时间限制。

除前两款规定的情形外，对已经注册的商标有争议的，可以自该商标经核准注册之日起五年内，向商标评审委员会申请裁定。

商标评审委员会收到裁定申请后，应当通知有关当事人，并限期提出答辩。

第四十二条　对核准注册前已经提出异议并经裁定的商标，不得再以相同的事

实和理由申请裁定。

第四十三条　商标评审委员会做出维持或者撤销注册商标的裁定后，应当书面通知有关当事人。

当事人对商标评审委员会的裁定不服的，可以自收到通知之日起三十日内向人民法院起诉。人民法院应当通知商标裁定程序的对方当事人作为第三人参加诉讼。

第六章　商标使用的管理

第四十四条　使用注册商标，有下列行为之一的，由商标局责令限期改正或者撤销其注册商标：

（一）　自行改变注册商标的；

（二）　自行改变注册商标的注册人名义、地址或者其他注册事项的；

（三）　自行转让注册商标的；

（四）　连续三年停止使用的。

第四十五条　使用注册商标，其商品粗制滥造，以次充好，欺骗消费者的，由各级工商行政管理部门分别不同情况，责令限期改正，并可以予以通报或者处以罚款，或者由商标局撤销其注册商标。

第四十六条　注册商标被撤销的或者期满不再续展的，自撤销或者注销之日起一年内，商标局对与该商标相同或者近似的商标注册申请，不予核准。

第四十七条　违反本法第六条规定的，由地方工商行政管理部门责令限期申请注册，可以并处罚款。

第四十八条　使用未注册商标，有下列行为之一的，由地方工商行政管理部门予以制止，限期改正，并可以予以通报或者处以罚款：

（一）　冒充注册商标的；

（二）　违反本法第十条规定的；

（三）　粗制滥造，以次充好，欺骗消费者的。

第四十九条　对商标局撤销注册商标的决定，当事人不服的，可以自收到通知之日起十五日内向商标评审委员会申请复审，由商标评审委员会做出决定，并书面通知申请人。

当事人对商标评审委员会的决定不服的，可以自收到通知之日起三十日内向人民法院起诉。

第五十条　对工商行政管理部门根据本法第四十五条、第四十七条、第四十八条的规定做出的罚款决定，当事人不服的，可以自收到通知之日起十五日内，向人民法院起诉；期满不起诉又不履行的，由有关工商行政管理部门申请人民法院强制执行。

第七章　注册商标专用权的保护

第五十一条　注册商标的专用权，以核准注册的商标和核定使用的商品为限。

第五十二条　有下列行为之一的，均属侵犯注册商标专用权：

（一）　未经商标注册人的许可，在同一种商品或者类似商品上使用与其注册商标相同或者近似的商标的；

（二）　销售侵犯注册商标专用权的商品的；

（三）　伪造、擅自制造他人注册商标标识或者销售伪造、擅自制造的注册商标标识的；

（四）　未经商标注册人同意，更换其注册商标并将该更换商标的商品又投入市场的；

（五）　给他人的注册商标专用权造成其他损害的。

第五十三条　有本法第五十二条所列侵犯注册商标专用权行为之一，引起纠纷的，由当事人协商解决；不愿协商或者协商不成的，商标注册人或者利害关系人可以向人民法院起诉，也可以请求工商行政管理部门处理。工商行政管理部门处理时，认定侵权行为成立的，责令立即停止侵权行为，没收、销毁侵权商品和专门用于制造侵权商品、伪造注册商标标识的工具，并可处以罚款。当事人对处理决定不服的，可以自收到处理通知之日起十五日内依照《中华人民共和国行政诉讼法》向人民法院起诉；侵权人期满不起诉又不履行的，工商行政管理部门可以申请人民法院强制执行。进行处理的工商行政管理部门根据当事人的请求，可以就侵犯商标专用权的赔偿数额进行调解；调解不成的，当事人可以依照《中华人民共和国民事诉讼法》向人民法院起诉。

第五十四条　对侵犯注册商标专用权的行为，工商行政管理部门有权依法查处；涉嫌犯罪的，应当及时移送司法机关依法处理。

第五十五条　县级以上工商行政管理部门根据已经取得的违法嫌疑证据或者举报，对涉嫌侵犯他人注册商标专用权的行为进行查处时，可以行使下列职权：

（一）　询问有关当事人，调查与侵犯他人注册商标专用权有关的情况；

（二）　查阅、复制当事人与侵权活动有关的合同、发票、账簿以及其他有关资料；

（三）　对当事人涉嫌从事侵犯他人

注册商标专用权活动的场所实施现场检查；

（四） 检查与侵权活动有关的物品；对有证据证明是侵犯他人注册商标专用权的物品，可以查封或者扣押。

工商行政管理部门依法行使前款规定的职权时，当事人应当予以协助、配合，不得拒绝、阻挠。

第五十六条 侵犯商标专用权的赔偿数额，为侵权人在侵权期间因侵权所获得的利益，或者被侵权人在被侵权期间因被侵权所受到的损失，包括被侵权人为制止侵权行为所支付的合理开支。

前款所称侵权人因侵权所得利益，或者被侵权人因被侵权所受损失难以确定的，由人民法院根据侵权行为的情节判决给予五十万元以下的赔偿。

销售不知道是侵犯注册商标专用权的商品，能证明该商品是自己合法取得的并说明提供者的，不承担赔偿责任。

第五十七条 商标注册人或者利害关系人有证据证明他人正在实施或者即将实施侵犯其注册商标专用权的行为，如不及时制止，将会使其合法权益受到难以弥补的损害的，可以在起诉前向人民法院申请采取责令停止有关行为和财产保全的措施。

人民法院处理前款申请，适用《中华人民共和国民事诉讼法》第九十三条至第九十六条和第九十九条的规定。

第五十八条 为制止侵权行为，在证据可能灭失或者以后难以取得的情况下，商标注册人或者利害关系人可以在起诉前向人民法院申请保全证据。

人民法院接受申请后，必须在四十八小时内做出裁定；裁定采取保全措施的，应当立即开始执行。

人民法院可以责令申请人提供担保，申请人不提供担保的，驳回申请。

申请人在人民法院采取保全措施后十五日内不起诉的，人民法院应当解除保全措施。

第五十九条 未经商标注册人许可，在同一种商品上使用与其注册商标相同的商标，构成犯罪的，除赔偿被侵权人的损失外，依法追究刑事责任。

伪造、擅自制造他人注册商标标识或者销售伪造、擅自制造的注册商标标识，构成犯罪的，除赔偿被侵权人的损失外，依法追究刑事责任。

销售明知是假冒注册商标的商品，构成犯罪的，除赔偿被侵权人的损失外，依法追究刑事责任。

第六十条 从事商标注册、管理和复审工作的国家机关工作人员必须秉公执法，廉洁自律，忠于职守，文明服务。

商标局、商标评审委员会以及从事商标注册、管理和复审工作的国家机关工作人员不得从事商标代理业务和商品生产经营活动。

第六十一条 工商行政管理部门应当建立健全内部监督制度，对负责商标注册、管理和复审工作的国家机关工作人员执行法律、行政法规和遵守纪律的情况，进行监督检查。

第六十二条 从事商标注册、管理和复审工作的国家机关工作人员玩忽职守、滥用职权、徇私舞弊，违法办理商标注册、管理和复审事项，收受当事人财物，牟取不正当利益，构成犯罪的，依法追究刑事责任；尚不构成犯罪的，依法给予行政处分。

第八章 附 则

第六十三条 申请商标注册和办理其他商标事宜的，应当缴纳费用，具体收费标准另定。

第六十四条 本法自1983年3月1日起施行。1963年4月10日国务院公布的《商标管理条例》同时废止；其他有关商标管理的规定，凡与本法抵触的，同时失效。

本法施行前已经注册的商标继续有效。

文化部关于促进和规范音像制品连锁经营的通知

（文化部文市发［2001］13 号文件）

各省、自治区、直辖市文化厅（局）、音像市场行政管理部门：

近年来，上海、北京等地音像连锁经营发展迅速，对优化音像市场结构，提高正版音像制品的市场占有率起到了明显作用。为了进一步促进和规范音像连锁经营的发展，现就有关事项通知如下：

一、发展音像制品连锁经营，是深化音像流通体制改革，促进音像市场结构调整的重要措施。各地音像市场行政管理部门要对当地音像市场发展的总量、布局和结构进行总体规划，特别要对大中城市音像制品连锁经营的数量和布局进行合理规划，既要防止独家垄断，又要避免恶性竞争，积极扶持信誉好、实力强、管理规范的单位开展音像制品连锁经营业务。

二、本通知所称的音像制品连锁经营，是指 10 个以上使用统一商号的音像制品门店，在同一总部的管理下，统一经营管理规范，统一采购配送音像制品或授予特许权的经营组织形式，包括直营连锁和特许（或称加盟）连锁。

直营连锁，是指连锁店的门店均由总部全资或控股开设，在总部的直接领导下统一经营；特许连锁，是指连锁店的门店同总部签订合同，取得使用总部商标、商号、经营模式及总部开发商品的特许权。

不符合上述要求的，不得以“连锁”字号注册登记和从事连锁经营活动。

三、鼓励音像连锁经营单位在商业自愿的原则下收购、兼并现有的音像零售、出租网点。音像市场行政管理部门在审批音像制品零售、出租网点时，应当优先考虑音像连锁经营单位形成合理的连锁网络。

四、申请从事音像制品直营连锁经营

业务，应当具备下列条件：

（一）具有独立法人资格的公司；

（二）具备向连锁门店提供长期经营指导和配送音像制品的能力；

（三）有完善的连锁经营管理规章；

（四）主要发起者应当具备两年以上从事音像制品批发、零售或出租经营的经历，并取得良好的经营业绩。其中从事跨省（自治区、直辖市）连锁经营的，应当具备在一个省（自治区、直辖市）从事音像制品连锁经营一年以上的经历，并取得良好的经营业绩；

（五）注册资本不得少于500万元，其中从事跨省（自治区、直辖市）连锁经营的，注册资本不得少于3000万元；

（六）总部和门店实行计算机联网管理。

五、申请从事音像制品特许连锁经营业务，还必须具备一年以上从事音像制品直营连锁的经历，并取得良好的经营业绩，有成熟的可输出的管理经验和规章。

六、申请从事音像制品连锁经营业务的，报所在地省、自治区、直辖市音像市场行政管理部门审批；申请从事跨省区连锁经营业务的，由总部所在地省、自治区、直辖市音像市场行政管理部门审核后，报文化部审批。

七、经批准的音像制品连锁店总部在许可地域内建立连锁门店，应当先向当地音像市场行政管理部门报送开店计划。

连锁店总部开办直营连锁门店，连锁门店不再单独办理音像制品经营许可证。连锁门店符合所在地音像制品零售、出租店的开办条件，经所在地音像市场行政管理部门核准后，凭连锁店总部的音像制品经营许可证复印件，到工商行政管理部门办理有关登记手续。

连锁店总部开办特许连锁门店，应按有关规定办理审批或变更手续，并报审批部门备案。

八、直营连锁门店必须由总部统一进货，统一配送，统一管理，不得自行从其他渠道进货。从事特许经营活动的，必须签订特许经营合同并按照合同进行经营。

九、经国家批准成立的音像制品出版、批发单位以品牌授权方式参与音像制品经营活动，应当报文化部和所在地音像市场行政管理部门备案，非经国家批准设立的音像制品出版、批发单位，不得以品牌授权方式参与音像制品经营活动。

十、连锁门店要严格遵守国家有关法律法规，接受当地音像市场行政管理部门的日常监督管理，如有违法经营行为，由当地县级以上音像市场行政管理部门依法处罚，并将处罚结果报连锁店总部发证部门备案。连锁店总部要对门店经营中出现的违法行为承担相关责任。因连锁店总部管理不善致使其门店发生违法经营行为，由连锁店总部发证部门依法予以处罚。连锁门店如违反本《通知》第八条的有关规定，由连锁店总部责令门店纠正；情节严重的，音像市场行政管理部门责令总部撤销门店。

累计受到二次以上行政处罚的连锁门店，连锁店总部应当撤销该门店或终止与该门店的特许经营关系；一年以内3家以上连锁门店受到行政处罚的，音像市场行政管理部门应当责令连锁店总部进行整改；连锁店总部所属连锁门店三分之一以上管理不善的，取消总部的连锁经营资格。

(2001年3月20日发布)

关于加快我国现代物流发展的若干意见

（国经贸运行［2001］189 号）

随着经济全球化和信息技术的迅速发展，企业生产资料的获取与产品营销范围日趋扩大，社会生产、物资流通、商品交易及其管理方式正在并将继续发生深刻的变革。与此相适应，被普遍认为企业在降低物质消耗、提高劳动生产率以外的“第三利润源”的现代物流业正在世界范围内广泛兴起。

现代物流泛指原材料、产成品从起点至终点及相关信息有效流动的全过程。它将运输、仓储、装卸、加工、整理、配送、信息等方面有机结合，形成完整的供应链，为用户提供多功能、一体化的综合性服务。

我国现代物流发展正处于起步阶段，与先进国家相比尚有很大差距，但市场潜力和发展前景十分广阔。加快我国现代物流发展，对于优化资源配置，调整经济结构，改善投资环境，增强综合国力和企业竞争力，提高经济运行质量与效益，实现可持续发展战略，推进我国经济体制与经济增长方式的根本性转变，具有非常重要而深远的意义。

一、关于现代物流发展的指导思想与总体目标

随着全球经济一体化发展趋势的加快，现代物流将成为我国经济跨世纪发展的重要产业和新的经济增长点。各地政府部门和有关企业要充分认识现代物流在经济发展中的重要作用，抓住有利时机，加快发展步伐。

发展现代物流的指导思想：以加快发展为主题，以结构调整为主线，坚持以市场为导向，以企业为主体，以信息技术为支撑，以降低物流成本和提高综合服务质量为中心，大力提高全社会对现代物流理念的认识，切实增强我国企业及其产品在国内外市场的竞争能力。

发展现代物流的总体目标：积极采用先进的物流管理技术和装备，加快建立全国、区域、城镇、企业等多种层次的，符合市场经济规律、与国际通行规则接轨的，物畅其流、快捷准时、经济合理、用户满意的社会化、专业化现代物流服务网络体系。

二、积极培育现代物流服务市场

工商企业要转变传统观念，树立现代物流意识，充分认识优化物流供应链管理是降低生产总成本，提高产品附加值，增强企业竞争力，获取新的利润源的重要手段。鼓励工商企业积极创造条件，逐步将原材料采购、运输、仓储和产成品加工、整理、配送等物流服务业务有效分离出来，按照现代物流管理模式进行调整和重组，既可自己承担部分或全部的物流业务，也可将其部分或全部业务委托给专业物流企业承担，以培育和发展物流市场。

交通运输、仓储配送、货运代理、多式联运等企业要从实际出发，根据自身比较优势，紧紧围绕用户的需求，提供优质高效的部分或全程物流服务。物流服务市场的供给能力增强和服务质量提高，不仅可以满足市场和用户的需要，还可以引导和开发各类企业及全社会对物流服务的需求。

积极发展第三方物流，推进我国工商领域由企业物流向社会专业物流的转变。社会化、专业化的第三方物流企业的出现，是社会化分工和现代物流发展的方向。第三方物流企业要充分发挥其专业化、规模化的优势，建立信息管理系统，将物流服务与工商企业的生产和营销紧密融合，强化服务意识，完善服务功能，真正具备为用户优化物流管理、提供策划设计、组织运筹和实际操作等综合服务的能力。

鼓励物流企业之间加强联合，支持工商企业与物流企业，物流企业与运输、仓储、货栈、联运、集装箱运输等企业结成合作联盟，以提高我国物流企业的市场竞争能力。提倡物流企业经营主体、投资主体的多元化和物流服务形式的多样化。

三、努力营造现代物流发展的宏观环境

政府部门在现代物流发展中要从政策法规方面提供保障，推进物流发展的市场化进程，为各类企业参与市场公平竞争创造良好的外部条件，为物流企业的经营和发展提供宽松的宏观环境。

各地政府部门要抓紧研究制定促进现代物流发展的政策措施，加快引入竞争机制，简化相关程序和手续。基于我国现代物流发展刚刚起步，政策的导向应立足于加快发展。谨防政出多门，草率定规，出现新的政策性、体制性障碍。

按照现代物流发展的特点和规律，必须打破地区封锁和行业垄断经营行为，加强对不正当行政干预和不规范经营行为的制约，创造公平、公正、公开的市场环境，使各类物流企业能够平等地进入市场，在竞争中优胜劣汰。

政府有关部门要转变职能，强化服务意识，积极帮助解决物流企业在跨地区经营中遇到的工商登记、办理证照、统一纳税、城市配送交通管制、进出口货物查验通关等方面的实际困难，逐步建立起与国际接轨的物流服务及管理体系。

四、继续加强物流基础设施的规划与建设

我国的物流基础设施近年来虽有较大改善，但仍不能适应现代物流发展的需要。继续加强物流基础设施的规划与建设，尽快形成配套的综合运输网络、完善的仓储配送设施、先进的信息网络平台等，为现代物流发展提供重要的物质基础条件。

应重视对物流基础设施的规划，特别要加强对中心城市、交通枢纽、物资集散和口岸地区大型物流基础设施的统筹规划。规划工作要充分考虑物资集散通道、各种运输方式衔接及物流功能设施的综合配套。

物流基础设施的建设要充分发挥市场机制的作用。在全面规划和充分论证的基础上，鼓励国内不同所有制投资者和外商投资企业参与物流基地（物流中心）的建设。物流基地的建设，要兼顾近期需要与长远发展，注重硬件建设与软件管理相结合，政府部门对公益性物流基础设施的建设，应在土地、资金、税收等方面提供优惠政策。物流基地（物流中心）的建设，一定要遵循市场经济规则，防止出现贪大求洋和盲目重复建设。

五、广泛采用信息技术，加快科技创新和标准化建设

信息网络技术是构成现代物流体系的重要组成部分，也是提高物流服务效率的重要技术保障。物流企业积极利用EDI、互联网等技术，通过网络平台和信息技术将企业经营网点连接起来，既可以优化企业内部资源配置，又可以通过网络与用户、制造商、供应商及相关单位联结，实现资源共享、信息共用，对物流各环节进行实时跟踪、有效控制与全程管理。要加快物流与电子商务的融合，一方面，物流要为电子商务服务，另一方面，物流也要积极运用电子商务，实现电子化物流。

加快先进适用技术的推广应用，广泛采用标准化、系列化、规范化的运输、仓储、装卸、搬运、包装机具设施及条形码等技术。借鉴国际上比较成熟的物流技术和服务标准，加快对我国物流服务相应技术标准的研究制定工作。

六、加快对外开放步伐，学习借鉴国外先进经验

现代物流业是一个开放性、国际化的产业。认真学习发达国家在物流理论研究和市场实践方面的先进经验，消化吸收，结合实际，开拓创新，这是加快我国现代物流发展的有效途径。

我国物流领域扩大对外开放，将与我国加入世界贸易组织（WTO）的对外承诺中有关运输服务和分销领域的开放同步进行。各地政府部门要进一步加快物流领域对外开放步伐，大力提倡国内外物流企业携手合作，优势互补。积极利用国外的资金、设备、技术和智力，学习借鉴国际现代物流企业先进的经营理念和管理模式，加快建立符合国际规则的物流服务体系和企业运行机制。积极支持国外物流企业进入中国市场，同时鼓励中国物流企业走向国际市场，加速实现国内外物流市场服务一体化。

七、加强人才培养，促进产学研结合

高素质人才是现代物流发展的关键因素。针对我国目前物流专业人才匮乏、管理水平较低的突出问题，要采取多种形式，加速人力资源的开发与培养，通过长期培养与短期培训、学校培养与在职培训等多种方式，培养造就一大批熟悉物流业务，具有跨学科综合能力的物流管理人员和专业技术人员。

物流企业要与研究咨询机构、大专院校进行资本与技术的融合，发挥各自特长优势，形成利益共同体，实现物流产学研紧密结合、相互促进。物流研究咨询机构、大专院校和社会团体组织，应面向市场和企业的实际需求，切实做好有关咨询、研究、培训、服务等项工作。

八、继续深入研究探索，不断适应现代物流发展需要

现代物流作为正在兴起的产业，国内外关于这方面的理论研究和实践探索仍在发展之中。对于现代物流的认识和发展趋势的把握，还需要进一步深化。

现代物流发展进程与社会经济发展水平密切相关。各地区务必结合地方经济发展和市场供需现状，因地制宜，正确引导，更新观念，积极推进。有关部门要切实转变工作职能，调整管理方式，根据现代物流发展的客观规律，加强行业之间协调，通过体制和管理创新，适应新的生产方式和先进科学技术的发展。国家经贸委将会同有关部门，组织专门力量，深入调查研究，借鉴国外经验，抓紧研究制定具体政策及措施，进一步加快推进我国现代物流发展。

（国家经贸委等六部门
2001 年 3 月 1 日发布）

关于新《国民经济行业分类》国家标准的说明

在广泛征求各方面意见的基础上，国家统计局对《国民经济行业分类与代码》（GB/T4754－94）国家标准进行了修订。现已完成全部修订工作，并于2002年5月10日通过了国家质量监督检验检疫总局的批准，将于2002年10月1日起正式实施。现就新标准修订的原则、方法、特点等问题做以下说明。

一、《国民经济行业分类》国家标准经历了两次修订

《国民经济行业分类与代码》（GB/T4754）国家标准于1984年首次发布，1994年对其进行了第一次修订，本次为第二次修订，并将标准名称改为《国民经济行业分类》。

二、1994年的标准已经难以满足形势需要

《国民经济行业分类与代码》（GB/T4754－94）自1994年实施以来，广泛应用于统计、计划、财务核算，工商、税务管理等各个领域，对我国的统计工作，行业和部门管理起到了规范化、标准化的作用。但随着我国社会主义市场经济的不断发展和产业结构调整的逐步深入，一些新兴行业大量涌现。特别是近几年，我国服务业发展较快，信息技术、商务经济、中介代理、资源与环境保护、知识产权等活动迅速发展；同时，我国对外开放的扩大和国际交往的日益增多，尤其是加入WTO以后，与国际标准接轨的需求越来越迫切，1994年的标准已经难以满足这些需要。

鉴于上述原因，国家统计局于1999年向原国家技术监督局正式申请立项，开始对GB/T4754－94进行修订。

三、新标准的修订历时近四年

标准不同于一般的规章制度，它是依据科学技术和实践经验的综合成果，在充分协商的基础上，经一致或基本上同意，以特定程序和特定形式颁发的统一规定，从而具有一定的法律效应。

正是由于标准的这些特点，决定了任何一个标准都不是一朝一夕就能够制定出来的，需要进行大量的调研和协调工作。从 1998 年起，国家统计局就开始着手《国民经济行业分类》标准修订的前期准备工作。我们广泛收集有关国际组织及国家的相关标准资料，并进行了翻译和对照。1999 年国家统计局向标准主管部门申请标准立项后，修订工作才正式启动。经过几年的调研、论证，并反复征求各方面的意见，然后进行不断地修改，再经过专家评审，最后报国家质量监督检验检疫总局审批。加上前期准备时间，历时将近四年，才完成了《国民经济行业分类》（GB/T4754－2002）的全部修订工作。据了解，欧盟制定其成员国统一使用的产业活动和产品统计分类标准时，所用的时间更长。

四、本次修订《国民经济行业分类》的原则

新标准主要依据以下原则进行修订：

1. 适应我国现阶段行业发展状况。

2. 按照国际通行的经济活动同质性原则划分行业。

3. 积极采用国际标准，与 ISIC/Rev. 3 相衔接。

五、关于 ISIC/Rev. 3

ISIC/Rev. 3 是《全部经济活动的国际标准产业分类》第三版的英文简称。它是由联合国于 1989 年制定并审议通过，推荐各国政府进行国际间统计数据比较时使用的统计分类标准。ISIC/Rev. 3 为各国提供了用于各种经济活动分类比较的基本框架，使之成为国际间统计数据对比和交流的工具。ISIC/Rev. 3 在分类层次上包括门类（section）、大类（division）、中类（group）和小类（class）。我国《国民经济行业分类》的分类体系与之基本相同。

六、本次新修订的标准的特点

本次对《国民经济行业分类》国家标准的修订，恰遇我国加入 WTO 之际，社会各界对我国统计标准与国际标准接轨的需求越来越迫切。同时，由于人们标准化意识的逐步增强，共识多了，纷争少了，标准的修订得到了社会各界的支持与关注。此外，特别值得一提的是，我们还得到了欧盟等国际组织的热情帮助，为新标准与国际标准的兼容提供了有益的指导，介绍了很好的经验。总的来说，新标准的修订过程比较顺利。

其特点主要有以下几个方面：一是规范了标准名称，将新标准名称改为《国民经济行业分类》；二是新标准按照国际通行的经济活动同质性原则划分行业，进一步打破了部门管理界限，对原标准中不符合这一原则的分类进行了调整；三是根据我国社会经济活动的发展状况，重点加强了第三产业的分类，新增了大量服务业方面的活动类别；四是对新标准的每一个行业小类，全部与国际标准产业分类（ISIC/Rev. 3）的最细一层分类建立了对应关系，即通过软件可使我国的新标准直接转换到国际标准，实现了与国际标准的兼容，改变了我国统计资料与国际难以直接对比的状况。

七、新《国民经济行业分类》在门类上做了相应调整

门类是国民经济行业分类的基本框架，是活动性质相近的各经济部门的综合类别。门类的修订主要包括：

（1）新标准增加了“信息传输、计算机服务和软件业”、“住宿和餐饮业”、“租赁和商务服务业”、“水利、环境和公共设施管理业”、“教育”、“国际组织”六个门类。

（2）根据我国的实际情况，新标准对GB/T4754－94中部分门类的名称和内容进行了调整。调整后的门类主要包括：“采矿业”、“交通运输、仓储和邮政业”、“批发和零售业”、“金融业”、“居民服务和其他服务业”、“卫生、社会保障和社会福利业”、“文化、体育和娱乐业”和“公共管理和社会组织”。

（3）本次修订取消了原“地质勘查业、水利管理业”和“其他行业”两个门类，将其活动分别归入新标准的M门类“科学研究、技术服务和地质勘查业”、N门类“水利、环境和公共设施管理业”，以及其他相关行业中。

八、行业大类的增减变动主要集中在第三产业方面

一是将原“社会服务业”中的“市内公共交通业”调入“交通运输、仓储和邮政业”中，升为大类。二是在GB/T4754－94中，社会服务业包括了许多活动性质不同的大类类别。这次修订，按照经济活动同质性的原则，将行业大类做了重新归并，将原标准中的“旅馆业”、“旅游业”、“租赁服务业”、“娱乐服务业”、“信息、咨询服务”和“计算机应用服务业”分别调入新标准的“住宿和餐饮业”、“租赁和商务服务业”、“文化、体育和娱乐业”、“信息传输、计算机服务和软件业”等门类中。三是新标准的服务业部分增加了“电信和其他信息传输服务业”、“计算机服务”、“软件业”、“证券业”、“商务服务业”、“科技交流和推广服务业”和“环境管理业”等大类类别。

九、大多数的行业大类未做大的调整

总的来说，A、B、C、D 四个门类，即“农、林、牧、渔业”、“采矿业”、“制造业”和“电力、燃气及水的生产和供应业”中，只是个别行业大类的名称有所更改，大多数的行业大类仍旧保留，确实未做大的调整。但其中也有要特别说明的：

一是为与国际标准，以及各国的分类相一致，我们这次将“木材及竹材采运业”从原B门类“采掘业”，调入了A门类“农、林、牧、渔业”中。

二是按照 ISIC/Rev. 3，同时也为了反映我国新兴的资源再生利用的活动情况，我们在“制造业”中增加了“废弃资源和废旧材料回收加工业”一个大类。

此外，我们将原 39“武器弹药制造业”降为了小类。

十、新的《国民经济行业分类》在行业中类和小类上做了很大修改

行业小类是国民经济行业分类的核心层，其经济活动的同质性最高，它构成了全社会经济活动中可供观察和度量的最小的产业活动类别的全部内容。本次标准修订，对行业小类和中类两个层次的修改比较大，主要包括：

1. 为了准确反映近年来我国经济发展中新兴的产业活动，并实现与 ISIC/Rev. 3 的转换，新标准在中类和小类上，都新增加了一些新的分类。如，中类增加了互联网信息服务、知识产权服务、环境治理、清洁服务等；小类增加了运输代理服务、移动电信服务、邮购与电子销售、会议及展览服务、工程管理服务等。

2. 参照 ISIC/Rev. 3 的有关规定，将原在 GB/T4754－94“制造业”中的“171 纤维原料初步加工业”一个中类全部调整到 A 门类“05 农、林、牧、渔服务业”大类中。

3. 对原来分得过细，不便于行业归类，而且又不影响与 ISIC 转换的中类和小类做了调整或删减，特别是“采矿业”和“制造业”，删减的幅度较大。增减相抵后，“采矿业”的行业小类比 GB/T4754－94 减少了 20 个，“制造业”减少 62 个。

国民经济行业分类是按照活动的同质性原则划分行业，而在统计工作和其他管理工作中，我们有时需要从不同的角度观察国民经济相关产业分类。为此，新标准在中类和小类上，增加了为编制相关产业分类而增设的类别。

十一、对“采矿业”和“制造业”的原行业小类，做了大幅度的删减

产业活动分类与产品分类不同，它是对企业或单位所从事的主要经济活动的一种分类。对一个只生产单一产品的企业来说，行业分类或粗或细都无太大关系。然而，对一个生产多种产品的企业来说，如果行业分类过细，反而使企业无所适从。在 GB/T4754－94 中，制造业部分就存在中类下面按产品设置行业小类的情况，将行业分类与产品分类混在了一起，使综合性的生产企业不便于行业归类。例如，GB/T4754－94 中的“棉纺织业”是按“棉纺业”、“棉织业”、“印染业”、“棉制品业”、“棉线带制造业”、“帘子布制造业”和“其他棉纺织业”分列的，一些既有纺纱，也有织布，甚至还有印染活动的纺织企业，填报行业类别时，不知如何是好，只得自行归入了“其他棉纺织业”，使得综合统计部门不得不对其做大量的核对调整工作。显然这没有准确反映行业结构的状况，也违背了我们划分行业的目的。

因此，在本次修订过程中，我们对 GB/T4754－94 中的类似分类，做了大量的删减或合并。当然，作为用户，不论是管理部门，还是生产企业都想取得更细的分类资料，作为产业结构调整的依据。为了向用户提供更加真实、准确的产品生产的分布情况，满足更细的产业结构资料的需求，我们将在新的《国民经济行业分类》标准的基础上，着手制定相关的产品统计分类标准。届时，通过资料的深加工，用户就能取得与行业分类相配套的每种具体产品或服务的产业活动分组资料，这将大大丰富统计部门提供的信息量。

十二、新旧标准在具体的分类层次和数目上有所不同

新的《国民经济行业分类》在门类、大类、中类和小类上都有较大的调整。新标准包括 20 个门类，95 个大类，396 个中类和 913 个小类，与 94 的标准相比较，门类增加了 4 个，大类增加了 3 个，中类增加了 28 个，小类增加 67 个。具体请查看国民经济行业分类新旧结构对照表。

十三、新标准与国际标准接轨的原则

此次修订国民经济行业分类，其主要目的之一就是与联合国的《全部经济活动的国际标准产业分类》第三版（ISIC/Rev. 3）接轨。前面已经提到，鉴于我国的国情，我们不可能完全照搬联合国的分类标准。为解决与国际标准兼容的问题，我们主要做了以下几方面的工作：

第一，在分类代码的层次、编制方法上与国际接轨。

我国的《国民经济行业分类》采用分层次编码，分为门类、大类、中类、小类。门类采用英文字母编码，大、中、小类采用阿拉伯数字编码，这与 ISIC/Rev. 3 完全一致。

第二，在具体的分类上尽量与国际标准相一致。

首次制定《国民经济行业分类与代码》国家标准时，尽管已经考虑到行业分类与国际标准接轨的问题。但由于当时经济体制的限制，我国很多经济活动还无法与国际标准直接兼容。所以，除了代码结构和国际标准一致以外，在许多具体分类上基本保持着我国计划经济的管理模式。1994 年对《国民经济行业分类与代码》标准进行第一次修订时，我们参照 ISIC/Rev. 3，对部分门类进行了调整。如取消了工业，取而代之的是采掘业，制造业，电力、煤气及水的生产和供应业，这是我国的行业分类与国际接轨又向前迈进的一步。但由于当时我国仍处在新旧体制转轨时期，所以这一步迈的并不彻底，保留了许多管理需要的分类。

在本次标准的修订过程中，我们将与国际标准接轨作为一个工作重点。在分类的原则上强调与国际接轨，即按照经济活动的同质性划分每一个行业类别，对原标准中不符合这一原则的分类进行了调整，进一步打破了部门管理界限。如将 GB/T 4754－94 中归在“公共设施服务业”中的“城市公共交通”调至新标准的“交通运输、仓储与邮政业”。目前新标准的 20 个门类中，已有 10 个门类能与 ISIC/Rev. 3 的门类基本对应。此外，我们还注意将新标准的分类名称尽可能与 ISIC/Rev. 3 的表述一致。

第三，新标准建立了与 ISIC/Rev. 3 的对应关系。

本着与 ISIC/Rev. 3 转换的原则，我们做了大量与 ISIC 等国际标准的对照工作，并学习了欧盟、北美、日本、澳大利亚与新西兰等国际组织和国家或地区的分类标准及作法。在新标准中，我们对每一个行业小类都建立了与 ISIC/Rev. 3 最细一层分类的对应关系。当然，这种对应关系，不完全是一个小类对一个小类。由于我国的行业分类比 ISIC/Rev. 3 要细，所以多数情况是我们的几个小类对应联合国的一个小类。

但新标准也存在一个行业小类对应

ISIC 多个小类的情况，这是由于我国某种产品或活动的生产特点与国际标准分类不一致产生的。如地毯和手工挂毯的制造，在我国划为一个行业可能更合适，但在 ISIC/Rev. 3 中却将其分别归入了两个行业。为了明确这种不一致的关系，新标准中凡有类似的情况，一律标明其所应对应的 ISIC/Rev. 3 行业代码及名称。但在数据转换时，应以列在第一位的行业为准。

十四、新标准的门类与 ISIC/Rev. 3 的对应情况

在 GB/T 4754－94 的 16 个门类中，能与 ISIC/Rev. 3 转换的只有 6 个门类，而这次修订的新标准 20 个门类中，已有 10 个门类能与 ISIC/Rev. 3 的门类基本对应。

由于有了与 ISIC/Rev. 3 的对应关系，即使是不可直接对比的门类，经过计算机转换，也可以使各类统计数据进行比较，完全改变了以前手工调整的作法。

十五、改进了新旧标准的对照方式

这次修订，改变了过去只是简单列一个变动对照表的作法，不仅有文字的变动说明，还考虑到计算机的需要，列出了每一个新旧行业小类的对应代码及名称，使新标准的变动情况更加清晰。同时，也便于建立统计标准数据库，利用电子计算机进行历史数据的调整。

十六、新标准对每一个行业都有详细的解释

这是本次新标准最大的改进之一。为便于新标准的实施和推广，使采用标准的各个部门能够准确地进行行业归类，国家统计局编印了一本《国民经济行业分类注释》，准备配合正式标准一起发行。该《注释》对每一个行业小类的包括范围都做了详细说明。我们计划以此为基础建立标准库，对行业包括的范围实行动态管理，定期更新，改变过去新兴活动难以归类的现象。并且，待相对应的新产品统计分类制定完成后，我们下一步还可以编制相应的检索软件，使企业的活动自动归类，减少人为因素，规范标准的执行，加强对标准实施过程的管理。

此外，我们还设想将新旧《国民经济行业分类》国家标准，新制定的《产品统计分类标准》，以及各种相关的国际标准归入标准库，并建立对应关系，为社会各界进行统计数据的国际比较提供有效的服务。

十七、对行业分类标准库进行管理

任何标准一旦制定，在一定时期内应保持稳定，不能随意变动。一般标准的修订周期是五年左右。这次新修订的《国民经济行业分类》，我们虽然相应编制了详细的说明，但难免有遗漏，在标准使用期间仍然会出现新兴的产业活动无法归类的问题。我们设想对行业分类标准库进行动态管理，就是在不改变国家标准的前提下，通过对标准库中《注释》的动态更新，及时明确新兴产业活动的行业归属，解决在标准使用期间可能会出现的新兴产业活动与标准的稳定性之间的矛盾，以保证国家标准的顺利实施。

其实，为了加强标准实施过程的管理，从1999年开始，国家统计局对统计上使用的县以上行政区划代码建立的定期通报制度，就是一个尝试性的改进。它是在国家标准的执行期间，对民政部门县以上的行政区划变动情况，及时更新代码，定期在国家统计局信息网上进行通报，避免了各级统计部门自编代码的重复和混乱。经过几年的试运行，效果不错，保证了标准的统一性。

由于这是一项尝试性的工作，其不足及缺陷我们会在实践中不断进行改进，并加以完善。

十八、围绕新的《国民经济行业分类》标准，国家统计局下一步的新举措

相对于世界发达国家，我国的统计信息标准化工作起步晚，空白多，还有大量的工作需要我们去逐步完成。围绕新的《国民经济行业分类》标准，我们在近期，或者是近一、两年，将主要进行以下几项工作：

第一，前面已经提到，由于《国民经济行业分类》标准是按照活动的同质性原则划分的，而统计工作和其他管理工作中，还需要从不同的角度观察国民经济的相关产业活动。基于这种需求，国家统计局将依据新的《国民经济行业分类》，对目前国际和国内比较关注的信息、旅游和环境保护，规定其相关产业活动的范围，为统计数据的比较提供规范的依据。

第二，计划修订国家统计局对三次产业划分的规定，为明年的全国第二次三产普查做准备。

第三，考虑统计工作的需要，同时借鉴欧盟的作法，国家统计局准备在新《国民经济行业分类》标准的基础上，编制产品统计分类标准。

（国家统计局统计设计管理司）

附 录 一

2001年中国连锁业大事记

1. 中国首家超市走过十年征程

2001年1月11日，东莞美佳超市十年庆祝活动在东莞隆重举行，国家内贸局杨树德局长专程前往祝贺。

2. 上海华联、北京西单、超市发三强携手

2001年3月2日，上海华联、北京西单、北京超市发两地三家零售企业就共同投资组建“北京西单华联超市股份有限公司”签署协议，这是连锁企业通过强强合作实现跨区域发展的有益尝试，在业内引起强烈反响。

3. 深圳零售协会对不良行为进行备案

2001年3月19日，深圳零售商业行业协会对第一批在商业活动中有不良行为的从业人员进行了备案，帮助商家净化经营环境，受到当地零售商和供应商的一致欢迎。

4. 文化部出台音像连锁政策

2001年3月20日，文化部发出《关于促进和规范音像制品连锁经营的通知》，对企业开展音像制品连锁经营提出指导性意见。

5. 上海联华门店过千

2001年3月24日，上海联华超市第1000家店开业，成为我国首家门店过千的零售企业。联华计划在2005年门店发展到6000家。

6. 2000年中国连锁业百强发布会召开

2001年3月25日，中国连锁经营协会主办的“2000年中国连锁业百强发布会”在北京召开。百强企业的总经理出席会议，国内各大媒体对会议及百强企业进行了全方位深入报道。2000年百强企业总销售达982亿元，网点数7685个，占全国连锁经营销售额的43%。

7. 零售百强，超市居先

2001年4月11日，2000年度中国商

业零售业百强企业排行榜出台，上海联华超市、上海华联超市、大连商场荣居三甲。

8. “物美”导入第三方物流

2001 年 4 月 18 日，北京“物美”与国际著名物流公司“和黄天百”达成协议，在零售业率先导入第三方物流。

9. 李岚清视察连锁企业

2001 年 5、6 月间，李岚清副总理先后在河南、上海考察连锁经营，视察了双汇集团、上海联华、华联等企业，充分肯定了地方政府和企业在发展连锁经营方面所取得的成绩。

10. 李岚清对连锁经营做批示

2001 年 5 月 22 日，李岚清副总理在批示国家经贸委呈送的《对美国沃尔玛公司的考察报告》时指出：“在社会主义市场经济体制改革过程中，流通体制改革是至关重要的领域，现代经济就需要现代的流通体制。半个世纪以来，许多国家致力于发展集中配送和连锁经营的现代流通体制，不但方便了消费者，能买到价廉物美的商品，而且带动了规模生产和经济发展……在整顿市场经济秩序中，……必须转变观念，打破地区封锁和行业垄断，支持鼓励发展现代连锁商业，并作为一个治理整顿市场经济秩序的治本之策。”

11.《商业特许经营管理条例》已列入国家立法计划

2001 年 5 月 25 日，国家经贸委组织政府有关部门、专家、企业对《商业特许经营管理条例》讨论稿进行座谈。《商业特许经营管理条例》已列入国务院立法计划。

12. 第三届中国特许加盟展览会暨特许加盟大会召开

2001 年 6 月 14 ~ 16 日，第三届中国特许加盟展览会暨特许加盟大会在北京举行。这次活动得到世界特许联合会以及各国特许协会的支持。近百家国内外特许企业参加展出，吸引了来自全国各地数万名投资者，是目前国内规模最大的特许加盟展会。

13. 麦当劳将开加盟店

2001 年 6 月 14 日，在第三届中国特许加盟大会上，麦当劳公司首次公布，将采用特许加盟方式拓展中国市场。

14. 农工商进军新业态

2001 年 6 月 28 日，上海农工商好德便利连锁公司第 50 家店开业，与可的、联华便利等公司共同开拓上海的便利店市场。

15. “奥运经济”促连锁，全聚德百店庆申奥

2001年7月13日，北京申奥成功，“奥运经济”将带给中国无限商机，加快中国连锁业发展步伐。同日，全聚德百店庆申奥活动在长城脚下举行。此前，全聚德前门店受北京奥申委之托，宴请了26个国际体育单项组织考察评估团，为北京申奥助力。

16. 南北连锁对话

2001年7至10月间，广东连锁经营协会组织会员，先后与上海、大连、武汉等连锁协会及当地企业进行交流，探讨合作。

17. 国家规范外商投资商业行为

2001年8月6日，国家经贸委、外经贸部、工商管理总局联合下发文件，要求各地进一步做好清理整顿非试点外商投资商业企业工作，并提出具体措施和要求。文件还公布了限期整改类、转资转型注销类以及批准进入试点范围类共计313家企业名单。

18. 国家出台商业网点规划指导意见

2001年8月7日，国家经贸委发布了《关于城市商业网点规划工作的指导意见》，提出商业网点规划的原则、重点区域以及落实规划的具体要求和实施步骤，将商业网点纳入有序发展的轨道。

19. 连锁协会秘书长联席会在连召开

2001年8月10~11日，第二届全国连锁协会秘书长联席会在大连召开，18个省市连锁协会秘书长和商委负责同志参加了会议。会议对新业态的发展及推动各地企业间的合作等问题进行了探讨。

20. 华润收购万佳

2001年8月24日，华润出资4.57亿元人民币收购深圳万佳百货的计划获万科董事会批准。此举是华润大举进入国内零售市场的重要举措。

21. “马兰拉面”进军欧洲市场

2001年8月25日，“马兰拉面”与法国凯宾斯基饭店集团签约，首批三家分店将在巴黎开业，这是我国中式快餐首次进入欧洲市场。

22. ECR中国委员会成立

2001年8月28日，中国物品编码中心和中国连锁经营协会牵头组织，联华、宝洁等零售商和供应商代表参与的ECR中国委员会宣布成立。

23. 中国连锁经营协会取得“2003亚洲特许展”主办权。

2001年9月11日，中国连锁经营协会在“亚太特许联盟年会”上取得“2003年亚洲特许展”的举办权。“亚洲特许展”是亚太特许联盟惟一指定的洲际特许展。

24. 国美进入青岛

2001 年 9 月 22 日，国美青岛连锁店开业，至此，国美电器的连锁店已遍及全国 13 个省市，成为家电专业店中跨区域最广的连锁企业。

25. 肯德基门店突破 500 家

2001 年 10 月 12 日，肯德基在中国的快餐店突破 500 家。目前，肯德基是国内店铺最多的餐饮企业。

26. 湖南连锁协会成立

2001 年 11 月 1 日，湖南连锁经营协会正式成立，至此，我国的地方连锁协会总数已发展到 16 家。

27. 第三届中国连锁业会议暨中国超市博览会召开

2001 年 11 月 7 ~ 9 日，第三届中国连锁业会议暨中国超市博览会在上海光大会展中心召开。这次大会盛况空前，受到政府主管部门领导、业界人士及海内外同行的广泛关注。其间，中国连锁百强企业的老总们会聚浦东世贸中心 APEC 会址，共商企业“创造规模和利润的同步增长”。

28. 北京市组建“首连集团”

2001 年 11 月，北京市商委宣告，由 13 家企业共同组建的北京首连集团正式成立。该集团入股资金近 10 亿元，各类加盟店 500 余个，计划 5 年内发展到 1500 余个，年销售额突破 200 亿元。

29. 强强联合，共创辉煌

2001 年 12 月 18 日，北京超市发与北京天客隆联合重组签字仪式在北京友谊宾馆举行，这是中国连锁百强企业强强联合，共创辉煌的成功案例。

30. 又有多家外商获准开店

2001 年国家经贸委先后批准香港 7 - 11 便利店有限公司、深圳沃尔玛珠江百货有限公司等 34 家合资零售企业列入外商投资商业企业试点范围。

（中国连锁经营协会）

附 录 二

关于进一步做好清理整顿非试点外商投资商业企业工作的通知

各省、自治区、直辖市、计划单列市经贸委（经委）、外经贸委（厅、局、外资委）、工商行政管理局，有关地方商委（行业办）：

国务院办公厅曾于1998年7月1日发出《关于清理整顿非试点外商投资商业企业情况的通知》（国办发［1998］98号，以下简称98号文件），对地方擅自越权批准设立的非试点外商投资商业企业分别作出了通过、整改、注（吊）销的处理决定。但是，98号文件精神在部分地区至今没有得到认真贯彻落实，仍有一些地方继续擅自审批设立外商投资商业企业及其分店。截至目前，各地擅自越权批准设立了316家非试点外商投资商业企业，其中65家已转为内资、不再经营商业或已注（吊）销，还有251家正在经营。为维护我国商业利用外资试点政策的统一性和严肃性，保证商业领域利用外资工作健康有序地进行，经国务院批准，现就进一步做好清理整顿后续工作有关事项通知如下：

一、98号文件列入整改类但尚未完成整改的企业和98号文件下发后地方又擅自越权批准设立的企业共216家，对其要严格按照《外商投资商业企业试点办法》（以下简称《试点办法》）规定进行整改。各地要在2001年底前完成整改工作，并将整改结果报国家经贸委、外经贸部、国家工商总局审核。对逾期未完成整改和经审核不符合整改要求的企业，责令其停业整顿。经停业整顿仍不能达到整改要求的，限期办理注销登记直至吊销营业执照。

二、对98号文件列入注（吊）销类但未注（吊）销的重庆江田国际商业广场有限公司，要按规定予以注（吊）销。对在2000年11月13日国家经贸委、外经贸部、原国家工商局发布《关于立即停止越权审批和变相设立外商投资商业企业的通知》（国经贸外经［2000］1072号）后又擅自批准设立的成都家乐福连锁超市有限公司和上海龙华乐购生活购物有限公司，外方要转让股权、退出经营。各地应在2001年底前落实上述处理措施，并将处理结果报国家经贸委、外经贸部、国家工商总局备案。

三、对已转为内资、不再经营商业或已注销的65家企业，各地要进一步检查落实，并在2001年底前将检查落实情况报国家经贸委、外经贸部、国家工商总局备案。

四、对98号文件列入通过类的32家企业和按本通知第一条经审核符合整改要求的企业，逐步纳入试点范围。其中，设在试点城市、营销技术比较先进、外方采购中国产品业绩较好的企业，按照《试点办法》规定报经批准后可转为试点企业。设在非试点城市的企业在无新规定以前暂不能转为试点企业，仍按98号文件"不享有进出口经营权，不得经营批发业务，不得再扩大经营范围和建设规模，不得开设分店和延长合作年限，不得享受进口自用设备和原材料的减免税政策"（以下简称"五不得"）的规定加强监管。如果这些企业到西部试点城市开设分店，可按《试点办法》规定报经批准转为试点企业。

五、对由法国家乐福公司投资设立的企业，按国家经贸委、外经贸部、原国家工商局《关于法国家乐福公司在我国违规从事商业经营活动处理意见的通知》（国经贸外经（2001）354号）进行处理。

六、对至今还未上报的非试点外商投资商业企业，各地应在本通知下发后一个月内补报。逾期不报的，一经发现，由登记机关注销或吊销其营业执照。

七、鉴于河南郑州丹尼斯百货有限公司违反《试点办法》擅自开设分店，暂停其试点企业资格。河南省经贸委、外经贸厅、工商局要对该企业进行整顿，并尽快将整顿结果报国家经贸委、外经贸部、国家工商总局审核。在整顿合格之前，按98号文件"五不得"规定进行监管。

八、今后，设立外商投资商业企业及外商投资商业企业分店，须按《试点办法》规定报国家经贸委和外经贸部批准，并由国家工商总局或国家工商总局授权地方工商局登记注册。同时，各地不得以各种变相方式设立外商投资商业企业。一经发现，即严肃处理，并追究有关负责人的行政责任。

各地要将清理整顿非试点外商投资商业企业作为整顿市场秩序的重要工作，根据我国即将加入世界贸易组织的新情况，抓紧贯彻落实。要吸取教训，严格执行国家商业利用外资的政策法规，规范外商投资商业行为，做到令行禁止，保证商业领域利用外资工作健康有序地进行。

（国家经贸委、外经贸部、国家工商总局2001年8月6日发布）

2001年审批通过列入试点外商投资商业企业名单

序号	企业名称	商业类型	外资股比	业态
1	厦门SM商业有限公司	零售	65%	大型购物中心
2	东风裕隆汽车销售有限公司	汽车营销服务	49%	
3	上海锦江麦德龙购物中心有限公司重庆、青岛分店	零售	60%	仓储式商场
4	广东7－ELEVEN便利店	零售	65%	便利店
5	武汉正大商贸有限公司	零售	65%	仓储式商场
6	大连百安居仓储式装饰建材连锁超市	零售	65%	仓储式建材超市
7	沃尔玛珠江百货有限公司	零售	65%	仓储式商场
8	南京欧尚超市有限公司	零售	65%	大型综合超市
9	上海锦江麦德龙购物中心有限公司湖北、湖南、四川分店	零售	65%	仓储式商场
10	沈阳沃尔玛百货有限公司	零售	65%	大型综合超市
11	北京西单太平洋百货有限公司	零售	65%	百货店
12	北京家乐福商业有限公司	零售	55%	大型综合超市
13	华融家乐福商业有限公司	零售	55%	大型综合超市
14	上海联华超市有限公司	零售	55%	大型综合超市
15	家福（天津）国际贸易有限公司	零售	65%	大型综合超市
16	重庆家乐福连锁超市有限公司	零售	65%	大型综合超市
17	辽宁家乐福商业有限公司	零售	65%	大型综合超市
18	武汉汉福超市有限公司	零售	65%	大型综合超市
19	珠海乐田超市有限公司	零售	65%	大型综合超市
20	深圳乐荣超市有限公司	零售	65%	大型综合超市

序号	企　业　名　称	商业类型	外资股比	业　态
21	青岛家乐福商业有限公司	零售	65%	大型综合超市
22	宁波家乐福商业有限公司	零售	65%	大型综合超市
23	南京悦家超市有限公司	零售	65%	大型综合超市
24	东莞东盛超市有限公司	零售	65%	大型综合超市
25	深圳百安居装饰建材有限公司	零售	65%	仓储式商场
26	东莞沃尔玛东湖百货有限公司	零售	65%	仓储式商场
27	昆明沃尔玛百货有限公司	零售	65%	仓储式商场
28	大连沃尔玛百货有限公司	零售	65%	仓储式商场
29	青岛华德美居购物中心有限公司	零售	60%	建材超市
30	昆明百安居装饰建材有限公司	零售	65%	建材超市
31	深圳沃尔玛长春、哈尔滨、天津、深圳、厦门分店	零售	65%	仓储式商场
32	天津乐华梅兰家居有限公司	零售	65%	建材超市
33	上汽通用汽车销售有限公司	汽车营销服务	49%	
	安吉汽车租赁有限公司	汽车营销服务	50%	
34	北京百盛轻工发展有限公司	零售	56%	百货店

中国商业领域利用外资状况、存在问题及对策分析

一、商业领域利用外资的状况

中国商业领域利用外资大体分为两个阶段。第一阶段从 1992 年国务院作出《关于商业零售领域利用外资问题的批复》开始，允许在北京、上海、天津、大连、青岛、广州和五个经济特区（共 11 个城市）各试办 1 ~ 2 家外商投资商业企业，外商投资商业企业项目由地方政府报国务院批准，项目可行性研究报告和合资合同、章程分别报国家计委和外经贸部批准。至 1998 年底，国务院批准了 20 家（试点）外商投资商业企业，其中的 13 家如期开业经营，且大部分企业经营状况良好。在此期间，国家对地方擅自越权审批问题进行了清理整顿，共清理出 277 家非试点外商投资商业企业。1998 年 7 月 1 日国务院办公厅发出《国务院办公厅关于清理整顿非试点外商投资商业企业情况的通知》（国办发［1998］98 号，以下简称 98 号文），对这些企业作出了处理。

第二阶段从 1999 年开始。根据机构改革后的职能分工，商业利用外资工作改由国家经贸委牵头负责。为贯彻中央、国务院关于进一步扩大对外开放的指示，国家经贸委和外经贸部共同制定了《外商投资商业企业试点办法》（以下简称《试点办法》），经国务院批准后，国家经贸委和外经贸部于 1999 年 6 月 25 日发布执行。按照该办法规定，试点范围从零售扩大到批发，地域从 11 个城市扩大到所有直辖市、省会城市、计划单列市、经济特区（共 38 个城市），并且有条件地允许外商取得控股权。同时，简化了审批程序，将项目建议书与可行性研究报告合为一体报国家经贸委审批，合同章程报外经贸部审批。自《试点办法》发布至 2000 年底，批准了 15 个项目。在此期间，各地未经国家批准又擅自审批和变相设立了

15 家外商投资的商业企业，列入上次清理整顿范围的非试点企业擅自开设了 92 个分店。

截至 2001 年底，经国家正式批准的外商投资商业项目 49 个，地方擅自审批或变相设立的超过 290 家。从全国看，商业领域外商投资占全部外商投资比重不大，外商投资商业企业的市场份额也较小，其销售额占全社会商品零售总额的比例 1998 年仅为 1.5%。但少数城市外商投资商业企业已有一定规模，如上海市 1998 年外商投资商业企业销售额为 171 亿元，占全市社会商品零售总额的 11.6%。

中国商业领域利用外资的成效是显著的。首先，在引进资金加快城市商业设施建设和改造的同时，还引进了国外先进的商业经营理念、营销技术、管理经验以及“超级市场”、“仓储商场”、“专业店”等新型业态，改变了传统百货商店一统天下的不合理的商业经营结构，促进了传统商业向现代商业的转变。其次，国有商业企业通过与外商合资，转变了经营机制，增强了竞争力。第三，促进了市场竞争，丰富了市场供应，改善了购物环境和服务质量。一些合营企业的外方为世界著名跨国商业集团，其进货渠道科学、管理严密，能够有效地抑制假冒伪劣商品，广大消费者得到了实惠。第四，有的合营企业从中国采购商品，直接进入外方全球销售网络，带动了我国商品的出口和发展。比如，美国沃尔玛公司 1998 年从中国采购商品 68 亿美元，其中直接采购额 27 亿美元，到 2001 年从中国采购的商品超过 100 亿美元。

二、存在的问题

1. 地方越权审批和外商擅自设立外商投资商业企业仍未得到有效制止，影响了商业利用外资正常有序地进行。根据 98 号文的要求，对地方越权审批的外商投资商业企业的清理整顿工作应在 1998 年底前结束，但由于职能调整等原因，通知精神未能如期贯彻落实，在一定程度上影响了国家政策的权威性和严肃性，致使一些地方和外商对国家政策置若罔闻，仍然继续违规开设商场。经了解，违规方式主要有：部分列入清理整顿范围的企业仍违反国务院办公厅通知精神开设分店；有些地方不执行《试点办法》的规定，继续擅自越权审批设立外商投资商业企业；一些外商采取管理咨询公司、房地产开发、外商投资企业再投资、使用商标商号（特许经营）等方式变相参与国内商业经营。比较典型的是法国家乐福公司，未经国家批准开设了27家大型仓储式商场（其中98号文下发以后开设了12个），发展势头很猛，引起强烈反响。

2. 业态结构不尽合理。2001年底前经国家批准的49家（试点）企业主要是大型百货店和购物中心。地方越权审批或变相设立的企业主要是仓储式商场、百货店、购物中心、超级市场，尤以仓储式商场为主。而北京、上海、广州等城市大型仓储超市已趋过度竞争。近期新批准的项目在业态结构等方面有所改善。但外商投资商业项目业态结构仍不太合理，大型综合超市和仓储式商场有过热势头（主要原因是地方越权审批、外商擅自设立外商投资商业企业和开设分店造成的），而便利店仍较缺乏。

3. 中西部地区进展缓慢。由于前一阶段只在东部11个城市进行试点，国务院批准的项目，绝大部分设在东部，地方越权审批的企业，也主要集中在沿海发达地区。去年以来国家已将开放地域扩大到中西部地区，但由于受经济发展水平制约，外商对中西部地区缺乏了解，中西部地区商业利用外资仍停滞不前。

三、促进商业利用外资健康发展的对策分析

1. 堵“后门”，是国家政令畅通的保证，是商业领域利用外资工作健康有序进行的前提。对整改类企业要加快完成整改；对设在试点城市、布局合理、社会效益较好的企业，可按《试点办法》的规定转为试点企业；对违反国家政策法规的企业要严肃查处，其中严重违法经营，对社会造成影响恶劣的要依法关闭；外商参与国内商业经营，一律按《试点办法》规定的权限和程序报批，并统一由国家工商局或其授权的地方工商行政管理局登记注册，未经授权，任何地方工商行政管理部门都不得办理。

2. 开“正门”，要结合流通行业“十五”发展规划和试点地区商业发展规划制定商业利用外资规划。规划要体现“合理布局、优化结构、总量控制”的原则，对外商进入商业领域的数量、布局、业态、规模、设立进程，采取连锁经营等方式并对相关业务作出统筹安排，切实把握好开放的“度”。同时，对国际跨国连锁集团在国内大规模开设连锁店，既要积极引进其先进的营销技术、管理经验，提高商业利用外资质量，也要十分重视其对国内商业形成的巨大冲击。要合理规划外资连锁店发展区域，适当控制发展速度和规模；要对其产生的社会效益及影响作出充分论证；还要根据我国加入WTO的承诺，早做准备，研究制订外商从事特许经营、网上销售、直销、邮购等政策规定，使其进入国内即纳入规范有序的发展轨道。

3. 积极引导外资投向，利用外资促进商业结构调整。我国便利店总体数量不足，营业时间过短，服务项目偏少，经营分散，组织化程度低，加之设施和管理落后，与国外存在较大差距。发展现代化的便利店，对提高人民生活质量、扩大内需、增加就业具有积极作用。但其投资大、回收期长、管理要求高，短期内对内资投资企业吸引不大。为改变这种状况，在系统引进“7－Eleven”便利店模式的同时，附之于适当放宽的投资地域、数量、股比、资格等优惠条件，以吸引外商的投资积极性。另外，针对国内物流配送体系发展起步晚、规模小、水平低、管理落后，尚不能很好适应连锁经营、电子商务等现代营销模式的要求，有计划、有步骤地引进国外先进的物流配送体系及其管理经验和技术，推动并加快其发展。

（作者：李建中）

近三年中国吸收外商及港澳台商直接投资情况

		2001 年	2000 年	1999 年	2001 年与 2000 年比较增率（%）	2000 年与 1999 年比较增率（%）	说　明
国内情况	全国当年签批外商投资项目（个）	26 140	22 347	17 022	16. 97	31. 28	自 1994 年至 1999 年连续六年下降
	合同外资金额（亿美元）	719. 8	711. 3	520. 1	1. 19	36. 76	
	实际使用外资金额（亿美元）	496. 8	593. 5	526. 6	－16. 29	12. 70	
亚洲 10 国或地区	在华投资设立企业（家）		15 792	约 12 340		27. 93	亚洲 10 国或地区是指：香港、澳门、台湾、日本、菲律宾、泰国、马来西亚、新加坡、印度尼西亚、韩国
	合同外资金额（亿美元）		307. 95	约 238. 87		28. 92	
	实际使用外资金额（亿美元）		264. 65	约 265. 58		－0. 35	
欧盟 15 国	在华投资设立企业（家）		1 112	约 880		26. 8	
	合同外资金额（亿美元）		91. 47	约 42. 33		116. 11	
	实际使用外资金额（亿美元）		47. 04	约 44. 72		5. 18	
美国	在华投资设立企业（家）		2553	约 2050		24. 72	
	合同外资金额（亿美元）		78. 69	约 61. 16		28. 67	
	实际使用外资金额（亿美元）		43. 72	约 43. 87		－0. 34	

		2001 年	2000 年	1999 年	2001 年与2000 年比较增率（%）	2000 年与1999 年比较增率（%）	说 明
部分自由港	在华投资设立企业（家）		1451	约 590		145	部分自由港是指：维尔京群岛、开曼群岛、西萨摩亚
	合同外资金额（亿美元）		113.6	约 43.03		164.02	
	实际使用外资金额（亿美元）		44.27	约 31.01		42.78	

注：表中“国内情况”数据摘自《2002 中国统计摘要》，其他数据主要源自国家经贸委有关资料。

截至 2001 年底，全国累计批准外商投资项目 391232 个，合同外资金额 9123. 0 亿美元，实际使用外资金额 5684. 1 亿美元。

以实际投资额核算，2000 年对华投资前 10 位的国家或地区依次为：

排 名	国家或地区	实际投资金额（亿美元）
1	香港	162.15
2	美国	43.72
3	维尔京群岛	35.71
4	日本	32.45
5	台湾	23.77
6	新加坡	20.90
7	韩国	15.07
8	德国	12.51
9	英国	11.54
10	法国	8.85

注：表中数据源自国家经贸委有关资料。

对华投资前 10 位的国家或地区实际投入外资额占全国同期实际使用外资额的 89.93%。

以实际投资额核算，截至 2000 年底，累计对华投资前 10 位的国家或地区依次为：

排　名	国家或地区	实际投资金额（亿美元）
1	香港	1 710. 13
2	美国	300
3	日本	281
4	台湾	262
5	新加坡	169
6	维尔京群岛	129
7	韩国	103
8	英国	87
9	德国	60
10	法国	44

注：表中数据源自国家经贸委有关资料。

前10位国家或地区累计实际投入外资　　额占全国同期实际使用外资额的90. 33%。

附 录 三

2001年中国零售业百强企业排序

2001年序号	2000年序号	企业名称	业态	销售总额（万元）	零售总额（万元）	销售额同比增长（±%）	零售额同比增长（±%）
1	1	联华超市有限公司	超市连锁	1 406 341	996 207	26.2	26.2
2		华联超市场股份有限公司	超市连锁	850 415	850 415		
3		深圳金海马集团	家居连锁	800 000	800 000		
4		北京华联综合超市有限公司	超市连锁	800 000	800 000		
5	3	大连商场集团公司	百货	753 300	500 363	21.2	49.8
7	2	上海华联商厦股份有限公司	百货	721 018	481 624	10.6	8.8
8	6	三联商社	家电连锁	702 600	384 705	32.3	10.1
9	18	北京国美电器有限公司	家电连锁	615 047	615 047	165	165
10	8	苏果超市股份有限公司	超市连锁	528 200	528 200	31.4	31.4
11	9	上海锦江麦德龙有限公司	仓储连锁	494 922	233 118	32.2	-37.7
12	32	北京王府井百货（集团）股份有限公司	百货	488 730	478 597	249	311
13	23/25	华润万佳有限公司	超市连锁	464 766	464 766	34.9	34.9
14	10	重庆商社（集团）有限公司	百货	439 353	251 853	30.2	45
15	11	武汉市武商集团股份有限公司	百货	420 236	404 573	16.7	17.9
16	4	上海市第一百货商店股份有限公司	百货	413 136	327 033	-29.3	-11.2
17	12	天津劝业华联集团有限公司	百货	403 500	198 599	36.7	5.4
18		苏宁电器连锁股份有限公司	家电连锁	399 107	399 107		
19	7	上海豫园旅游商城股份有限公司	百货	363 902	285 138	-11.5	-3.6
20	14	天津滨江集团有限公司	百货	329 456	172 545	31.6	15.0
21	21	天津家世界连锁商业集团有限公司	仓储连锁	326 668	326 668	53.6	53.6

2001年序号	2000年序号	企业名称	业态	销售总额（万元）	零售总额（万元）	销售额同比增长（±%）	零售额同比增长（±%）
22	20	江苏文峰大世界连锁发展股份有限公司	仓储连锁	314 530	175 835	47.6	-17.5
23	17	重庆百货大楼股份有限公司	百货	303 005	219 146	23.6	25
24	26	武汉中商商业集团股份有限公司	百货	280 146	182 117	79.9	17.0
25	34/75	北京超市发天客隆连锁股份有限公司	超市连锁	263 386	244 953	20	11.6
26	15	北京西单友谊集团	百货	257 865	234 191	3.5	13.2
27	30	江苏无锡商业大厦集团有限公司	家电连锁	254 600	254 600	78.0	78.0
28	38	北京物美商业集团有限公司	超市连锁	252 170	252 170	97.4	97.4
29	22	江苏无锡商业大厦集团有限公司	百货	245 095	218 611	17.0	30.4
30		深圳市人人乐连锁商业有限公司	超市连锁	212 543	212 543		
31	39	上海永乐家用电器有限公司	家电连锁	205 142	205 142	62.4	84.1
32	19	湖南友谊阿波罗股份有限公司	百货	200 398	191 528	9.8	5.4
33	31	北京京客隆商厦	超市连锁	189 331	189 331	33.9	33.9
34		深圳新一佳商场投资发展有限公司	超市连锁	189 000	189 000		
35	24	南京新街口百货商店股份有限公司	百货	188 745	170 034	8.9	6.9
36	28	山东银座商城股份有限公司	百货	184 184	162 234	25.4	48.3
37	46	武汉中百集团股份有限公司	百货	178 401	168 648	57.7	73.7
38	35	长春欧亚集团股份有限公司	百货	176 827	176 327	34.0	34.0
39	29	上海捷强烟草糖酒（集团）连锁有限公司	超市连锁	171 757	171 757	19.9	19.9
40	51	青岛利群集团股份有限公司	百货	170 914	134 855	62.0	55.5
41		深圳市民润农产品配送连锁商业有限公司	超市连锁	165 668	165 668		
42	61	合肥百货大楼集团股份有限公司	百货	160 000	123 700	72.6	36.3
43	27	沈阳商业城集团	百货	159 266	120 182	3.4	1.6
44	40	北京城乡贸易中心股份有限公司	百货	158 787	158 049	26.9	26.3
45	41	长春百货大楼集团股份有限公司	百货	156 238	155 943	24.9	24.7
46		山东潍坊百货集团股份有限公司	百货	156 187	114 000		
47	37	成都人民商场（集团）股份有限公司	百货	147 318	127 660	13.5	-1.7
48	33	山东新星购销总社	超市连锁	146 000		6.3	6.3
49	53	安徽商之都有限责任公司	百货	143 213	96 449	36.5	5.4

2001 年序号	2000 年序号	企 业 名 称	业 态	销售总额（万元）	零售总额（万元）	销售额同比增长（±%）	零售额同比增长（±%）
50		上海第一八佰伴有限公司	百货	140 222	119 803		
51	88	中兴——沈阳商业大厦（集团）股份有限公司	百货	139 233	138 007	95.2	120.3
52	54	杭州大厦购物中心	百货	138 035	135 832	33.8	31.8
53	44	北京北辰购物中心	百货	133 602	133 602	9.5	11.4
54	43	杭州解百集团股份有限公司	百货	130 014	119 761	6.4	14.1
55	63	杭州华商集团有限公司家友超市公司	超市连锁	128 000	128 000	43.3	
56	56	南京中央商场股份有限公司	百货	126 397	120 780	26.0	38.5
57	66	吉林省明日恒客隆仓储百货有限公司	超市连锁	126 370	0	43.2	
58	45	北京蓝岛集团	百货	126 364	119 111	11.7	7.3
59	36	广州市广州百货大厦	百货	125 033	119 588	−3.8	−4.9
60		深圳茂业商厦有限公司	百货	123 865	0		
61	57	北京庄胜崇光百货商场	百货	121 000	95 000	22.6	−3.7
62	60	北京翠微集团翠微大厦	百货	119 660	113 972	27.5	21.4
63	100	新疆友好（集团）股份有限公司	百货	119 483	98 762	97.6	88.4
64	65	江苏时代超市有限公司	超市连锁	117 000	0	31.5	
65	59	天津百货大楼有限公司	百货	116 018	89 201	22.9	15.1
66	47	广州友谊商店股份有限公司	百货	114 561	113 369	3.6	4.3
67		石家庄北国商城	百货	113 154	113 154	26.9	49.7
68		济南人民商场集团有限公司	百货	111 379	111 379	37.5	37.5
69		大庆百货大楼集团	百货	110 959	106 930	56.7	51.0
70		北京燕莎友谊商城有限公司	百货	107 279	107 279	1.9	1.9
71		上海大润发超市	超市连锁	106 946	96 258	33.8	20.4
72		昆明西南商业大厦股份有限公司	百货	106 645	63 112	−12.9	51
73		杭州百货大楼	百货	105 794	101 015		
74		宁波三江购物俱乐部有限公司	超市连锁	105 500	0	38.9	
75		上海市东方商厦	百货	102 455	87 520	−0.4	11.7
76		上海家得利超市有限公司	超市连锁	102 000	98 610	37.8	33.3
77		深圳天虹商场有限公司	百货	101 250	100 834	16.4	28.4

2001 年序号	2000 年序号	企业名称	业态	销售总额（万元）	零售总额（万元）	销售额同比增长（±%）	零售额同比增长（±%）
78		广州市新大新公司	百货	100 778	93 993	-5.2	-5.7
79		江苏无锡第一百货（集团）有限公司	百货	98 854	92 983	12.1	13.9
80		南昌百货大楼股份有限公司	百货	97 996	79 617		
81		成都百货大楼集团有限公司	百货	97 749	68 095	20.0	20.9
82		百佳超级市场有限公司	超市连锁	96 152		37.3	
83		华普超市有限公司	超市连锁	95 773		39.9	
84		浙江新中义商贸股份有限公司	专业连锁	95 000		11.8	
85		西安民生集团股份有限公司	百货	93 769	93 769	15.2	15.2
86		大庆石油管理局昆仑实业总公司	百货	93 600	93 600	6.4	6.4
87		赛特购物中心	百货	93 451	93 451	4.5	6.6
88		辽宁兴隆百货集团	百货	92 602			
89		唐山市百货集团	百货	87 020	71 518	13.6	14.6
90		哈尔滨中央红集团股份有限公司	百货	84 321	84 321	-0.5	-0.5
91		山西华宇购物中心有限公司	百货	82 733	82 733		
92		内蒙古民族实业集团	百货	82 014	79 627	3.7	6.5
93		苏州工业品商场购物中心	百货	81 201	47 129	29.2	6.8
94		广州市岛内价连锁货仓商场发展有限公司	超市连锁	80 300	80 300		
95		西安开元商城有限公司	百货	80 100	78 344	-5.9	-2.1
96		南京商厦股份有限公司	百货	77 522	76 004	-10.1	3.8
97		大连天百集团有限公司	百货	77 309	77 076	-3.9	-3.9
98		常州百货大楼股份有限公司	百货	75 908	69 575	18.4	15.9
99		无锡八佰伴商贸中心有限公司	百货	71 794	71 794		
100		沈阳市联营公司	百货	71 761	71 394	-0.3	0.4

2001年中国餐饮业百强企业排序

排序	企 业 名 称	经济类型	经 营 业 态	营业额（万元）	同比增长（±%）
1	百胜（中国）投资有限公司	外商独资	快餐、休闲餐饮	549 843	24.5
2	内蒙古小肥羊餐饮连锁有限公司	有限责任	特色餐馆	151 311	
3	上海新亚（集团）股份有限公司	股份有限	宾馆餐饮、快餐	120 108	3.9
4	沈阳市小土豆餐饮有限公司	有限责任	特色餐馆、连锁店139家	78 361	26.9
5	锦江国际管理有限公司	国有独资	宾饮餐饮	72 096	8.8
6	*上海肯德基有限公司	中外合资	快餐	69 967	8.9
7	中国北京全聚德集团有限责任公司	有限责任	特色餐馆、连锁店49家	66 300	8.3
9	德克士食品开发有限公司	有限责任	快餐、连锁店200家	60 000	76.5
10	北京新燕莎控股（集团）有限责任公司	国有独资	宾馆餐饮、特色餐馆	58 569	494.3
11	北京市东安饮食公司（北京东来顺连锁总部）	国有独资	特色餐馆、连锁店96家	53 000	15.2
12	重庆小天鹅饮食文化（集团）有限公司	私营经济	特色餐馆、连锁店108家	49 260	108.0
13	北京顺峰饮食娱乐有限公司	中外合资	特色餐馆、连锁店15家	47 165	10.3
14	广州酒家企业集团	有限责任	特色餐馆、连锁店28家	44 325	0.6
15	成都潭鱼头投资股份有限公司	股份有限	特色餐馆、连锁店79家	44 213	59.9
16	重庆市莱根香风俗酒楼有限公司	有限责任	特色餐馆、连锁店52家	43 600	279.0
17	马兰拉面快餐连锁有限责任公司	有限责任	快餐、连锁店382家	42 986	19.7
18	上海梅龙镇（集团）有限公司	有限责任	特色餐馆	40 493	22.1
19	广州饮食服务企业集团	有限责任	特色餐馆	37 580	4.0
20	重庆市阳光温泉度假村	集体所有	休闲餐饮	37 249	-6.8
21	西安饮食服务（集团）股份有限公司	股份有限	特色餐馆、宾馆餐饮	35 756	30.6

排序	企业名称	经济类型	经营业态	营业额（万元）	同比增长（±%）
22	南京桂花鸭(集团)公司	有限责任	特色餐馆、连锁店240家	33 100	18.0
23	山西省运城大胖饮食有限公司	私营经济	特色餐馆、连锁店156家	31 200	41.8
24	上海小绍兴饮食集团公司	股份合作	特色餐馆	26 466	0.2
25	厦门市舒友海鲜大酒楼有限公司	私营经济	特色餐馆、连锁店7家	25 398	13.4
26	广州绿茵阁咖啡厅	股份合作	特色餐馆、连锁店23家	25 000	
27	成都狮子楼大酒店有限责任公司	私营经济	特色餐馆	25 000	47.1
28	北京金三元食品有限责任公司	有限责任	特色餐馆、连锁店41家	24 600	58.0
29	北京华天饮食集团公司	国有独资	特色餐馆、连锁店43家	22 593	4.0
30	重庆陶然居风味饮食文化有限公司	私营经济	特色餐馆、连锁店38家	21 920	19.0
31	重庆德庄饮食文化有限公司		特色餐馆、连锁店60家	21 600	253.0
32	昆明大滇园美食有限公司	有限责任	特色餐馆、连锁店95家	20 948	50.2
33	中国沈阳老边饺子有限公司	有限责任	特色餐馆、连锁店51家	20 215	39.4
34	*上海新亚大包有限公司	股份有限	快餐、连锁店85家	19 652	-5.4
35	上海豫园商城老城隍庙饮食有限公司	股份有限	宾馆餐饮、小吃、休闲餐饮	18 636	25.8
36	武汉市小南京健康美食酒店管理有限公司	有限责任	特色餐馆、连锁店21家	18 500	2.8
37	宁波市江东四阳渔港餐饮发展有限公司	私营经济	特色餐馆、连锁店7家	17 600	193.3
38	丽华快餐公司	私营经济	送餐、连锁店31家	16 700	
39	北京黎昌海鲜大酒楼	私营经济	特色餐馆、连锁店3家	16 380	2.1
40	武汉市亢龙太子酒轩有限责任公司	有限责任	特色餐馆	16 241	194.5
41	江苏大娘水饺餐饮有限公司	私营经济	快餐、连锁店50家	15 800	43.6
42	*上海杏花酒楼企业股份有限公司	股份有限	特色餐馆	15 334	11.4
43	海南龙泉集团有限公司	有限责任	宾馆餐饮、特色餐馆、快餐	15 000	36.4
44	重庆市饮食服务股份有限公司颐之地大酒楼	股份有限	特色餐馆、快餐、小吃	14 786	-5.2
45	长沙饮食集团公司	国有独资	特色餐馆、直营店36家	14 780	
46	广东中山海港饮食管理集团公司	有限责任	特色餐馆、连锁店27家	14 071	10.1
47	上海宝隆(集团)股份有限公司	股份有限	宾馆餐饮	13 815	-1.8
48	杭州市万家灯火餐饮服务有限公司	私营经济	特色餐馆、连锁店6家	13 076	92.4
49	北京天伦王朝饭店	中外合资	宾馆餐饮	13 051	54.4
50	深圳面点王饮食连锁有限公司	有限责任	快餐、连锁店25家	12 900	20.6

排序	企 业 名 称	经济类型	经 营 业 态	营业额（万元）	同比增长（±%）
51	杭州楼外楼实业有限公司	有限责任	特色餐馆	11 800	12.5
52	宁波汉通餐饮发展有限公司	有限责任	特色餐馆、连锁店 6 家	11 692	55.9
53	武汉三五酒店管理有限公司	私营经济	宾馆餐饮、连锁店 27 家	11 583	54.4
54	＊上海新雅粤菜馆	有限责任	特色餐馆	11 566	5.1
55	山西江南餐饮集团	私营经济	特色餐馆、连锁店 4 家	11 026	
56	山东蓝海股份有限公司	股份有限	宾馆餐饮	11 000	57.1
57	福州市饮食(集团)公司	国有独资	宾馆餐饮、特色餐馆	10 854	3.8
58	天津市鸿起顺餐饮有限责任公司	有限责任	特色餐馆、连锁店 20 家	10 813	7.7
59	东方饺子王连锁经营有限责任公司	有限责任	特色餐馆、连锁店 20 家	10 054	13.1
60	＊西安市西安饭店	股份有限	宾馆餐饮、连锁店 6 家	10 026	47.1
61	山东净雅餐饮集团有限公司	有限责任	特色餐馆、连锁店 5 家	10 000	53.8
62	四川省成都市饮食公司	国有独资	特色餐馆	9 888	12.8
63	湖北三五酒店有限公司	有限责任	特色餐馆	9 800	78.2
64	宁波慎业发展有限公司慎业大酒店	私营经济	特色餐馆、连锁店 3 家	9 700	19.5
65	广东东莞宾馆	中外合资	宾馆餐饮	8 804	15.8
66	江苏河埒渔工商集团有限公司	有限责任	特色餐馆、连锁店 6 家	8 802	21.0
67	陈川粤实业有限公司	有限责任	特色餐馆、直营店 5 家	8 300	
68	北京九头鸟酒店管理公司	私营经济	特色餐馆、连锁店 12 家	8 100	
69	保定玉兰香饮食有限公司	有限责任	特色餐馆	7 820	15.0
70	北京宾楼饭店有限公司	中外合资	宾馆餐饮	7 569	18.4
71	青岛海景花园大酒店	国有独资	宾馆餐饮	7 436	9.3
72	杭州知味观	国有独资	特色餐馆、连锁店 15 家	7 236	6.8
73	安徽省金满楼饮食集团公司	私营经济	特色餐馆、连锁店 9 家	7 185	111.3
74	北京合兴隆快餐发展有限公司	中外合资	快餐、连锁	6 960	54.0
75	天津市天府饮食文化有限公司	有限责任	特色餐馆	6 649	22.7
76	宁波石浦海味饭店	私营经济	特色餐馆	6 500	16.5
77	＊北京顺峰金阁酒店	有限责任	宾馆餐饮	6 483	2.3
78	吉林四平市李连贵风味大酒楼	国有独资	特色餐馆、连锁店 76 家	6 418	40.4
79	北京友谊宾馆	国有独资	宾馆餐饮	6 400	3.2

排序	企 业 名 称	经济类型	经 营 业 态	营业额（万元）	同比增长（±%）
80	*上海新亚(集团)公司新亚大酒店	股份有限	宾馆餐饮	6 390	24.8
81	浙江慈溪市阳明餐饮有限公司	股份合作	快餐、特色餐馆、连锁店3家	6 000	-25.0
82	无锡市烤鸭馆	有限责任	特色餐馆、连锁店4家	5 775	35.3
83	上海新锦江大酒店	股份有限	宾馆餐饮	5 740	-1.1
84	上海华亭宾馆有限公司	股份有限	宾馆餐饮	5 691	2.1
85	哈尔滨日月潭美食城	有限责任	特色餐馆	5 580	29.2
86	广西南宁饭店	国有独资	宾馆餐饮、特色餐馆	5 572	-3.0
87	上海市衡山集团公司	国有独资	宾馆餐饮	5 569	-1.6
88	洛阳酒家集团公司	国有独资	特色餐馆	5 535	0.2
89	上海锦江饭店	国有独资	宾馆餐饮	5 509	19.5
90	深圳市凤凰楼饮食服务有限公司	有限责任	特色餐馆、连锁店4家	5 443	52.7
91	成都巴国布衣餐饮发展有限公司	有限责任	特色餐馆、连锁店10家	5 400	72.7
92	无锡锦江大酒店有限公司	中外合资	宾馆餐饮	5 214	-0.1
93	*西饮集团老孙家饭庄	股份有限	特色餐馆、小吃、连锁店11家	5 166	62.6
94	昆明饮食股份有限公司	股份有限	特色餐馆、快餐、宾馆餐饮	5 081	-9.4
95	重庆维也那大酒店	私营经济	特色餐馆、连锁店14家	5 040	76.2
96	北京馥春洲美食城	股份合作	特色餐馆	5 000	31.6
97	上海白玉兰饮食有限公司	有限责任	小吃、休闲餐饮、连锁店28家	4 832	4.2
98	上海乾和餐饮管理有限公司	私营经济	特色餐馆、连锁店6家	4 800	50.0
99	厦门商业集团饮食服务有限公司	有限责任	特色餐馆	4 664	
100	南昌市独一处海鲜城	私营经济	特色餐馆、连锁店6家	4 500	18.4

注:标有"*"的企业数据含在该企业所属公司内。

2001年世界零售企业排序

排名	企业名称	中文名称	国家	营业收入（百万美元）
1	Wal - Mart Stores	沃尔玛	美国	219 812.0
2	Carrefour	家乐福	法国	62 224.6
3	Royal Ahold	阿霍德	荷兰	59 633.9
4	Home Depot	家居中心	美国	53 553.0
5	Kroger	克罗格	美国	50 098.0
6	Metro	麦德龙	德国	44 346.8
7	Sears Roebuck	西尔斯罗巴克	美国	41 078.0
8	Target	塔吉特	美国	39 888.0
9	Albertson's	艾伯森	美国	37 931.0
10	Kmart	凯马特	美国	36 151.0
11	Costco Wholesale	科斯特	美国	34 797.0
12	Safeway	塞夫维	美国	34 301.0
13	Tesco	塔斯科	英国	33 915.5
14	I. C. Penney	彭尼	美国	32 557.0
15	Ito - Yokado	伊藤洋华堂	日本	26 822.5
16	Groupe Pinault - Printemps	巴黎春天	法国	24 893.5
17	Walgreen	沃格林	美国	24 623.0
18	I. Sainsbury	圣斯巴利	英国	24 575.4
19	AEON	吉之岛	日本	23 620.9
20	Groupe Auchan	欧尚	法国	23 449.5
21	CVS	西佛斯	美国	22 241.4

排名	企业名称	中文名称	国家	营业收入（百万美元）
22	Lowe's	洛维	美国	22 111.1
23	Daiei	大荣	日本	20 113.0
24	AutoNation			19 989.3
25	Delhaize 'Le Lion'	戴尔赫兹	比利时	19 629.3
26	Best Buy	佳买	美国	19 597.0
27	Federated Dept. Stores	联邦百货	美国	16 895.0
28	Kingfisher	翠丰	英国	16 142.1
29	Publix	帕布里斯	美国	15 284.2
30	RIte Aid	瑞特爱德	美国	15 171.1
31	KarstadtQuelle	卡斯特德	德国	14 388.1
32	May Dept. Stores	五月百货	美国	14 175.0
33	Gap	盖普	美国	13 847.9
34	Otto Versand	翱拓	德国	13 564.3
35	Winn – Dixie	温迪榭	美国	12 903.4
36	Circuit City	环城	美国	12 791.5
37	Coles Myer	考斯梅尔	澳大利亚	12 642.8
38	Safeway	塞夫维	英国	12 257.6
39	Migros	梅格罗斯	瑞士	11 955.2
40	Marks & Spencer	玛莎	英国	11 649.6
41	Woolworths	沃尔沃斯	澳大利亚	11 502.0
42	Office Depot	办公仓储	美国	11 154.1
43	Toys 'R' Us	玩具反斗城	美国	11 019.0
44	Great Atl. & Pacific Tea	大西洋及太平洋茶叶	美国	10 973.3
45	Staples	斯特普尔斯	美国	10 744.4
46	TJX	提捷艾克斯	美国	10 709.0

2002年度全球最有价值的100个品牌

排序	品　　牌	价值（10亿美元）	与2001年度差异（%）	国家
1	Coca－Coal 可口可乐	69.637	1	美国
2	Microsoft 微软	64.091	－2	美国
3	IBM 国际商用机器公司	51.188	－3	美国
4	GE 通用电气	41.311	－3	美国
5	Intel 英特尔	30.861	－11	美国
6	Nokia 诺基亚	29.970	－14	芬兰
7	Disney 迪斯尼	29.256	－10	美国
8	Mc Donald's 麦当劳	26.375	4	美国
9	Marlboro 万宝路	24.151	10	美国
10	Mercedes 奔驰	21.010	－3	德国
11	Ford 福特	20.403	－32	美国
12	Toyota 丰田	19.448	5	日本
13	Citibank 花旗银行	18.066	－5	美国
14	Hewlett—Packard 惠普	16.776	－7	美国
15	AmericanExpress 美国运通	16.287	－4	美国
16	Cisco 思科	16.222	－6	美国
17	AT&T 美国电报电话	16.059	－30	美国
18	Honda 本田	15.064	3	日本
19	Gillette 吉列	14.959	－2	美国
20	BMW 宝马	14.425	4	德国
21	Sony 索尼	13.899	－7	日本

排序	品　　牌	价值（10亿美元）	与2001年度差异（%）	国家
22	Nescafe 雀巢咖啡	12.843	-3	瑞士
23	Oracle 甲骨文	11.510	-6	美国
24	Budweiser 百威	11.349	5	美国
25	Merrill Lynch 美林证券	11.230	-25	美国
26	Morgan Stanley 摩根·斯坦利	11.205	N/A	美国
27	Compaq 康柏	9.803	-21	美国
28	Pfizer 辉瑞	9.770	9	美国
29	JPMorgan J. P. 摩根	9.693	N/A	美国
30	Kodak 柯达	9.671	-10	美国
31	Dell 戴尔	9.237	12	美国
32	Nintendo 任天堂	9.219	-3	日本
33	Merck 默克	9.138	-6	美国
34	Samsung 三星	8.310	30	韩国
35	Nike 耐克	7.724	2	美国
36	Gap 盖普	7.406	-15	美国
37	Heinz 亨氏	7.347	4	美国
38	Volkswagen 大众	7.209	-2	德国
39	Goldman Sachs 高盛	7.194	-9	美国
40	Kellogg's 凯洛格	7.191	3	美国
41	Iduis Vuitton 路易威登	7.054	0	法国
42	SAP 赛普	6.775	7	德国
43	Canon 佳能	6.721	2	日本
44	IKEA 宜家	6.545	9	瑞典
45	Pepsi 百事可乐	6.394	3	美国
46	Harley - Davidson 哈雷·戴维森	6.266	13	美国
47	MTV	6.078	-8	美国
48	Pizza Hut 必胜客	6.046	1	美国
49	KFC 肯德基	5.346	2	美国
50	Apple 苹果	5.316	-3	美国

排序	品 牌	价值（10亿美元）	与2001年度差异（%）	国家
51	Xerox 施乐	5.308	-12	美国
52	Gucci 古奇	5.304	-1	美国
53	Accenture 安森哲	5.182	N/A	美国
54	L'Oreal 欧莱雅	5.079	N/A	法国
55	Kleenex 科里奈克斯	5.039	-1	美国
56	Sun 太阳	4.773	-7	美国
57	wrigley's 箭牌	4.747	5	美国
58	Reuters 路透社	4.611	-12	英国
59	Colgate 高露洁	4.602	1	美国
60	Philips 飞利浦	4.561	-7	荷兰
61	Nestle 雀巢	4.430	N/A	瑞士
62	Avon 雅芳	4.399	1	美国
63	AOL 美国在线	4.326	-4	美国
64	Chanel 香奈尔	4.272	0	法国
65	Kraft 卡夫	4.079	1	美国
66	Danone 达能	4.054	N/A	法国
67	Yahoo! 雅虎	3.855	-12	美国
68	adidas 阿迪达斯	3.690	1	德国
69	Rolex 劳力士	3.686	0	瑞士
70	Time 时代	3.682	-1	美国
71	Ericsson 爱立信	3.589	-49	瑞典
72	Tiffany 蒂法尼	3.482	0	美国
73	Levi's 李维斯	3.454	-8	美国
74	Motorola 摩托罗拉	3.416	-9	美国
75	Duracell 金霸王	3.409	-18	美国
76	BP 英国石油	3.390	4	英国
77	Hertz 赫兹	3.362	-7	美国
78	Bacardi 百加得	3.341	4	百慕大（地区）
79	Caterpillar 卡特皮勒	3.218	N/A	美国

排序	品　　牌	价值（10亿美元）	与2001年度差异（%）	国家
80	Amazon. com 亚马逊	3. 175	1	美国
81	Panasonic 松下	3. 141	-10	日本
82	Boeing 波音	2. 973	-27	美国
83	Shell 壳牌	2. 810	-1	英/荷
84	Smirnoff 史密诺夫	2. 723	5	英国
85	Johnson&Johnson 强生	2. 509	N/A	美国
86	Prada 帕拉达	2. 489	N/A	意大利
87	Moet&Chandon 酩悦	2. 445	-1	法国
88	Heineken 喜力	2. 396	6	荷兰
89	Mobil 美孚	2. 358	-2	美国
90	Burger King 汉堡王	2. 163	-11	美国
91	Nivea 妮维雅	2. 059	16	德国
92	Wall Street Journal 华尔街日报	1. 961	-10	美国
93	Starbueks 星巴克	1. 961	12	美国
94	Barbie 芭比	1. 937	-5	美国
95	Polo Ralph Lauren 波罗	1. 928	1	美国
96	FedEx 联邦快递	1. 919	2	美国
97	Johnnie Walker 尊尼霍嘉	1. 654	0	英国
98	JackDaniel's 杰克丹·尼尔斯	1. 580	0	美国
99	3M	1. 579	N/A	美国
100	Armani 阿曼尼	1. 509	1	意大利

附 录 四

一、内地连锁经营组织机构

中国连锁经营协会简介

中国连锁经营协会是由连锁经营企业团体及个人自愿组成的全国性行业组织，业务归口国家经济贸易委员会管理，会址设在北京。

协会的宗旨是加强与有关部门、社会各界及相关产业的沟通与合作，为连锁企业提供全方位的服务，为连锁企业的发展营造一个良好的外部环境。

协会的主要任务是承担政府部门委托的工作，协助政府部门开展行业管理，推进连锁经营的规范化、科学化；开展连锁经营的理论研究；调查了解连锁经营管理状况，加强信息交流，指导会员单位的业务开展，为广大企业服务；向政府部门反映会员的愿望和要求，保护会员单位合法权益；开展各项社会活动，为连锁经营工作牵线搭桥，促进合作；举办各类研讨班、培训班，加强连锁经营工作者的专业培训和知识更新；沟通与国外连锁组织的联系，加强国际间的交流与合作；编辑出版有关连锁经营方面的资料和书刊。

中国连锁经营协会的会员主要由国内各大中城市的连锁企业构成，包括超级市场、大型综合超市、便利店、专业店、专卖店、购物中心、仓储商店、家居中心、百货店等零售企业以及餐饮、服务等其他类型的连锁企业。这些企业通过直营或特许的方式进行经营规模的扩张，具有较高的市场占有率和竞争力。成为协会的会员，将在咨询培训、信息交流、经贸合作等方面得到较大的便利，同时协会还将根据会员的要求向有关部门反映企业发展中遇到的困难，帮助其解决政策、法律等方面的问题。

中国连锁经营协会竭诚希望加强与国内外各界的交往与合作，为促进我国连锁经营的发展作出贡献。

联系地址：北京市西城区月坛北街25号

邮政编码：100834
联系电话：(010) 68391404 68391401
传真：(010) 68391434 68391444
E - mail：info@ccfa. org. cn
网址：www. ccfa. org. cn

北京市连锁经营协会简介

北京市连锁经营协会是由北京市的连锁经营企业，及与连锁经营相关行业的企业、事业单位和个人联合发起成立的，是经市社会团体行政主管机关核准注册登记的社会团体法人。本协会共有会员单位80家。从业态类型看，有大型综合超市、仓储式商场、食品超市、便利店及餐饮、医药、茶叶等专业店；从所有制形式看，既有国有商业企业，也有合资、私营及多种经济成分的新兴商业企业，几乎涵盖了北京市内实行连锁经营的各种业态、业种和占主导地位的大部分企业。

本协会的宗旨是：团结本市行政区域内的各类连锁经营企业，及与连锁经营相关的行业的企业、事业单位及个人，通过开展调查研究、经验交流、业务培训、学术研讨、咨询服务、行业自律等活动，发挥桥梁作用，为会员和政府服务，促进经济交流和合作，推动本市连锁经营的健康发展。主要业务范围包括：政策调研、市场分析、行业协调、产销协调、经济协作、业务培训、咨询服务、国内外交流、信息交流、学术研讨、承办委托等。

联系地址：北京市东城区柏树胡同18号

邮政编码：100006

联系人：白纲

联系电话：(010) 65289887

上海市连锁商业协会简介

上海市连锁商业协会成立于1994年4月，是经上海市商业委员会批准，市社会团体管理局核准登记的具有法人资格的社会团体，主管单位是上海市商业委员会。

该协会是跨行业的、由连锁经营与相关企业组成的，全国第一家连锁协会。最初名称为上海自选商场协会，会员主要是超市、自选商场和相关企业，1995年1月根据形势发展，更名为上海自选连锁经营协会，1998年6月换届改选，扩大了会员范围，并更名为上海连锁商业协会。

根据国务院和上海市政府领导关于加快行业协会发展和改革的指示精神以及市政府办公厅《关于本市促进行业协会发展的指导意见的通知》要求，协会于2002年1月召开会员大会，选举产生了第三届理事会，由企业经营者担任会长和副会长，改变了原来由政府主管部门领导兼任的做法，会长实行轮流制。

本届第一任会长为上海友谊集团公司总经理王宗南，副会长（按姓氏笔画）为上海商业职业技术学院常务副院长方名山、锦江麦德龙购物中心公司副总经理吕国满、捷强集团公司总经理过明啸、华联超市股份公司董事长华洲、三枪集团公司董事长苏寿南、联华超市公司总经理良威、华联集团公司董事长张新生、农工商超市公司董事长兼总经理杨德新。

本届理事会聘请市人大常委会副主任任文燕、副市长冯国勤为名誉会长；原商业委员会主任、协会会长、现任上海浦东发展银行董事长张广生和现任市商业委员会主任蔡鸿生为顾问。

理事会选举产生常务理事19名，都是由具有一定规模的连锁企业负责人和政府主管部门负责人担任的。

协会现有会员企业134家，其中三资企业37家，个人会员（专家）28人。

协会团体会员有集团公司、连锁超市

公司、大型综合超市（购物中心）公司、便利公司、西式快餐和中式快餐公司、大型装潢建材超市公司、家用电器连锁公司和医药、服饰、内衣、眼镜、食品、家具、日用品、通讯产品、音像制品、彩色扩印、干洗、饮用水、房屋中介、维修、咨询服务等连锁企业以及相关的产品、设备生产供应企业。

协会聘请上海财经大学、上海大学、上海商业职业技术学院教授和企业的专家为协会咨询专家。

协会设有便利店专业委员会，定期举办专题研讨，研讨交流便利店业态发展情况和趋势，推动便利店健康发展。目前正在筹建通讯产品和超市专业委员会。

协会宗旨：贯彻执行党和国家的方针、政策、法令，协助政府对连锁经营企业进行指导、协调、管理，发挥政府与企业、企业与企业之间桥梁和纽带作用，维护会员企业的合法权益，为会员服务，推动本市连锁经营企业发展。

协会和海内外的连锁、加盟协会建立了联系，多次举办展览、研讨、学术与业务交流。与台湾连锁店协会、德国罗蓝贝格公司、日中流通研究所、美国驻沪总领事馆商务处以及上海双鹿中野冷机公司、大连三洋冷链公司、台湾形形色色商务咨询公司等联合举办研讨会、讲座，邀请美国、日本、德国、台湾专家进行研讨、讲课。

协会与产品、设备生产供应商联合举办产品推介、信息发布等中介活动。曾与台湾统一企业、日本大金空调、香港万碧、大连三洋等公司联合举办产品推介和信息发布会，邀请超市、大型超市、便利公司、连锁企业参加，发挥牵线搭桥作用。

协会受市商业委员会委托进行全市连锁业的统计汇总工作。由市商委、市统计局正式发文。全市超市、大卖场、便利店、连锁店、专卖（业）店等定期报送统计报表，协会负责汇总并报送主管部门，为政府部门决策提供数据。

协会开展咨询服务，提供有关市场、商品、连锁业态方面的有关资料，项目咨询和特许加盟咨询。

协会每月编辑一期《上海连锁信息》，收集刊登有关连锁方面的政策文件、重大活动、连锁企业动态，海内外有关信息，为会员单位服务，至今已出 89 期。1999 年创刊《上海连锁商业》内部刊物，从理论和实践上探讨连锁经营的发展和提高，至今已出版 12 期。

上海连锁商业发展走在全国前列，受

到国务院领导的重视和关注。上海的大型连锁企业在全国名列前茅，受到各方面重视。大部分连锁企业都已是协会会员。协会欢迎各种连锁企业和相关企业参加协会，共同推进连锁经营业态业种的进一步发展。

上海连锁商业协会办事机构为秘书处：秘书长胡文章，副秘书长朱克明、吴建业（市商业委员会零售行业管理处副处长兼任）。秘书处下设联络部、咨询部、培训部。

联系地址：上海市四川中路 320 号（九江路口）503、511 室

联系电话：021 - 63211388、63507224、63294196、63210651

传真：021 - 63211388、63294196

邮编：200002

天津市连锁商业协会简介

天津市连锁商业协会经有关部门批准于1996年1月22日成立。现会员单位发展到67个，包括国有企业、集体企业、外资企业和民营企业。

天津市连锁商业协会在天津市商业委员会的指导下，以发展天津连锁经营、改革传统零售业态、繁荣活跃市场经济、全心全意为企业服务为宗旨，发挥政府与企业间桥梁纽带作用，并积极组织协会会员单位参加中国连锁经营协会的各项活动。同时，为适应现代流通领域的快速发展，不断提高连锁经营企业管理和技术水平，协会不定期举办各种专业知识培训，邀请国内外知名专家、学者及成功企业高级管理人才传授最新理论和操作经验。连锁协会还积极帮助企业协调有关部门，解决企业发展中遇到的问题，将市政府有关规定、条例贯彻到连锁企业中去，很好地发挥了行业管理职能作用。

今后，天津市连锁商业协会将不断充实和完善职能，当好政府的参谋和助手，当好连锁企业的后方阵地，把天津连锁经营工作推向新水平。

热忱欢迎各兄弟省市连锁协会与天津连锁协会携手合作，共同谱写我国连锁经营的绚丽篇章。

联系地址：天津市和平区赤峰道51号

邮政编码：300041

联系人：吴小丽

联系电话：022－27121577

黑龙江省连锁经营协会简介

黑龙江省连锁经营协会是由省民政厅民间组织管理局登记注册的社团法人，是由全省境内各种新型零售业态及业种的连锁经营企业、物流配送企业、商品和设备供应商及专家学者等自愿参加组成的全省性行业组织，业务归口省经济贸易委员会管理。

黑龙江省连锁经营协会成立于2000年4月15日，现有企业会员40余个，店铺总数600多家，全省的大型连锁超市公司，主要的大商场，商、粮、供、石油、医药、邮政、电力、农垦等行业的连锁经营体系都是协会的会员，协会代表着黑龙江省连锁经营市场的主导力量，是全省连锁业界的权威中介组织。

协会的宗旨：

为连锁经营企业服务，维护会员的合法权益；

扩大和国际、国内同行的业务交流；

协助政府进行行业管理，繁荣和发展黑龙江省连锁业。

协会的主要任务：

维护本行业及会员的合法权益，积极向政府部门反映会员的愿望和要求，帮助企业解决发展中遇到的问题；

组织调查研究，提出行业发展有关规划和政策的建议，当好政府的助手；

制定行规、行约，督促会员加强自律，严格遵守国家法律，执行政府有关规定，协调会员与供货商之间的关系，协助政府进行行业管理；

加强会员间的交流，开展咨询、研讨、培训活动，扩大和国际国内同行的业务交流；

提供信息服务，指导会员企业扩展规模和经营管理，为企业牵线搭桥，促进资源共享，做大做强，合作发展。

协会自成立以来，紧紧围绕协会的宗旨，协助政府开展行业管理，积极为会员单位办实事，积极发挥政府和企业之间的桥梁纽带作用，向政府部门反映会员单位的愿望和要求，进行指导、协调、咨询、培训、传递信息等系列服务，受到会员单位的欢迎和认同，并得到政府部门的充分肯定。

本协会与包括中国连锁经营协会在内的全国近20个省市的地方连锁协会（组织）建立起联席会议制度，定期就不同时期连锁经营发展中的重大事项和推进连锁事业发展事宜进行磋商和议定，以指导企业的健康发展。本协会是中国连锁经营协会的理事单位，还是全国首家连锁专业周刊经济日报报业集团主办的《超市周刊》的指定合作单位。

随着全球经济一体化进程的加快，以及我国已加入世界贸易组织，外资企业将大范围强势进入，连锁经营也会作为新时期最具生机和活力的流通经营组织形式在更大的规模和范围得到快速发展。黑龙江省连锁经营协会将以繁荣和发展全省现代流通业、壮大本会会员为己任，努力为企业提供高水平、专业化的服务。

我们诚挚欢迎在黑龙江省内外开展连锁经营的企业及相关机构加入到协会。

联系地址：黑龙江省哈尔滨市动力区和平路17号

联系电话：0451－2107857（兼传真）

邮政编码：150040

福建省连锁经营协会简介

福建省连锁经营协会是经省民政厅审批，于1998年3月11日在福州市正式成立的全省行业性、非营利性社团组织。现有经贸系统、业务主管部门、银行、院校、新闻单位、省地市商业集团、总公司，国有、集体、民营大中型商业企业、连锁企业、生产企业、信息企业等100多个团体会员单位，30多个个人会员。

福建省连锁经营协会的宗旨是：坚持以邓小平理论为指导，团结全体会员，严格遵守宪法、法律、法规和国家政策，遵守社会道德风尚，加强行业自律，维护会员的合法权益，沟通政府与企业的联系，加强成员企业之间、企业与生产者、消费者之间的联系，为企业和政府部门双向服务，为促进本省连锁经营事业发展和繁荣市场做出贡献。

福建省连锁经营协会的业务范围：宣传贯彻国家有关的方针、政策和法律、法规、协助政府有关部门制定行业发展规划、行业政策和进行行业管理等工作。研究连锁经营的管理理论、管理模式、管理方法和实践中出现的问题；组织各种与连锁经营相关的讲座、学习、考察等活动；开展多种形式的人才培训。为会员企业提供信息、咨询服务；帮助企业引进先进的连锁经营技术。制定行规行约，加强行业自律；及时反映会员单位的愿望和要求，维护会员的合法权益。加强与国内外连锁经营相关社团组织的联系、交往与经济技术合作，发挥协会的协调、服务、网络功能作用。承办政府有关部门委托的其他任务。

福建省连锁经营协会从1998年6月10日开始出版《福建连锁》会刊，至2001年底共出版43期。约30万字。

福建省连锁经营协会成立四年来，对全省连锁经营事业的发展发挥了积极的推动作用，对促进福建省改革开放、搞活流通、繁荣市场，产生了积极的影响。随着改革开放和经济体制改革的不断深入、新型营销方式的蓬勃发展，福建省连锁经营协会必将展现出更加美好的发展前景，会员队伍更加壮大。

联系地址：福建省福州市中山路23号商业大厦八楼

邮政编码：350003

协会会长：项日桦

协会秘书长：杨建英

联系电话：0591－7854912、7847550

福建省泉州市超市协会简介

福建省泉州市超市协会于1998年5月在泉州市成立，是泉州市从事商品流通的单体超市、连锁超市企业、超市商品供应（代理）企业以及有关单位和个人自愿组成的，经社团管理机关核准登记的具备社会团体法人资格的全市性行业中介组织。

协会现有团体会员105个（其中企业会员77个、个人会员142人）协会企业会员及其连锁店的总数已占全市有一定规模的超市企业数的75%以上，经营销售额已占全市连锁、超市企业销售总额的80%以上。

协会执行民主集中制的组织原则，会员代表大会为最高权力机构，常务理事会由理事会选举产生，常务理事会下设秘书处，负责处理协会日常工作，理事会设会长一名、副会长八名、秘书长一名。

协会致力于发挥指导（引导）、服务、协调、规范的作用，着力做好对会员的引导、服务、协调、行业自律等工作，协会成立四年来为促进企业进一步向外扩大经营领域，不断提高管理水平，推动行业两个文明建设做了大量的工作，受到了政府的肯定和企业的好评。

联系地址：福建省泉州市南俊南路新府口48号

邮政编码：362000

协会会长：许渊朝

联系电话：0595－2276153

广东省连锁经营协会简介

广东省连锁经营协会（Guangdong Chain Operations Association）是由广东省境内的连锁经营企业及有关机构自愿参加组成的行业管理组织。协会已有企业会员200余个，店铺总数超过2350间，员工10.4万多人。广东省主要的大商场、超市公司、便利店、专卖店都是协会的会员。

广东省连锁经营协会成立于1996年1月，本着贯彻执行党和国家的方针政策、法令法规，沟通政府与企业的联系的宗旨，致力于维护会员的合法权益，加强、协调行业之间、企业之间的联系，为会员服务、为企业服务、为推动广东连锁经营事业发展服务。

协会以会员企业的发展为己任，定期举办连锁经营方面的研讨、博览、考察和培训，出版连锁经营方面的书籍和报刊，组织行业交流和技术推广，推动中外企业的合作与交流，帮助会员企业获取知识、得到经验、树立形象、开拓国内外零售及服务市场。

我们诚挚欢迎在广东省内外开展连锁经营的企业及机构加入！

联系地址：广州市天河体育西路充蕾二街二十号广信物业大楼三楼

办事机构：广东省连锁经营协会秘书处

邮　编：510620

联系电话：（020）87595872 或（020）87507787

传　真：(020）87568296

网　址：www. gdchain. com

电子邮箱：gdcoa@ gdchain. com

广东省广州市连锁经营协会简介

广州市连锁经营协会于1995年12月29日成立，是广州地区连锁经营企业自愿组建的跨经济成分、跨行业、跨系统、跨隶属关系的具有法人资格的自律性的社会团体。主管部门是广州市商业委员会，工作上接受广州商业总会的指导。会员大都是广州地区具有一定规模的连锁经营公司，既有国有、集体企业，又有私营、中外合资企业；行业包括百货、文化用品、眼镜、服装、粮油、糖烟副食、肉类食品、药品、石油、报刊、通信、汽配、餐饮和服务业等；有直营连锁、特许连锁、加盟连锁。

广州市连锁经营协会在政府与企业之间发挥桥梁和纽带作用，在行业内部发挥协调、自律、服务、监督等职能。

广州市连锁经营协会的任务主要是：把国家宏观经济调控目标、政策取向传导给企业，把企业的意见和行业的要求转达给政府，并向政府有关部门提供扶持和指导企业发展的建议；开展行业统计，对行业发展现状及发展趋势等提供咨询；搞好信息集散，制定行规行约，组织行检行评，并开展经济技术联络，指导、培训、咨询等，为政府、为行业、为企业服务等。

协会聘请广州市副市长王守初担任名誉会长；原广州市副市长王玄、市人大常委会副主任任荣光、原广州市政协副主席、广州商业总会会长陈棠担任高级顾问；广州市政协副主席冼若瑶、市人大秘书长陈耀华、市商委副主任骆慈广、市政府研究室主任何伟沾、市委研究室副主任杨建城、广州商业总会常务副会长陈崇梁、副会长任忠祥、关伟均等担任顾问；南大集团董事长伍锡辉任会长，原广州市商委业务处处长、广州商业总会副秘书长刘付治任副会长兼秘书长。协会还聘请广东对外经济律师事务所广州商业法律部主任何保兴为常年法律顾问，接受会员单位直接法律咨询、诉讼以及其他法律事务。

联系地址：广东省广州市西湾东路18号广州蔬果大厦7楼

邮政编码：510160

联系电话：（020）86471051

传真：（020）86472200

武汉商业总会连锁经营分会简介

武汉商业总会连锁经营分会成立于2000年3月，是由武汉市从事商业连锁经营的各个业种、业态以及与连锁经营相关的生产商、代理商、经销商企业、事业单位和个人组成的行业协会。现有会员包括武商集团量贩公司、中商平价连锁公司、中百连锁仓储超市公司、中百便民超市连锁公司、武汉丽红连锁超市公司和扬子江超市连锁公司等在内的大中型连锁企业100余家，是一个以大型超市为主体、大型企业为依托的社团组织。协会的宗旨是：贯彻执行党和国家的方针、政策以及法规、法令；开展调查研究，为政府及主管部门和会员企业当好参谋；协调各会员企业间的关系，凝聚行业力量，发挥群体优势；收集行业内部信息资料，搞好经验交流，开展各项中介咨询服务；开展专业知识和业务技能等方面的职业培训，提高企业职工的整体素质；维护会员企业的合法权益，向政府及有关部门反映会员和行业的意见和要求；全心全意为会员企业服务，推动本市连锁经营事业的发展。

武汉商业总会连锁经营分会成立以来，在主管部门和会员企业的大力支持下，坚持为政府、为行业、为企业服务的方向，围绕行业发展和企业观念更新、工商关系改善、经营管理水平的提高等方面做了一些工作，为企业办了许多实事，解决了企业自身难以解决的许多困难，为推动武汉市连锁经营各业种、各业态的健康发展，发挥了“政企之桥，企业之家”的积极作用。

协会地址：湖北省武汉市汉口京汉大道893号

邮政编码：430013

联 系 人：刘立俊

联系电话：027－82814273

二、部分国家或地区连锁经营组织机构名录及联系方式

部分国家或地区连锁经营组织机构名录及联系方式

1. Argentine Association Of Franchising

（阿根廷特许经营协会）

AV. Libertador222，7A

Buenos Aires 1001，Argentina

Tel：（54－11）4－394－3318 or（54－11）4－326 5499

Fax：（54－11）4－394－8107

Chairman：Lucas Secades（E－mail：1secades@aafranchising. com）

President：Jose Fernandez

General Secretary：Belen Valenzesi

2. Franchise Council Of Australia

（澳大利亚特许经营协会）

Box 1498N，GPO Melbourne

Victoria，3001，Australia

Tel：（61）396501667

Fax：（61）396501713

Chairman：Stephen Giles

3. Austrian Association Of Franchising

（奥地利特许经营协会）

Bayerhamerstrasse 12/1

A－5020，SalZburg－Austria

Tel：（43－662）874－2360

Fax：（43－662）874－2365

Chairman.：Mag. Harald Sukar

4. Belgian Federation Of Franchising

（比利时特许经营协会）

Boulevard de L’Humanite，116/2，

B－1070 Brussels，Belgium

Tel：（32－2）523－9707

Fax：（32－2）523－3510

Chairman：Walter Lavers（Godiva）

Executive Director.：Arnaud Le Grelle

5. Brazilian Association of Franchising
(巴西特许经营协会)
Alameda Irae, 276, Moema
SP 04075 - 000 - Sao Paulo, Brazil
Tel: (55 - 11) 5051 - 9496
Fax: (55 - 11) 5051 - 5590
Chairman: Ricardo Young
General Secretary: AnnetteTrompeter

6. British Franchise Association
(英国特许经营协会)
Thames View, Newton Road
Henley - on - Thames
Oxon RG9 1HG, UNITED KINGDOM
Tel: (44) 1491 - 578 - 050
Fax: (44) 1491 - 573 - 517
Chairman.: Melvin Lusty
Executive Director: Brian Smart

7. Canadian Franchise Association
(加拿大特许经营协会)
5045 Orbitor Drive, suite401, Bldg. 9
Mississauga L4W 4Y4
Ontario, Canada
Tel: (905) 625 - 2896
Fax: (905) 625 - 9076
E - mail: info@ cfa. ca
Chairman: Sam Hamam (E - mail: sam@ motophoto. ca)
President: Richard Cunningham

8. Colombian Association of Franchising
(哥伦比亚特许经营协会)
Holguines Trade Centre
Torre Lili OF 606
Cali, Colombia
E - mail: jbarragan @ telesat. com. cn
Jorge Barrangan

9. Danish Association of Franchising
(丹麦特许经营协会)
Lyngbyvej 20
DK - 2100 Copenhagen - Denmark
Tel: (45) 39 15 82 82
Fax: (45) 39 15 8010
Chairman.: J. Frederiksen (CEO Europe, IBYour Office)
Executive Director: Finn Birkegaard

10. European Federation of Franchising
(欧洲特许经营协会)
Ave Louise 179/14

B－1050 Brussels，Belgium

Tel：(32－2) 520－1607

Fax：(32－2) 520—1735

Chairman：Pierre Jeanmart

Executive Director：Carol Chopra

11．Finnish Franchise Association

(芬兰特许经营协会)

Suomen Franchising － Yhdistys r Y (SFY)

PL868

08680 Lohja as，Finland

Tel：(358) 19－331－195

Fax：(358) 19－331－075

President：Kari Leppilahti (Kotippiza Oyj)

Executive Director：Rolf Granstrom

12．French Franchise Federation

(法国特许经营协会)

60，rue La Boetie

75008 Paris，France

Tel：(33－1) 53－75－22－25

Fax：(33－1) 53－75－22－20

Chairman：Pierre Normand (Groupe Accor)

Executive Director：Chantal Zimmer

13．German Franchise Association

(德国特许经营协会)

Luisenstrasse，41

10117－Berlin－Germany

Tel：(49) (0) 302789020

Fax：(49) (0) 30278 90215

Chairman：D. Frohlich (Musikschule Frolich)

Executive Director：U1rich Opherk

14．Greek Association of Franchising

(希腊特许经营协会)

Skoufou 10

105 57 Athens，Greece

Tel：(30—1) 323－4620

Fax：(30－1) 323－8865

Chairman：A1exandros Lamilidis (Lead SA－Trekking Hellas)

General Secretary.：Mary Karagianni

15．Hungarian Franchise Association

(匈牙利特许经营协会)

POB. 446

BUdapestH－1537，Hungary

Tel：(36－1) 212－4124

Fax：(36—1) 212－5712

Chairman.: L. A. Erdelyi (Photo Porst)

Executive Director: Istvan Kiss

16. Indian Association of Franchising

(印度特许经营协会)

1－C, Vulcan Insurance Bldg.

Veer Nariman Road

Churchgate, Mumbai 400－020, India

Tel: (91－22) 282－1413

Fax: (91－22) 204－6141

Chairman: C. Yoginder Pal

17. Italian Franchise Association

(意大利特许经营协会)

Corso di Porta Nuova, 3

Milan20121, Italy

Tel: (39－02) 2900－3779

Fax: (3902) 655－5919

Chairman: BrunoVettore (Tecnocasa)

Secretary General: Pietro Jacometti

18. Japanese Association of Franchising

(日本特许经营协会)

2nd Akiyama Building

Toranomon 3－6－2, Minato－ku,

Tokyo 105—0001, Japan

Tel: (81—3) 5777－8704

Fax: (81－3) 5777－8711

Chairman: Rintaro Fujii

President: Isao Seo

General Secretary.: Hideki/Murayama

19. Latvian Franchise Association

(拉脱维亚特许经营协会)

Lachpliesha 81/2

Daugavpils LV－5403－Latvia

Tel: (371) 54 26 349

Fax: (371) 54 27 374

Chairman: Victor Aldersberg (Arhis)

Director: O. Krumpane

20. Malaysian Franchise Association

(马亚西亚特许经营协会)

Suite 1045, Level 10, Block A2

Leisure Commerce Square

No9, Jalan PJS 8/9

46150 PETALING JAYA

SELANGOR DARUL EHSAN

MalaySia

Tel: (603) 7877 1557

Fax: (603) 7877 1559

Chairman: Adzmi Abdul Wahab:

General Secretary：Awalan Abdul Aziz

21. Netherlands Franchise Association
（荷兰特许经营协会）
Boomberglaan l2,
NL－1217RRHilversum－Netherlands
Tel：(31－35) 624－2300
Fax：(31－35) 624－9194
Chairman：B. Vos
General Manager：Jos A. I. M. Burgers

22. New Zealand Franchise Association
（新西兰特许经营协会）
1st Floor, 26 St. Heliers Bay Road
St. Heliers, Auckland－New－Zealand
Or Level 1, Bedpost House, 39
41, East Tamaki Road, Papatoetoe
Auckland－New－Zealand
Tel：(64－9) 575－3804
Fax：(64－9) 575－3807
E－mail：contact@franchise. org. nz
Chairman.：Robert Fowler

23. Philippines Franchise Association
（菲律宾特许经营协会）
2/F Collins Building, 167EDSA
Mandaluyong City, Philippines
Tel：(63－2) 5325677
Fax：(63－2) 532－5644
Vice－Chairman：Ma. Alegria S. Lirnjoco
Vice President：Samie Lim
Chairman.：Manuel Siggaoat

24. Portuguese Association of Franchising
（葡萄牙特许经营协会）
Rua Vidato, 25－3
1050－234 Lisboa, Portugal
Tel：(351－1) 319－2938
Fax：(351－1) 319－2939
Chairman.：Joao Papa (5 a Sec)
Executive Director：Pedro Villa Franca

25. Singapore Franchise Association
（新加坡特许经营协会）
Informatics Buiding
5 International Business Park
Singapore 609914
Tel：(65) 568－0802
Fax：(65) 568－0722
Chairman.：Robert Leong

General Secretary：Terry Wong

26. Slovenian Franchise Association
（斯洛文尼亚特许经营协会）
Dimiceva 13
LJUBLJANA SI—1504
Slovenia
Tel：(386) 1 56 82 331
Fax：(386) 1 56 82 775
Chairman：Dejan Turk（McDonald' s - Slovenia/Crotia）
Executive Director：Igor Pavlin

27. Franchise Association of South Africa
（南非特许经营协会）
24 Wellington Road
2193 Houghton - South Africa
Tel：(27 - 11) 484 - 1285
Fax：(27 - 11) 484 - 1291
Executive Director：Nic Louw

28. Spanish Association of Franchising
（西班牙特许经营协会）
Avenida de las Ferias S/N
Apda (POB) 476
46035 Valencia，Spain
Tel：(34—96) 386 - 1123
Fax：(34 - 96) 363—6111
President：Xavier Vallhonrat Llurba (Lizarran)
Director Manager：Edouardo Abadia Gonzalez

29. Swedish Association of Franchising
（瑞士特许经营协会）
Massansgatan 18/Box 5243
SE 40224 Goteborg，Sweden
Tel：(46 - 31) 836 - 943
Fax：(46 - 31) 811 - 072
Chairman：Anders Fernlund（Ernst & Young Law）
Executive Director：Karen Kisker - Ericsson

30. Swiss Association of Franchising
（瑞典特许经营协会）
Lowenstrasse 11
Postfach CH - 8023
Zurich，Switzerland
Tel：(41 - 1) 225 - 4757
Fax：(41 - 1) 225 - 4777
Chairman：Kieser Werner（Kieser Training AG）

Managing Director: Christopher Wildhaber

31. Kazakhstan Franchise Association
(哈萨克斯坦特许经营协会)
1 Abai Ave
ALMATY - 480100
Republic of Kazakhstan
Tel: 7 (3272) 63 78 13
Fax: 7 (3272) 63 68 21

32. International Franchise Association
(国际特许经营协会)
1350 New York Avenue NW
Suite 900
Washington DC 20005—4709,
Etats - Unis
Tel: (202) 628 8000
Fax: (202) 628 0812
President: Don Debolt
Vice - President: Marcel Portman

33. Taiwan Chain Stores and Franchise Association
(台湾特许经营协会)
7F, NO. 197
Nanking E Rd. Sec. 4
Taipei, Taiwan
Tel: (8862) 2712 1250 ext l20
Fax: (8862) 2717 7997
Internet: www. tfca. org. tw
E - mail: shirley. huang@ tcfa. org. tw.
Shirley. huang

34. Hong - Kong Franchise Association
(香港特许经营协会)
22/F Unit A United Centre
95 Queensway, Hong Kong
Tel: (852) 2529 - 9229
Fax: (852) 2527 - 9843
Intemet: www. franchise. org. hk
E - mail: hfka@ franchise. org. hk
Chairman: Y. K. Pang
Executive Director: Charlotte Chow

后　记

在国家经贸委有关司局领导的关心和直接指导下，经过各位编委、专家和编辑部工作人员的艰苦工作和不懈努力，《2002年中国连锁经营年鉴》终于出版面市了。《2002年中国连锁经营年鉴》编撰的整个过程，饱函了各界人士的无私奉献和慷慨支持。在此，我们谨向对年鉴编辑、出版、发行等工作给予支持、帮助和做出积极贡献的领导、团体、专家、企业表示诚挚的感谢。

首先，我们要感谢努力推动中国连锁业发展的企业。进入21世纪，连锁经营形式在超市、购物中心、百货店、餐饮、医药、家电、汽修、电信、教育、房产、图书音像、旅游等众多领域快速渗透、迅猛发展，一大批本土零售企业迅速发展壮大，外资零售企业也在步步为营，不断抢占市场。正是这些企业的辛勤劳动和大胆探索，为本书的出版提供了宝贵的资源和支持。

我们还要感谢参与年鉴编写的各位作者，他们在百忙之中加班加点地努力工作，以严谨和负责的态度认真完成了所承担的编写任务。

我们也要感谢各地连锁协会、连锁相关行政管理部门及行业组织，他们为本书提供了宝贵的资料、数据和稿件，使连锁年鉴的内容更为丰富和翔实。

最后，我们特别感谢编辑部的编辑人员，他们克服种种困难，查阅、核对、翻译了大量资料，承担了与作者、相关行业、部门、组织的联系和协调工作，协助完成了全部书稿的统稿、编辑和出版工作，为本书的面市做出了很大的贡献。

《中国连锁经营年鉴》编委会

2002年10月